THE RESILIENT SOCIETY

Markus K. Brunnermeier

レジリエントな社会

危機から立ち直る力

マーカス・K・ブルネルマイヤー

立木 勝　山岡由美 訳

日本経済新聞出版

レジリエントな社会

危機から立ち直る力

THE RESILIENT SOCIETY

by Markus K. Brunnermeier

Japanese translation published by arrangement with Markus K. Brunnermeier
through The English Agency (Japan) Ltd.

目次

はじめに

新型コロナウイルスによる危機の結果、世界は重要な問題に取り組まなければならなくなった――どうすれば社会を作り直し、避けられない深刻なショックにレジリエンスをもって立ち向かえるだろうか。この疑問に答えるためにこの本が提案するのは、マインドセットと社会的相互作用の転換だ。ただ漫然とリスクを避けるというのではなく、先手を打って、負のショックに対してレジリエントな社会を作り上げるべきだ。

新型コロナウイルスによるパンデミックは、将来の危機への備えを一国の規模、国際的な規模で高めるにはどうすればよいのかを学ぶ機会を与えてくれた。この本は、そうした教訓についてのわたしの考えを、とくに世界中の社会がいま直面している経済面での難題と、どうすれば次のショックに備えられるかに関連して述べたものだ。併せて、パンデミックが社会に与えた直近の、そして長期的な影響についての分析も提示している。

この本の目的は、レジリエンスの概念と原理を体系的に提示し、広範な人びとが利用できるようにすることにある。しかし、だからといってすべてを含めよう、包括的なものにしよう、あるいは細部まで厳密なものにしようなどとは一切していない。むしろ興味深い視点を提出して、読者に自ら考えてもらうようにした。できればこの本をきっかけに、政治に関心のある市民、レジリエンスの高い社会を築きたいと考える市民のあいだで活発な議論が起これればよいと願っている。

この本のパートⅠでは、レジリエンスの概念について大まかに述べるとともに、わたしたちの社会契約をどのように設計し直せば、予期せぬショックに対する社会のレジリエンスを高められるかを示していく。パートⅡでは、新型コロナウイルスによるパンデミックを基本例として、レジリエンス管理の核となる4つの要素について概略を述べる。パートⅢでは、傷痕効果、高水準の債務、インフレーションといった将来的なマクロ経済の難題を考えていく。パートⅣはグローバルな難問に力点を置いている。各章は独立しているので、それまでの章を読んでいなくても読んでもらえるはずだ。

多くの方々からの洞察を引いてきているが、この本は、主要なトレードオフに関するわたし自身の分析を要約して提示したものなので、ほかの方たちを巻き込むものではない。実際、これは進行中の研究であり、さまざまな事象はいまも展開中だ。だからこの本も、暫定的な総合理論として読んでもらえれば幸いである。

ニュージャージー州プリンストンにて
マーカス・ブルネルマイヤー

2021年6月

謝辞

まず感謝するべきはトマス・クルンだ。彼の助けと献身がなければこの本が日の目を見ることは決してなかっただろう。彼の助けはまさに必要不可欠ものだった。

わたしが2020年3月に始めたプリンストン大学の連続オンラインセミナー「マーカス・アカデミー（Markus' Academy）」にはトップレベルの科学者、経済学者が数多く登場してくれた。わたしは彼らから多くの洞察を得ている。とくに感謝しているのは、ポール・ローマー、アンガス・ディートン、ジョー・スティグリッツ、マイケル・クレーマー、ポール・クルーグマン、マイケル・スペンス、ボブ・シラー、ジャン・ティロール、クリス・シムズ、ベント・ホルムストローム、ビル・ノードハウス、エステル・デュフロの12名のノーベル賞受賞者である。疫学のラマナン・ラクシュミーナラヤンおよび歴史学のハロルド・ジェームズにも謝意を表したい。以下のトップレベルの経済学者たちにも感謝している：トルステン・スロック、ネリー・リャン、オリヴィエ・ブランシャール、タイラー・コーエン、ジョシュア・ガンズ、ピネロピ・ゴールドバーグ、ヒュン・ソン・シン、ダニ・ロドリック、ダロン・アセモグル、ジェレミー・スタイン、ジョン・コクラン、ラリー・サマーズ、ギータ・ゴピナート、ダレル・ダフィー、リサ・クック、ケン・ロゴフ、ラジ・チェティ、ベロニカ・ゲリエリ、エリク・ハースト、アルビンド・クリシュナムルティ、リチャード・ゼックハウザー、エステバン・ロッシ＝ハンスバーグ、ルイジ・ジンガレス、ロバート・ホール、エミリー・オスター、スティーヴン・レディング、ジェイソン・ファーマン、ニック・ブルーム、アダム・ポーゼン、チャールズ・グッドハート、ジェームズ・ストック、アンデイ・ロー、ラッセ・ペデルセン、モニカ・デ・ボッレ、ウヴァン・ワーニング、アミト・セル、アラン・アウエルバッハ、ロビン・ブルックス、ゲーリー・ゴートン、中村恵美、アントワネット・ショア、アルベルト・カヴァッロ、フィリップ・アギオン、エドマー・バシャ、ヴィラル・アチャリア。執筆に当たっては、ビル・ダドリー、フィリップ・レイン、アルミニオ・フラガ、ラグラム・ラジャン、ジェローム・パウエル、アグスティン・カルステンスなど、各国中央銀行の現および元総裁から多くの恩恵を受けた。また、ユーロ圏財務相会合（ユーログループ）のパスカル・ドノホー、金融のエキスパートであるバリー・リソルツおよびリズ・マイヤーズにもお礼を申し上げる。エリック・シュミットのようなテクノロジーのエキスパートにも感謝している。難しい時期にプリンストン大学の連続オンラインセミナー立ち上げを手伝ってくれたデラニー・パリッシュとケルシー・リチャードソンには、とくに名を挙げて感謝したい。

ジャン＝ピエール・ランドーの詳細で建設的なフィードバックはとくに挙げておく価値がある。ほかにもジェゼフ・アバディ、カルティク・アナンド、シルヴァン・シャサン、マーティン・ニューライゼン、ダーク・ニーペルト、ピエトロ・オルトレヴァ、ジャン・ピサーニ＝フェリー、ロヒト・ランバ、リカルド・レイス、ヤニク・ティマー、シグルト・ヴァグナー、ジェロミン・ゼッテルマイヤー、ハンス＝ヘルムート・コッツ、およびドイツ連邦銀行の読書グループから、さらにはピーターソン国際経済研究所の4人の匿名査読者からも有益なフィードバックを頂戴した。

初期の原稿を改良するために各章をていねいに読み込んでくれたクリスティーナ・シーとモハン・セッティ・チャリティにも深い感謝の意を表したい。この本のためのデータ収集とグラフ作成をしてくれたドン・ノーも称賛に値する。編集を担当してくれたグレン・マクマハン、表紙デザインと植字を担当してくれたジェームズ・クラークにも感謝したい。

最後になったが、新型コロナウイルスの期間を通じてわたしを支えてくれた妻スミタ、2人の娘アンジャリ、プリヤへの感謝の気持ちを記しておく。

序章

リスクは世界の至るところにある。新型コロナウイルスによるパンデミックやウクライナでの戦争、気候変動や技術変化にともなうリスクなど、近年でのできごとはわたしたちに脆弱感を抱かせている。個人レベルでは、突如として予期せぬ大イベントに襲われる可能性は誰にでもあることがわかったし、グローバリゼーションやテクノロジーの進歩、医療の進歩によって大きなリスクは抑えられるという認識も覆った。

今回のパンデミックでは世界中の社会が混乱に直面した。ロシアによるウクライナ侵攻によってエネルギー不足や食糧不足が起こるだろうし、気候変動によるさまざまなリスクも増大している。同時に短期間でのワクチン開発のように、医療やテクノロジーの革新に自信をもつ理由を与えてくれたものもある。だが、社会の壊れやすさ、脆弱性についてはどうだろう。わたしたちの社会はこうしたショックから迅速に回復するのだろうか、それとも長く傷痕が残るのだろうか。そしてなによりも、将来の似たようなショックを克服することはできるのだろうか。この本は、こうした疑問に取り組もうとするものだ。

ポートフォリオ・リスクから保険リスク、パンデミックのリスクまで、リスクへの対処はほぼ永久に必要だ。伝統的には、リスク・マネジメントがそのためのアプローチとなる。なんらかの行動を起こすときにはリスクの規模を計算し、それだけのリスクが許容できるかどうかを評価する、ということである。

この本はマインドセットの転換を主張する。鍵となる概念は**レジリエンス（resilience）**だ。これは負のショックから立ち直る力、復元力を意味する言葉で、抵抗して耐える力を意味する**ロバストネス（robustness）**とは異なる。ときには、ロバストネスが前進のための最善の方法にならないこともある。レジリエンスの本質は、ジャン・ド・ラ・フォンテーヌの有名な寓話詩「樫と葦」にあるように、嵐を乗り切って回復してくる力にある[1]。樫の木はロバストだ。頑丈で力強いし、ふつうの風に吹かれてもまず倒れそうにない。対照的に、葦にはレジリエンスがある。ほんの微風でも葦は曲がる。しかし強い嵐が吹き付けたときには、葦は言い切る。「ぼくは曲がるけれど折れない」

このフレーズにこそ、レジリエンスの本質はある。葦は、嵐がすぎればすぐ元の姿に戻る。完全に復元する。ロバストな樫の木は強い風にも耐えられるが、嵐があまりに激しくなれば折れてしまう。いちど倒れたら、もう絶対に元には戻らない。レジリエンスがないから復元できないのだ。葦はいつも動いていて脆弱に見えるかもしれないが、樫の木よりずっとレジリエンスがある。

この本は、レジリエンス・マネジメントにフォーカスすることを主張する。こちらにレジリエンスがあって葦のように立ち直ってこられるなら、たいていのリスクはとる価値があるし、そのようなリスクは社会によって有益であることが多い。企業活動は本質的にリスクをともなう。多くのスタートアップ企業は必死にやっても失敗する。それでも、起業家たちがすぐに立ち直って次のアイデアを追求できれば、最後には彼らの創造力がユニコーン企業〔訳注：創業10年未満で企業価値10億ドル超の未上場ベンチャー企業〕の登場につながり、それが経済成長を支えることになる。

したがって、こちらにレジリエンスのあるリスクとないリスクとの見極めが必要になる。罠に誘い込まれて立ち直れなくなりそうなリスクについては、長期的なマイナスの影響を考えて、扱いを変えなければいけない。レジリエンスがないのであれば、罠に落ちたときのコストがきわめて大きいことから、リスク回避が望ましい戦略となるだろう。

実践的には、レジリエンス・マネジメントとは、レジリエンスを高める要素を育成して、レジリエンスを壊す要素を回避することだ。

レジリエンスは代替性を通じて高めることができる。たとえば、多くの産業をまたいで移転可能なスキルの学習がそうで、そのようなスキルは特定部門の不況に対して脆弱ではないので、労働者は、最初の産業が縮小しても別の産業へ移っていくことができる。多様性もレジリエンスを高めてくれる。自然に喩えれば、単一樹種の森はその木に特異的な病気に襲われると非常に脆弱だが、多くの樹種が混在する多様な森はレジリエンスがあるということだ。

生産レベルでいうと、これまでの社会は、必要なときに・必要なものを・必要なだけという「ジャスト・イン・タイム」の原理にしたがって製造システムを管理しようとしてきた。これはフローを最大化しつつストックを最小化するということで、グローバル・バリューチェーンの目標になっている。対照的にレジリエンスの概念では、万一に備えた「ジャスト・イン・ケース」のアプローチが強調される。これはショックがあってもすみやかに回復できる力をあたえ、レジリエンスを高めてくれるアプローチだ。これを実現するためには、レジリエンスを優先しなければならない。それによって冗長性は悪から善に変わる。安全バッファが有効なのは、ショックを吸収できるからだ。レジリエンスのマインドセットは費用・便益分析計算に新しい見方を提供するものとなる。

裏返していえば、身動きできなくなる状況は避ける必要があるということだ。さまざまな罠がその典型だが、負のフィードバック・ループはさらに悪い。状況がらせん状に急降下して制御不能となり、レジリエンスを破壊してしまうからだ。人間は1人で生きているのではなく、社会は人間の相互作用でできている。したがって、わたしたちが他者の行動にどう反応するかもレジリエンスに影響してくる。フィードバック・ループに陥ると互いの行動が補強し合うように働くので、システムは不安定化し、レジリエンスが弱まっていく。誰かが最初にトイレットペーパーを大量に買い込み、それを見たほかの人たちが同じように買い占めに走れば、最終結果は品不足、ということだ。

レジリエンスを高めるためには、それぞれの社会が自分たちで自分たちを組織することだ。これは、たとえば憲法のように、中央による計画というかたちをとることもあれば、社会規範のように、中央の指示によらない自生的な秩序のこともある。プールサイドのイスにタオルが置いてあるとしよう。そこに座ってはいけないと、誰も口には出さないが、やはり社会には暗黙の了解というものがあって、中央から派遣された組織役がいなくても、タオルをどけてイスに座ったら周囲から白い目で見られる。中央による計画も自生的な秩序も、どちらも社会契約に寄与しているし、レジリエンスの向上に利用することができる。

この本でわたしは、レジリエンスを北極星とすることでレジリエンス・マネジメントに到達できる、と主張する[2]。この包括的な原理は、将来のショックにうまく反応できるように社会が準備し、結束を強めるためにどうすればよいかを考える助けとなるだろう。この本の全体を通じて、わたしは経済学者としての視点を、医療と社会契約に適用している。

人は夢を描き、実験をし、戦略を練り、計画を立てる。きっと失敗もするだろう。それには個人の自由が必要だ。その自由を認めなければ社会進歩はない。わたしは、この自由は人間の尊厳にとっても不可欠なものだと考えている。しかし、だからといって罠に捕われたり貧困に陥ったりしてはならない。失敗から学んで立ち直り、ふたたび挑戦するための能力を備えているべきだ。個人の破産保護はまさにこの目的のためにある。したがって社会は、失敗しないように人びとを囲い込むのではなく、むしろ実験と好奇心を奨励し、それと並行して、個人のレジリエンスを高めていくべきなのだ。

社会契約の履行

この本は、どうすればレジリエントな社会契約が履行できるのかを考えていく。方法は政府によってでも、社会規範を通じてでもいい。独裁国の**政府**はあからさまな力を使って外部性を制限する。開かれた社会では、政府は説得力に多くを頼らざるをえない。新型コロナウイルスによるパンデミックによって、振り子は政府介入を増大させる方向に振れるかもしれないし、それによって個人の自由が制限される可能性もある。**社会規範**も、社会契約を強制して外部性を内部化させる方法の一つだ。それは自発的な秩序として現れ、国民によって自己強制される。その実例が日本だ。日本では、政府による圧力なしに、ほぼすべての市民がマスク着用のガイドラインを守り、推奨されるソーシャルディスタンスをとっている。人びとが社会的スティグマ（烙印）を恐れているからだ。

市場も、社会に分散した情報を集約するうえで重要な役割を果たすことができる。ある製品を好む人が多ければ需要が増え、それによって価格が押し上げられれば、それが企業へのシグナルとなって供給が増えていく。

政府による強制、社会規範、市場というこれらの要因は、どれも、社会契約を履行するうえでの役割を果たすことができる。だからこそ、ショックに柔軟に対応した契約履行ができれば社会と社会契約のレジリエンスが高まるという認識が重要なのだ。危機の性質に合わせて、政府による強制、社会規範、市場の組み合わせを調整して履行する必要があるだろう。こうした調整には注意深い判断が必要になる。過剰な柔軟性がかえって有害になることもある。多少なりとも確信をもって予測し、計画を立てるには、依拠するべき明快な、一貫性のある社会的枠組みが必要になる。

したがって、なにより大切なのは、ショックが波状的に生じたときに人間の行動がどう変わるかを理解しておくことだ。危機に対処するには情報が必要になる。新たな状況を理解するには実験が必要だ。正確な情報伝達も不可欠になる。これは一つには、情報伝達が人間の行動にきわめて強い影響を与えるからだ。しかしたとえばパンデミックのときに、公衆衛生のガイドラインについて事実に基づく情報を伝えるのはきわめて難しい。人は、観察されない反事実（ある公衆衛生施策がなければ新型コロナウイルスによる死者数はどうなるか、など）を把握しようと躍起になってしまう。

最後に、レジリエントな危機対応には、必ずニューノーマル（新しい日常）についてのビジョンが含まれていなければならない。この本は、読者が未来について考える助けとなるよう作られている。一つの危機が終わったときに、社会はどのような姿をしているのだろう。わたしたちは次にどこへ行くのだろう。

長期的な力と緊張

マクロ経済と金融の視点からは、不安定な現実を認識する一方で、復元力（レジリエンス）の開発も同時に進めるべきだ。言い換えれば、長期的な成長を達成するためには、破壊的なテクノロジーでも柔軟に受け入れて採用する必要があるということだ。矛盾するようだが、ショックに対するこうしたレジリエントなアプローチはリスクが少ない。むしろ現状維持のほうが長期的な停滞につながる可能性がある。

今回のパンデミックのようなショックは、ショック後の回復局面で二つの長期的な力の引き金になる可能性がある。一方では、新型コロナウイルスによるパンデミックは、生活のいくつかの分野で技術進歩と**イノベーション**を誘発した。こうした新しい技術はレジリエンスを育てるだろうし、したがって将来のショックに対する追加的な調整力を提供することになるだろう。

しかしその一方で、レジリエンスを損ねかねない長期的な**傷痕**が残るリスクもある。仕事を失った労働者がスキルを喪失し、労働市場に戻るのに苦労するかもしれない。教育システム内の混乱が人間資本の傷痕につながることもあるだろう。そして最後に、企業が過剰債務に苦しむ可能性がある。大きな債務負担が企業投資の足を引っ張れば、経済は長期的に苦しむことになりかねない。

レジリエンスを維持するためには、**金融市場**の大混乱は絶対に避けなければいけない。2020

年および2021年はじめの金融市場にはレジリエンスがあった。2020年3月に最初の震えが来たあと、中央銀行による介入によって市場のテールリスク〔訳注：発生する可能性は低いが起こると甚大な被害が出るリスク〕がすみやかに取り除かれ、資産価格が安定したことで、急落から急回復という、ノコギリのようなウィップソー・パターンになった。中央銀行が負の結果の拡散リスクを押さえ込んだことで、企業は低金利の恩恵を受け、大いに必要としていた流動性を高めることができた。将来はこのタイプのシナリオが経済のレジリエンスを高めていくかもしれないが、逆にそれが中期的な金融不安定につながる可能性もある。

公的債務はたいてい危機のときに急増する。今回の新型コロナウイルスによるパンデミックがまさにそうだった。今回のパンデミックは2008年に経験したものよりずっと大きな、根本的なショックを生み出したが、大規模な金融刺激プログラムのおかげで、これまでのところ、あのときの大不況のような結果は回避されている。とはいえ、債務の持続可能性と長期的な経済展望についての心配はある。社会がレジリエントであるためには、政府債務が長期にわたって持続可能でなければならない。そうでなければ、社会は相当大きなインフレリスクと同時に、過剰債務によるデフレリスクをも抱えることになる。現在までのところ、アメリカ政府の債務負担は、低金利と米国債の安全資産ステータスのおかげで、まずまず許容できる範囲にある。しかし、金利上昇に対して脆弱な国の政府は、金利負担の急増を経験するかもしれない。こうした債務市場での負のジャンプの可能性への監視を怠らないことが重要だ。

中期的には、**インフレ**がウィップソー（ノコギリ）のような動きを見せるリスクもある。2020年は需要が押し下げられたためにインフレ率が低下したが、先になってインフレ圧力が噴き出す可能性はある。レジリエンスを育むために、各国の中央銀行は、インフレの罠とデフレの罠の両方の危険に警戒を続けなければならない。強力なブレーキを備えた高速レーシングカーのように、独立した中央銀行は、経済不況が続くときには経済回復を促進することができるし、経済が急成長しているときにはブレーキを踏んで政策を引き締めることもできる。しかし、金融政策の引き締めによって政府の債務返済費用が増大すれば、いつなんどき中央銀行と政府とのあいだで利益衝突が表面化するかわからない。

社会契約がレジリエントであるためには、社会が公正で、**不平等**がつねにチェックされている必要がある。(少なくとも)アメリカでは、新型コロナウイルスによるパンデミックによって、不平等が社会のあらゆる部分に影響を与えていることが明らかになった。とくに目立ったのは人種間の不平等だ。医療アクセスの不平等の問題も見えてきたし、この問題がさまざまなコミュニティーに不均等に影響している様子もわかってきた。新型コロナウイルスによるパンデミックはX線写真のように、多くの社会で表面下に隠れていた難題を明らかにしたのである。

グローバルなレジリエンス

最後に、この本では、どうすれば世界全体としてレジリエンスを高められるかを論じていく。新型コロナウイルスによるパンデミックは、わたしたちがグローバル社会に生きているということ、グローバルなレジリエンスが必要だということを気づかせてくれた。わたしたちは今回も、感染症が世界の隅々まで急速に広がる様子を目の当たりにした。驚くかもしれないが、ウイルスが動物から人間に感染するのはよくあることだ。そういうことは毎週のように起こっている。しかし、動物由来感染症が人間から人間へ感染するのは珍しい。したがって、つねに床を水で洗わなければいけないような「ウェット・マーケット」を禁止し、早期警戒システムを確立し、感染症流行への早期対応を推進することが、グローバルなレジリエンスを向上させるうえできわめて大切になってくる[3]。こうした介入は、2020年末にイングランド南東部で発見されたアルファ株や南アフリカで発見されたベータ株、2021年春のインドのデルタ株のような、新型コロナウイルスの変異を検出するうえでも有効だろう。

こうした必要性から、**国際秩序**について幅広い問題が生じてきている。これまでの医療危機や気候変動との闘いと同じように、全人類はここへきて共通の敵に直面している。それが新型コロナウイルスだ。しかし国際協調は、パンデミックの初期からずっと優先順位が低い。この本の執筆時点では、まだ多くの国がワクチン供給の約束を取り付けようと単独で活動している。

新興国や**発展途上国**は、とりわけ厳しい試練に直面していて、レジリエンスを維持しながら、同時に貧困の罠、中所得国の罠から抜け出さなければならない。発展途上国では、ショックに対応するための政策余地が大きく制限されている。たとえば、新型コロナウイルスによる危機でのロックダウン施策が引き金となって飢餓が起こったほか、新型コロナ以外の病気の予防接種が受けられないために、さまざまな見えない死亡が増えてしまった。さらに、発展途上国は金融緩和の余地も限られていて、それがレジリエンスを育む能力を限定してしまっている。公共財政が逼迫しているため、万一新たな危機が起こっても、追加の刺激策をとる余地がほとんど残っていない。

将来を考えると、新型コロナウイルス後の世界を形作るうえで重要な役割を果たすのは国際関係だろう。アメリカと中国による水面下での覇権争いは、デジタル化、サイバー・セキュリティ、勢力圏、貿易など、いくつかの分野で長引きそうだ。同時にヨーロッパは、アメリカとの緊密な連携を強めていくのか、それとも中国からもアメリカからも少し独立した役割を果たしていくのかの決断を迫られるだろう。また今回のパンデミックでは、深く統合されたグローバル・バリューチェーンの脆弱性にも光が当たった。将来はサプライチェーンの多様化を進め、少々コストがかかっても、レジリエンスを高めていく必要があるだろう。

最後になったが、レジリエンスの原理は気候変動や環境サステナビリティの文脈でも重要になってくる。さまざまなショックや挫折に直面するだろうが、やはり、さまざまな排出物を削減するためにはイノベーションが必要だ。さもなければ、社会は不可逆的で危険な臨界点へと押しやられ、わたしたちはますます脆弱になってしまう。そうなれば、たった一つのショックや予期しない事象があっただけで、社会は一線を越えて後戻りのできないところへ行ってしまい、とめどない崩壊状態に陥ることになるだろう。

ショックが起こるには多くの要因があって、パンデミックはその一つにすぎない。新型コロナウイルスによる危機は、リスクへの備えを怠ると――とりわけ不測の事態への対応に必要なレジリエンスが社会にない場合には――世界に壊滅的な影響が出かねないということをはっきり見せてくれた。これは、この本の主要テーマについて考えておくことの必要性を強調するものだ。大規模なインターネット障害、サイバー攻撃、生物工学上の実験の失敗、スーパー耐性菌、破滅的な気候事象など、予測しない危機が襲ってきても、社会契約がしっかり設計されていて突然の混乱状態からすぐに立ち直れるようになっていれば、それはすべての人類にとっての恩恵となるのである。

パートI　レジリエンスと社会

わたしたちの社会や共生のあり方について、指針となるべきレジリエンスや社会契約とはどのようなものだろうか。パートⅠではこの問いを細かく掘り下げていく。まず第1章ではレジリエンスとその管理という概念を定義したうえで、広く使われているリスク管理の概念と切り分ける。続く第2章では、とくに設計に基づく構造や自己組織化された構造に焦点を絞りつつ、さまざまな構造のレジリエンスについて考える。それにより、自己組織化された構造は顕著なレジリエンスを示しうるということを明らかにする。

最後に第3章で、レジリエンスが社会契約におよぼす影響、とくにそれが平和な社会としてのわたしたちの共生を可能にする仕組みを探るとともに、社会契約自体のレジリエンスを高めるすべを探求する。

第1章　リスク管理からレジリエンス管理へ

レジリエントであるということは、ショックが起きたときに対策を講じ、その後の事態に対処する能力を意味する。レジリエンスはまた、さらなる成長と持続可能性に通じる新たな扉を開きさえする。

レジリエンスの定義

社会の状況は流動化し、変化する可能性をもっているが、それはしばしば一つのトレンド、つまり長期的な趨勢に沿う形で起きる。ときとして社会がショックに直面し、通常のトレンドからの逸脱や予想外の結果が生じることがある。ショックは、たとえば株価や個人の福祉などに、急激な変化をもたらす場合もある。

わたしたちは概して、何かが突然変化するかもしれないということをショックの発生前に意識し、

図表１－１

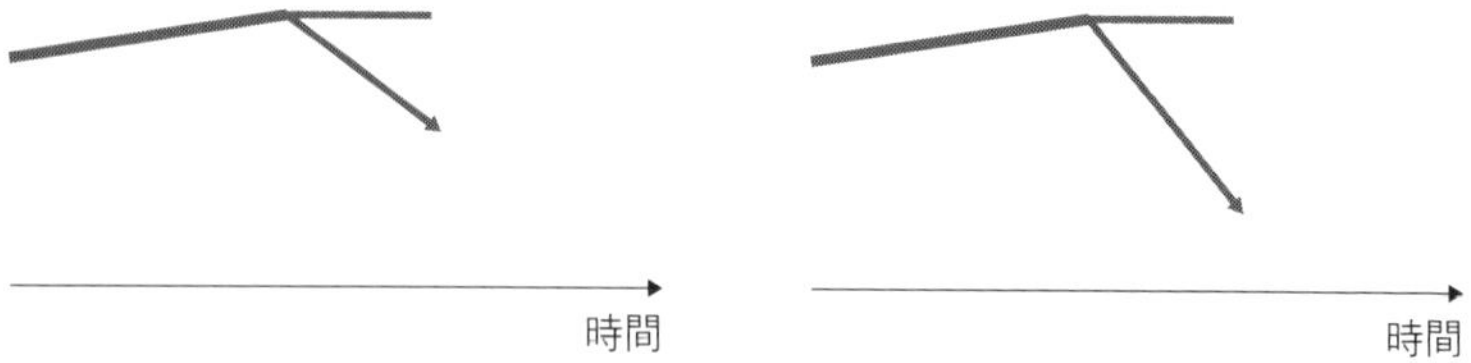

左右の図は負のショックの強さを示したもの。左図に示したショックは右図に比べて小さい。

事態の行く末を予想している。もちろん、そのショックが現実のものになるかどうかなど、事前にはわからない。わたしたちにできるのは、その出来事に確率を割り振ることだけだ。ショックのなかには、きわめて稀有で可能性の低いものもあれば、より可能性の高いものもある。また、良いショックもあれば悪いものもある。新型コロナウイルス・ショックの経験からわかるように、将来シナリオのなかには危険なものがある。他方、まったく予見不能なものや、ふつうでは考えられないようなものさえある。

ショックには、振幅と頻度という二つの主要要素がある。大きなショックは小さなものに比べ、多くのダメージをおよぼす。両者の違いは図表１－１にあるとおりで、右図はショックが大きい場合を示している。

レジリエンスはショック後に起きる事態に関わるものだ。図表１－２の左図に示すような長期にわたる影響は持続的ショックと呼ばれ、かたや右図のように、社会がまるでトランポリンのように反発すれば、レジリエントなプロセスが生まれる。レジリエンスとは、正式な数学的語法で言えば、平均への回帰、元の状態への復帰である。レジリエンスはもともと、材料学の分野で生まれた概念だ。たとえば、ある金属がストレス（ショック）を受けたのちに元の状態に戻ったなら、そ

図表1－2

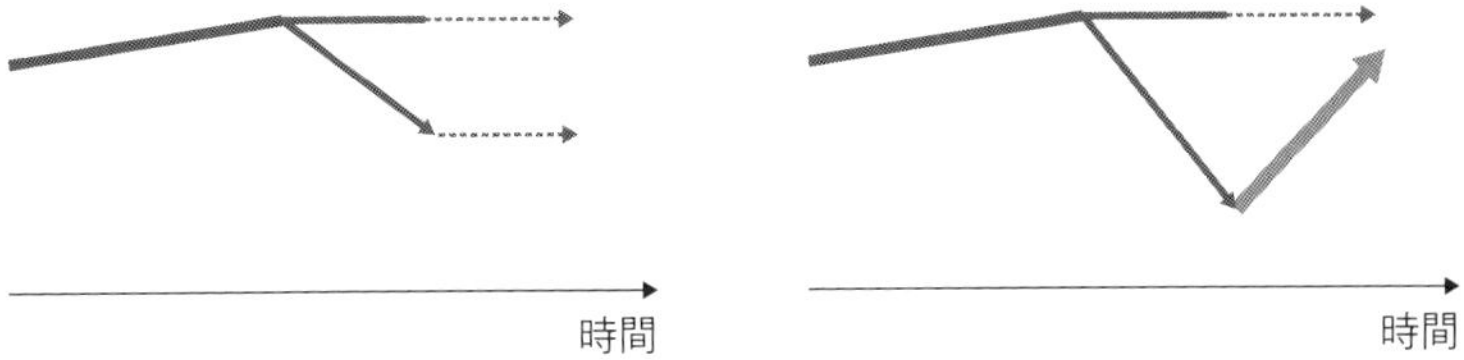

ショック後に続くプロセス。左図はショックの継続を、右図はショックを跳ね返すレジリエントなプロセスを示している。

の金属は弾性（レジリエンス）をもっているのだ。

左図のショックはあまり大きくはないが、その影響は持続している。これに対し、右図は左図に比べて大きなショックを示しながらも、末尾部分はレジリエンスをともなっている。ショックによる影響は一時的なものにすぎず、システムは部分的に反発を起こしている。統計学用語を使うなら、パラメーターが平均値に戻っているのだ。

ショックによる影響の悪化が止まらない場合、さらに厄介なシナリオが生じ、場合によっては事態が制御不能に陥ることがあるかもしれない。これはレジリエンスの対極にあり、図表1－2では取り上げていない。

過去10年間、レジリエンスは経済界（Bank, 2022）（OECD, 2016）で議論の対象になることが多くなっているが、本書におけるこの概念ははるかに広く、経済的ショックにとどまらず、地政学的／政治的なショックや気候関連のショック、または健康上のショックなどの負のショックから立ち直る社会の能力を網羅している。この本ではレジリエンスの概念を定義したのち、社会がレジリエンスをどのように育み、強化できるかに焦点を絞る。

レジリエンスのあるリスクとレジリエンスのないリスク

財務管理やリスク管理においては、ほとんどの場合、リスクの軽減が問われる。これに対して、本書ではレジリエンスの管理について論じる。レジリエンス管理は財務管理やリスク管理とは異なり、リスクの回避を意味するものではない。それどころか、いくつかのリスクを負うほうがレジリエントであることも考えられる。この点については後段で検討しよう。

リスク管理は静的であり、通常はバリュー・アット・リスクによって測定される。一定の信頼区間の範囲内で生じる損失は、どのくらいの大きさだろうか。

もっと抽象的に考えてみよう。人はショックが起きる前にリスクに直面する。ふたたび図表1－1に目を向けると、左図の事前リスクは右図に比べて小さいが、そうなっているのは左図において予想しうるショックが右図のそれに比べて小さいからだ。これは、ショックが起きる可能性は左右ともに等しいということを前提にしている。ただ現実には、ショックが起きる可能性や頻度には差がある。たとえば気温や株価はしばらく横ばいが続いたのちに、突然急上昇したり下落したりする。統計学用語で言い換えると、振幅と確率分布は「分散」という単一の指標にまとめることができる[1]。

リスク管理の一つのやり方は**リスク回避**で、この場合ショックの頻度と規模の縮小を第一の目的として社会が組織される。抱えるリスクを最小化できるように特定の活動を自粛したり、賠償責任の除外を主張する人もいるかもしれない。

リスク回避の戦略には問題が二つある。第一にこの戦略は、本質的に高リスクではあるものの多大な社会的・経済的便益を生み出すこともありうる活動に、水を差す恐れがある。しかし、社会はむしろそのようなリスクを進んで引き受けるべきだ。さもなければ、企業はR&D投資の便益を十分に享受できないかもしれない。リスクの大きいR&Dへの過少投資が標準となれば、個々の企業においてイノベーションへのインセンティブが不足し、それによって社会的便益は縮小するかもしれない。リスク回避の戦略が抱える第二の問題は、失敗の可能性をはらんでいることだ。どれほどリスクへの暴露の抑制に努めたとしても、まったく予期しない形でリスクが現実のものになることはありうる。新型コロナウイルスのパンデミックがその好例であるのは言うまでもない。

これに対し、レジリエンス管理は動的な視点から考えるというものだ。ニューノーマルに戻るまでにどれくらいの時間がかかるのか。ショックの半減期はどのくらいなのか。数学的には、回復力は平均への回帰によって測定することができる。平均への回帰が速ければ速いほど、それはレジリエンスの程度が高いことを意味する。

この本は、考え方の変更を説くものだ。リスクを回避するのではなく、レジリエンスのあるリスクとレジリエンスのないリスクとを区別する必要がある。前者は、引き受ける価値のあるリスクだ。とくにそのリスクが試行錯誤戦略に関連する場合、より高い成長率が期待できる。対照的に、後者は避けるべきリスクである。別の言い方をするなら、リスクに注意するのではなく、レジリエンスを抑制する要素に注意し、それを回避または管理する必要がある。

第二のアプローチは、**リスクの容認**を土台にしつつも、**レジリエンスを確保する**ような制度や規則、社会プロセスという枠組みのなかにある。これがうまく機能すれば、かりに潜在的な危険が現実化しても社会は守られ、同時にリスクテイクと成長が促されることになるだろう。

レジリエンスか、ロバストネスか

ロバストネスはレジリエンスとは違い、ショックに適応することなく抵抗する能力を要とする。ロバストネスのあるシステムは何物にも妨げられることなく、正常に作動し続けるものだ――もっとも、これは概ねそう言える、ということにすぎない。こうしたシステムは樫の木のように、たいていのショックに対しては耐久性を示す。ロバストネスは単なるリスク回避とも異なる。樫の木は風をはじめとするさまざまなショックにさらされるが、それをかわして耐えるのに十分な冗長性とバッファが、なかに備わっている。

けれど樫の木が硬すぎることもありうる。そのような場合、木は厳しい状況にさらされ、臨界点に、つまりロバストネス・バリアに到達したときに倒壊してしまう。システムのロバストネスが高ければ高いほど、安全バッファと冗長性を組み込む必要が高まるため、運用コストも高くなっていく。あらゆる偶発事象をカバーするような、徹底したロバストネス（つまり耐障害性のまったくない状態）はそのシステムの存続を難しくするものだ。

一方レジリエンスは、ショックを受けても弾力的に回復する能力を意味する。葦のように、たわみ、状況に順応し、元の形に戻る能力だ。レジリエンスがあればより多くの偶発事象をカバーでき、ゆえに「ロバストネス・バリア」を突き破るようなショックにも耐えられる[2]。レジリエンスはコストを低く抑えるため、わずかに「たわむ」ことをともなうもので、これこそがレジリエンスの大前提である。したがって、レジリエンスを育むと経済性が増すと言える。選択肢は二つ。高コストで十分なロバストネスのある解決策か、それよりも低コストで状況に応じることがつねに可能な、レジリエンスのあるアプローチか、だ。

二つの概念の違いを、別の喩えを用いて説明しよう。どんな嵐のなかでもびくともしないロバストネスのある超高層ビルを建てるには、膨大な量の資材が必要でコストがかさみ、建物全体の重量を支えきれないほど重くなる恐れも生じる。他方レジリエンスのある超高層ビルは、風を受けるとわずかに揺れる。シカゴのウィリス・タワーは、風のある日には水平方向に90センチメートルも揺れることがある[3]。こうしたレジリエントな構造なら、モダンなガラスファサードの、より高い軽量の建築物を建てることが可能になる[4]。

冗長性は安全バッファであり、ロバストネスにとってもレジリエンスにとっても重要だ。とはいえ、必要な安全バッファのタイプは異なる。ロバストネスの場合、ショックにさらされる可能性のあるユニットの一つひとつ、タスクの一つひとつに冗長バックアップを設ける必要がある。どれか一つが不具合を起こせば、ただちに取り替えなければならない。他方レジリエントなシステムでは、一時的な撤退ののちにリソースを再編することでショックに対処する。このシステムの場合、ショック後に行われる再編においては、敏捷性、柔軟性、流動性、そして一般教育が鍵となる。

レジリエントな成長コースとトレンド

ショックと機会は繰り返し訪れる。図表1－3は二つの成長コースを示している。それぞれの線

図表１－３

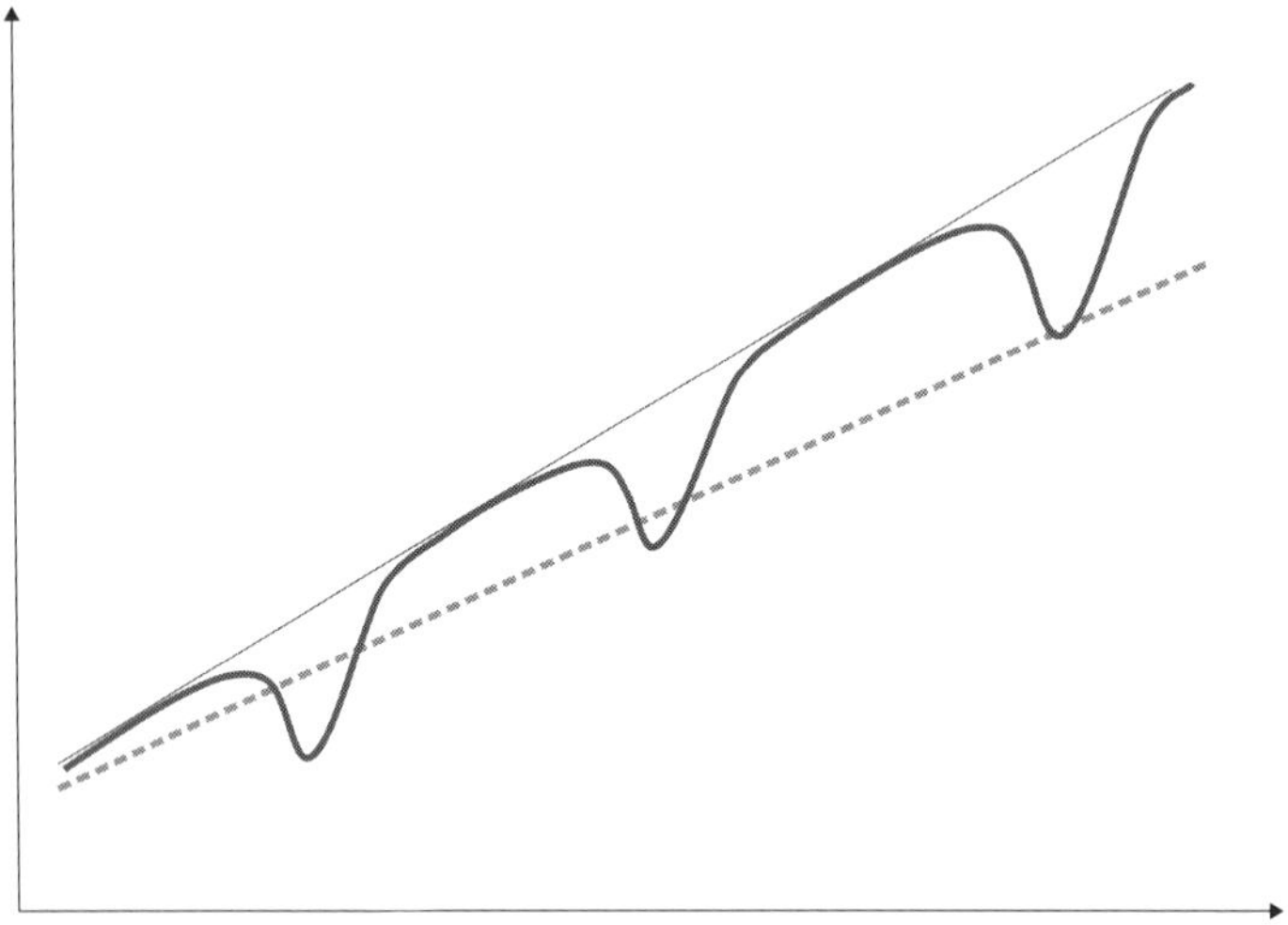

リスク回避のコース（破線）と、変動性がありながらもレジリエントなコース。

は想定される投資信託の累積総合利回りと考えてもいいし、一つの経済の長期的成長率であっても、また、どこかのスタートアップ企業の成長軌道であってもいい（ここでの議論は、これらすべての事例にほぼ当てはまるので）。かりに意思決定者が、低変動のシナリオに行き着くとしてもリスク回避だけに照準を合わせるのなら、その意思決定者にとっては、まっすぐな破線の軌道が魅力的なものとなるだろう。この線には、変動性はまったくないものの、成長の平均は低い。成長が低いのは、リスクを回避し、そのために成長機会を回避しているせいか、多くの高コストのバッファおよび冗長性への投資を必要とする、ロバストネス・アプローチに従っているせいである。別の線はより高い成長率を表しているが、少なからぬ変動性というコストをともなっている。きわめてリスク回避的な人は、破線を選択することだろう[5]。

しかし、変動性の大きい成長コースのほうが高いレジリエンスを維持できると認識することが大切だ。この成長コースは下落のたびに元の水準まで戻り、さらに上昇している。レジリエントな戦略においては、変動の渦中でもレジリエンスをしっかり支えるものを強化することに焦点が絞られる。長期的にはそれによって高い成長が積み上がり、二つのプロセスのあいだに指数関数的なギャップができる。このように、リスク最小化が大きな利益の放棄につながりうるのに対し、レジリエンス管理のほうがすぐれた結果をもたらすということを、図表1－3は端的に表している。重要なのは、図の3番目の景気後退のあいだ、実線の谷間がリスク回避戦略の結果を上回っているということだ。

二つの違いを具体的に示すのが、景気循環のコストの経済分析だ。景気循環による変動をなくすためにわたしたちが進んで担うべき負担はどのくらいなのだろう。ノーベル賞受賞者のロバート・ルーカス（Robert Lucas）による分析は、非常に低く抑えるべきであることを示唆している。別の言い方をするなら、景気循環をなくすために多少なりとも長期的成長を犠牲にすると、結局はコストが高くなる、ということだ。もちろん、ルーカスの分析では復元が前提視されていて、どのようにレジリエントな経済を設計するかは取り上げられていない。一方、リスク最小化を望む人は相当なコストを払うことに前向きで、変動をなくすために長期的な低成長を甘受しようとする（図表1－3の破線を参照）。しかしこのアプローチではレジリエンスがまったく無視されている。アメリカ経済は長きにわたり、不況が訪れても必ず立ち直ってきた。少なくとも2007年までは、きわめてレジリエントだった。

1980年代から2000年代初頭にかけてのタイとインドの成長も、その違いを示している。タイはかなりの程度、経済を外国からの投資と資本に開放した。長年にわたる成長は非常に力強いものだったが、同国はその後、1997年の東アジア危機により大きな打撃を受けた。これに対し、インドは市場をあまり開放しなかった。インドの成長はタイに比べてはるかに弱かったが、1997年は不況も起こらず、きわめて円滑に経過した（Rancière, et al., 2008）（Ip, Foolproof, 2015）。変動性こそ高いものの、1980年以降のタイの累積GDP成長率は、つねに――1997年という危機の年においても――インドに比べて高かった。

持続可能性

レジリエンスの概念は持続可能性の概念とも関連づけられ、この点については気候変動に関する章でスポットを当てる。開発を長期にわたって維持することが可能ならば、その開発は持続可能だ。持続可能性にレジリエンスは欠かせない。レジリエンスはショックによって打撃を受けた人や社会が崖から落ちるのを防ぐ。だがこれだけでは、開発の持続に十分とは言えない。社会に緩慢かつ継続的な劣化を招く背景要因があれば、未来は暗く、持続不能になる。

図表1－4に示すように、レジリエンスだけでは持続可能性を保証するのに十分ではない。実線の示すコースが、負のショックのたびにトレンドラインに跳ね返るという意味で回復力があるとしても、緩やかな下降トレンドを元に戻してはいない。持続可能性にはレジリエンスが必要なだけでなく、平均的なトレンドが負の傾向にない、ということも必要だ。

図表1－4

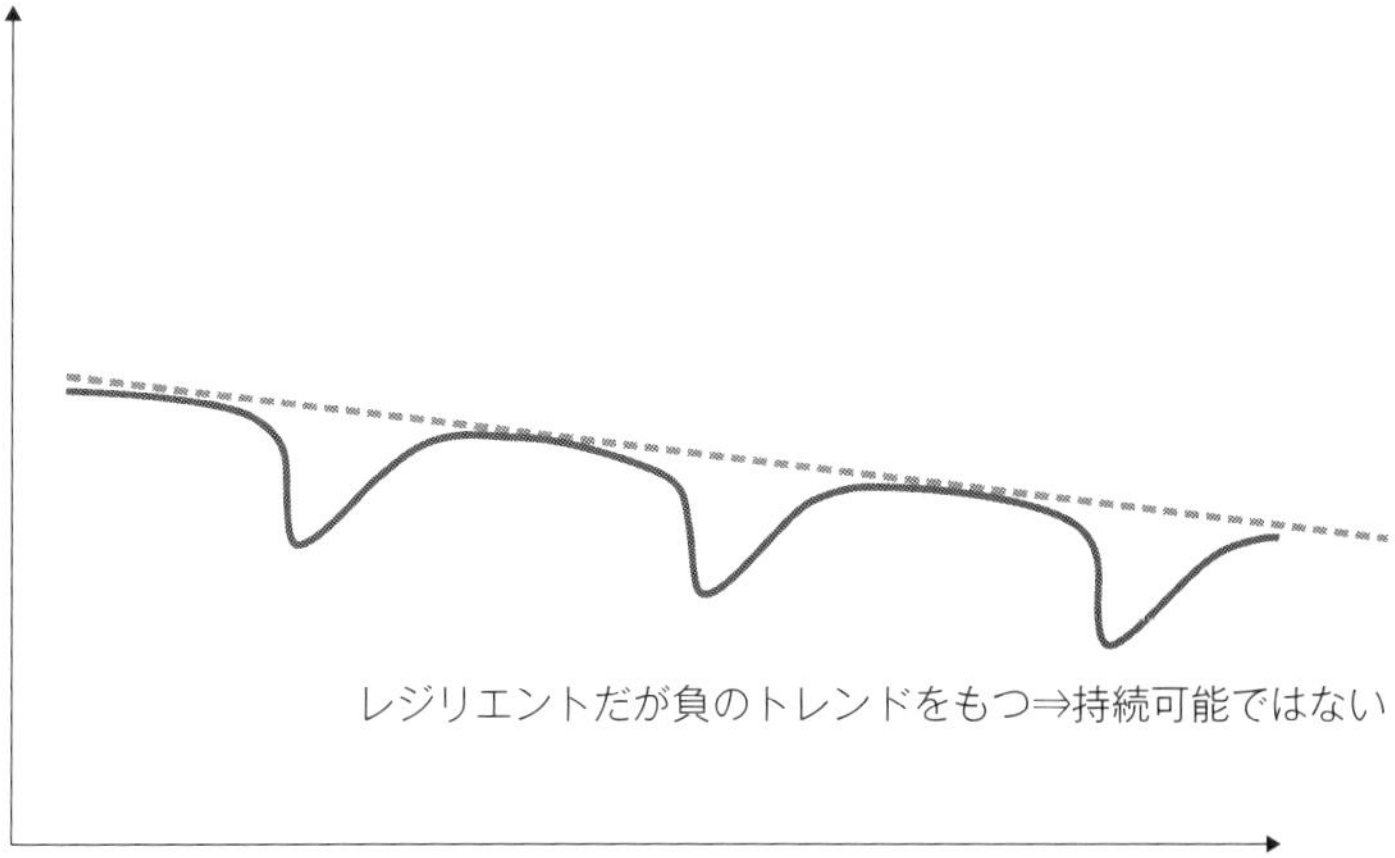

負のトレンドをもつレジリエントなコースは持続可能ではない。

レジリエンス戦略

レジリエンスを達成するにはどうすればよいのだろうか。大事なのは、レジリエンス戦略は二本の柱からなるということだ。一本目の柱は、最初のショックを封じ込めること。危機の規模と深刻度を一定程度にとどめるべきである。二本目の柱は、復元の条件を作り出すことだ。この二本の柱を並行して追求することが大切になる。たとえばコロナ危機のあいだ、ロックダウンだけでは状況を切り抜けることはできず、同時に復元のためのｍＲＮＡワクチンを開発することが重要だった。中国のゼロコロナ戦略には第二の柱が欠けていたため、この国はいまだに悪戦苦闘しており、２０２２年春には国民に深刻なロックダウンを課している。

復元とは通常の状況に戻ることだけでなく、ニューノーマルに戻ることでもある、と言える。

危機はしばしば、たとえばコロナ禍のあいだに開発が始まったmRNAワクチンや、広範囲にわたる在宅勤務への移行などのイノベーションをもたらす。ニューノーマルへの回復という現象は、ナシーム・ニコラス・タレブ（Nassim Nicholas Taleb）による反脆弱性という考えと関連づけることができる（Taleb, 2014）。よりうまく跳ね返すことのできるリスクは、めざすことの可能なリスクだ。レジリエンスをめざすことは、あらゆるリスクの回避を意味するものではない。むしろそれは、レジリエンスを発揮できるリスクを選択し、レジリエンスを発揮できないリスクを回避することを意味する。

二本目の柱を実現するには、どうすればよいのか。まず、レジリエンスを発揮できるリスクを事前に選択することができるだろう。つまり罠やフィードバック・ループ、臨界点などのレジリエンス破壊要因がないリスクのみを選択する、ということだ。第二にショックのあと、代替可能化や多様化といった、レジリエンスを高める手段を増やす活動を行うことができるだろう。

レジリエンスを高めるもの

社会や個人は、復元に向けて迅速に適応する能力や知識をどのように獲得していくのだろう。レジリエンスを養い、ショックに柔軟に適応および対応する能力を高めるにはどうすればいいのか。

順応性、柔軟性、変化能力

レジリエンスを高める第一の手段は、順応性と柔軟性によって獲得できる。必要なのは、新しい環境に順応し、俊敏であり、また臨機応変に学ぶ意欲をもっていることだ。これに対し、硬直性は復元の妨げになる。金融においては、流動性はレジリエンスをもたらす。流動性のあるポートフォリオなら、必要に応じて柔軟に調整できるが、流動性の低いポートフォリオは危機の際、有価証券を売却できなければ、膠着状態に陥るリスクがある。

基本的に、不確実性には二つのタイプがある。まず、特定のリスクが認識されている、「既知の」未知。明日の天気はわからないものの、どうなる可能性があるかはわかる。晴れるかもしれないし、雨が降るかもしれない。したがって明日の天気に対する反応を、事前に具体化することができる。雨が降ったなら、反応として適切なのはレインコートを着るか、傘を持ち歩くというものだろう。晴れたなら、そうする必要はない。その反応関数は、既知の未知に直面したときのルールにほぼ近いものと言えるだろう。

とはいえ、ルールで想定されていなかった状況が発生する恐れもあるため、ルールは必ずしも安定性と同じではない。このような状況では、裁量が有益となるだろう。不測の事態に対応するために必要な柔軟性が、裁量によって確保される。

「未知の」未知は、これとは異なるタイプの反応関数を必要とする。事前にアルゴリズムを指定しておくだけでは、もはや十分でない。予測不能な出来事への反応を可能にする制度的枠組みに、未知の未知に対する反応を埋め込んでおく必要がやはりある。ガバナンスのガイドラインがあれば信認が高まり、その結果、反応が容易になる。インフレ目標に関する信認が高い中央銀行は、インフレ率が上昇すれば中央銀行が介入すると国民が考えているため、量的緩和などの非伝統的な金融政策手段による介入がしやすくなる。信認が低ければ、非伝統的な金融政策はインフレ期待の不安定化の始まりとなりうる。

代替可能性

代替可能性は、ショックを切り抜けて柔軟に順応するためのレジリエンスをもたらす。ある業界の労働者が他の業界にも適用できる汎用的な訓練を受けていれば、産業の変化によってその業界が負のショックを受けても、そうした人は再起することができるかもしれない。この切り替えコストが低いほど、レジリエンスは高くなる。逆に切り替えコストがきわめて高い場合、労働者は自らのスキルを他の場所で簡単に適用できない可能性があるため、同じ業界に閉じ込められてしまうリスクがある。

多くの自動車メーカーは、サプライチェーンの各段階で、きわめて特殊な半導体チップを使っている。車のGPSには、クルーズコントロール・システムとも、ドアロック解除システムとも異なるチップが使用されている。最近のチップ不足は、自動車製造業のコロナ禍からの回復が減速したことを意味するものだ。自動車のさまざまな機能で使えるよう、チップをもっと代替可能なものにすれば、いわゆるレゴの原則によってレジリエンスがもたらされる。つまり、各要素がレゴのブロックのように置き換え可能だと、ショック後における可変性が高まるのだ。

これに対して、非常に特殊なチップを使用した現在の構成では、チップが一つ欠けていても車の完成が妨げられる。チップの置き換えが容易であれば、クルーズコントロール用のチップをGPSシステムの稼働に適用できるため、チップ不足はいまほど深刻なものにはならないだろう。クルーズコントロール用のチップを、レゴのように別の用途に転用できるようになるからだ。

共通の基準を設けることで、代替可能性が高まる場合は多い。たとえば全メーカーがそれぞれ、わずかに異なるねじを使ったとしよう。ねじの型がまちまちであれば、種類の異なる車の部品を組み立てるのは難しくなることだろう。また、ねじが故障したときには特定の型のものとの交換が必要になる。対照的に、共通の基準を設けてほとんどの車に同じねじを使用すれば、代替性が高まり、ねじを交換せねばならなくなった場合のレジリエンスが向上する。

代替可能性は、計測期間にも大きく左右される。最初に化学の分野で生まれ、後年ポール・サミュエルソン（Paul Samuelson）によって経済学に適用された有名なルシャトリエの原理によれば、新しい投入物や新しい活動への代替は、長期において容易になるという。時間が経てば調整と順応の能力がもたらされるため、レジリエンスが生まれる。

ウクライナ侵攻後にロシアに科された経済制裁もまた、代替可能性がもつメリットを示す一例である。短期的には、ロシアに対する経済制裁の発動直後に、ドイツのような国ぐにが、ロシアの石油とガスをすべて他のものへと直ちに切り替えることは難しい。しかし中期的には、ドイツは供給国をロシア以外の国に代えたり、グリーンエネルギーを増やしたりすることで、ロシアからの輸入エネルギーを別のものに置き換えることができる可能性が高い。

多様性と開かれた心

レジリエンスを高めるもう一つの要素に、多様性がある。これはレジリエンスとロバストネスの両方を高める働きをする。同じ種類の木だけから成る林はいずれも備えておらず、その木に起きやすい病気が発生すると、完全に死滅してしまうかもしれない。つまり、こうした林はそのような病気に対するロバストネスがなく、全体が死滅すれば復元も不可能なので、レジリエンスも備えていない。これに対し、多様性があれば分散が可能になる。雑木林は、たとえば特定の木に発生する病気のようなショックを、はるかにうまく切り抜けることができる。

同様に、すべての人が同じ産業——たとえば観光業など——で働いている社会は、特定の産業にのみ起こるようなショックに対してきわめて脆弱である。その産業が不振に陥ると、すべての労働者が等しく影響を受けるため、その社会では誰一人として保険の役割を果たすことができない。これとは対照的に、人がさまざまな産業に分散している場合、観光業が不振に陥ることになっても、他の産業で働く人たちが観光業の人たちに命綱を渡すことができる。

多様性のある文化はまた、創造性や独創的な考え方を宿している場合が多い。多様性のある社会のほうが、異端者の恩恵を受ける可能性が高くなる。

バッファと冗長性

在庫は、レジリエンス獲得の過程において追加的なバッファになる。発展途上国の穀物在庫は、食糧価格が上昇した際、国民を養うために放出することが可能だ。必要に応じて在庫を調整する柔軟な在庫管理はレジリエンスを高め、必要なバッファを削減することにつながる。

レジリエンスのバッファは、ロバストネスのバッファとは対照的に柔軟性があり、さまざまな状況への対応に使用できる。これは個別のあらゆる偶発事象に対応するべく複数のバッファを用意する、ロバストネスのアプローチとは異なる。レジリエンスのバッファとは、理念上は既知の未知と未知の未知のいずれにも使えるほどの、十分な柔軟性を備えたものである。

図表１－５

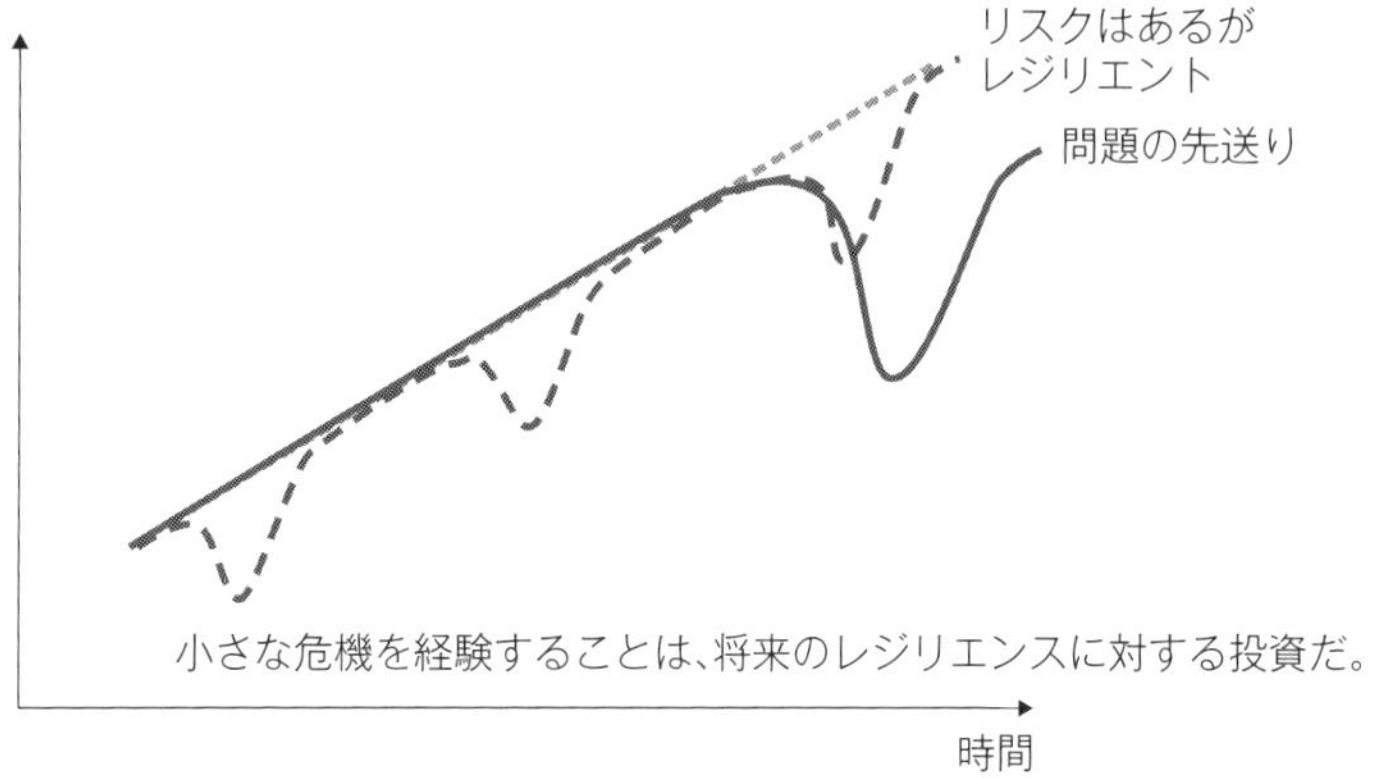
リスクはあるが
レジリエント
問題の先送り
小さな危機を経験することは、将来のレジリエンスに対する投資だ。
時間

問題を先送りするコースと、リスクはあるがレジリエントなコース。

短期的な復元が、次のショックに対して脆弱になることと引き換えになされる場合、トレードオフが出現する。危機を避けるためにバッファを使い切ると、のちのショックへの備えが少なくなる。

図表１－５は、「問題の先送り」がレジリエンスをどのように損なうかを視覚的に示したものだ。実線は、最初のうちこそ小さな危機を──そこからの回復が可能であるような危機を──回避しているが、これらの小さな危機を避けるためにリソースを使い果たし、レジリエンス・リスクを蓄積してしまう。そして第三のショックが襲った時点で、破線は実線を上回る。ここから、レジリエントなコースでいくつかのリスクをとることは、長期的なリスクを高めてしまう見かけ上の安定性よりも好ましいことがわかる。

ひとことで言うと、動力学的なトレードオフが存在するのだ。どれだけの冗長性を利用すべきなのか、また後のちゃってくるショックのためにどれだけの冗長性を維持すべきなのか。ここにレジリエンスの期間構造が生じる。つまり短期的なレジリエンスと長期的なレジリエンスとを互いに比較検討する必要が出てくる。具体的な例としては、ある国が世界銀行やＩＭＦの援助をいつ使うべきかという問題があろう。最初のショックからの再起のため早期に借り入れを行うべきなのか、それとも将来のショックに備えてレジリエンスと余裕を維持するため、より忍耐強く事態に対処すべきなのだろうか[6]。

リスクへの暴露はレジリエンスを教えてくれる

ときおり小さなショックを経験することがもつ別の利点は、それによってショックへの対応方法を**学べる**ということだ。個人や社会は何かのリスクにさらされた瞬間、計画を状況に適合させ、将来の似たようなリスクに対処する方法を学ぶとともに、レジリエンスを養う機会を手にするのだ。

人間の免疫システムはその好例と言える。細菌に対する抗体や耐性を高めるには、免疫システムを細菌に暴露させる必要がある。過剰な無菌環境のなかで育つ子どもは、身体にレジリエンスが形成されない。無菌環境から出れば、細菌との戦いに慣れていない身体は、感染に対して脆弱になる。同様に、これまで大勢の起業家が倒産を経験してきたが、その倒産こそが、成功著しいユニコーン企業のビジネスモデルを後押ししている。レジリエンスがあれば、後退が洞察と実践の質の向上につながることもある。

これと同じことが、社会全体についても言える。社会が比較的小さなショックの経験を通じ、その後のショックにうまく対処できるようになる可能性がある。台湾が新型コロナウイルス感染症の大流行にうまく対処できたのは、２００３年の重症急性呼吸器症候群（ＳＡＲＳ）大流行の際に危機管理計画の実施方法を学んでいたからだ[7]。

アンバランスが蓄積しないようにするためのリスクへの暴露

ときおり起こる小さな危機は、別の理由からもレジリエンスを高める手段になりうる。危機は必要な調整を行う機会であり、調整がなされなければ、アンバランスが徐々に増大する恐れが生じる。大規模なアンバランスが積み重なると、それによって必然的にもたらされる危機は深刻の度を増し、システムの復元力は小さくなっていく。これに対して、あまり大きくない危機が比較的頻繁に起き、そのたびに復元がなされるなら、そうしたシステムはよりレジリエントであり、ゆえに外見的には安定しているかに映るシステムに比べ、リスクに陥りにくくなる。

この現象は、変動性パラドックスと呼ばれることがある。変動性がきわめて低いときには、とくに警戒すべきだろう。２００８年の大不況のような、金融システムに大きなストレスがかかる時期の前には、きわめて低い変動性が示されることがある。この大不況が起きるまで、一部のエコノミストは、知識に裏打ちされた１９８０年代以来の経済政策が深刻な不況を根絶してしまい、そのようなものは遠い過去の概念だと考えるようになった。が、２００８年のはるかに大きな危機への道は、１９９０年代から２０００年代初頭にかけての比較的円滑な景気循環によって開かれたのかもしれない。

レジリエンスを壊すもの

罠

レジリエンスのあるなしは、ショックへの人びとの対応や対応能力に関わることが多い。次に、レジリエンスをとりわけ大きく損なうショックについて考えよう。「**罠**」は人びとからレジリエンスを——つまりショックのあとに立ち直る能力を——奪う。たとえば雇用者が労働者を解雇し、その労働者が子どもを通学させることができなくなった場合、彼女の子どもは可能性を著しく損なわれる。その子どもはショックに対してなすすべをもたないのだ。このなりゆきは、ラ・フォンテーヌの寓話にある樫の木に似ている。樫は嵐によって根こそぎにされ、枯れてしまう。

図表1－6は罠を示したものだ。線が罠に触れた瞬間は後戻りのできない場所に到達した瞬間で、回復の可能性はなくなる。つまり、罠はレジリエンスを永久に損なう。リスクの高いコースは、元来はより高い成長を可能にするものだが、罠に陥ると、利得の可能性はすべて失われる。したがって罠が存在する限り、または少なくとも罠が問題にならなくなるまでは、リスクの少ないコースを選択するのがレジリエンスの高い戦略であると言えるだろう。有限責任は、金融に打撃を与えるようなショックへの対応および復元を手助けする一つのアプローチである。

図表1－6

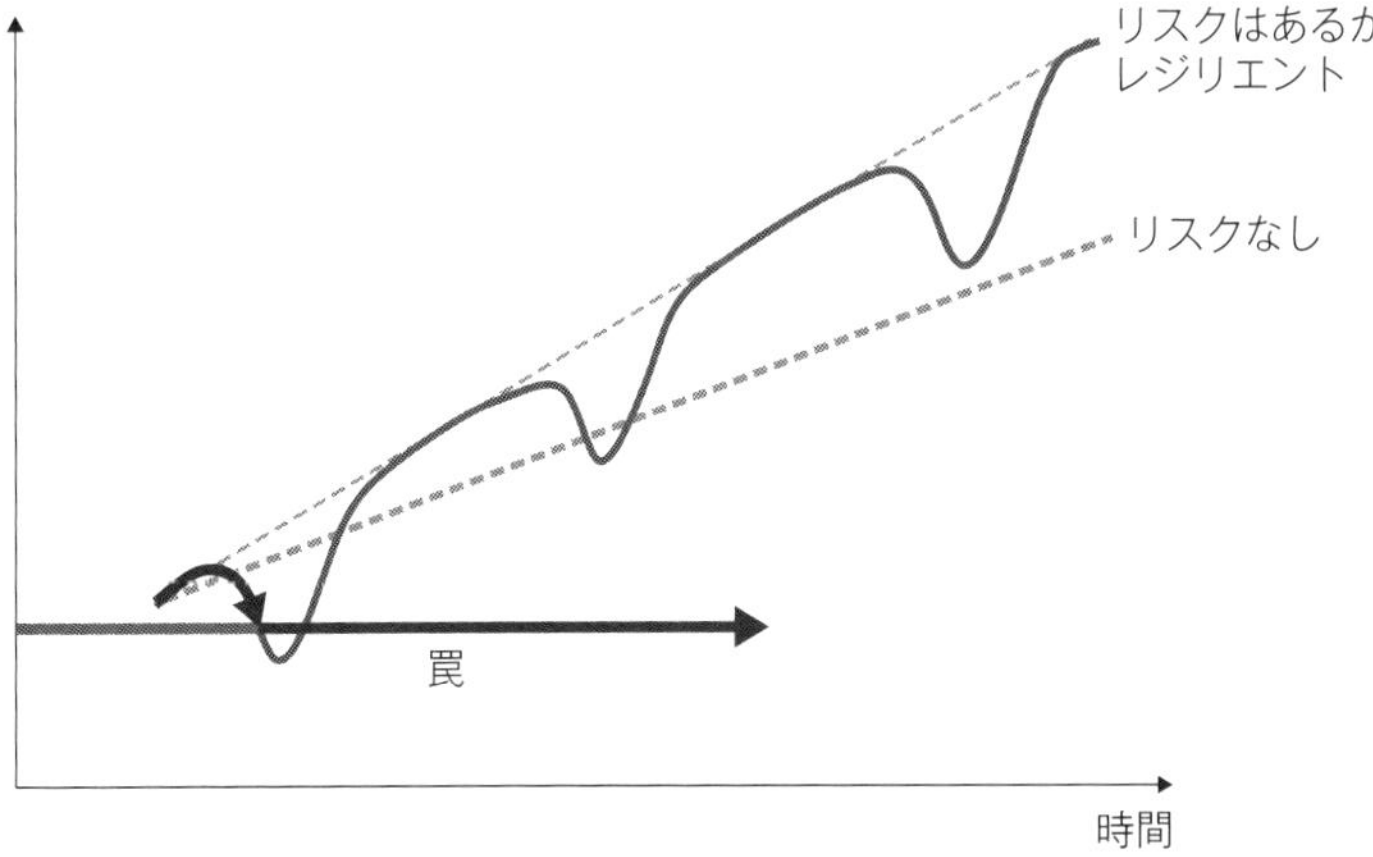

罠が存在する状況でリスクを回避するコース（直線）と、変動しつつもレジリエントであるコース。

フィードバック・ループ

誰かが負のショックにさらされたときにとる対応が不安定化のフィードバック・ループを生み、それが全体的なレジリエンスを弱める恐れがある。したがって、特定の状況においては、人びとの対応がレジリエンスを破壊する要素になってしまう恐れがある。このことは、対応が回復を始動させずに、事態を悪化させる場合に当てはまる。

別の言い方をすると、人びとが互いに外部性を押し付け合い、それが積もり積もって社会の均衡やレジリエンスの劣化をもたらすかもしれないのだ。このような状況を「**フィードバック外部性**」と呼ぶ。その古典的な事例に銀行の取り付け騒ぎがある。大勢の顧客が同じ日に預金を引き出すと、その銀行を不安定化させ、負の外部性を生み出すことになる。そうした顧客の行動がほかの人たちを刺激し、預金引き出しを助長するなら、さらなる「フィードバック外部性」が生じるだろう。しまいには正真正銘の取り付け騒ぎが起き、たいていの銀行は預金残高が十分にないだろうから、その銀行は引き出しを一時停止するはめになる。

抽象的な観点から見れば、マスクの買い溜めも銀行の取り付け騒ぎのようなものだ。顧客1人につき1箱を提供できる店も、買い溜めが起きればマスクについては流動性を失うだろう。

どちらの騒ぎも、フィードバック外部性が大きな影響をおよぼすことを具体的に示している。銀行に駆け付けたり、マスクを買い溜めたりする数人が、大勢の他者に負の外部性を押し付ける恐れがあるのだ。経済学者はこのタイプのフィードバックを、いわゆる「戦略的補完性」によって説明している。図表1－7で、買い溜め行為を図解した。Aを含む何人かが、通常必要とされる以上のトイレットペーパーを買ったとしよう。その結果、図表中のBを含む他の人たちの買える分が少なくなる。Bは負の外部性を被る。他の人たちはこの様子を見て、トイレットペーパーが品薄であると考えるかもしれず、やはり多めに買う。するとこんどはAが、自分の引き起こした外部性の影響を受ける。トイレットペーパーが極端な品薄状態になるとAはさらに買い込み、それを受けてBまでもが買いあさるかもしれない。そしてある時点に達し、トイレットペーパーがすっかり売り切れると、このループに終止符が打たれる。外部性がフィードバック・ループと組み合わさると、本当の「レジリエンスキラー」になる。

不安定化のフィードバック・ループの対極にあるのが、「安定化ダイナミクス」として知られるものだ。この力学は、負の外部性にさらされた人が**異端者的**な反応を示した場合に生じる。つまり、不安であるにもかかわらずトイレットペーパーを買わなかったり、すでに買い置きしていた分を返品したり、といった反応だ。しかし、いったんフィードバック・ループが動き始めると、異端者が

図表1－7

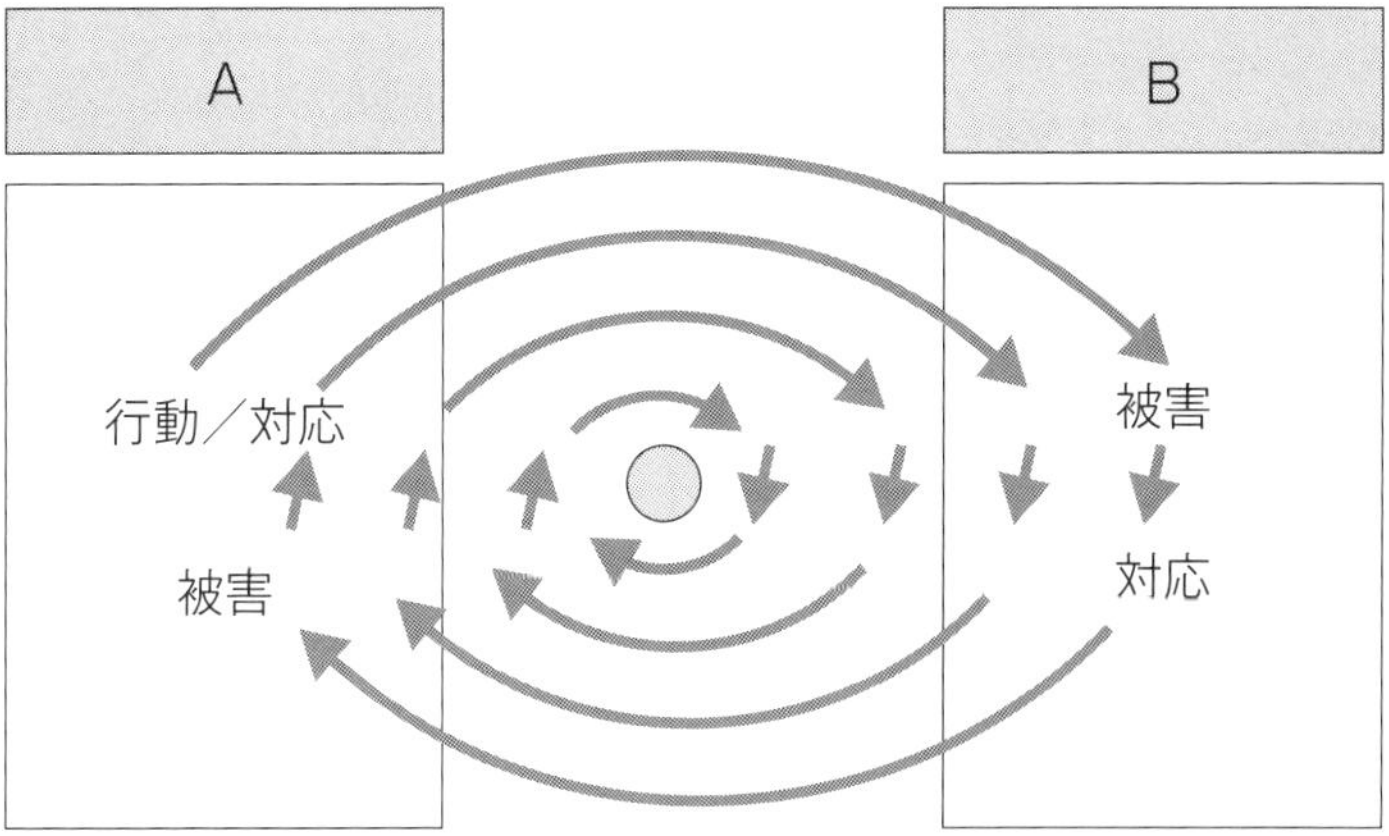

フィードバック外部性のループ。

何人かいたところで、その動きを止めることはできない。政府の介入が必要になるのだ。

さらに重要なことを言えば、負のフィードバック・ループが甚大な影響をおよぼしうることは何千年も前から認識されていた。古代社会が「目には目を、歯には歯を」という報復法を実施していたのは、暴力的な負のフィードバック・ループを封じ込めるためにほかならない。このような法律がなければ、何かの出来事がはるかに大規模な報復を招き、それがさらなる報復を呼ぶということにもなりかねない。が、「歯には歯を」は、最初の2段階でこのループを止める働きをする。もっとも、歯を失った側に家畜（もしくは金銭）を譲渡して償うほうが、より賢明なアプローチと言えるだろうが。

臨界点

臨界点は、フィードバック外部性が動き出した場合に現れるもので、深刻な「レジリエンスに対する脅威」である。社会は臨界点を特定し、これを回避しなければならない。ひとたび臨界点を超えてしまうと、レジリエンスを失うことになる。たとえば、ささいな引き金によって、潜在的な不満が噴き出す恐れがある。社会が分裂し、最後には民情不安が醸されることもあるだろう。暴力が噴出すれば、平和的な共存に戻ることは難しいプロセスとなる[8]。

　レジリエンスは多くの場合、リスクへの対処においてロバストネスよりもすぐれているということをこの本では説いている。とはいえレジリエンスにも限界はある。激しい嵐のときには丈夫な樫が折れるが、極端に激しい嵐のときは、弾力のある葦でさえ吹き飛ばされる恐れがある。したがって、レジリエンスがあればレジリエンス・リスクにいっさい対処しなくてもよいということにはならない。それでも、レジリエンス・バリアはたいていの場合、ロバストネス・バリアよりも大きい。

　多くの場合、どの時点で臨界点を通過しそうなのかを知るのは難しい。何もかもが安定しているかのように見えていたのに臨界点が現れ、その後は急激に事態が悪化するということもあるかもしれない。臨界点は社会の力学を著しく非線形的にする。

図表1－8に示すように、レジリエンスが臨界点から逃れる唯一の方法となる場合もある。

　図表中では、システムが臨界点に向かう負の下降トレンドに陥っている。直線は安定しているように見えるが、レジリエンスが欠けている。変動性はないものの、臨界点から逃れる方法を備えていないため、実際には非常に危険だ。

　一見リスクが高いように思えるレジリエントなコースのほうが、より安全な選択になりうる。こちらは変動性をともなってはいるが、負のショックが起きたのちに必ず回復しているので、システムは臨界点から遠ざかっている。言い方を変えると、コースを持続可能なものにするには、レジリ

図表1－8

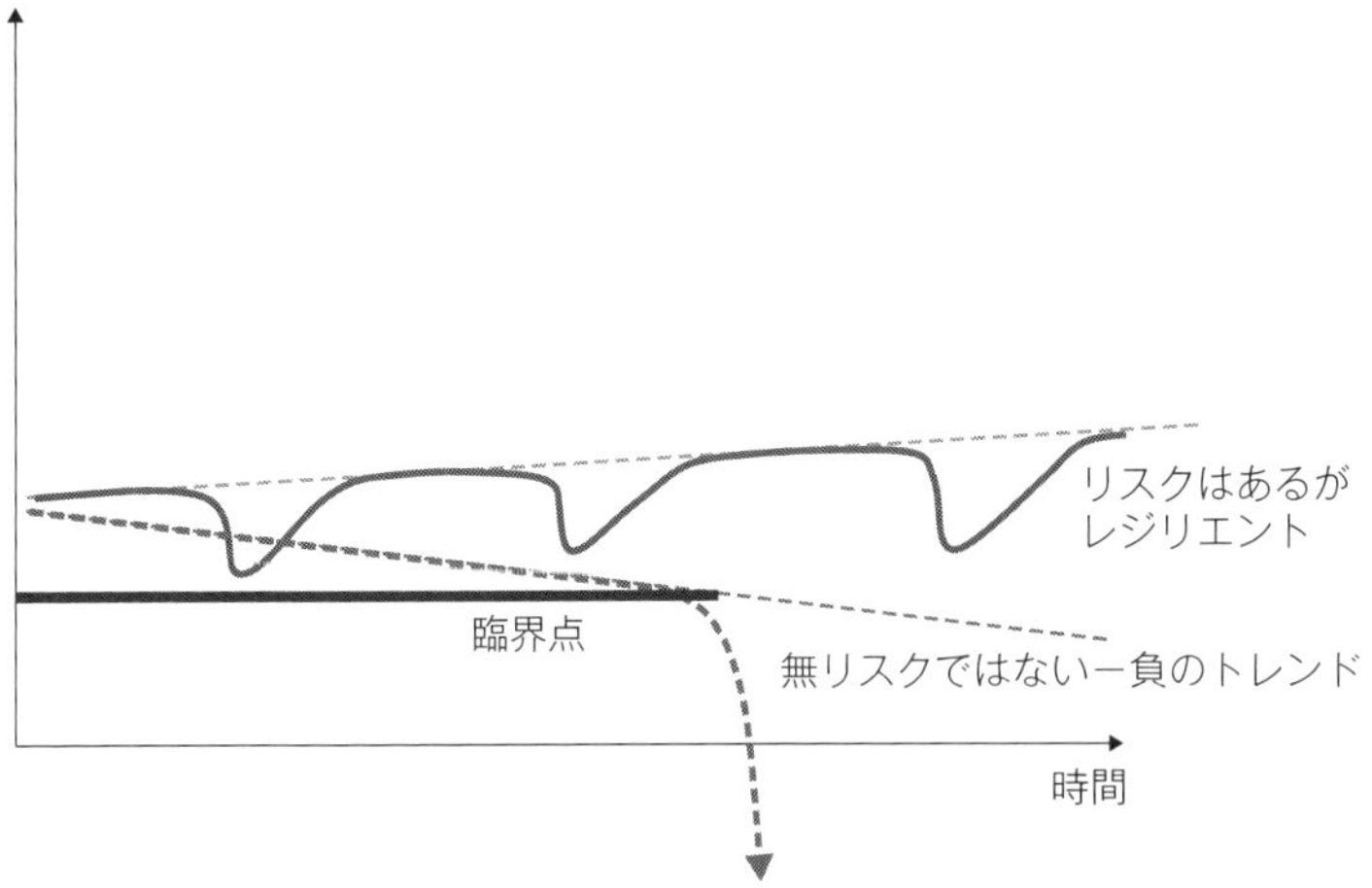

負のトレンドが存在する状況でリスクを回避するコースと、変動しつつもレジリエントであるコース。

エンスを保ちつつ、ある程度のリスクを引き受けることが唯一の選択肢なのかもしれない。

プロセスを持続可能なものにするために、技術的破壊を受け入れるしかない場合がある。そうした破壊が一時的なショックにつながることもありうるが、理知的で創造的な対応がなされれば、そのプロセスはショックが訪れるたびに復元できるだけのレジリエントなものになるだろう。技術的破壊を通じての進歩は、持続可能性と、必要な構成要素であるレジリエンスを最終的に獲得できる唯一の道かもしれない。

レジリエンスと変化のスピード

変化のペースが変化する能力を上回っていない社会なら、その社会はレジリエンスが高い。一つの喩えとして、横風のなかへと進んでいくサイクリストについて考えてみよう。その乗り手が自然なスピードで走っていれば、自転車は突然の横風にも耐えられる。これと同じように、経済が成長していないと、社会の特定領域をストレスにさらすような破壊的変化を制御することはいっそう難しくなる。つまり、包括的成長を推し進める社会は社会契約そのものを安定させ、その結果、好循環が現れるのだ。

他方で危険もある。サイクリストがスピードを出しすぎると、脆弱性が増す。高速で走行すると路面の穴をよけることが難しくなり、事故の起きる可能性が増す。乗り手が転倒して怪我を負えば、ふたたび自転車に乗ることが困難になる。そのようなわけで、変化とテクノロジーの進歩について言えば、そこから取り残される人が出ないようにしなければいけないのだ。この件については、イノベーションと不平等に関する章でふたたび取り上げよう。

成長を達成するには、イノベーションという目的のために、社会はリスクを引き受けることができなければならない。しかしリスクが現実化する恐れもある。そんなときに、個人や社会がそのおりで痛めつけられるようなことになってはならない。だからこそ、レジリエンスが重要なのだ。レジリエンスは個人や集団、社会がリスクを引き受けることや、またリスクテイクがはかばかしい結果を生み出さない場合に復元を可能にする。

リスクの選択の適否は、人が反応できるスピードにも左右される。負のショックに対する反応が遅いほど、罠に陥るリスクが高くなる。逆に迅速な反応は、多くの場合ショックによる悪影響を和らげることを可能にする。

第2章　レジリエンスとさまざまな秩序

レジリエンスの概念は個人や社会に当てはめることができ、さらにはグローバルな次元に適用することも可能だ。個人が危機の渦中に倒れたとしても、その後に正しい動きをして立ち上がることができるなら、その人はレジリエントである。この考えは社会科学の分野にも見られ、諸単位や諸個人のあいだに起きる相互作用がレジリエンスを左右する、とされる。

システムは二つのカテゴリーに分類される。人間による計画に基づく組織化されたシステムと、自生的秩序のように進化していく自己組織化されたシステムだ。そのいずれもレジリエントになりうる。組織化されたシステムは、計画者が予測できなかった偶発事象が起きれば脆弱になるかもしれない。他方、自己組織化されたシステムは時間をかけてレジリエンスを発達させてきた。時の試練に耐えて生き残るのは、レジリエントなシステムだけだ。

社会は多くの場合、社会契約を通じてレジリエンスを獲得する。社会は個人が権利をもたない「弱肉強食の掟」という問題を解決するために、外部性を制限する社会契約を形作る。社会契約は社会のレジリエンスを高め、そのことによってもっとレジリエントな社会契約へと変わっていく。そして社会契約自体は、進化していく社会規範やしかるべく設計された政府の介入、自由市場のいずれかを通じて実行される。この章では、レジリエントな社会契約がこれら三つの実行方法すべてに大きく影響されるということ、また実行方法を柔軟に変化させるということにスポットを当てる。

個人のレジリエンス

レジリエントでない人びとは、深刻な危機から回復しないかもしれない。一時的な失業が恒久的な失業になり、多額の負債が家計を何年にもわたって圧迫するかもしれない。このような影響を受けた人びとは、たとえ保険が緩衝役を果たしたとしても立ち直ることはない。

個人のレジリエンスは、負のショックのあとにその人が回復する能力によって示される。回復の成否は、ショックのおよぼす影響に彼女なり彼なりがどのような反応をするかにしばしば左右される。レジリエンスは、新しいスキルを学んで、一つの仕事から別の仕事へと柔軟にスキルを移転する能力によって育まれることがある。一般的で幅広い教育は、人の代替可能性を高め、失業した場合の再起を容易にしてくれる。

より大まかな言い方をするなら、レジリエントな人びとには自分自身をふたたび創造する能力、進んで復元に取り組む能力があるということだ。ショックに適応するための危機管理計画をあらかじめ考えておくことは、レジリエンスの向上につながる。

レジリエンスを育むことで、福祉とメンタルヘルスの向上を促すことができる。心理的な次元に注目すると、そのいくつかの側面はレジリエンスの向上にとって大切な要素になりうる。前向きの態度を保つことで、後ろ向きの感情のフィードバック・ループに巻き込まれることがなくなる。自己受容を進めることや、個人的な危機に直面したときにそれと気づくことは、レジリエンスを高めるうえで重要な要素だ。回復への道を開くには、自己犠牲よりも、解決策を探す前向きな姿勢のほうがはるかに有効だ。また、自分でコントロールできる側面に傾注することは、回復に向かう第一歩となる。

最後に、個人のレジリエンスがその人固有のものであるとしても、人がこうした課題の前に一人で取り残されることはない。友人のネットワークから生まれる交流や助け合いは、ショックを吸収し、再起するのに役立つ。

社会全体のレジリエンスとネットワーク

電気通信から学術論文の共同執筆、銀行間取引市場にいたるまで、ネットワークはいたるところに浸透している。ネットワークを抽象的に説明すると、ノードとリンクの二要素で構成されるものと言える。ノードは相互に結び付いた企業群、リンクはその供給関係に置き換えて考えることができる。が、ノードは人間であってもいいし、リンクはフェイスブック（Facebook）を通じての友人関係であってもいいだろう。

レジリエンスの観点から見ると、ネットワークは個人のレジリエンスという次元を超えた課題を呼び込む。システム内のさまざまなノードの相互依存関係は、いまではきわめて大きな重要性をもつものだ。

ある国のどこかの発電所が一時的に故障したときに、電力網は復旧するのだろうか、それとも全国規模の停電につながるのだろうか。銀行間取引市場はシステミック・ショックに対して脆弱なのだろうか。リーマン・ブラザーズ社が破綻した2008年当時、銀行間取引市場にレジリエンスがほとんどなかったことは間違いない。それどころか、金融セクターのストレスが高まるにつれて、波及効果が最初のショックを増幅させ、システミック・リスクが急速に高まった。

ネットワークのレジリエンスは、個人あるいはノードの相互作用、またパンデミックなどの深刻な事態への備えがネットワークにどれだけ整えられているか、にも左右されるだろう。一つのノードに対するショックは、他のノードの反応次第では、より大きなショックに拡大することもある。初期のショックは**フィードバック外部性**によって増幅される。このプロセスが続くと、小さな初期段階のショックが増幅されて大きな社会的ショックになる。

一元型のネットワークと分散型のネットワーク

ネットワークのノードと、相互につながるリンクは、さまざまな形に編成できる。

図表2-1は3種類のネットワークを示している。一番レジリエントなのはどれだろう。

左側の図は一元型ネットワークを示したもので、ここではすべてのリンクが中央のノードを経由し、リンク先端部分の各ノードは中央ノード以外のノードとはつながっていない。一元型ネットワークはきわめて階層的な構造であると考えられる。一つの主要なプレーヤー、つまり中央のノード

図表２−１

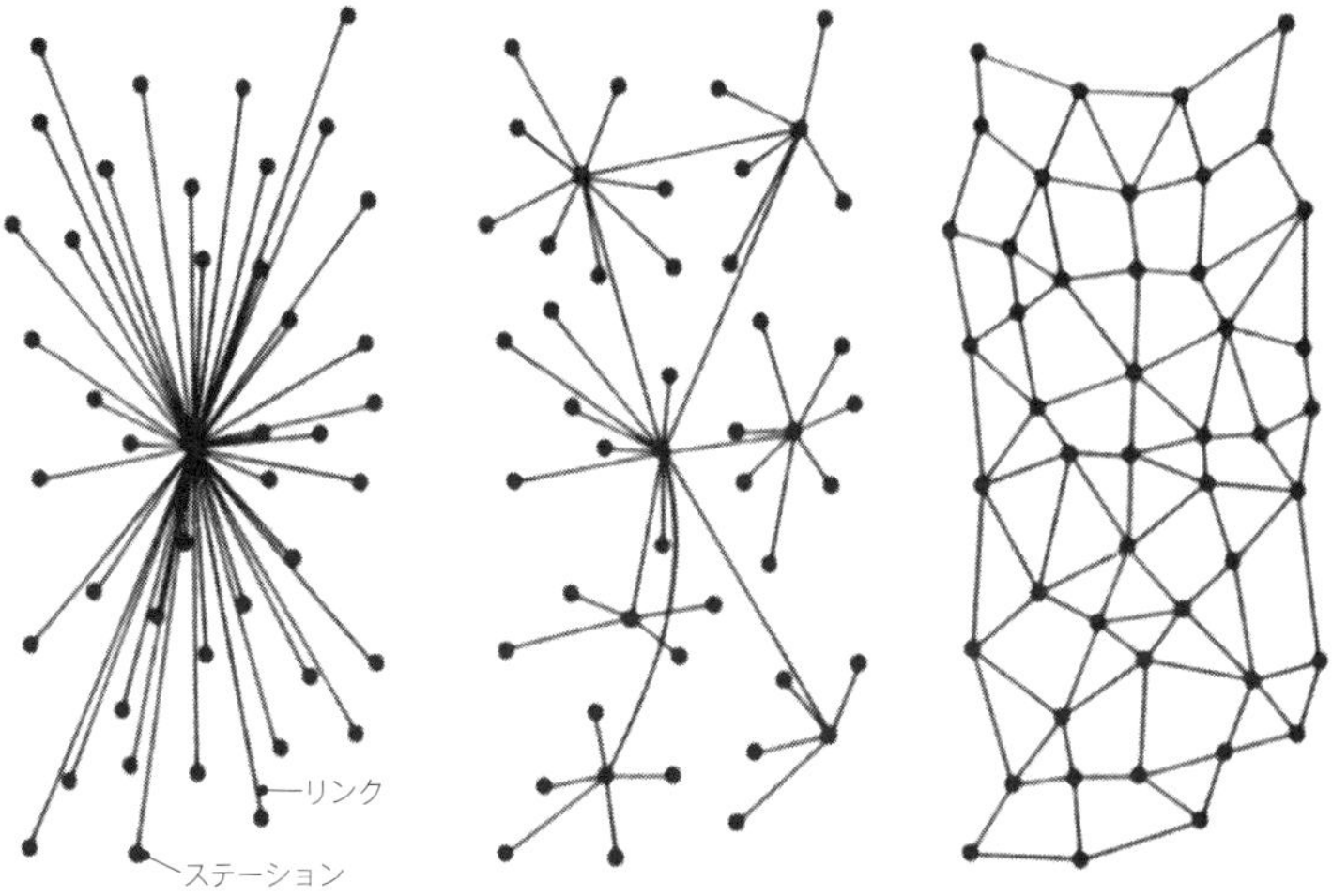

ネットワークの種類。

が、他のノードに比べてはるかに大きな影響力をもつ。ゆえに一元型ネットワークはレジリエンスが低いことがわかる。中央のノードに障害が発生すると、すべてのリンクが同時に遮断されてしまう。非一元型のネットワークは、それに比べればレジリエントだが、ローカルな中央ノードの障害に対しては脆弱だ。しかし分散型ネットワークはもっともレジリエントであり、階層はフラットだ。一つのノードに障害が発生した場合に備えて、任意の二つのノードのあいだに少なくとも一つはリンクを残している。複数のノードに障害が起きても、ネットワーク内のほとんどのリンクは保持される。情報の流れにも、あまり多くは求められない(Cho, et al., 2011)。

一元型のネットワークでは情報が中央を通過することが重要であり、また中央は情報に基づいて決定を下すための処理能力を必要とする。ネットワークのノードのどれか一つが攻撃を受ければ、ネットワーク内のあらゆる情報を迂回させることになりかねない。

逆に非一元型ネットワークでは、ローカル情報に基づいて各ノードを作動させることが可能だ。分散型ネットワーク内の任意の二つのノードは、ノード障害がなければ交換できる。したがって、分散型ネットワークでは情報の断絶をはるかに適切に処理し、調整を常時行うことが可能で、調整は格段にスムーズになるだろう。

最後に、いくら非一元型ネットワークに利点があると言っても、あらゆる経済・社会活動を最大限分散させるべきだというわけでは必ずしもない、ということに注意する必要がある。規模の経済も比較優位も、またリソースの利用可用性も、なんらかの一元化が最適であることを意味する場合がある。すぐれたレジリエンスについて考えると、短期的な経済コスト効率とレジリエンスのあいだにトレードオフがあるかもしれないということがわかる。短期的にもっともコスト効率の高いシステムも、レジリエンスがなければ長期的にはもっとも効率が悪いかもしれない。

社会のレジリエンス

社会は個人とシステムとが組み合わさってできている。つまり、前段で説明したものに似たネットワークである。電気回路のような技術的ネットワークと比べると、社会は二つの次元で異なる。まず、社会の他の人びとがとるであろう行動についての期待が、個人の行動に影響を与えるということだ。機械の反応を予測することはできるが、人間の行動は不確実だ。したがって他人がどのように行動するかについての期待を、社会の成員が形成する必要がある。

次に、ネットワークは全体的に復元力が発揮されるならレジリエントだと言える。一部のノードが機能不全に陥っても、代わりに他のノードが始動するなら、そのネットワークはレジリエントである。社会のレジリエンスは、それよりも多くのことを必要とする。

「シュンペーターの創造的破壊」は、企業のネットワークとしての経済におけるこの点の重要性を示すものだ。個々の企業がレジリエントでなくても、経済はレジリエントになりうる。ほとんどの経済では、企業の代謝が広範囲に起きている。新しいスタートアップが設立され、既存の企業に取って代わろうとする。他方で古い企業は進化し、一部は市場から撤退する。その結果、経済全体はレジリエントになる。つまり廃業した企業は新規参入企業に置き換わるので、経済成長のエンジンは減速しない。とはいえ個々の企業にはレジリエンスがない。廃業は恒久的な罠のようなものだ。

しかし人間社会は企業のネットワークとは異なる。わたしたちの社会にとっては、たとえリスクが大きすぎて一部の企業が廃業するとしても、企業がリスクをとることは望ましいかもしれない。創造的破壊のエンジンが活動し続けるなら、一部の企業の撤退は、新しいビジネスモデルと新しいアイデアをもつ新しい企業のための場所を作り出すという理由で有益である。

他方で、わたしたちの社会は再起を不可能にするようなリスクを人が冒すことを望まない。レジリエントな社会には、誰も置き去りにしないように努力することが求められる。言い換えれば、社会全体にくわえ、すべての個人、または少なくともほとんどの個人が再起に向けた対応の選択肢をもっているなら、その社会はレジリエントである。社会的結束と共通のアイデンティティーは、人びとが互いに助け合い、同じ方向に進む可能性を格段に高める。多様性と開かれた心は、リスクの分かち合いを可能にする。

ショックに対するさまざまな対応を評価するためのシミュレーションやストレステストは、社会の準備体制やレジリエンスを高める可能性がある。概して言えば、レジリエントな社会は協調のとれた対応が可能だし、制度は一新することができる。

設計された秩序か、自生的秩序か

システムや社会には明確な形で設計されるものもあれば、度重なる相互作用（非線形であることが多い）によって進化していくものもある。たいていは自己組織化された、自生的秩序とも呼ばれる構造が生まれる。この概念の起源は、アダム・スミスやデイヴィッド・ヒューム、アダム・ファーガソンといったスコットランドの哲学者や啓蒙自由主義の思想家にさかのぼる。フリードリヒ・ハイエクはこの考えを経済哲学において唱えた。

生物や言語の進化、結晶構造、また自由市場経済をはじめとするさまざまな事象は、事前に用意されたプレイブックを通じてではなく、時間をかけて有機的に形成される。たとえば現代言語は何百年、いや言語によっては何千年もかけてレジリエンスを発達させており、そのためきわめて順応性が高くなっている。英語の話され方や語彙は変化したが、この言語は時代を超えて存続してきた。

また、ここには別の意味合いもある。それは自生的秩序の形が中央と階層構造によって制御される一元型ネットワークではなく、分散型ネットワークに近いと考えられる、ということだ。分散型ネットワークは、よりレジリエントである。

設計された構造は、まったく対極にある。こうした構造は特定の目的のために設計されているので、より階層的で対称性をもつ。また設計の過程で、起こりうるすべての偶発事象に対するレジリエンスを築くことは事実上不可能だ。エスペラント語のような人工言語は一元的に設計されたものだが、そうでない言語ほど広まっていない。

多くの秩序は二つの秩序が混じり合った状態で、企業などの設計された構造が市場などの自生的秩序のなかにある。経済学の多くの文献が、企業の境界や、事業を展開する市場に個々の企業がどの程度影響を与えることができるかを探求している。おそらくハイエクならば、共産主義の計画経済が失敗したことは、市場経済のすぐれたレジリエンスを示すものだと述べるだろう。すべての経済ショックを予測し、対応を計画することは不可能だ。中央計画経済は、その運営に必要な情報の流れに追いつくことができないため、過大な負荷にたちまち押しつぶされるリスクを抱えている。市場経済では、消費者の需要が変化しても、供給を速やかに再編成することができる。市場価格は情報を集積し、希少性を伝えてくれる。価格の変化に応じて、供給が調整される。

これに対して企業があらかじめ決められた5か年計画を守るとするなら、供給の調整にはもっと時間がかかる。そのような経済に、消費者需要の急な変動に対するレジリエンスはほとんどない。財やサービスの実際の需要が事前に計画されていた需要から逸脱すれば、大半の資本の誤配が起こりうる。

自生的秩序は完全なランダム性を意味するものではない。むしろ、そこには意外なほど多くの構造や経験的規則性が存在する可能性がある。たとえば、都市の規模分布がいわゆるジップの法則に従っていることが、多くの国で観察されている。都市の大きさは、（きわめておおざっぱに言えば）

そのランクに比例する。多くの場合、最大の都市の人口は2番目に大きい都市の約2倍で、2番目に大きい都市の人口は3番目に大きい都市の人口より50％多い……といった具合である（Krugman, 1996）（Gabaix, 1999）。アメリカを例にとると、ニューヨークには約８４０万人、ロサンゼルスには約４００万人、シカゴには約２７０万人の住民がいる。イタリアの場合、ローマが約２８０万人、ミラノが１４０万人、ナポリが約96万人だ。この規則性がすべての国で完全に成り立つというわけではないが、上位5都市がほぼ同じ大きさという国はめったにない。

このように、何世紀にもわたって都市を築き、都市から都市へと移動してきた人間の相互作用は、予想外の数学的規則性を生み出した。都市の大きさの例は都合のよい選ばれた情報にすぎないと思う向きもあるかもしれないが、言語、企業の規模分布、また言語における単語の出現頻度など、他のさまざまな事例についても同様のパターンが観察されるのだ。

自然界には、行為者がローカル情報のみに基づいて決定を下す状況があふれているが、そこから複雑な構造が生まれる。魚の群れについて考えてみよう。一匹一匹のイワシは自分の周りのイワシだけを見ている。しかし、それが全体として大きなイワシの群れを形成する。群れを組織する中央の計画者がいなくても、捕食者が攻撃したときには調整を行い、複雑な動きで巧みに逃げおおせる。

とはいえ、自生的秩序には転換点があるかもしれない。その古典的な例が砂の山だ。大きな砂山に砂を一粒追加しても、たいていは砂山にまったく影響せず、誰もそのことに気付きはしないだろう。しかし転換点に達すると、追加された一粒の砂が地滑りを引き起こし、山全体を崩壊させる。このように小さな衝撃がシステムの大きな変化を引き起こす非線形アトラクターが、バタフライ効果の核をなしている〔訳注：力学系が一定時間のなかでなす運動の型をアトラクターと呼ぶ〕。バタフライ効果とは数学者エドワード・ノートン・ローレンツ（Edward Norton Lorenz）の観察した事象を指す言葉で、初期条件の小さな変化が、観測される天候を大きく変える可能性があることを言う。ブラジルの蝶は、地球の反対側で嵐を引き起こすかもしれない。もっとも、地球上にはこうした効果が存在するが、経済学にはめったに出現しない。

第3章　レジリエンスと社会契約

社会契約は、社会全体のレジリエンスを高めるものであるべきだ。自生的秩序と意図された組織の両方の要素を、社会契約は併せもっている。自生的秩序に似た、自然に出現する部分がある一方で、組織的な設計の通りになっていく要素もある。社会契約について考えるに当たって、自らの行動が他人におよぼす影響を一切考慮せず、ひたすら目先の必要や私利のために行動する人間の集団をまずは思い浮かべてみてほしい。そのような集団は暴力的で安定を欠いていることだろう。きっと弱肉強食の状態になるだろう。ショックや危険が生じたなら、その影響を他人に押し付けようとする者のせいで事態は悪化し、それはともすると取り返しのつかないことになる。弱肉強食の掟は一握りの者の生活を向上させこそすれ、社会全体の生活を破壊する恐れがある。そもそも、そんな集団のことなど、「社会」とは呼ばないだろう。

さらに、弱肉強食の掟は社会を恒常的な危険にさらす。社会は、ショックが社会の自滅に発展することを防ぐメカニズム――「社会契約」と総称される――があるからこそ存立している。社会契約は、社会のレジリエンスに寄与するあらゆる力やメカニズムを包含したものであるべきだ。

トマス・ホッブズ、ジョン・ロック、ジャン＝ジャック・ルソーといった啓蒙思想家は、社会契約の出現過程について思考をめぐらせた。ホッブズは、人は社会が成立する以前の「自然状態」、つまり社会秩序や社会規範のない世界で暮らすことになったなら、他者の福祉を侵害することを厭わないかもしれないと考えた。たとえば、いついかなるときも他人の物を盗んだり、他人を食い物にしたりするのだろう、と。そのようなことから、経済学における人間行動の基本前提（これはホモ・エコノミクスという考えのなかに包含されている）は、人間とは利己的なものであり、自分が罰せられない限りやりたいことはなんでもするというホッブズの見方を基盤にしている。古典派経済学の土台にもなっているホッブズの仮説とは対照的に、ロックとルソーは人間についてもっと楽観的に考えていた。二人は、人間は基本的に善であるものの、社会によって堕落する恐れがあるという点を強調した。はるかに時代が下ると、行動経済学において、利他主義や公正さに対する態度が研究された。

人間が社会以前の「自然状態」による悪い結果を克服しようというのなら、その目的のために集い、暗黙の**社会契約**を結ぶことができる。社会契約には自生的秩序に似た部分もあるが、家族やコミュニティーのほか、企業や国家、あるいはグローバルなレベルでも結ぶことが可能だ。この契約は人びとに個人的権利を付与し、よりうまくショックに対応する力を与える。つまり社会契約とは、個人の自由のレベルを規定するものなのだ。それにより、競争環境を一変させることができる。

社会契約がレジリエンスを示すべきなのは、福祉のどの側面なのだろう——経済なのか社会なのか、それとも個人なのか。これらはいずれも重要である。それになんと言っても、社会契約そのもののがレジリエントであらねばならない。外部からのショックに耐えられないような社会契約は、役に立たない。社会契約が簡単に崩れてしまうようでは、その社会はレジリエントとは言えない。

社会契約とレジリエンスとのつながりについて理解を深めるには、まずは「外部性」に関して述べておくのがいいだろう。これは、より広い社会的文脈で使うことが可能な、経済学者にとってはなじみ深い概念だ。

外部性と社会契約

外部性とは波及効果を説明する概念だ。ある個人の行動が間接的に他者に影響するとき、外部性が生じる。経済学における古典的な事例は、川を汚染する企業が下流域の住民に負の外部性を押し付けるというものだ。また外部性にくわえ、別の点を考慮することも大切だ。それは、外部性を受ける側にいる人がその苦境にどのような対応をとりうるのか、ということだ。たとえば浄水器を使ったり、危険を他人に押し付けるような行動をとったりすることが考えられるだろう。

新型コロナウイルス下の世界では、外部性を示す顕著な三つの例がすぐに思い浮かぶ。一つ目はマスクによって、それを着用している本人だけでなく周囲の人が守られてきたことで、これは他者にとっての正の外部性だ。さらに、誰がマスクを着けていないのかが目で見てわかるので、着用者は非着用者に近づかないという対応をとることができる。

二つ目の例はソーシャルディスタンスだ。あえてソーシャルディスタンスの勧告に従わない選択をした者は、他人を感染リスクにさらしている。この負の外部性については、(コストは高くなりがちだが）防護対策をとることで緩和できる場合が多い。

三つ目の例――ワクチン接種の拒否――はワクチンの利点を制約するうえに、他人を危険にさらすので、さらなる負の外部性が生じる。この場合、他人がワクチン接種済みであるか否かを知るのが難しいことから、不特定多数の人が集まるような状況での対応は困難になる。

ことはこうした個人レベルの外部性にとどまらず、国家が他の国家に外部性を波及させる可能性もある。２０２１年１月以降、新型コロナウイルスの感染拡大が多くの国で制御不能になったことから、ウイルスの変異株の数が増えていった。ウイルスが進化して、既存のワクチンの効力が弱まるとか、さらには無効になる危険がある。したがって、ウイルスの封じ込めに成功していない国は、世界に拡大する恐れのある新しい変異株の繁殖地になってしまい、負の外部性をもたらすかもしれない。

社会契約と外部性の封じ込め

社会のレジリエンスは社会契約に根ざし、そのことは少なくとも二つの目的、つまり社会の成員相互間における外部性の封じ込め、ならびに自然によるショックからの保護という目的にかなう。社会契約がなければ、人びとは誰はばかることなく負の**外部性**を押し付け合うことになる。ネットワークに置き換えて言うと、負の外部性はネットワークのリンクに沿って伝わる可能性がある。

社会契約がないと、外部性が増える。社会契約は個人の行動に許容可能性という枠をはめるので、外部性という罠の回避に役立ち、フィードバック外部性に対する歯止めとなる。しかし、社会契約は個人の自由を制約するものともみなしうる。他者によって引き起こされる外部性に対処するために、社会契約が人びとの行動を制限することもあるかもしれない。たとえばグローバルなパンデミックの渦中では外部性が増え、個人の自由をめぐる重要な問いを投げかけている。個人には他人を感染させる自由があるのか。この自由は何によって制限すべきで、それはなぜなのか。政治集会への参加が命に関わる病気を伝染させる恐れがあるとしても、参加する自由はあるのか。また、脆弱な人を守るために個人の自由を制限すべきなのか、といった問いである。レジリエンスとの関連から言えば、波及効果に対する人びとの反応に影響をおよぼす外部性は、ことさら注意に値する。

保険と社会契約

母なる自然が与えるショック

社会契約には外部性を封じ込め、好ましい反応を可能にすることに次ぐ、二つ目の根拠がある。それは、天災によるショックや母なる自然を原因とする外部性にさらされた人びとを支えることだ。

負のショックはさまざまな形をとる。それらのショックが個人に特有なものである限りは――つまり、それが人によって異なる限りは――幸運な者が不運な者を保険で守ることが可能だ。たとえば、いかなる年も、病気にかかる人とかからない人とがある。わたしたちは誰が病気になるかを正確に予想することはできないが、治療費が高いために、病気が個人にとってきわめて高くつくものであることは知っている。しかし、病気にかかるのは全人口のごく一部なので、市民1人当たりの平均コストは比較的安い。

このような場合は、コストを全員に分散させるよう設計された保険が合理的な解決策となる。誰もが保険料を支払うが、その代わりに個々人の治療費が部分的に補償される。実質的に、健康な人が病人を金銭的に支えることになる。一部の人が多額の費用の支払いを強いられ、残りはびた一文出さない、というのではなく、全員が少額の費用を支払うのだ。

保険の契約は社会契約に含まれることもあれば、保険会社との正式な契約の形をとることもある。「保険」のなかには社会規範の上に成り立っているものもある。たとえば自然災害が起きた際、法律ではっきりと義務付けられていないにもかかわらず、人はたいてい互いに助け合う。

自然によるショックから人びとを守るために社会契約が必要である理由をより深く理解するために、わたしたちがこの世に生まれてくる前の状況を想像していただきたい。これに似た状況を「**無知のヴェール**」と言う。このヴェールに覆われていると、どこで人が生まれ、個々人がどのような才能に恵まれ、またどのような弱点を抱えるのかを知ることもない。これは哲学者の**ジョン・ロールズ**（John Rawls）が思い描いた、経済状況についての仮定だ。この仮定に従うとして、わたしたちはたとえばパンデミックのような大規模な自然的ショックが起きたときのために、社会でもっとも弱い立場に置かれた人を、それが誰であるかも知らなくとも、保険で守りたいと思うだろうか。きっと多くの人が、なんらかの保険を設けるという考えに同意するだろう。こうした考えが、コロナ以前の社会契約の核心を成していた。しかし、無知のヴェールに覆われた状態では、個人の努力の余地を残すために、完璧ではない保険を選択する人が大半を占めるだろう。哲学者ロバート・ノージック（Robert Nozick）は、平等な地点から出発するのであれば、自由な交換から生じるすべての不平等を容認すべきだと説いてさえいる。なぜなら、いかなる再分配も誰かの自由を侵害することになるからだという（Nozick, 1974）。

保険は自動車事故のリスクに対する防衛手段にはなるが、平均への回帰、元の状態への復帰を保証するものではない。保険の有効性は社会の不均質性と**多様性**に左右される。均質性の高い社会では皆が似たようなショックを被るので、成員が互いを保険で守る余地は小さい。社会保険は、均質性が低く、個人の選好が多様な社会のほうが適している。誰もが製造業で働いている場合、負のショックが起きると、全員が似通った影響を受ける。他方、それ以外にサービス部門で働く人もいるなら、製造業にとってのショックが全員に等しく影響することはない。ゆえに、サービス業で働く人は製造業で働く人を保険で守ることができるだろう。

多様性があれば、社会はショックに耐えるのに十分な柔軟性を確実に備えられる。他方、均質性の高い社会では、人びとが互いを保険で守ることに、より前向きだ。先ごろ他界したイタリアの経済学者アルベルト・アレジーナ（Alberto Alesina）は、ヨーロッパ各国はアメリカに比べて住民の均質性が高いため、社会保障制度がアメリカよりも進んでいるのだと述べていた。

保険の抱えるもう一つの問題はモラルハザードだ。保険は行きすぎたリスクテイクや、経済における不適切なリスク配分につながることがある。レジリエントな社会は、目的を達成するのに最適なリスク水準をおのずと見いだす。あらゆるリスクから成員を守ることも、リスクを完全に取り除くこともめざさない。めざしているのはむしろ、リスクが現実化した場合に立ち直る能力を成員に与えることだ。これは、福祉・公共政策とはまったく異なるアプローチに結び付く。

逆選択とモラルハザード：リスクか、レジリエンスか

保険を通じての分散は、個人のリスクを削減し、それによってレジリエンスを高める働きをする。しかし保険は完璧な解決策ではなく、いわゆる逆選択やモラルハザードという問題を抱えている。逆選択が起きるのは、病弱な人ほど健康保険への加入に積極的になりがちだからだ。そのため、保険会社にはハイリスク顧客だけが集まる恐れがある。それに対する民間保険会社の答えは、「おいしい部分だけをもらう」、つまりリスクがもっとも少ない人に保険を売るというものだ。するとハイリスク集団のための保険が崩壊し、その結果、民間の健康保険が機能しなくなり、民間部門によって排除された人びとの健康を公費で補償する必要が生まれる。

また、モラルハザードの問題もある。人は保険に加入すると、行動を変える。保険はリスクからの防護になるが、努力する気を失わせかねない。これは手厚い失業給付についてよく指摘される問題点だ。

他方レジリエンスの場合、モラルハザードはそれほど問題にはならない。レジリエントな社会は、ショックにうまく対処する手段を人びとに与える。たとえばレジリエントな失業対策では、減収分に対する現金補償のみに的を絞ることはせず、むしろ失業者が立ち直れるよう再訓練を施すことに力点を置く。ショックに苦しむ人のためのレジリエントなアプローチとは、復元のプロセスに進んで取り組むよう背中を押すことである、という点が大事だ。努力を要件とすることで、モラルハザードの懸念を緩和できる。それにくわえて、もっと重要なことがあるとわたしは思う。再起した当事者は、自らの成し遂げたことを誇らしく感じるはずで、それが尊厳の醸成につながるのだ。

社会契約を実行するためのアプローチ

社会はどのように社会契約を実行するのだろう。一つ目のアプローチは**行政による執行**で、国家および地方のレベルで行われる。これは、一元性の高い、設計されたネットワークに似ている。実行の形には、権威主義的なものと、開かれた社会によるものという二つがある。

日本をはじめとする一部の国は、強力な**社会規範**を通じて外部性を内部化する。これは、前に説明した自生的秩序や分散型ネットワークに似ている。行政の介入がなくても、多くの人がマスクの着用やソーシャルディスタンスの確保といった公衆衛生的な手法を守っている。社会から負の烙印を押されることへの恐怖が、強力な規律の装置になるのだ。

社会を秩序立てるもう一つの経路に、**市場**がある。たとえば価格システムは、経済システムに秩序をもたらす強力な道具だ。しかし市場は完璧ではない。小さなショックへの取り組みにおいてはすぐれていても、大規模な危機が起きると不安定要因になってしまい、そのせいでほとんどレジリエンスを示さないかもしれない。

レジリエンスを向上させようというのなら、こうした二つの異なる人間社会の組織方法のあいだでバランスをとることが非常に重要だ。社会を取り巻く環境に合うよう社会契約の実行方法を調整することが可能なら、その社会はきわめてレジリエントだと言える。

ここで述べた社会契約の実行方法のあいだにはトレードオフがある。レジリエンスを確保するためのいずれのアプローチにも、長所と短所がある。市民自らが**社会規範**を守るようにする場合には、行政が人びとに規範を遵守させるような厳格なやり方にはならない。こちらはボトムアップ型で、隅々にまで行き渡る。だが、環境の変化への対応はあまり速くない。

強力な**行政による執行**はトップダウン型なので、地域全体あるいは全国で統一的な行動をとることが可能になる。規則を周知することができるなら、行政府は新たな環境にたやすく適応できる。明確かつ効率的な運営の仕組みがあれば、波及効果は最小限に抑えられる。トップダウン型の規制が抱える欠点の一つは、政府が最適な規則を実施するのに必要な情報が、多くの場合不足しているということだ。中国で新型コロナウイルスのパンデミックが起きた初期のころ、市や省からの中央政府への情報の流れは遅かった。これが負のフィードバック・ループにつながり、そのために中央政府の対応が遅くなった可能性がある。ほかの国、たとえばタンザニアでは、このパンデミックがいかに深刻であるかを政権指導者たちが周知しなかったために、貴重な時間が無駄になった[1]。さらに、善意に満ちた目的ではなく、ロビー団体や腐敗によって行政による執行が乗っ取られるということもあるかもしれない。このほか政府による監視という問題もあり、これによって権威主義のリスクが高まる。

市場は社会契約の実行に至るもう一つの経路で、それはたいてい政府による財産権の執行と連動している。市場のもつ大きな利点は、そこに情報が集まるということ、また多くの場合、そこから革新的で創造性のある解決策が生まれるということだ。放任された市場のレジリエンスについては、論争がずっと続いている。市場は「平時」にこそレジリエンスに貢献するが、大規模かつ予想外のショックや体制転換、不確実性に突き当たった場合には、崩壊しかねない。市場、とくに金融市場は売りが売りを呼ぶ悪循環に陥り、恒常的な下落が続く可能性がある。不況ののちにマクロ経済が自律的に回復するかどうかについて、学派を異にするさまざまな経済学者の意見は割れている。リアルビジネスサイクル理論がレジリエンスに関することをほとんど無視している一方で、ケインズ派は迅速な復元をもたらす政策介入を支持している。レジリエンスの概念が金融市場やマクロ経済政策の分析と密接な関わりをもつことは明らかだ。

社会の規範や慣習を通じての実行

暗黙の社会契約

社会契約については前段で簡単に論じたが、この論点はさらに掘り下げておくべきだろう。このことは、とくに経済学者からは往々にして無視されるのだが、社会規範や社会慣習はほとんどの意思決定に影響を与え、ゆえに社会契約にとっては重要な要素である。憲法とも、また社会を統制する法典とも異なり、社会規範は自生的秩序であって法的拘束力をもたず、政府や特別に設計された法規によって強制されることはない。人びとはこのタイプの社会契約を暗黙のうちに守っているのだ。

社会規範はコミュニティーの感覚を育み、社会内の統合を後押しする力をもっている。しかし、厳格な社会規範がものごとの探求やリスクテイクを制約することがある。社会規範の統制が強い社会では、異端者はたいてい歓迎されない。だが、特異で無駄に終わることが多いものの、ときに革新の扉を開く、そんな考えを追い求める人こそが、イノベーションの中心的な推進力となる。長い目で見ると、そうした人たちが社会契約を持続可能にするのだ。

社会規範の典型として、次の例が挙げられる。誰かが休暇中、ホテルのプールに行ったとしよう。その人は突然、自分の部屋に忘れ物をしたことを思い出すが、すでに見つけた日当たりのよい席を確保したいと考えるかもしれない。おそらくタオルを席に置き、すぐに戻ってくることだろう。不在時にタオルを使って席を取っておくことは、社会規範として広く受け入れられている。他のホテル利用者は、タオルは席が予約されたことを示すしるしであると解釈するはずだ。誰かがタオルをどけて「予約済み」の席に座ったなら、顰蹙《ひんしゅく》を買うことだろう。

このような社会規範はいたるところに存在する。タオルを席に置いた人は、そのあとアイスクリームを買う人の列に並ぶかもしれない。すると、広く受け入れられてはいるが法的に義務付けられていない別の社会規範が作用し始める。列の最後尾に並び、先頭に割り込まないという規範だ。割り込みもまた社会的に受け入れられず、そんな行動をとれば爪はじきにされるだろう。これら二つのシンプルな事例は、社会規範が浸透していることを示すものだ。挨拶の仕方に始まり、新規の顧客と握手すべきか、店舗で列に並ぶべきか、地下鉄で年配の女性に席を譲るべきか、にいたるさまざまな社会規範が、日常のやりとりのほとんどを制御している。このように、強力な社会規範も社会的行動を秩序づけるので、政府は起こりうる偶発事象のすべてについて規則を強制する必要はない。

新型コロナウイルスによるパンデミックの例は、負のショックが訪れたのち、社会規範がレジリエンス獲得にどれだけ貢献できるかをはっきり示している。

アジア諸国が新型コロナウイルスの大流行をうまく抑え込むことができたのは、テクノロジーを広範囲にわたって使ったからだと言う論者は多い。しかし日本はさほど多くの先端テクノロジーを使用せずにこの病気を抑制した。図表3－1からは、日本が厳しいロックダウンも実施しなかったことがわかる。

あまり厳格でない政策をとった日本が、ドイツやアメリカに比べてパンデミックをうまく抑制したのはなぜだろう。議論の余地はあるかもしれないが、ここでは暗黙の社会規範が大事な役割を果たしていた。日本には、社会規範の遵守を重視する強力な文化がある。社会規範は強大な力をもつことがある。仲間の否定的な反応が人の行動に影響をおよぼす。日本の人びとは公に叱責されたり、社会から負の烙印を押されたりする事態を避けようと、積極的かつ主体的にマスクを着用したのだ。同様に、会計上の不正行為や不倫の疑いをかけられた政権指導者がどのように行動すべきかについて、日本の誰も明文化してはいないが、恥の文化がきわめて強力であると言われるこの国では、こうした場合に閣僚が自殺することもある[2]。福島原発事故の際、戒厳令を敷かなくとも事態を切り抜けることができたのは結束力の強い日本の社会構造のおかげ、と指摘する論者もいる。

これに対して、日本と似た社会規範を有する韓国は、新型コロナウイルスの感染者をさらに低減させた。この差はテクノロジーの賜物だと推測することもできるかもしれない。日本とは対照的に、韓国では感染者や接触者を追跡するための技術ツールを大々的に使った。

韓国で社会規範と社会的烙印がどのように作用し合うのかを、一つのわかりやすい事例が浮き彫りにしている。政府の水際対策が実施される数週間前の2020年3月、アメリカで学期を終えた学生がソウルに帰った。彼女は軽い症状があったにもかかわらず、以前から予定していた母親との済州島《チェジュド》旅行を決行した（この島は韓国人のあいだで人気のリゾートだ）。学生の新型コロナウイル

図表 3-1

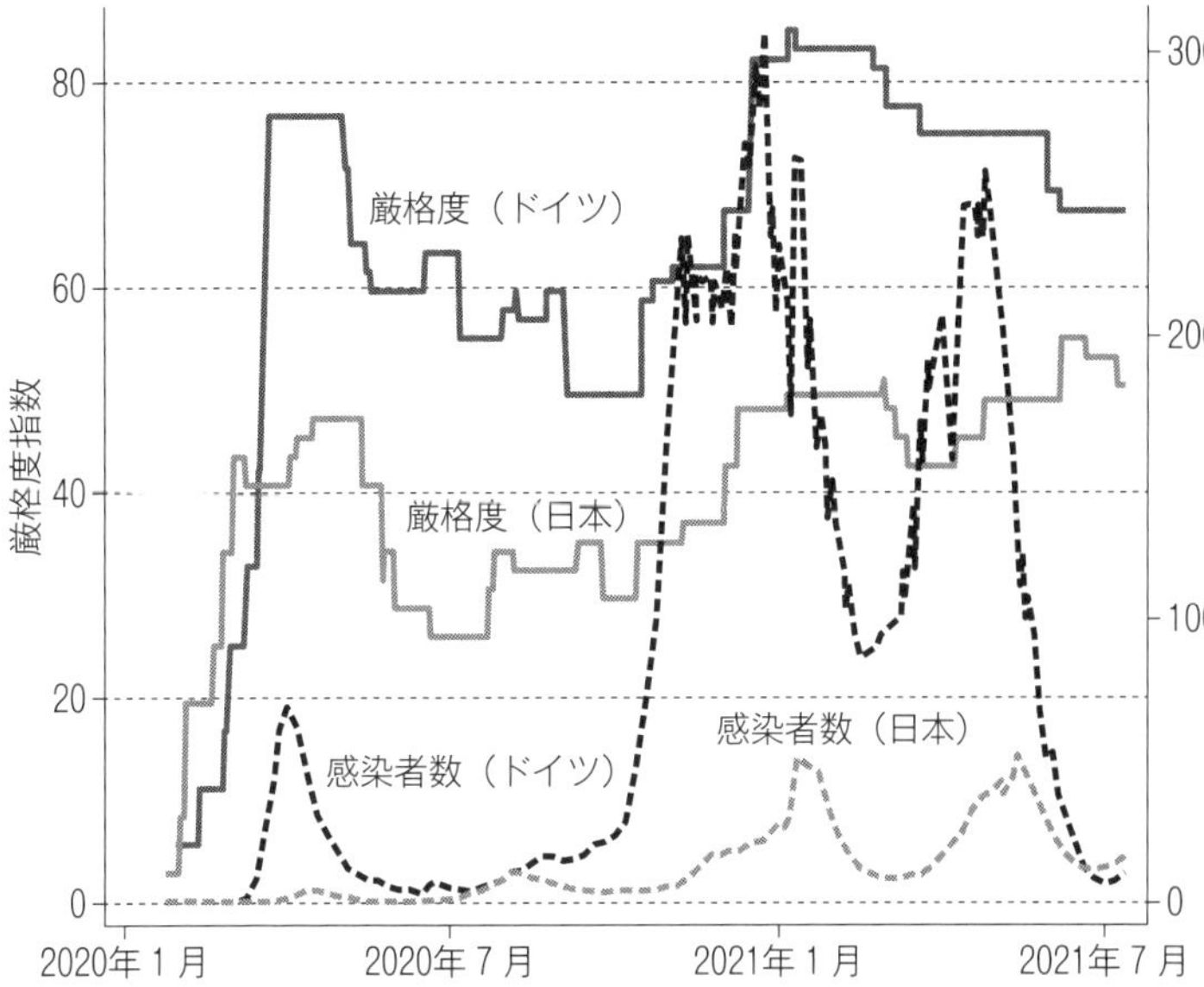

日本は他の国ぐにに比べて厳格な措置をとっていないが、感染者数は著しく少ない。
出所：Our World in Data 2021

スの検査結果が陽性と判明し、そのことは済州道当局や親子の訪れた店にも伝わった。するとその直後に、道当局が10万ドルの損害賠償を求めて訴訟を起こしたのだ。主要メディアやネイバー（韓国のグーグル〈Google〉）はこの話題に飛びついた。大多数の市民が、学生の一家に憤慨した。この話から、韓国市民にとっては個人の「自由」の保護よりも社会全体の福祉の保護のほうに圧倒的な重要性があることがわかる。

同じ国のなかでも、社会での行動に関する規範に違いが生じることがある。**アメリカ**の場合、北東部などの一部地域では、マスクの着用が義務付けられていなくても、非着用者は顰蹙を買う。このため、多くの人は仲間の否定的な反応を恐れ、法律で求められていない場合でもマスクを着用する。ところがアメリカの他の地域では、マスクを着けると奇異の目で見られる。

社会規範は暗黙の力をもつ反面、いくつかの欠点も抱えている。社会規範は反対意見を押さえ付けたり、異端者を爪はじきにしたりすることがある。誰かが正面から疑問を投げかけ、最良の介入策を探し、既存のものに代わる解決策を考えつくというようなことはない。下された決定について責任を負う者もいない。

さらに言えば、社会規範の変更を実行することは、とくに短期的には難しい。規範の変化はほとんどの場合、何十年、あるいは何世紀にもわたる社会の進化の結果として実現するのだ。社会規範は古くからの慣習を補強する。今回のパンデミックのような大規模なショックのあとでは、もっと迅速な介入が必要なのかもしれない。

共通のアイデンティティー

自生的秩序である暗黙の社会規範を維持するには**共通のアイデンティティー**が重要だ。個人は集団に帰属したいという欲望をもっているため、安易にこのタイプの社会契約を守ろうとする。経済学者なら、そうした個人は集団に属することによって「効用を得ている」のだと言うところだろう。アイデンティティーは外部性を内部化し、ひいては外的なショックに対する社会のレジリエンスを補強するための一手段である。多くの政府にとっては、多様性のある社会で共通のアイデンティティーを育むことは重要ではあるものの、難しい課題だ。

アパルトヘイト体制の終焉後、南アフリカは分裂の瀬戸際に立たされた。映画『インビクタス／

負けざる者たち』のなかでも描かれていたように、ネルソン・マンデラ（Nelson Mandela）は1995年のラグビーワールドカップを活用し、黒人系南アフリカ人と白人系南アフリカ人のあいだの共同体意識を強めようとした。そのためにマンデラが注いだ努力に、南アフリカの多民族チームのW杯初優勝が役立ったのは間違いない。2019年ラグビーW杯での同国の優勝も同様の効果を発揮した。

わたしたちは、他者のことを気にかけるものだ。人は利己心に凝り固まった人間ばかりの社会に住んでいるのではなく、**共同体意識**はきわめて重要だ。危機が訪れた際、共同体意識は人びとをコミュニティーのなかで結束させることがある。たとえば2021年春、インドで新型コロナウイルスの強大な感染第2波が起きると、ニューデリーでは隣人どうしが互いの家庭料理を分け合い、感染者の家族を近隣住民が組織立って支えた。危機はさまざまな外部性の内部化を助けることがある、というのがこのセクションを貫く考えだ。

政府を介した実行

ホッブズによれば、政府は公衆を守るうえで欠かすことのできないものだ。一方、ロックは政府のもたらすであろう恩恵を念頭に置き、人びとの役割は熟慮の末に自らの政府を求めることにあると力説した。ルソーは、政府の一義的な役割は社会契約の執行にあると考えた。

政府には危機が起きた際に法規を改正する力があり、それによって調整のとれた対応を可能にする。そこで、政府が大きくあるべきか否かという議論を戦わせるより、まずは考えうる政策アプローチを分析していこう。

政府が明確な形で設計された政策を実施する方法は三つある。まずは、厳格かつ権威主義的な規則を押し付けるというもの。政府は川上にある工場の出す汚染物質が下流域にいる水の利用者に害をおよぼす事態を防ぐため、レジリエンスに沿わないような行動を実質的に禁止することができる。二つ目の方法として、汚染を課税対象にするというのもある。税はこうした行動の費用を押し上げ、外部性を内部化する。三つ目のアプローチは、財産権を設定および保障すること。政府は汚染排出権を導入することができるだろう。その場合、企業は下流域の水利用者から排出権を買ったときにのみ、汚染物質を出すことが許される。

政府による禁止

一つ目のアプローチは、政府が**強制力**や法規を通じて社会契約を執行するというものだ。政府は外部性を内部化する目的で、ロックダウンの実施やワクチンの強制、厳格なソーシャルディスタンスの適用を行うことが可能だ。政府の介入には強制力が不可欠で、このため高い権能をもつ何かが必要になる。政府や統治者は、特定の活動を禁じ、従わない者を罰金刑に処したり投獄したりすればよい。フランスでは、公共の場所でマスクを着用しないと135ユーロ（およそ160ドル）の罰金を科される恐れがある[3]。こうした政策は、「棍棒」による強制にきわめて似ている。

政府はワクチン接種を義務付けることもできるだろう。ただ当然のことながら、強制がワクチンそのものに対する信頼を損ないかねないという懸念がある。多くの先進国では、人口のかなりの部分が（フランスでは50％もの人が）接種したくないと表明している。強制は接種人数の増加につながるとしても、ワクチンに対する不信感を増幅させる恐れがある。

禁止に代わる補助金と税

人びとが他人に外部性を押し付けることのないよう、その行動を変えさせる別の方法として、外部性に価格を設定するというものがある[4]。政府は汚染に**税金**を課すことも、汚染の被害を受ける側の人びとに補助金を支給することもできるだろう。税制アプローチは汚染を禁止する厳しい規則によって外部性を防ぐのではなく、外部性に暗黙の価格を付けるものだ。汚染物質を排出せざるをえない工場はその一部を排出することも不可能ではないが、それには代償がともなう。政府は税金、つまり汚染の価格を引き上げることによって、政府に必要な資金を調達しつつ汚染を減らすインセンティブを作り出すことができる。

監視か、プライバシーか

社会契約の実行が政府の法規や強制力に大きく依存している場合、政策の実施には一定レベルの**監視**が必須となる。入国者に対する検疫義務は、強制されてこそ効力を発揮する。それに、検疫を強制しなければ、ただ乗りへのインセンティブだけが大きくなる。しかし強制すればしたで、プライバシーと新型コロナウイルスのより有効な封じ込めとのトレードオフが発生する。

監視とプライバシーとの対照的関係を明確に示しているのが、中国と欧米民主主義国が新型コロナウイルス封じ込めのためにとったさまざまな対策である。両者はプライバシーに対する態度という点で大きく異なる。ウイルス封じ込めのための技術的アプローチには、これらの文化における社会的前提が具体的に表れている。中国は色表示システムのアプリを用いた。市民が建物に入る際には、入り口にスマートフォンをかざすことが必要になる。アプリに緑色が表示されれば、それは他人を感染させるリスクがないという意味で、その場合は建物のなかに入ることができる。他方、ドイツでは分散型データ集積アプリを導入し、感染対策の遵守については個人の自主性に任せた。このアプリは、利用者が感染者に近づいた場合に警告を発するのだが、そのような場合に一元的な検疫が行われるわけではない。こうしたデジタル・ツールの使用が広範囲に広がるかどうかは市民の自国政府に対する信頼感に大きく左右されるが、多くの国ではこの**信頼感**のレベルが比較的低い[5]。ドイツのアプリも、あまり効果がなかった。

連邦制とレジリエンス

新型コロナウイルスのパンデミックによって、州・郡・市などに分散した権力のノードと中央政府との関係が世界中で試された。権力の一元化や移譲の指針となるのが補完性の原理だ。この原理によると、一つひとつのタスクは、それらを効率的に処理できる行政の最小単位に割り当てられる。たとえば新しいパーキングメーターの管理は、国や連邦政府でなく、地方自治体が担うべきだろう。一方、市長や町長が外交をうまくさばけるようには思えない。それを担うのは中央政府だ。

危機は環境に変化をもたらすが、その際には社会契約との調整が必要となる。社会規範と行政と市場の調整――さらには行政府内の各部門間の調整――を行う場合、状況に応じて権力を分散させたり一元化させたりしなければならない。きわめて大事なのは、権力のバランスを変更するなら、柔軟性をもって状況に適応するということだ。レジリエントな補完性とは、柔軟性を保ち、制度上の取り決めという罠にかかったりしないものだ。

新型コロナウイルスのパンデミックとの関連で言えば、連邦制という構造には、国内での不均一な感染拡大に**柔軟**に対応できるという長所がある[6]。どこが泣き所なのかは、地元の政治家のほうが中央の官公庁よりもよくわかっている。フランスでは感染第2波の渦中にあった2020年9月に、緊張が走った。感染再爆発のホットスポットの一つであったマルセイユに対し、バーやレストランの閉鎖を促すことをパリの政治家たちが決定すると、地元の小企業オーナーや政治家の抵抗にあった。この決定はマルセイユの状況をよく知りもしない人間による行きすぎた制裁だと、この人びとは受け止めたのだ[7]。

連邦制のもう一つの利点は、**近隣地方のあいだに競争が起きる**こと、そして地方レベルでの実験が行われることだ。しかし、新型コロナウイルスの大流行にはおびただしい数の地方行政機関が対処せねばならないため、連邦政府の対応はどちらかと言えば遅いことが多い。また、市民は多くの場合規則に不公平感を抱いているため、地方によって規則が違うと混乱が生じる恐れがある。一元的な規則の特長は、それがどの地方にも適用されうることを誰もがわかっているという点だ。ドイツでは2021年3月の経済活動の再開がめざされていたが、地域的なロックダウンを復活させるうえでの一元的な規則の採用が決まった〔訳注：当時ドイツでは感染者数が急増していた〕。このため地方の政治家は、規則がふたたび厳格化されることに対する強い反発にさらされ、緊張を強いられた。実際、一部の地方政治家は早々に、全国一律の指針から逸脱する対応をとった[8]。

新型コロナウイルスのパンデミックが連邦制の失敗を顕在化させたのかどうかは、経験的には明らかでない。ドイツと韓国はパンデミックの初期段階では効率よく対応したが、ほかの国々（たとえばアメリカやイタリア）は悪戦苦闘した。

市場を介した実行

開かれた社会は、悪循環やフィードバック・ループの回避を可能にするような、情報に基づいた革新的かつ創造性のあるショック対応の上に成り立っている。そのような社会は、レジリエントな社会契約を実行する過程で市場メカニズムを組み入れなくてはならない。市場には絶えざる破壊という特徴があり、それによってシステムにいっそうの柔軟性と順応性がもたらされ、レジリエンスの向上が後押しされる。レジリエントでない硬直したシステムよりも、つねに流動的なシステムのほうが滞りなく状況に順応できる。

ゆえに、市場は自生的秩序の要素と設計された要素とを併せもつ。二者間の会合や交渉をともなう基本的な形の市場は、自生的秩序に似ている。しかし多くの市場はもっと一元的だ。一例を挙げると、証券は取引できる場所が指定されており、証券取引所は一元化された価格情報を生み出す。したがって、さまざまなところに分散したトレーダーの取引ニーズは、たとえばニューヨーク証券取引所のような一元的な機構と相互に作用する。政府の規制は市場メカニズムに影響を与えるだけでなく、競争を促し、理想を言えば権力の集中を低減させることによって公平な競争環境を作り出す。競争市場では、新規参入や画期的な技術革新が起きやすい。したがって、既存企業は他社に取って代わられる脅威にさらされ続ける。

財産権の保障

政府が果たすもう一つの大切な役割は財産権の保障である。経済が機能するには、規則が整備されていて、なおかつ財産権が明確な形で設定され、取引可能で、それが執行されなければならない。財産権に関しては政府の介入が必要だ。財産権を設定すると、個人は自由を得るが、その当然の結果として他の人びとの個人的自由は制限される。政府には、外部性を最小限に抑えるために財産権を設定する力がある。そのことは明らかだ。しかしその権利は誰に与えるべきなのだろう。また、個人的自由を改めて付与するには、どうすべきなのだろうか。取引可能な何かしらの権利があるならば、市場での相互作用を通じて自由な意思決定を自ら行うことが可能になる。

自己安定的な市場と不安定化させる市場、そして価格情報の価値

市場は反応が速く、**自己安定的**だ。中小規模のショックに対してはレジリエンスを示す。市場は世界の進化に順応し、変革の推進力になる。また、たいていの場合、資源の効率的な配分を確保する（ただし公平な配分になるとは限らない）。市場は社会契約の維持という点で、政府と連携しつつ、重要な役割を果たすことができる。

これはルートヴィヒ・フォン・ミーゼス（Ludwig von Mises）が最初に主張したことだが、商品の価格はその相対的な多寡を示す**シグナル**の役割を果たす。２０２０年3月、マスク価格の上昇によって断片的な情報が集約され、それがマスクの不足と必要性を示すシグナルとなった。既存のメーカーはこれを受けて生産を拡大し、さらにそのことが新しい企業の市場参入を後押しした。価

格システムの魔法は、数多くの経済アクター間の調整を、しばしばグローバルなレベルで可能にする[9]。

その半面、新型コロナウイルスや戦争のように大規模な、あるいは激しいショックへの対応が市場だけに任されると、市場は不安定化をもたらす。市場は事態を悪化させ、おそらくは社会を制御不能な悪循環に陥らせる。これに対して、政府は税や富の移転を調整して大規模なショックをさばくことができる。くわえて、徐々にショックを和らげてゆき、資源を再分配するという素晴らしい能力をもっている。

市場は商品やサービスの価格についてはうまく機能する傾向にあるが、リスクの配分についてはさほど信頼性が高くない。資産市場は投機の対象になってバブルに陥りやすく、市場を不安定化させて効率的な分配を損なうことがある。

公正さと市場

最後に、市場は**公正さ**に関する問題を投げかける。マスクや、あるいは人工呼吸器などの医療機器を製造する工場の所有者は、その商品が不足していたり、需要が予想外に急増したり、他のメーカーが適時に市場に参入できなかったりした場合に棚ぼた的利益を得る。公正さの問題が生じるのはここだ。予想外の価格上昇は、社会の他の成員とは共有されない、ランダムな棚ぼた的利益という問題を生み出す。こうした棚ぼた的利益は不公正であるように見えるが、自由市場の価格シグナルは、市場に参入する企業を増やす重要なインセンティブなのかもしれない。

市場は完璧ではない。目の前の目的と長期的な目的との緊張関係の影響を受けやすい。医薬品の開発はこの緊張関係を示す好例だ。薬なりワクチンなりが開発され承認を受けるまでには膨大な事前の固定費がかかっているので、商品が全人口に行き渡るくらい生産を拡大しなければならない。しかし事前的な観点から言えば、この独占レントで初期研究開発費を相殺しなければならない。こうした理由から、政府は特許という形で企業に独占的な知的財産権を付与するのだ。

レジリエンスのための、応答性の高い社会契約

レジリエンスを実行するための三つのアプローチ――社会規範、行政による執行、市場――には各々にトレードオフが付随する。社会規範という自生的秩序の強化は自警団社会に行き着く。明確な規則がなくとも市民が自ら規範に従うのなら、行政による執行は抑制しなければならない。とはいえ、必要なときにすみやかに社会規範を変えるのが難しい場合もあるし、多様性のある社会で共通の規範を決めようとしても一筋縄で行かないこともあるだろう。

ネットワークの中心にいる行政なら、整合性のとれた形で、より効率的に調整や順応を果たすことができるが、効果的な介入を実施するのに必要な情報に事欠く場合もあるかもしれない。権威主義的な政府は多くの場合、脅威に対して整合性のとれた形で迅速に行動を起こすだけの権力をもっている。しかしそうした政府も、必要な情報が多くの市民のあいだに分散しているせいで情報不足に見舞われるかもしれない。

市場は情報の集約という点ではすぐれているが、激しいショックの渦中では不安定化をもたらすことがある。

図表3-2

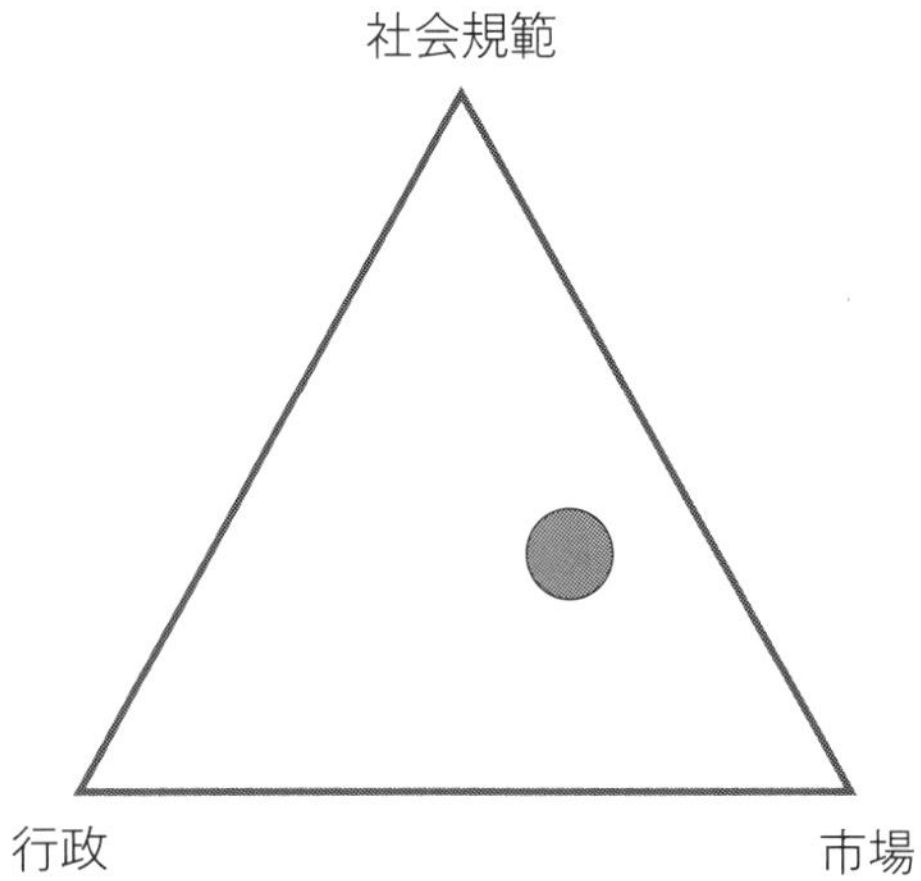

三つの実施方法のあいだのトレードオフ。

では、社会契約を実行するに当たって、社会規範と行政と市場をどのように混合するのが最適なのだろう。通常は、この三つのアプローチが組み合わされる。現実においては、市場は正常に機能する国家、たとえば財産権を執行し、あらゆる人に等しく事前の機会をもたらす公平な競争環境を作り出すような国家を必要とする。それぞれの社会が、社会契約を実行するうえでの最適なバランスを見つけなくてはならない。図表3-2はこの考えを図示したもので、三角のなかの丸は社会を表す。

実行において応答性を高くするための構成

重要なのは、社会契約を実行するための最適な組み合わせを、状況の必要性に応じて転換および調整する社会の能力がレジリエンスを左右する、ということだ。社会は応答性が高く、変化を進んで受け入れるものであるべきだが、一時的な脅威が去ったあとには元の状態に戻ることができなくてはならない。レジリエントな社会は一つの場所に静かにとどまっているのではなく、状況の必要性に応じ、（図表3－2の）三角形のなかで調整を行う能力をもつ。丸を動かす能力自体が、レジリエンスのきわめて大事な要因なのだ。成員が互いに社会規範を認め合うことによって繁栄し、なおかつ国家権力が一時的に強まることを受け入れられる社会は、おのずとレジリエントであるということになる。国家にとって、これは一筋縄では行かないことだ。いざというときに行動を起こす用意ができていなければならず、状況が介入を必要としていないときには受け身でいなければならない。

新型コロナウイルス危機下で見られた好例が、アメリカがワクチン開発に弾みをつけるため政府の「戦争権限」を発動したことだ。この動きは政府が大量のリソースを使う一方で、官民連携事業（PPP）を通じて民間部門と協力できるということを示した。オペレーション・ワープ・スピードでは、新型コロナウイルスの拡大を抑制するため、100億ドルがワクチン開発に、また10億ドルが感染症の治療法のために使われた[10]。これと同様に、ドイツではビオンテック（BioNTech）社のワクチン事業を後押しするため、4億4500万ドル相当の金額が同社に投じられた[11]。さらに、パンデミックが最悪の局面にあったときには、個人の自由が一時的に停止されている。本当の意味でレジリエントな社会とは、政府が永続的に権力を掌握し続けることができない社会、というより、むしろ脅威が去ったときには政府の権力も後退するような社会である。生活は以前の状態に戻るのだ。

事前のレジリエンスか、事後のレジリエンスか

ロバストな制度や憲法、**規則**は危機によるショックへの柔軟な対応にたがをはめるかもしれない。状況が激変し、先を見通すことが難しい場合、調整力がレジリエンスを高める。他方で、極端な柔軟性や絶え間ない変化はレジリエンスを傷つけることがある。社会契約の実行は、市民がその社会契約を「自分のものにしている」場合にのみ機能する。また、市民がある程度の確信とともに計画を立て、なおかつ次々に変わる施策に混乱させられたりしないのなら、その実行はいっそう容易になる。言い方を変えれば、政治家の**裁量**が大きすぎると、かえって逆効果が生じるのだ。

その結果、政治家は時間整合性の問題に直面する。明確で安定した長期的な施策を約束する必要がある。それによって、事前のレジリエンスが向上する。ところが状況が変わると、政治家は制度的枠組みが許す範囲内でその約束から逸脱し、施策を改めて最適化しなければならない。このような調整力によって、事後のレジリエンスが向上する。社会の制度的枠組みは、事前のレジリエンスと事後のレジリエンスとのこうしたトレードオフのバランスをとる助けになりうる。くわえて、制度のガードレールは、過剰な行動に走りがちだったり、「やり手」であるとか強い危機管理能力の持ち主であると思われたりしがちな一部の政治家の逸脱防止に役立つだろう。

応答性の高い社会契約には、社会と個人のレジリエンスを確実に高める力がある。とくに、社会契約は公正さと機会の平等、社会的流動性を包含することでそれ自体のレジリエンスを確保すべきだ。このテーマは、第13章でふたたび取り上げる。

今後の見通し：未来における社会契約の実行

複雑さを増していく社会には、二つの対立する極が現れるかもしれない。専制社会は権力が一元化されているため、たいていは規則の執行能力が高いが、抑圧を強化し、混乱を最小限に抑えることでロバストネスの獲得に向かう。監視が増大していく可能性も否定できない。大規模な危機が起きたあとでは、専制社会の外の多くの人びとにも、こうした特徴が魅力的に映るかもしれない。何百万人もの死者を出してしまったコロナ危機や、第二次世界大戦後でもっとも深刻な不況という大きな負のショックが訪れたのちにあっては、さらなる危機に対するロバストネスは好ましいものに見える。しかし、抑圧と監視の強化は、危機に襲われるたびにさらなる抑圧を引き起こす回復なきループにつながる恐れがある。専制社会は、社会規範と政府と市場の三角形のなかで柔軟に跳ね回ることができない。さらに、その構造が著しく一元的であるなら、レジリエンスの欠如に悩まされるかもしれない。誰もが中央の統治者や政党を喜ばせようとするために、情報がスムーズに流れず、社会の他の成員は最適な対応をとれなくなる。

他方、開かれた民主的な社会はレジリエンスを選択する可能性がある。ショックに襲われたとき、社会はぐらついているように見えるかもしれない。しかしそのぐらつき、あるいは敏捷性こそが回復を可能にする。異端者が現れ、透明性によって築かれた情報の流れから、社会を回復させる方法についてのシグナルが送られるようになるかもしれない。開かれた社会は一元的なネットワークというより、非一元的な分散型のネットワークに似た姿をしているだろう。コロナ危機においてもっとも有効で広く使われているワクチンは、まさに開かれた社会で開発されたものだ。

さらに言うなら、民主主義国には権力の移行が独裁国に比べてスムーズであるという大きな利点がある。硬直性を抱える独裁体制とは一線を画しているのだ。

パートⅡ　ショックの封じ込め：新型コロナウイルスの事例

新型コロナウイルスのパンデミックは、将来グローバル社会が直面するかもしれない課題を予示している。今後はこのほかにも、生物工学的な事故や甚大な気候災害、あるいはサイバー攻撃といった難題が持ち上がる可能性がある。このパンデミックの渦中でもしばしばそうだったように、危機が手に負えない状況に陥ると、レジリエンスとは正反対の事態が具体的な形をとって現れる。コロナウイルスと変異株の感染者が指数関数的に増加したうえに、多くの国で大規模なパンデミックへの備えが十分にできていなかったがために、各国政府は状況を安定化させて時間を稼ぎ、長期的な解決につなげていくような、迅速で焦点の定まった対応を編み出すことが難しくなった。

パートⅡの各章では、危機の源泉をどのように封じ込めるかについて概略を述べる。大事な要素として、人間の行動についての理解と情報収集がある。わたしたちは政策対応やコミュニケーションの微調整を行いながら、長期的なニューノーマルに向けた取り組みに用いるべき適切な方法を考案する必要がある。

ショックの源泉を封じ込めるためには、危機を受けて人びとがどのように**行動するか**を理解しなければならない。人びとの反応をかき立てるのは利己性だけではなく、恐怖や不安といった心理的要素もその誘因となる。人びとの態度が変わり、それが政策に影響をおよぼすと、危機の性質も変化することがある。人びとがレジリエンス幻想を抱いていると——たとえば危機が過ぎ去ったと錯覚するなど——ショックのもたらす結果は、違ったものになる。

新型コロナウイルスの危機がわたしたちに教えてくれたように、これまでしばしば議論されてきた人の健康と経済的福祉とのトレードオフが成り立つのは、近視眼的な見方をしたときだけだ。動態的にものごとを見るなら、身体の健康と経済を切り離すことはできない。迅速なロックダウンによる経済活動の縮減は――それによってこのパンデミックが早期に制御されるので――保健分野の成果や将来的な経済分野の成果を向上させることにつながる。社会全体にとっては、**トレードオフなど存在しない**のだ。効率的にこの病気と闘えば、経済回復も早まる。

第5章では、**情報**と実験の重要性にスポットを当てる。封じ込め策のコストを削減および管理できるように設計された、焦点の定まった施策を考案するには情報が必要だ。パンデミック封じ込めの戦略に関しては、政策立案者は状況に応じ、以下の三つを採用できるだろう。第一の戦略は、長期的な解決策を適用できるようになるまでのあいだ、国民のウイルスへの暴露の防止に積極的に取り組むこと。このアプローチを新型コロナウイルスのパンデミック下で採用したのが、ニュージーランドとオーストラリアだ。この2か国は島国であることから、迅速に入国管理対応をとることが、他国に比べはるかに容易だった。オーストラリアの国境は2020年3月に封鎖され、少なくとも2021年半ばまでは開放しないものとされた[1]。第二の戦略は積極的にウイルスを抑制するというもの。1日当たりの感染者数を抑えること（たとえば1週間の感染者数を人口10万人当たり10人に抑えるなど）にくわえ、接触追跡による情報収集や検疫によって、感染の連鎖を効果的に断ち切ることができるだろう。たとえば、日本では初期段階において、こうした試みが成果をあげた。第三の戦略はこれよりも緩く、重症者の数を病院の集中治療室（ＩＣＵ）の収容能力以下に抑えることを目標に設定する、つまり医療提供体制が機能不全に陥るのを防ぐというものだ。このアプローチをとった場合、目標を達成してもウイルスはかなり広範囲に広がってしまう。

注意すべきは、この三つの戦略が必要とする情報の種類は異なり、その臨界点も一様ではないということだ。たとえば接触追跡は、感染者数が多すぎる場合には効果がない。接触の追跡が不可能になる閾値が、その戦略にとっての臨界点となる。ウイルスの拡大が指数関数的成長に転じないよう、社会をこうした臨界点から遠ざける積極的なウイルス抑制策が必要とされる。

第6章では、**コミュニケーション**と信頼の果たす重要な役割に照準を合わせている。コミュニティーの感覚を育み、あらゆる市民がそれぞれの役目を確実に果たせるようにする有効なコミュニケーションによって、検査・追跡戦略を効果的に補完できる。

最後の第7章では、脅威を克服したあとに社会が**ニューノーマルに戻れる**ようにする長期的な解決策を、いかなるレジリエンス戦略も含んでいなければならないということを概説する。レジリエンスを作り出すのは時宜を得た日常への復帰だ、と言ってもいい。新型コロナウイルスの危機においては、スウェーデンやイギリスのような一部の国は、集団免疫が機能し始めれば長期的なニューノーマルが生まれると考えていた。しかし、ウイルスに感染して回復した人が永続的な免疫を獲得することはなく、また新型コロナウイルスはしばしば長期にわたる健康障害、いわゆる「ロング・コヴィッド（後遺症）」を引き起こすため、これは幻想になってしまった。長期的なニューノーマルの達成にとってより有望なアプローチは大規模なワクチン接種で、これも集団免疫を獲得する一手段だ。アメリカをはじめとする一部の国は、ワクチンの迅速な開発に傾注した。アジアの多くの国は革新的な情報収集とわかりやすいコミュニケーションによってレジリエンスの最初の諸要素をかなり見事に満たしたが、ワクチン開発では欧米に比べると新しい方法にあまり力を入れていなかった。端的に言うと、いかなるレジリエンス戦略であれ、成果を出すにはニューノーマルに戻る方法について明確なビジョンをもっていなければならないという重要な点が、過小評価されていたのだ。

長期的なニューノーマルのもう一つの要素として、伝染病関連の医療緊急事態について早い段階で報告する方向へと各国を誘導するようなメカニズムが考えられる。現時点では、各国には報告するインセンティブがない。自国で生起しつつあるパンデミックについて報告することは他国の防御措置を招き、大きな経済的損失につながりうる。このため、小規模な感染爆発が起きた国は、様子を見てから国際社会に報告しようとするかもしれない。小さな感染爆発が拡大して大規模なパンデミックに変わることがありうるにもかかわらず、感染がひとりでに消えることに望みをかけるのだ。それゆえ、パンデミック封じ込めのため早期にロックダウンを実施した国に対して補償する国際的メカニズムがあれば、大きな力になるだろう。このメカニズムは保険プログラムと同じように、地域的な感染爆発について報告し、公衆衛生施策を実施した国に対する金銭的補償の役割を果たす。

第4章　パンデミックの波に対する行動反応とレジリエンス幻想

危機に対する個人の行動と反応は、レジリエンス管理のあらゆる段階において大きな重要性をもっている。人間の行動は、政策の効果を増大させることもあれば、効果が現れる前に政策を無駄にすることさえありうる。人びとはマスクの着用が義務付けられていなくても自発的に着用するかもしれないが、着用義務に逆らって、特定の政策の効果を弱めるということもありうるだろう。したがって人びとの態度や行動バイアスを理解することは、とくに危機対応の第一段階では、封じ込め措置の実施に不可欠な要素だ。

新型コロナウイルスの危機は、国によるタイミングの違いはあるものの、三つの段階を経て進行していった。段階が変わるごとに、人びとの行動の特徴も変わった。２０２０年3月、個々人の行動は恐怖に支配されていた。ウイルスがどのように広がり、致死性がどれくらいなのかについての正確な情報がなく、多くの人が自らの安全を優先し、他人との接触を極力控えた。だが、人間は社会的な存在だ。世界の一部の地域で感染の第1波が緩和に向かうと、レジリエンス幻想が生まれた。

社会が新型コロナウイルスに対してレジリエントになり、すぐにも日常生活が戻ってくると多くの人が考えたのだ。この思い込みが幻想だった。

２０２０年秋には、この病気についてかなり多くのことがわかってきた。しかし感染の再拡大に対して、個人の行動がしかるべく調整されることはなかった。コロナ疲れが、ウイルスへの恐怖に取って代わったのだ。２０２１年春には第３波が訪れたが、これはちょうど大規模なワクチン接種が進められているときだった。人びとが行動を調整しなかったのはなぜだろう。この現象は「ラストワンマイル問題」として広く知られている。組織や集団、個人は、プロジェクトの最終段階で苦戦する。新型コロナウイルスのラストワンマイルでは、３回目のロックダウンがヨーロッパの一部の国を中心に実施された。インドなどいくつかの新興国では、２０２１年春に感染力の強い新型コロナウイルスの変異株が出現した。

パンデミックの波について論じる前に、ＳＩＲモデル――もっともよく利用される疫学モデル――について詳述し、これに修正を加えるとレジリエンスが高まるということについて述べようと思う。

行動反応を考慮したＳＩＲモデル

疫学の基本モデルとして浸透しているＳＩＲモデルは、感受性者（Ｓ）が感染（Ｉ）し、その感染者が治癒（Ｒ）するまでのあいだにどれだけ感染が広がるかを示すものだ。このモデルで鍵となるパラメーターはウイルスの再生産数（Ｒ０）で、１人の感染者が新たに生む感染者の数を表す指標だ。1人の感染者が感染させる人の平均数が1人を下回ると、ウイルスは徐々に消えていく。これに対し、1人の各感染者が複数人に感染させる場合、ウイルスは指数関数的に広がる。

ウイルスに関連した大規模な**行動的外部性**は感染率に強く影響し、そのことは疫学のモデリングにも直接の影響をおよぼす。R0が1を上回ると、それは臨界点を超えたことを意味する。指数関数的成長によってウイルスは制御不能な状態になり、負のフィードバック・ループが発生する。

このプロセスに終止符が打たれるのは、感受性者がほぼいなくなったときだけだ。その時点を境に、パンデミックは徐々に収まっていく。言い方を変えると、集団免疫の獲得によってしか、レジリエンスは得られないのだ。このモデルに基づく政策提言は、ソーシャルディスタンスやロックダウンを実施し、患者数がICUの収容能力を上回ることのないよう感染曲線を平坦化させるというものだ。

しかし基本のSIRモデルから予想される感染曲線は——行動調整が行われていない場合には——間違った向きに動くかもしれない。実際、新型コロナウイルスの感染ピークはSIRの基本モデルの予想に比べてかなり早く来たし、感染者の割合もはるかに低かった。レジリエンスが達成され、この感染症の指数関数的成長は抑えられた。だが感染の拡大を押しとどめたのは集団免疫ではなかった。それどころか、本書執筆時点ではどの国も集団免疫の獲得からはおよそ遠いところにいる。ウイルスの拡大を遅らせたのは、むしろ行動変容だった。それゆえに、SIRモデルには**行動反応**を組み込む必要があるのだ[1]。

行動反応が考慮されると、ウイルスの再生産数は1に近づく[2]。再生産数が1を下回っているとき、人びとは警戒心を緩めがちになる。そのため再生産数はまたもや上昇し、1を超えると、人びとは自分たちの行動を調整してふたたび大流行を抑制しようとする。これによって、自然科学分野で定常状態と呼ぶ状態がもたらされる。

リスク最小化アプローチでは、R0をさらに下げてゼロにすることをめざす。目標が達成されてR0＝0になれば、それはウイルスが事実上消滅し、新たな大流行は起こらない、ということを意味する。これに対し、レジリエンス・アプローチではある程度のショックの発生が許容される。R0は1未満に抑えられる。ウイルス封じ込めの維持にはこれで十分で、かりに地域的な感染の再燃があったとしても、ウイルスが広範囲に広がることはない。R0が1未満にとどまる限り、感染再燃は終息に向かうだろう。

行動の特徴その1：新型コロナウイルスへの恐怖

パンデミックが起きたばかりのころ、ウイルスへの恐怖があらゆる国を覆っていた。図表4−1はウィスコンシンとミネソタというアメリカの2州を比較する形で経済活動の変化を示したものだ（2020年1月と比較した支出の変化を計測[3]）。ウィスコンシン州はロックダウンを行うのがやや早かったが、解除するのも早かった。目を引くのは、人びとがウイルスへの恐怖から、ロックダウンが正式に実施される前に経済活動を停止させたことだ[4]。

ミネソタ州の人びとは隣のウィスコンシン州の状況を見て、ロックダウンの正式宣言のあるなしにかかわらず、自らの行動を調整した。他方、ウィスコンシン州が経済活動を再開したとき、ウィスコンシン州民の消費パターンはミネソタ州民のそれにほぼ近かった。アメリカにおける消費支出

図表4－1

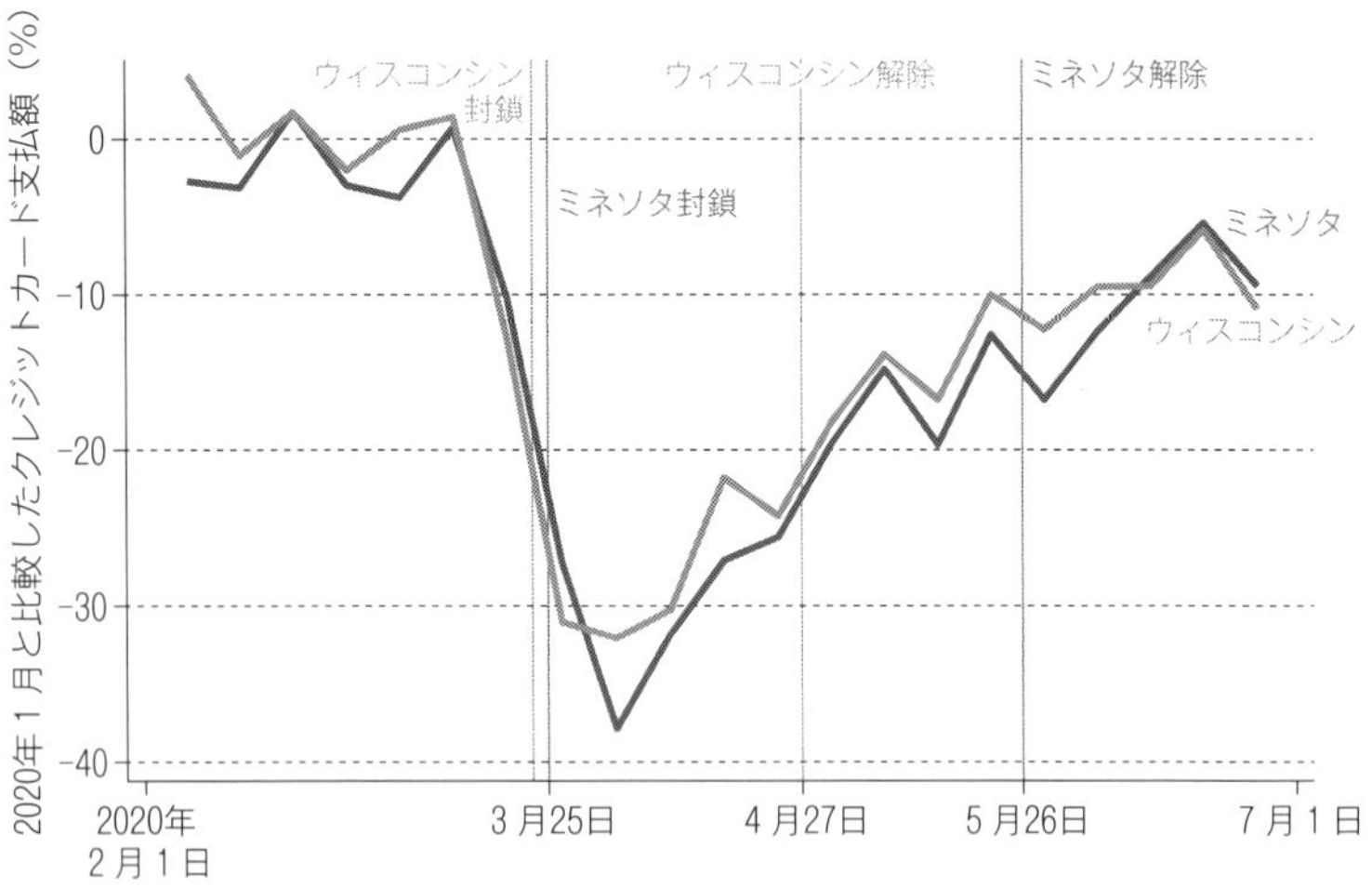

米ウィスコンシン州とミネソタ州の消費支出。2州のロックダウン政策には違いがあったが、消費における経済活動は似通っていた。
出所：https://tracktherecovery.org

の急減を後押ししたのはロックダウンではない。むしろ家計が自発的にソーシャルディスタンスを導入し、接触集約型のサービス産業での消費を減らしたのだ。

消費支出の減少は、ウイルスを警戒してリモートワークを行った**高所得の労働者**によるところが大きい[5]。所得階層の上位25%の支出は下位25%に比べてはるかに大きく落ち込んだ。ここから、選好やリスク認識の変化のほうが購買力の低下よりも経済への影響が大きかったことがうかがえる[6]。

シカゴ大学の経済学者、オースタン・グールズビー（Austan Goolsbee）とチャド・サイヴァーソン（Chad Syverson）は2種類の郡を比較し、同様の結論を下している。一方は経済活動を停止させた州内の郡、もう一方はそれと隣り合う郡で、経済活動を継続した州に属する郡だ。経済活動が行われていた州の郡では、人流が減った[7]。この観察結果は恐怖がきわめて大きな役割を果たしていることを示すと同時に、たとえばスウェーデンとデンマークのようにパンデミック対応において対極的だった国どうしが似たような経済的帰趨を迎えた理由を説明するのにも役立つ[8]。

社会の恐怖：不安の凝集

市民のあいだの恐怖や不安が凝集化すると、ソーシャルディスタンスやワクチン接種についての個々人の決定に影響がおよぶ、ということを理解するのは重要だ。ワクチンから自分の身を守るために1人が下した決定が、他人の警戒心を強めることになるのか、それとも他人の自己防衛手段を緩めることになるのかを理解することは大事だ。行動反応はそうした振る舞いによって引き起こされた外部性と相互に作用し合うものだ[9]。

二つのシナリオについて考えてみよう。まず、大半の人がウイルスに注意してマスクを着け、ソーシャルディスタンスを実践すると、広範囲にわたるそうした防衛措置から生まれた正の外部性が、それに追随することへの他者のインセンティブを低くする。このように、ある人たちの行動は他者の行動の**戦略的代替**となる。この効果が浸透すると、控えめなウイルス対策を選ぶ人が増える。言い方を変えると、一部の人の行動が他人の反応を鈍らせることがあるのだ。最終的に外部性は緩和されるが、消え去るわけではない。

ところが、個人の行動には**情報という要素**も絡む。たとえば人びとがソーシャルディスタンスを実践すると、それは新型コロナウイルスの危険性を示すシグナルとなる。そうして、ウイルスの深刻さを他人の行動によって知る人がいる。すると、その人は行政から明示的に告知されなくとも、ソーシャルディスタンスの習慣を強化するかもしれない。このシナリオでは、個々人の行動が他者の生活のなかに調整のカスケードを生み出し、それが強いウイルス対策に結び付く。このシナリオが**戦略的補完性**（複数の要素が互いに補強し合うこと）を前提とした結末になっていることは認めよう。雑多な経済主体がさまざまな行動をモデルにし、多様な情報を伝えるなら、結果は曖昧なものになるだろう。それでも、個々人の行動は他者の行動に影響をおよぼしながら、増幅していくのだ。

現代のソーシャルメディアのような情報のエコーチェンバーが存在する場合、戦略的補完性は増幅する。この理論的見解はディマーゾ（DeMarzo）、ヴァヤノス（Vayanos）、ズヴァイベル（Zwiebel）の研究に依拠している[10]。人は情報が自分自身に跳ね返ってくることを意識していない[11]。パンデミックの場合では、Aという人がソーシャルディスタンスを実行したことでBに同じ行動を促した場合、2人ともが相手の行動を、ウイルスのことを深刻に受け止めているというシグナルとして解釈することになる。これは**フィードバック外部性**の教科書的な例だ。AがBを刺激してソーシャルディスタンスを実践させ、そのことがまたAの行動を強化する。このフィードバック・ループが徐々に集まって、ソーシャルディスタンスの広範囲におよぶ実践を生む。2020年3月に起きた現象は、たぶんこれによって説明できる。

新型コロナウイルスのパンデミックの文脈で言うと、ロックダウンが重要なシグナルの役割を果たしたのは、こうした情報外部性のおかげかもしれない。ロックダウンは危機の深刻さを伝えるコミュニケーション・ツールになった。「厳しすぎる措置」がとられたことが、公衆衛生上の危機の深刻さについての意識を高めたのかもしれない[12]。その一例がインドでのロックダウンで、宣言されたのは発効のわずか4時間前だった。迅速に実施されたこの厳しいロックダウンは、インド住民の注意を集めるシグナルになった[13]。

恐怖はウイルスの拡散を防ぐ行動を引き出し、それによってレジリエンスを育む強力なメカニズムになりうる。しかし戦略的補完性はきわめて強力であるために、社会が過剰反応を示し、システムを不安定化させることがあるかもしれない。フランクリン・ルーズヴェルト（Franklin Roosevelt）米大統領が最初の就任演説で語ったように、「われわれが恐れなければならないのは恐れそのもの」ということも、ときにはあるのだ[14]。

スーパースプレッダーへの不安の凝集

住民が不均質である場合は、考慮すべきことがさらにある。新型コロナウイルスはスーパースプレッディングイベント〔訳注：きわめて多くの2次感染者が出る状況〕や、大勢を感染させるスーパースプレッダーによって拡大する。スーパースプレッダーは接触集約型の仕事に就いている人や、大胆不敵で無分別な人物であることが多い。大勢に害をおよぼす恐れがあるが、彼らに恐怖や分別を植え付けるのは容易ではない。このため、スーパースプレッダーは全住民のあいだの不安を凝集する。

不均質性がもたらすレジリエンス

パンデミックの初期段階には新型コロナウイルスへの恐怖が蔓延していたが、どのようなときであれ、社会には医療機関やスーパーマーケットなどでエッセンシャルワークを担ってくれるような、勇敢で優しい人たちが必要だ。したがって、住民のなかに恐怖に関する不均質性があれば、それによってレジリエンスが保たれる。

あるいは、高い賃金をインセンティブにしてエッセンシャルワークに人びとを引き寄せるという方法もあるかもしれない。しかし、この方法は間違った選択を促す恐れもある。スーパースプレッダーに医療機関で働いてほしいなどと思う人は、よもやいないだろうから。

行動の特徴その2：コロナ疲れとレジリエンス幻想

このパンデミック下での不安は、いつまでも続いたわけではなかった。2020年夏、ヨーロッパでの感染率の低下に見られるように、状況が急速に日常へと戻ると、人びとの行動が変わっていった。2020年9月から10月にかけて感染者数が爆発的に増えても、行動調整はほとんど観察されなかった。ヨーロッパの人たちは健康上のリスクなどお構いなしに、屋外ダイニングに繰り出し、ホームパーティーを開き続けた。このとき何が起きていたのだろうか。秋に訪れた感染の波を際立たせていたのは、コロナ疲れやコロナ否認、さらには運命論だった。2021年春のインドにおける感染第2波でも、同じような展開となった。大規模な宗教行事や政治集会が新しいデルタ株の急拡散を助長し、個人レベルの防衛策の効果を薄めることも多々あった。

人は楽観論に傾きやすい。好ましい結果への期待から、知らず知らずのうちに予期効用を得るのだ。ドイツには「待つ喜びは最良の喜び」（Vorfreude ist die schönste freude）ということわざがある。人はものごとを陽気に、明るく捉えたいものなのだ。そのため、思考が楽観的な方向に歪められることがあるかもしれない[15]。残念ながら、期待の錯誤は歪んだ現実的認識に基づく決定を引き出すので、犠牲をともないうる。

また、きわめて楽観的な人にさえも現実的な期待を促す「現実主義の力」というものがある。この二つの相反する力（楽観主義と現実主義）を均衡させるのが**最適な期待**だ。しかし、行政がロックダウンのような的を絞った介入によって個人の行動に制限をかけた場合、現実主義の力は弱まる。これと同様に、外部性が原因で、個人が自らの行動ではなく他人によって結果を左右されるような場合も、現実主義の力は弱められてしまう。

2020年秋に、とくにヨーロッパで新型コロナウイルスの感染状況がかなり悪化した理由は、このような楽観的期待によってほぼ説明できる。第2波できわめて大きな打撃を受けたのは、ポーランドやチェコのように第1波を概ね避けることができた国だった。2021年初の冬休み期間中、ホテルやレストランが閉鎖していたにもかかわらず、ドイツのスキーリゾートが賑わったことも、コロナ疲れを具体的に示す事例だ[16]。

2020年秋の感染再拡大に関するこのほかの仮説としては、**季節性**に原因を求めるものがある。新型以前のコロナウイルスはどれも、強い季節変動パターンに傾いていた。夏は下火になり、冬に再燃するのだ[17]。その原因の一つとして考えられるのが、夏の強い紫外線だ。季節性に加え、平均気温もウイルスの拡散に影響した。冬季には室内での社交といった、寒さによる行動調整がウイルスの拡散を後押しした。

行動の特徴その3：新型コロナウイルスのラストワンマイル

２０２１年はじめごろになると、先進国ではワクチンが入手しやすくなり、コロナ危機の終息が視界に入ってきた。公衆衛生施策をさらに２、３か月続ければ、理論的には広範囲の住民にワクチン接種を行うのに十分な時間を稼ぐことが可能になり、パンデミックにともなう制限を緩和するための道ならしができるものと見られていた。ところが、２０２１年春にはヨーロッパ諸国やインドをはじめとする多くの国で第３波が起きた。

すでに述べたように、これはラストワンマイル問題としばしば呼ばれる。人は往々にして、タスクの終了が視界に入ってくると苦戦する。２０２１年春には、パンデミックの統制や克服の手段はほとんど使い尽くされていた。それでも、さらなる忍耐が必要だった。２０２０年11月以降、ワクチン開発成功の発表が続き、迅速な日常復帰への期待が膨らんでいた。その結果、制限緩和を求める社会の圧力が強まった。

ラストワンマイル現象はレジリエンスを脅かす。パンデミックの終息まで完走するのは難しいと人びとが感じ、そのせいでレジリエントな公衆衛生戦略が失敗する可能性もある。無配慮な人が増えるにつれ、戦略的補完性が逆向きに働くようになる。ある地区の幾人かがウイルスを気にしなくなると、他の人びとも警戒を緩めるかもしれない。

地域による違い

２０２０年の春から夏にかけては、世界の多くの国がパンデミックの第１波をくぐり抜け、秋にはさらに大きな第２波が起きた。その間《かん》には、感染者数の地域による大きな違いが認められた。アメリカの場合、春の段階で感染者数がきわめて多かった北東部などは、秋には波をほぼ回避できた。ただ絶対数で言えば、秋の感染再燃は春と同水準か、もしくはそれを上回っていたのだが、第１波を概ね回避していた地域は２０２０年秋には激しい第２波を経験した。サウスダコタは２０２０年８月中旬まで、１日当たりの新規感染者数が１００人になることはめったになかった。11月になると、１日当たり新規感染者数は２０００人という高水準に到達。これはアメリカでも最高レベルの総感染率だった[18]。ドイツでは、東部のザクセン州が２０２０年12月に最大のホットスポットになったが、この州は２０２０年春の第１波をほぼ回避できていた。秋の段階で、大都市（ライプツィヒとドレスデン）の感染率は底に達していたのだが、都市から離れた地域でのウイルスの拡大によって押し上げられた[19]。Ｑアノンのような陰謀論はこうした地域を、理論拡散に絶好の場所と捉えた[20]。

より大まかな言い方をすると、初期の段階では、人の国際的移動などの要因から都市で感染が拡大したものの、２０２０年秋には国内のあらゆる地域にウイルスが広まった。２０２１年春の第３波は第２波と同様、あらゆる地域で起きた。変異株の感染力が高かったことが、感染再燃を促したのである。

第5章　情報、検査、追跡

ニューノーマルが始まるまで社会を支えていくため、コスト効率の高い危機封じ込め戦略を考案するなら、そうした戦略には情報が重要だ。しかし危機の渦中では、人はしばしば暗中模索しなければならない。そして新型コロナウイルスのパンデミックでは、この病気について入手可能な情報が増えていくにつれ、Uターンが必要になることがしばしばあった。

まったく情報がない場合は、初期的な危機とニューノーマルとを架橋する全般的な戦略を編み出さなければならない。未知という霧のなかでそんな戦略を考えることは多くの代償をともなう。情報不足のため、政府ははじめのうち、全体的なロックダウンを行わざるをえなかった。適切な情報がなかったために、感染者やもっとも重症化しやすい人に限定した隔離などの、よりレジリエントで持続可能性が高い解決策を実施することはできなかった。

だが情報の収集は、新型コロナウイルスのような新しいショックの渦中ではとくに一筋縄ではいかないものだ。どのような情報収集戦略を立てるにしろ、実験や新しい検査法の開発は欠かせない要素だ。アメリカのフランクリン・デラノ・ルーズヴェルト大統領は大恐慌期にいくつかの政策手段を試したし、連邦準備理事会（FRB）のベン・バーナンキ（Ben Bernanke）議長は2008年の金融危機でさまざまな政策手段を実験的に実施した。パンデミックのように世界を変える大規模な事象が起きているときに、拱手傍観することは賢明でない。少しでも霧を払うためには、状況に順応し、実験を行うことが望ましい。

この章では、レジリエンスの維持に有効な架橋戦略を考案するための情報を集める手段について考える。他の章と同じように、ここでも新型コロナウイルスの経験を土台に考察したい。

全体的なロックダウンか、的を絞ったロックダウンか

全体的なロックダウンの経済的コストは途方もなく高い。アメリカだけで、2020年5月には1週間当たり800億ドルを失っている[1]。こうした即時のコスト以外にも、経済が均衡のとれた成長コースに戻れない危険もあった。2008年時点で、以前の成長コースへと早期に戻らない場合のコストは1年当たり1兆2000億ドルだった[2]。別の言い方をするなら、回復が遅れると深刻かつ恒常的な成長損失の危険が増す。パンデミックの文脈に置き換えると、ここから次のような疑問が浮かび上がる。それは、経済的な成果をあげつつ、より多くの人命を救えるような、的を絞ったロックダウンを考案することは可能か、という問いだ[3]。

的を絞ったロックダウン戦略の利点

上質な情報があれば、政府は的を絞ったロックダウンを行うことができる。仮定の話だが、他人を感染させうる人を、無症状感染者さえも含めて簡単に特定できたとしたらどうだろうか。その場合は、そうした人びとの有効な隔離が、ウイルス制御に大いに役立つ。このような戦略をとれば、感染を軽減するにとどまらず、経済的コストを全体的なロックダウンを行った場合よりも低く抑えることができるだろう。感染者のみを隔離し、それ以外の人には緩めの規制を課すことが可能だろう。

しかし完全情報がない場合は、誰を隔離すべきかがわからない。対象を広めに設定した実行可能なロックダウンには、非労働年齢層の移動制限がある。これは直接の経済損失を一定程度に抑える簡単な方法だ。もう一つは、高齢者や基礎疾患患者などの脆弱な人びとに外出自粛を求めることだ[4]。これにより、死亡率がかなり下がるだろう[5]。

検査プログラムのコスト

他人を感染させうる人を的にしたやや大まかなロックダウンを行うには、感染者や、他人を感染させるリスクのある人についての情報をいつでも入手できなければならない。そのためには検査プログラムが不可欠だ。広範囲の検査プログラムには、どのくらいのコストがかかるのだろうか。情報が不足した状態での全体的なロックダウンに比べると、そのコストは著しく少ない。検査費用が20ドルだとして（2020年春時点では適正と思われる額）、全アメリカ国民に検査を行えば、およそ70億ドルかかる。ノーベル賞受賞者のポール・ローマー（Paul Romer）は、アメリカの人口の約7％（2000万から2300万人）に対する検査を毎日行うことを提案している[6]。これほど大規模な検査計画でも、1週間当たりの費用はおよそ4億ドルで、全体的なロックダウンを行った場合の1週間当たりの経済損失800億ドルに比べれば取るに足らない。この計算結果は、広範囲の検査を組み合わせた、的を絞ったロックダウンに移行すべしという考えを支持するものだ。検査で陽性と判明した人を一時的に隔離すれば、感染の連鎖を断ち切ることができるだろう。再生産数（R0）を1未満に抑えることも可能と思われる[7]。

検査は大胆な行動を招きうる

検査にともなう別のコストとして、個人の行動を変える可能性が挙げられる。新型コロナウイルスの検査には、検査の種類を問わず偽陰性が発生する可能性がある。その場合、ウイルスに感染した人が陰性という検査結果を受け取ることになる[8]。また、検査のなかには結果が出るまでに日数を要するものもある。このため、感染者が検査結果を待つあいだ、意図せず感染を広げてしまうかもしれない。偽陰性の可能性や検査結果の遅さは、実際には感染を拡散させているにもかかわらず、自分は安泰だと思っている人による不注意な行動を引き出す恐れがある。そのようなことになれば、レジリエンスが押しつぶされる。パンデミックが始まった時点では、こうした影響の強さは知られていなかった。知らなかったからこそ、研究者たちは大規模な検査や人びとの行動調整から情報を得ようとしたのだ。このことは、政策決定にとって有益な情報になるような経験的証拠を得ることがいかに重要かを具体的に示している。

的を絞ったロックダウンに必要な情報のタイプ

住民の特定集団に的を絞ったロックダウンとして、感染者や脆弱な人に限った隔離が考えられるかもしれない。しかしそうした人を厳密に特定するには、具体的かつ適切な情報を集める必要がある。感染既往者の抗体検査や迅速抗原検査、あるいはＰＣＲ（ポリメラーゼ連鎖反応）検査は、感染者を特定したり、集団免疫獲得までの期間を計測したりするのに役立つ。感染者と濃厚接触者――接触追跡調査で確認できる人だけでも――は隔離することが可能だ。このアプローチは、ペストが大流行した中世に、外国から来た船の乗員を40日間隔離したのに似ている。

情報のタイプ

的を絞ったロックダウンに必要とされる情報は、どのような人をターゲットにするかによって変わる。選択肢は少なくとも二つある。もっとも重症化しやすい人に的を絞るか、大勢を感染させるスーパースプレッダーに的を絞るか、だ。したがって、政府にとっては健康上の負の外部性の影響をもっとも受けやすそうな人に関する情報か、外部性を拡散させるスーパースプレッダーに関する情報が必要になる。政府がどの集団を特定しようとするのかによって、必要な情報は違ってくる。

検査のタイプ

タイプの異なる検査のあいだにはトレードオフがある。ＰＣＲ検査はきわめて精密で、偽陰性を

図表5－1

情報のタイプ	脆弱な人びと（外部性にさらされる人）	スプレッダー（スプレッダーがもたらす外部性）
無料	年齢、基礎疾患の有無、看護師	看護師、高リスク地域での滞在歴のある人
高コスト	抗体検査	迅速抗原検査、接触追跡調査

情報のタイプの分類。年齢は脆弱性を示すすぐれた指標だ。この情報は無料で利用できる。医療従事者であるか否かの情報も同様だ。

示す確率はゼロに近い[9]。しかしこの検査の精密さが最大限に発揮されるのは、すでに急性感染期を経た、ウイルス量がピークに達したあとの患者に対してである。迅速抗原検査はPCR検査に比べると精密さで劣るものの、少なくともウイルスの有無の判定はでき、他人に感染させる現実の可能性を確認するのに、より適している。このため、新型コロナウイルスの封じ込め戦略を機能させるうえで、大きな重要性をもつ。

追跡、効果的な検査、的を絞った実施

検査と接触追跡は、的を絞ったロックダウンの効果的な実施に必要な情報を集めるために用いられる。しかし、この二つの方法の精密さのレベルには違いがある。検査は精密なシグナルになるが（偽陽性率が低い）、結果が出るまでに時間がかかることがある。

接触追跡は、**検査を行う前の**予備的な手段になりうる。検査が十分に行き渡っていない場合は、接触追跡の価値のほうが高い。他人を感染させるリスクの高い人の特定が可能なら、保健師はそうした人に対する検査を集中的に行えばよい。感染者に接触した人は感染するリスクが高く、ゆえに検査の必要がある。的を絞った検査は感染の連鎖を断ち切るのには有効だが、新型コロナウイルスの人口全体に対する罹患率を明らかに

するわけでは必ずしもない。それを知ることが目的なら、広範囲の無作為検査を行わねばならないだろう。

中国をはじめとするアジアのいくつかの国では、**スマートフォンのアプリ**を使った接触追跡が多大な効果を発揮してきた。中国では建物に入る前に、入り口にスマートフォンをかざさなければならない。新型コロナウイルスの陽性判定を受けた人や、感染者と接触した人は建物のなかに入ることができない。台湾の戦略で柱となっているのは、他人を感染させるリスクがもっとも高い人に対するロックダウン（外出禁止）と、その人物を対象にした、携帯電話の信号を使っての接触追跡だ。なかでも海外の留学先から戻った学生は2週間の自主隔離を義務付けられた。台湾では三角測量を利用して、携帯電話の位置を追跡したり、隔離義務が守られているかどうかを監視したりしている。たとえばマイロ・シエという学生の場合、携帯電話が充電切れになって1時間以内に、4つの政府機関が居場所の確認のために連絡してきたという[10]。「電子フェンス」のおかげで台湾は安全を保つことができているが、プライバシーに関する懸念は解消されていない。接触追跡のためのローテクな手段としては接触日記を付けるというのがある。携帯電話の位置情報の利用に比べて効果は弱いものの、プライバシー保護を向上させることにはなる[11]。

広範囲にわたって検査を行い、接触追跡を利用して患者を見つけ出すことができれば、それは経済的レジリエンスの形成に役立つ。しかし、接触追跡には二つの難しい臨界点が存在する。一つ目は再生産数（R0）が1を上回ったときで、ウイルスが指数関数的に成長する。二つ目の臨界点は、ウイルス罹患率が過度に高くなったときだ。いずれの場合も、欧米諸国がプライバシーへの懸念から躊躇してきた技術的解決策を使わないことには、接触追跡の実行は不可能になる。

ドイツでは長らく、1週間の罹患率の基準値を人口10万人当たり50人としていた。その後、これを35人に下げている。いったんこの基準値を超えると、有効な接触追跡が行われなくなる可能性があり、そうなればウイルスが制御不能に陥りかねない。つまり、レジリエントな政策には、臨界点を超えてしまったときにも負のフィードバック・ループを寄せ付けないような、多様かつ強力なウイルス封じ込め策が欠かせないのだ。

もう一つの有効な手段は、バブルやいわゆる「ポッド」〔訳注：原意は豆のさや。範囲の限定された社交グループ〕を形成するなどして集団間の距離をとることだ。バブルやポッドの形成により、同じ集団に属する人との付き合いだけが促され、感染の拡散が抑えられる。検査と接触追跡は、特定の年齢層に的を絞ったロックダウン（外出禁止）政策の利点を高める[12]。

プライバシーと負の烙印

接触追跡は、とくにスマートフォンのアプリを用いた場合、プライバシーの価値についての懸念に加え、感染者の健康状態が公になったときに、その人物が負の烙印を押される可能性への懸念を生じさせる。

情報共有とプライバシー

政府機関と民間部門が情報を共有すれば、何を対象とする措置であれ、その実施に大きな弾みがつくだろう。しかし特定の集団だけに照準を絞った措置はプライバシーの侵害になるかもしれない。

アジア諸国は情報共有に著しい成果をあげている。たとえば韓国では、検査で陽性者が出た場合、その患者についての報告が病院から自治体に送られる。政府には患者の診療記録や携帯電話のGPS記録、クレジットカードの利用履歴、監視カメラの映像を収集する権限がある。そして患者の利用店舗をはじめとする情報が、その人の住む自治体内で公開される。患者に関する情報は、行政の作成した警告メールを通じて、日々周知される。患者と同じ自治体に住む人は、疾病管理庁のウェブサイトを見ればこの情報にアクセスできる。また、その患者と一緒にどこかの店舗に行った人は電子メールで連絡を受け、検査を促される。２０２０年10月、韓国政府はプライバシーについての懸念から、個々の事例に関する情報の開示に制限を設けることにした。

負の烙印と検査への恐怖

プライバシーの侵害や負の烙印を押されることへの懸念は、行政が微妙なバランスを維持しなければならないことを意味している。人びとがプライバシーへの懸念や、社会から負の烙印を押されることへの恐怖のために検査を敬遠しているのだとすると、そうした社会的影響によって広範な検査という戦略が弱体化させられることもありうる。

とくに、病気にかかった人に負の烙印を押せば、パンデミック関連のルールの遵守は強化されるだろうが、それとは反対の効果も現れかねない。たとえば、保育施設で新型コロナウイルス感染症が大流行したなら、それによって多大な外部性がもたらされるだろう。感染した子どもの親は隔離を余儀なくされ、その施設が閉鎖された場合、そこを利用していた親は全員、子どものケアについて代替策を考えねばならなくなる。つまり、わが子に新型コロナウイルスの検査を受けさせる親は、よその親たちにとっては多大な面倒の「原因になる」かもしれないのだ。そしてよその親たちは、陽性者になった子どもの親に負の烙印を押すかもしれない。このような場合、負の烙印への恐怖が検査への忌避感を助長し、ひどい事態を引き起こすことになるだろう。事前に封じ込めれば楽であったろうに、ウイルスがその保育施設全体に広がってしまうかもしれない。

まとめると、ニューノーマルが実現するまでのあいだ社会を維持するための実行可能な封じ込め戦略を考案するうえで、情報は何より重要だ。無症状感染や、属性の似た人どうしの接触、季節性、またウイルスの子どもへの影響は、最適な政策を考案するうえで欠かすことのできない要素だ[13]。

第6章　コミュニケーション：人びとの懸念に対処する

第4、5章では、実行可能な架橋戦略を規定し、それを実行するには個人の行動や情報がいかに重要であるか、ということを述べた。社会的学習とフィードバック外部性は、場合によって新型コロナウイルスへの行動反応を著しく増幅させる可能性がある。ゆえに、インフルエンサーや政府によって伝えられる情報はきわめて重要になる。鍵となるのが、**説得力のある**効果的なコミュニケーションで、それには最低限の信頼が必要とされる。

コミュニケーションの道具を使うことは、綱渡りに似ている。行政は、ある程度の**不安感を醸して**公衆衛生上の危機の深刻さを伝える一方で、**混乱**が広がることも**回避**しなければならない。恐怖を生み出すことと混乱を回避することとの均衡をめざす必要がある。

まず、行政は住民に客観的情報を伝え、住民が病気に関する事実と自身の当初の見方とを結び付ける手助けをすることができる。たとえばドイツのアンゲラ・メルケル（Angela Merkel）首相は、再生産数（R０）に注目することは重要であり、再生産数の誤差は小さいと述べた。再生産数０・

98と1・02との違いは、感染者数の段階的な減少か、それとも指数関数的な増加かという選択につながるのだと。良質な情報を受け取った市民が危機に関して適切な行動を容易にとれる限りにおいて、コミュニケーションはレジリエンスの構築における中心的要素になりうる。しかしコミュニケーションは、さまざまな非政府チャネルを通じ、いっそうの働きをすることがある。

コミュニティーの感覚を育む

一方の極には、急遽実施されたインドのロックダウンがあり（宣言から4時間後だった）、これはコロナ危機の深刻度に関するシグナルを送り、恐怖心をかき立てるのにほぼ間違いなく役立った。すでにふれたとおり、ロックダウンはまさに**シグナルの役割**を果たした。ロックダウンのこのような解釈（つまり恐怖を生み出すために使われるという解釈）には、マキャヴェリ的な特徴がある。その対極にあるものとして、**コミュニティーの感覚**を育むため、つまり全市民が同じ船に乗っているのだという考えを伝えるために、政府がコミュニケーションを調整するという方法もある。コミュニティー感覚を育むアプローチは、恐怖を利用して住民をウイルス封じ込めに駆り立てるのではなく、「温もり」を使い、人びとに共通善のため制約に従うよう促すのだ。経済モデルに置き換えると、個人の効用が他者の効用に左右されるときに、利他主義が生まれる、ということだ[1]。やさしい言葉で言うなら、人びとは互いを思いやるものなのだ。

一体感を作り出すには、数多くのチャネルでのコミュニケーションが役立つだろう[2]。ニュージーランドのジャシンダ・アーダーン（Jacinda Ardern）首相は「議会での演説や毎日の記者会見、フェイスブック（Facebook）のライブ配信、ポッドキャスト」[3]といった幅広いチャネルを通じてメッセージを伝え、多くの人から絶賛されている。すぐれたコミュニケーションは人びとの期待を持続させうる、レジリエントかつ長期的な支えになる。

それにくわえて、政府のメッセージを広く伝えるためにインフルエンサーを使うことも効果的だ。インドではボリウッドの俳優たちが、パンデミックの抑止策に自ら従っていることを伝えるビデオを公開した。これはフォロワーに対してメッセージ強化の効果を発揮するものと思われる。

この二つのチャネルが交差する地点には、新型コロナウイルスを戦争になぞらえる多くの政治家がいる。政治家たちはそうすることによって、コミュニティーの感覚（「国旗のもとに結集する」感覚に似ている）や恐怖心を引き出す[4]。病気の蔓延との戦いに住民を動員するには、**戦時と同じように**士気を維持することがきわめて重要だ[5]。新型コロナウイルス・パンデミックの文脈で言えば、全人類が共通の敵に直面している。この事実は、国家横断的なメッセージを形成するのに活用することもできれば、互いに対立する小集団へと国民を分断するのに利用することも可能だ[6]。

コミュニケーションにおける信用の役割

行政が効果的にコミュニケーションを使って住民を説得できるか否かは、行政に対する、また広い意味での科学に対する**信用**にかかっている[7]。情報のバブルは重要な情報から一部の市民を隔てかねない。日常的に情報が氾濫している現状では、あまりに情報が多いためにニュースが見落とされたり、退けられたりすることもありうる。新型コロナウイルスは、重要な情報がこうしたバブルを突破し、世界のさまざまな住民に届くことを可能にするほど、大きなトピックだった。

新型コロナウイルスに関する統計

ジャーナリストのダレル・ハフ（Darrell Huff）による古典的著作『統計でウソをつく法』〔高木秀玄訳、講談社ブルーバックス、1968〕が1954年に出版されて以来、統計はさまざまな党派的構想の支えとして転用されることがあるという考えが、少なからぬ影響力をもつようになってきた[8]。一般の人びとが公衆衛生施策を受け入れて実施するには統計の信頼性が欠かせないだけに、これは残念なことである。

科学と統計に対する社会の信頼が必要であることを示す一例が、**新型コロナウイルスの死亡統計**だ。何が新型コロナウイルスによる死亡に当たるのかは、自明ではない。ある人が死んだのは新型コロナウイルスに感染したためなのか、それとも、その人は別の原因で死亡し、そのときに新型コロナウイルスに感染していただけなのか[9]。さらに言えば、全死因死亡率は不況期にはたいてい減少するし、ロックダウン期間中は事故死が減ることから、さらに押し下げられるものと思われる[10]。また、新型コロナウイルスには「刈り取り効果」があるかもしれない。と言うのも、寿命の短い人がこのウイルスのせいで死亡することから、「新型コロナウイルスの期間中に死亡が集中する」ためだ。短期的には衝撃的なまでの死亡率の急上昇が見られても、長期的な死亡率はそれほど恐ろしいものには映らないかもしれない[11]。

このパンデミックの渦中では、検査をめぐって何かしらの混乱が起きた。検査を増やすと感染者数が増えるのではないかという疑問を多くの人が抱いた。答えは明らかにノーだ。検査によって発見されなくとも、感染者は市中にいるのだから。人びとが検査を受けなければ、その人たちは知らず知らずのうちに他人を感染させるかもしれない。したがって中期的には、検査を増やすことで感染者の総数を――観察不可能ではあるが――減らすことができそうだ。しかし短期的には、検査を受ける人が増えることから既知の感染者の数は増える。負の烙印は人びとが検査を受けたり報告したりすることの妨げになりうると先に述べたが、この烙印もまた、統計に関するわたしたちの認識に似たような歪曲効果をおよぼしている。

科学的な話を広く伝える

科学コミュニケーションは、こうした状況下で大きな力を発揮することができる。新型コロナウイルスのパンデミックが続くなか、ある実験で、ノーベル経済学賞受賞者のアビジット・バナジー（Abhijit Banerjee）のメッセージがインドのさまざまなコミュニティーに向けて放送された。こうして信頼できる情報源から重要な情報が伝えられると、たとえば症状の申告などの公衆衛生施策の遵守が際立って増えた[12]。したがって信用に裏打ちされたコミュニケーションには、人びとを招き寄せ、レジリエンスを高める力があるのだ。

陰謀論と闘う

こうした繊細な配慮を必要とする問題は、科学や統計に対する不信感と相まって、パンデミック下で**陰謀論**をかき立てている。たとえばQアノンや、偽情報の動画『プランデミック（Plandemic）』などが唱える誤った考えだ。興味を引くのは、Qアノンがウイルスと似たような広がり方をしていることだ。ドイツは複数政党制で、この陰謀論集団が生まれたアメリカの状況に比べると二極化の程度がはるかに小さいのだが、いまやドイツはアメリカに次ぎ、2番目にQアノンの信奉者が多いと推定される[13]。これからも取り組むべき課題としては、こうした陰謀論が存在するなかで社会的結束を保つことが挙げられる。

反実仮想の話によって信用を勝ち得る

動態的なクライシス・コミュニケーションでは、**反実仮想のシナリオ**について語ってみせることが必要になる場合が多い。人びとは反実仮想のシナリオについて一定程度の理解しかできていない。反実仮想を用いたコミュニケーションの方法には、たとえばロックダウンやソーシャルディスタンスをまったく実施しなかったとしたら、いったいどのようなことになっていたかを問う、というものがある。

図表6-1は2020年1月以降のドイツにおける週ごとの超過死亡数を示している〔訳注：超過死亡数は、過去の数字から推定される死者数を実際の死者数がどれだけ上回ったかを表す〕。影を付けた部分はパンデミックが始まる前である2016年から2019年までの各週の最大死者数と最小死者数の範囲を表す。多くの陰謀論者はこのデータを使い、2020年秋（第40暦週）になるまで死亡数が過去の数値に比べてそれほど過多ではないのだからコロナ危機は捏造であると主張する。が、2020年秋を境に、データは超過死亡が存在することをはっきり示している。言うまでもなく、ウイルス封じ込め措置が一切とられなかったと仮定した場合、死亡数は実際の数も、ま

図表６－１

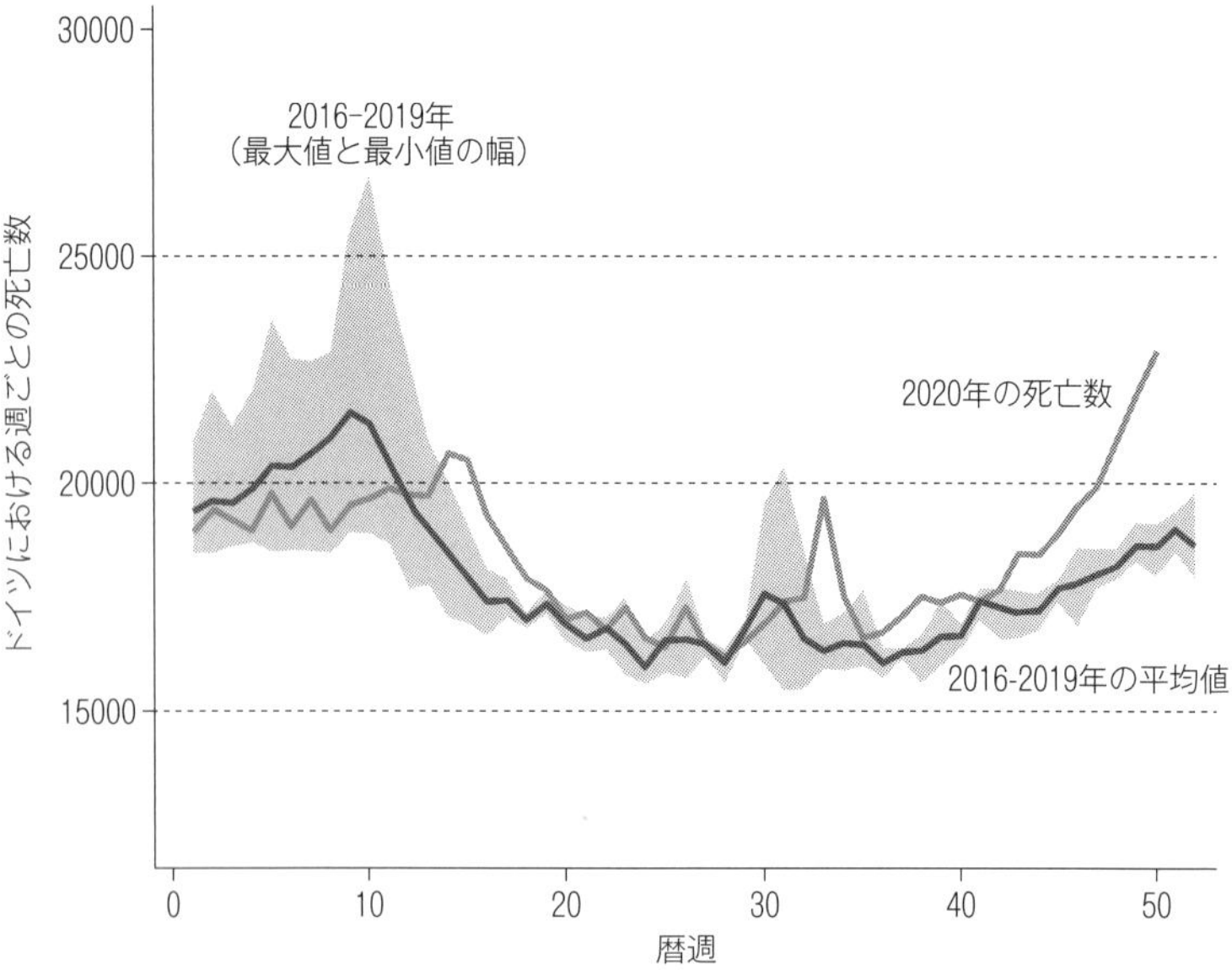

ドイツにおける週ごとの総死亡数。新型コロナウイルスによる超過死亡数がわかる。
出所：ドイツ連邦統計局 2021

た過去の平均値をも大幅に上回っていたことだろう。

反実仮想の話を理解するのが人びとには難しい場合、政策立案者はどのようにコミュニケーションを図るべきだろうか。パンデミックの文脈では、ロックダウンを行わない場合にどれだけの死者が出るかに関連づけて反実仮想の話をすることが可能だろう。その成否は、時間が経過するなかで、政府がロックダウンの規則をどれだけ厳しく適用していくのかにかかっている。たとえば、ロックダウンが極端に厳しく、感染率がきわめて低い場合を考えてみよう。その場合、感染率の低さが批判や陰謀論を勢いづかせるという皮肉な結果になるかもしれない。人びとはなんの問題もないと考え、政府がロックダウンを実施したのは悪しき目的のためだとでたらめを言うかもしれない。政府が信用を失うと、人びとはロックダウンの規則の抜け穴をすり抜けようとしだすかもしれない。そのようなことになった場合、脅威の深刻さについて信用されるコミュニケーションを図るなら、危機を少しばかり表面化させるしか、ほかに方法がないのかもしれない。こうすれば反実仮想のシナリオが、知識の浅い市民にもわかりやすいものになることだろう。しかしこのような戦略は、指数関数的な感染拡大の危険に絡む、倫理的な問題を呼び込む。

動態的なコミュニケーションはこのような問題を抱えている。一定程度の「死亡数」の存在をつねに許容すべきなのか、それとも状況の深刻さを思い知らせるために、ときおり感染の波が起きるのを許容すべきなのか。別の言い方をするなら、信用されるコミュニケーションを確たるものにするには、政府はつねに実験を行い、限界を試さなくてはならない。ドイツではロックダウンが比較的うまくいったために、新型コロナウイルスの脅威は予想されていたほど深刻ではないという誤った主張を、市民が広めることにつながった。

政府には、**後方から誘導する**インセンティブがある。このアプローチでは、政府はこの病気の感染者数が一定水準に達するまでロックダウンを実施しない。というのも、ロックダウンの実施が早すぎれば、その成功がかえって逆効果になるかもしれないからだ。早期にロックダウンを行えば、衛生上の望ましくない結果を回避できるのは間違いないが、そのために知識の浅い市民はロックダウンの必要性を疑うかもしれない。このようなことはレジリエンス強化の助けにならない。

同様に、ブラジルやスウェーデンのように新型コロナウイルスの**脅威を無視する国**があると、それがほかの国における**コミュニケーション活動にとってプラスになる**。パンデミックの管理を誤った国での失敗は、反実仮想のシナリオを可視化している。経済用語を使って言い換えると、政策に不備がある国は他の国におけるコミュニケーション活動に正の外部性を与えている、ということだ。

ビジョンと語り方

政治リーダーは長期的なビジョンを明らかにすべきなのだろうか、それとも胸のうちにしまっておくべきなのか。この種の戦略的問題に、単純明快な助言をすることはできない。ビジョンを公にすることが反発や批判を招くこともありうる。しかしリーダーが計画を伏せたままにしていれば、その不透明性を非難されるだろう。過剰な非難を招くことも、曖昧に見えることも避けながら成し遂げられた綱渡りの一例が、マリオ・ドラギ（Mario Draghi）がロンドンで行ったスピーチ、あの有名な「必要なことはなんでもする」という声明だ。このスピーチは、ユーロ圏を守るという明確な約束を伝える一方で、批判を招かない程度に曖昧だった。

大恐慌期にフランクリン・D・ルーズヴェルトがとったアプローチも、選択可能な方法を示している。ルーズヴェルト政権はさまざまな政策を試し、危機への対処法を模索した。彼は同時に、自分が国民を気にかけていることをはっきり伝え、現実的な安心感をもたらした[14]。「物語を語る者が世界を支配する」という言葉は、アメリカ先住民のホピによるものともプラトンによるものとも言われるが、いずれにせよ、経済モデルをはじめとする**単純明快な物語**は、現実をわかりやすく描くことを可能にする。そうした物語は複雑なものごとをかみ砕いて理解しやすい情報へと変え、人びとの説得を容易にする。多くの人は、単純明快な物語なら支障なく理解できる。

しかし物語が過度に単純になっていたり、問題の前後関係を歪めたりしていることもある。経済学の観点から言えば、モデルなり物語なりの内部整合性と外部整合性が、重要なトレードオフの関係にあるのだ。内部整合性のある情報には十分に合理的な経済主体が登場し、論理の一貫した思考が内在している。しかし提示されたモデルが現実を十分に反映していないということもあるかもしれない。他方で、外的妥当性に重きを置いて情報を提示すれば、そのモデルは現実に近くなりこそすれ、あまりに複雑で一般の人たちには理解しにくいものになる。

世界が複雑になっていくにつれ、**過度な単純化**と**包括性**とのトレードオフは難しさを増していく。陰謀論はその好例だ。陰謀論は、人びとを圧倒してしまいかねないさまざまな事実を「合理的に説明する」ために設計された、明快な世界観を提示している。このように、新型コロナウイルスのパンデミックのもつ複雑さ（および不確実性）は、２０２０年から２０２１年にかけて陰謀論が盛んになった理由の、一つの説明になっている。

語り方をどのようにコントロールするかも重要だ。ウイルスの発生源はどこなのか。そして感染症の大流行は誰のせいなのか[15]。大流行の初期段階で控え目な報告しかしなかったと、中国を非難する声がある。かたや中国は、生贄にされないよう、自分たちのシステムが他の国よりも巧みに危機をさばいたということを示そうとしている。第15章では、中国のマスク外交を見ていく。

第7章　ニューノーマルの設計にワクチンが果たす役割

どのような危機対応にとっても重要な要素は、長期的で持続可能なニューノーマルを構築することだ。レジリエンスが始動するのは、社会がニューノーマルの到来に必要な施策を段階的に実施できるようになってからだ。

新型コロナウイルスのパンデミックに関して言えば、集団免疫の獲得は長期的解決策の一つであると当初はみなされ、とくにスウェーデンや、一時はイギリスでもそう考えられていた。しかし次に述べる三つの理由から、それは実現可能な選択肢とは言えなかった。第一に、新型コロナウイルス回復者のあいだで長期的な後遺症が出ていることを示す相当程度の証拠がある[1]。ゆえに集団免疫の獲得をめざすとなると、回復不能な健康障害、いわゆるロング・コヴィッドの危険に大勢をさらすことになる。第二に、新型コロナウイルスへの免疫は永続的ではないと見られるため、集団免疫が達成されることはないかもしれない。第三に、新しい変異株が次々に発生している。だから、実現可能な唯一の選択肢はワクチン開発なのだ。

新型コロナウイルスワクチンの開発のために、とくに欧米では前例を見ないほどの科学的取り組みがなされてきた。その結果、ふつうなら10年以上かかるようなプロセスが1年と経たないうちに終わり、最初のワクチン候補群が大量に取りそろえられた。アジア諸国はレジリエンス戦略において、ニューノーマルへの復帰という要素よりも封じ込めの要素に力点を置いた。

いくつかの新しいワクチンのすぐれた有効性のおかげをもって、多くの国で感染率や死亡率が下がりつつある（本書執筆時点）。再生産数をウイルス自然消滅の閾値である1より小さくするには、人口のおよそ60％がワクチンを接種すれば十分なのかもしれない。現在のワクチンの生産と配布のペースをもとに、2022年には世界のほとんどの地域でパンデミックが終息するのではないかと期待する声もあがっている。しかし、重症化や死亡を防ぐ効果が高いワクチンでも、無症状感染にほとんど効果がないという可能性もある。とすれば、パンデミックを終息させるため、ワクチンの接種率を大幅に高める必要があるだろう。ファイザー／ビオンテック社のワクチンに関する初期データは、このワクチンがウイルスの伝播を抑えることを示しているものの、その効果のほどはあまりよくわかっていない[2]。それだけでなく、新しい変異株がワクチンをすり抜けるようになったら、わたしたちの希望は打ち砕かれるかもしれない。

より大局的な教訓を引き出すこともできる。それは、次のウイルスに備えてレジリエンスを構築してもいいのではないか、ということだ。動物ウイルスの人間への感染は珍しいことではないのだから、新型コロナウイルスが制圧できたのちにもパンデミックのリスクは持続する。パンデミックへの備えをより有効なものにできれば、それはレジリエンス向上への大きな一歩となる。

ワクチンの費用便益

検査や接触追跡の費用便益に関する推論を行ったが、ワクチン開発にはこの推論がはるかによく当てはまる。ワクチンの限界便益は、以下に挙げる因数の限界的な増加の積に近似するものとして捉えることができる。ワクチン開発が成功する確率。アメリカで1か月当たりにかかる費用（3750億ドル）。ワクチン開発に要すると推定される期間（6か月）。ワクチンの限界費用は、タイプによって異なるものの、1回分当たりの生産費およそ1ドルに、生産量の総計を掛けたものになる[3]。さらに生産設備の代替性を考慮する必要もある。あるワクチンの製造工場を別のワクチンの工場に転用することは比較的迅速にできる。ゆえに、80億人分のワクチンにかかる費用は80億ドルとなる[4]。

ファイザー／ビオンテック社やモデルナ社製のワクチンのようなmRNAワクチンはほかのタイプに比べて1桁高額で、1回分当たり約15ドルと言われる。しかしロックダウンには膨大な経済的コストがかかるため、費用便益計算の基本的な結論は変わらない。パンデミックの初期には、欧州連合（EU）が調達すべきなのは高額なmRNAワクチンなのか、それともいずれ利用可能になると思われる安価な代替品なのかという議論が起きた。安価な代替品を選ぶことによって削減可能になるコストは、ロックダウンの長期化にともなう経済的コストに比べればはるかに小さい[5]。

ワクチン開発：冗長性、多様化、レジリエンス

ワクチン開発にインセンティブを与える方法は二つある。一つ目は企業に一時的な独占権を与えることで、ワクチン開発に成功すれば、その企業は高い利益幅を保証される。二つ目のアプローチは、失敗による損失を補う保険を政府が提供するというものだ[6]。

企業はワクチン候補についての重要な内部情報を秘匿する。経済学者のマイケル・クレーマー（Michael Kremer）はそうしたことを踏まえ、80対20の資金提供制度を2020年5月に提案している。それによれば、政府はワクチン製造能力の開発にかかる費用の少なくとも80％を負担し、民間企業は20％を「自己資金」で賄う。そしてワクチンが成功した場合、政府は資金供与への見返りにワクチンを買い取る選択権を得る[7]。

ワクチン開発は三つの原則に従って行うべきだ。第一に、実際に必要な量を上回るワクチンを製造できる能力を確保すべく、冗長性をもたせること。これによって、いくつかのワクチン開発プロジェクトが失敗した場合に社会が保護される。きわめて大事な第二の原則は多様化だ。さまざまなワクチン技術に関わる活動を多様化させれば、複数のプロジェクトの相関性を下げることができる。多様化を進めることで、いくつかのプロジェクトが成功する確率も高まる。最後の原則は、レジリエントなワクチン開発によって、ウイルスの新しい変異株の拡散を止める際にワクチンを容易に適用できるようにすることだ。

冗長性と多様化：複数のワクチン開発を並行して行う

ワクチン開発は高リスクで失敗の恐れもあるため、複数のワクチン開発を並行して行う必要がある[8]。各国政府は当初、成功する確率がもっとも高いのはどのワクチンなのか、ほとんどわかっていなかった。このため、多くの国の政府は、いくつかの企業からワクチンを事前に買い取った（図表7－1）。その結果、国民が必要とする量を上回るワクチンを手に入れることになった。2020年5月時点では、2021年秋までにワクチンを一つ完成させる確率を約90％にするには14回の治験が必要になると見られていた[9]。14というのは、複数のワクチンのあいだにある相互相関をもとに導き出された数字である。類似した技術を用いたワクチンは相互相関が高いため、既存のワクチンに似たワクチンの開発には、まったく異なる技術を使ったワクチンの開発に比べると多様性が少ない。

2020年5月時点のアメリカ政府の見通しに基づくと、多くのワクチンに潜在的可能性があることから、標準的な多様化が推し進められることだろう。ワクチンは**大きく分けて4種類のバイオテクノロジー**を土台にしている。遺伝情報の注入によるmRNA（ファイザー社、モデルナ社、キュアバック社、サノフィ社）、ウイルスベクター（アストラゼネカ社、ジョンソン・エンド・ジョンソン社、スプートニク〔訳注：ロシアの国立ガマレヤ疫学・微生物学研究所が開発〕）、不活性化全ウイルスワクチン（シノバック・バイオテック〈北京科興中維生物技術〉、シノファーム〈中国医薬集団〉、コバクシン〔訳注：インドのバーラト・バイオテックと政府系機関が共同開発〕）、組み換えタンパクワクチン（ノババックス社）。多様化のためにはさまざまなタイプのワクチンを開

図表7－1

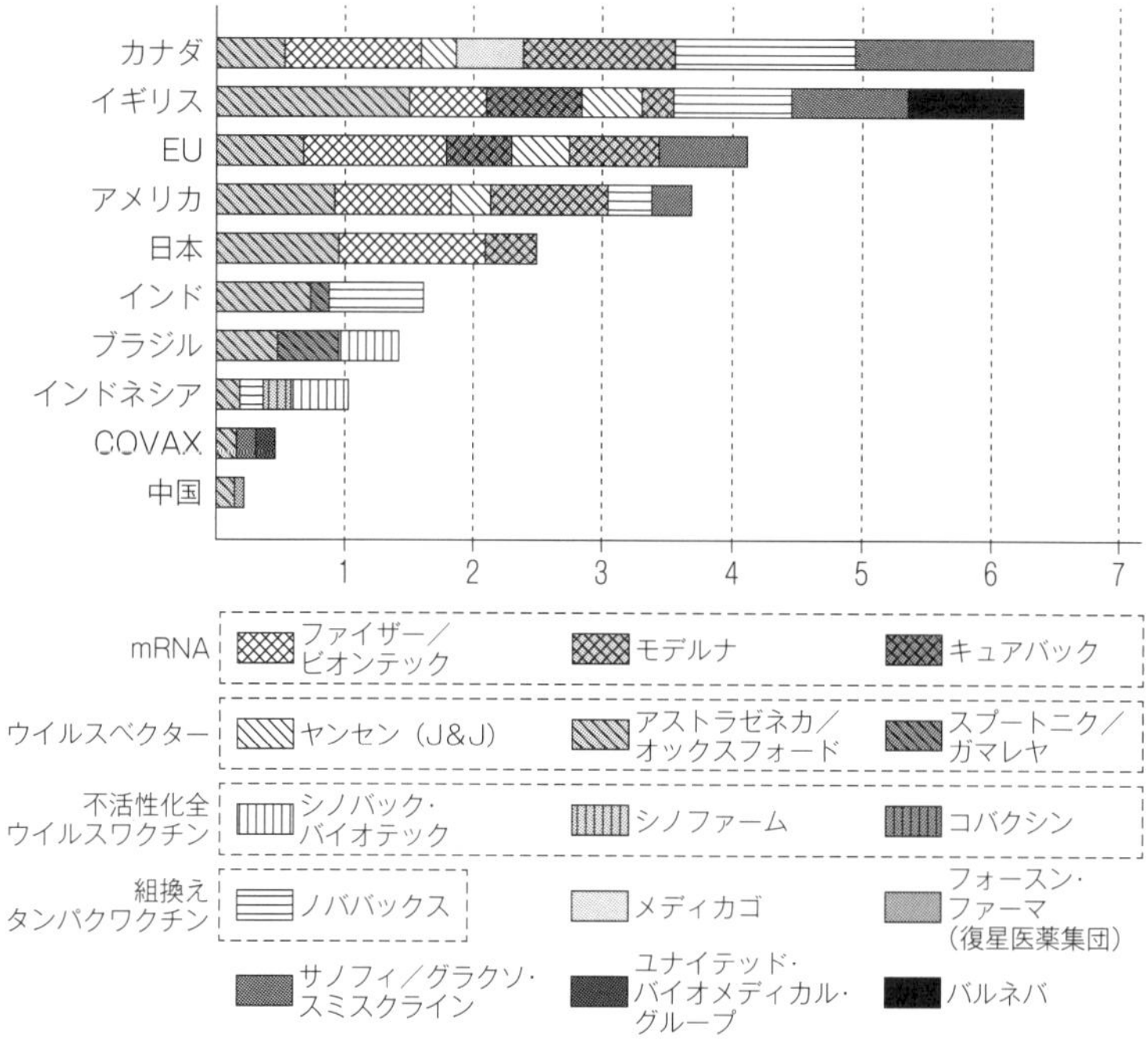

ワクチン発注における冗長性、多様化、レジリエンス。
出所：Bloomberg 2021

発している企業からワクチンを事前に買い取る必要があり、それは単なる冗長性の一歩先を行くことを意味する。実際、図表7－1に示した国の大半はそうした戦略をとっている。もっとも、不活性化全ウイルスワクチンは多くの国のポートフォリオには含まれていない。

２０２０年後半から２０２１年にかけてウイルスの変異株が出現したことで、多様化に関する別の問題が表面化した。２０２１年４月時点で、これらの変異株にもっとも有効なワクチンがどれなのかはわかっていなかった。だからワクチンを多様化させ、それぞれの変異株に対する有効性を研究することが重要だ。

国際協調によるワクチン開発への資金拠出

資金調達戦略については、グローバルな視野に立って考えることが原理的には可能だろう。たとえば各国がＧＤＰの０・15％前後をワクチン開発のために拠出するという案が考えられる。各国とも自国のワクチン候補に絡む失敗が起きたときのリスクを分散させたいので、少なくとも初期段階では、そうした資金拠出プログラムに参加する動機が強く働くだろう[10]。グローバルな戦略に代わる選択肢としては、生産能力に余裕をもたせるために政府が外国企業に資金を提供するという、より小規模な協力の形が考えられる[11]。コバックス（ＣＯＶＡＸ）は、ワクチン開発資金の調達における協調をめざす国際的取り組みの一例と言える。

ワクチンの代金をデータで支払う

経済的取引は通常、財やサービスと金銭との交換という形で営まれる。しかしワクチンの国際的な配布に関しては、ワクチン製造企業にデータで支払いを行う国もある。２０２１年１月後半時点で、世界でもっともワクチン接種率の高かった**イスラエル**は、ワクチン接種に関する週ごとの報告をファイザー／ビオンテック社に送っていた。この報告には接種の済んだ市民に関する人口統計データが含まれていた[12]。また、イスラエルが支払っていた接種１回分の代金はＥＵなどよりも高かったということも付言しておくべきだろう。

ワクチンの治験

逆説的だが、新型コロナウイルス封じ込めの施策が世界の特定地域で失敗すると、**ワクチン治験**が容易になる、ということもある。大規模な治験では、ふつうは数万人に対してワクチンかプラセボ〔訳注：偽薬＝本物と同様に見えるが有効成分が含まれていない薬〕を投与し、そのうえでワクチンを投与されたグループとプラセボを投与されたグループの感染率の違いを比較する。ところが、ブラジルやアメリカでは新型コロナウイルス感染症の患者数が膨れ上がり、ウイルスに暴露した治療グループと制御グループが、個々のワクチン候補の有効性を検証するのに十分な規模になった。実際2020年後半には、ラテンアメリカは感染率が高く、治験への参加を申し出る人がきわめて多かったためにワクチン治験の中心地になった[13]。

ワクチンの配布

ワクチンが利用可能になると、それにともない多くの倫理的な問題が持ち上がる。どの国が最初にワクチンを入手すべきなのか。また、各国はどのような層への接種を優先すべきなのか。この領域には国際的な牽引役がいないため、なおさら問題が際立ってしまう[14]。

国際的な配布

条件を単純化した思考実験をしてみると、国際的な事情がはっきりする。かりにAとBという二つの国がワクチン開発に成功したとしよう。AとBは国産ワクチンを自国民に接種すべきだろうか、それとも半分を相手国と交換すべきなのか。リスク回避に関する標準的な議論では、後者が支持されるだろう。二つのワクチンの一方が副反応をともなうとしたらどうだろう。両方を等分に使えば、住民の50％に関しては副反応に悩まされることは確実になくなる。とはいえ、そんな事情を明かすことは難しい。

ワクチンの割り当てに際しては、国際的な波及効果も考慮しなければならない。生産チェーンがつながっていること、また観光をはじめとする国際的な人の移動があったことにより、新興市場国・発展途上国（Emerging Markets and Developing Countries, EMDEs）から発生する健康面の外部性は、先進国に影響をおよぼしてきた。

多くのＥＭＤＥｓは板挟み状態にある。こうした国々があとで安全なワクチンを調達しようというときに優遇措置を受けられることが期待できないだけに、このトレードオフはなおさら深刻だ。ＥＭＤＥｓが直面している具体的な課題については第14章で、またワクチンの輸出規制については第15章で取り上げる。

国内での配布：誰にどのワクチンを接種するのか

国家規模では二つのシナリオが考えられる。一つ目は、利用可能なワクチン数を需要が上回り、ワクチンが不足するというもの。二つ目は、多くの人が未知の副反応を恐れているというようなことで需要が限られ、ワクチンを大量に抱えるというもの。さらに言えば、不適切な人が接種を望むかもしれない。それは——もっとも脆弱な人たちではなく——多くの私的便益を享受し、ワクチンへの支払い意思が強い者であるかもしれない。

政府はワクチンという乏しい資源を、どうすれば一元的に割り振ることができるのだろう。人は行動反応を変えないものだという前提にとりあえず立つならば、外部性を受ける側――脆弱な人びとと――と、その外部性を拡大させる側、とくにスーパースプレッダーとのきわめて重要な違いが見えてくる。

政府は、たとえば重要なサービスを提供する医療スタッフのような、**重要性の高い労働者**へのワクチン接種を優先するかもしれない。また**社会的価値の高い労働者**、とくに職業柄ウイルスに多くの場面で暴露する労働者が優先されることもあるだろう。

その解決策として一見自明に思えるのが、ウイルスによって死亡する可能性がもっとも高い**脆弱な**人びとに対する接種を早めに行うことだ。そうした人びとはワクチン接種への個人的な強い動機があるので、政府が追加的な「ナッジ（誘導）」を行う必要はないだろう。

しかし多くの場合、脆弱な人びとは社会的にもっとも活発というわけではない。脆弱な人びとへのワクチン接種は、そうした人びとを守ることにはなるが、感染拡大の抑制にはあまり役立たないだろう。これとはまったく対照的に、スーパースプレッダーにワクチン接種を行うことには多方面にわたる利点がある。このアプローチをとれば、スーパースプレッダーが守られるだけでなく、こうした人たちから派生する追加感染の連鎖が断ち切られることになる。スーパースプレッダーへのワクチン接種を増やしていけば、再生産数を1未満に抑える助けになるだろう。1は、ウイルスが徐々に減って消滅するか否かの**臨界点**だ。

これは直感とは相容れないことだろうが、パラメーター次第では、スーパースプレッダーへの接種を先行させることによる社会的利得は、もっとも脆弱な人びとへのワクチン接種を先行させることによる社会的利得に比べて大きいかもしれない[15]。スーパースプレッダーによって引き起こされる感染の外部性を排除すれば、それは脆弱な人たちに対して早期にワクチン接種を行うよりも、そうした人たちのためになるだろう。しかし、問題はスーパースプレッダーをどのように特定するかだ。若年層や、在宅以外の働き方をする人などはそれに近いかもしれないが、スーパースプレッディング現象には生物学的側面もあるから、事前にそのような人びとを特定することは難しい。

脆弱な人たちとは異なり、スーパースプレッダーの場合、ワクチン接種への個人的な動機は、スーパースプレッダーに対するワクチン接種の社会的総価値の大きさに比べ、格段に弱いかもしれない。そのため、政府がスーパースプレッダーの接種を「ナッジ」するのに手こずることもありうる。さらに言えば、スーパースプレッダーの特定は脆弱な人の特定に比べてはるかに難しい。

あるいは、生命の私的価値が高い人を優先するという考え方もある。生命の価値が無限ならば、きわめて高いリスクを抱える高齢者への接種をまず行うべきだ。しかし生命の価値が所得や生存期間に比例するのなら、それよりも若い層への接種を先行させるべきだ。つまり、倫理に関わる問題が、経済的な費用便益分析と複雑に絡み合っているのだ。考慮すべき最後の側面は、消費の平滑化という標準的な経済的動機だ。高齢者は余命が短いので、「いつかとれるであろうバカンス」など、埋め合わせにならない。若い人は長い余命期間に消費を分散させ、平滑化させることができる。2020年にバカンスに出かけなかったとしても、2021年や2022年、はたまた2025年には行けるかもしれない。この議論はまた、高齢者への接種を優先すべしという主張を支持するものにもなる。

インドネシアで採用されている戦略は、労働年齢層を対象にしたワクチン接種だ[16]。このアプローチの狙いは、労働者に接種して安全な状態で働くことを可能にし、危機による経済的影響を減らすことにある。

行動反応

ウイルス拡散の制御において、行動反応は重要な役割を果たす。ワクチンの質が高く、有効性が100%に近いなら、接種完了者は完全に守られるので、行動反応は問題にならない。しかし、ワクチンの有効性がたとえば50%にすぎない場合、ロジックはかなり違ってくる。免疫で守られる可能性が50%のスーパースプレッダーは、社会行動の量を増やし、参加するパーティーの数も2倍になるかもしれない。だとすると、その人が1回のパーティーでウイルスを拡散させる確率は半分になるのだろうが、出席するパーティーの数が2倍になれば、この人物に対するワクチン接種は、新型コロナウイルス感染症の罹患率を減らすという点に関しては、事実上なんの効果もないだろう。

有効性の差と戦略的備蓄

有効性の異なる複数のワクチンが承認された。では誰がどのワクチンの接種を受けるべきなのだろう。その答えは、自明とは言えない。

政府が考慮しなければならないもう一つの要素は、ワクチンのうちいくらかを備蓄に回すべきかどうか、だ。備蓄があれば、のちのちホットスポットが生じた場合、政府は迅速に対応できるだろう。この問題の核心には、力学的なトレードオフが存在する。戦略的備蓄として保存するワクチンの量が多くなれば、将来発生するホットスポットの数は増えるかもしれない。しかし、ワクチンの戦略的備蓄があれば、ホットスポットに対する封じ込めの効果は高まることだろう。この問いへの正確な回答は、接触追跡をどの程度行うのかや、他の治療法がどの程度有効なのかによっても変わる。

パラメーター不確実性

これまでに見てきたシナリオは、パラメーターの確実性が比較的高いという暗黙の前提の上に成り立っている。ロバストな最適化にとって、パラメーター不確実性は懸念すべき重要な点だ。初期段階においてワクチンの有効性や副反応についての不確実性があるのなら、ワクチンを母集団のなかで無作為に割り振るのが最善かもしれない――それによってワクチンの有効性の部分母集団による違いについて理解を深めるのだ[17]。こうした初期段階での学習プロセスから得られた結果は、後日ワクチン配分のメカニズムをより良くするのに活用できるだろう。別の選択肢としては、イスラエルのような小さな国に的を絞り、これらのパラメーターについて調査するという方法がある。イスラエルでは過去10年分の医療データがデジタル化されている。

ワクチン忌避と闘う

多くの国でワクチン懐疑が広がっている。フランスでは、2020年11月時点でワクチン接種の意向を示した人は全体の半分強にすぎなかった[18]。ワクチンが広範囲で使用できるようになれば忌避率は下がるかもしれないが、どうすればワクチン接種への支持を増やせるかという厄介な問題は残る。集団免疫を達成するには、人口の60~70%が免疫を獲得しなければならない。

ワクチン接種支持率を高める一つの方法として、政治家が早い時期に公の場で接種を受けるのもいいかもしれない。ジョー・バイデン（Joe Biden）とベンヤミン・ネタニヤフ（Benyamin Netanyahu）はその方法を使った[19、20]。しかし世界の他のリーダー、たとえばアンゲラ・メルケルなどは、国家のワクチン接種計画に従い、順番が来るまで列に並ばなければならなかった[21]。どちらの方法が政治的に賢いのかはわからない。リーダーたちはワクチン接種への支持を集めたいと思っているのだが、彼らが特別扱いを受けていることへの不満をかき立てることにもなりかねない。

ワクチンパスポート

ワクチン接種のインセンティブとして適切なアプローチに、接種者に特典を与えるというものがある。ワクチン接種が済んだことを証明できる人を企業や機関が優待することが可能かどうかという議論が人びとのあいだで盛んになされるようになった。ワクチン接種が徐々に進んで、少なくともヨーロッパや北米で誰もが接種できるようになった状況では、特典の付与は接種率を上げるための重要な方法になりうる[22]。ワクチン接種を受けたことを証明するためのワクチンパスポートを一人ひとりに付与することも可能だろう。現在、EUや中国をはじめ、さまざまな国がワクチンパスポートの実施に取り組んでいる[23、24、25]。イスラエルは2021年3月にワクチンパスポートを広範囲にわたって使用し始め、接種者の社会生活への復帰を可能にした。

ワクチンパスポートや国内での接種実施は、経済の回復を後押しするという点で、レジリエンスを力強く向上させうる——なぜなら、それによって情報に関わる問題が解決されるからだ。接種者だけが社会生活への復帰を許されるようにすると、情報の非対称性は少なくなる。たとえばすべての映画ファンが自らの健康についてあまり心配せずに済むのなら、観客動員数が急増する可能性がある。

以上をまとめると、新型コロナウイルス・パンデミックのような危機の源泉を封じ込めるには、心理的バイアスや恐怖や不安といった人間の行動についての深い理解が必要だ。次に、公衆衛生上の危機との闘いと経済の安定化とは相互排他的な目標ではない。この二つの取り組みは、むしろ相互依存的なのだ。情報とコミュニケーションは封じ込め戦略のコストを削減し、危機を終わらせるうえで一番に重視すべきものだ。社会からの信頼を維持し、陰謀論を退けることは難題だが、反実仮想のシナリオを納得の得られる形で伝えることによって、信頼性を高めることができる。最後に、対危機戦略は最終的にはレジリエンスに到達するような、長期的なニューノーマルへのビジョンを備えていなければならない。

パートⅢ　マクロ経済のレジリエンス

レジリエントな社会のよりどころとなるのは、ショックが起こったときに適切な対応策を実施する能力だ。そうして以前の成長コースへの復帰をめざす。だから当座の封じ込め対応のあと、社会は新しい、長期的な解決に向けた橋を築かなければならない。レジリエントな社会契約は経済安定化のプロセスにおいてきわめて重要で、そのプロセスが、逆に社会契約を安定させていく。

新型コロナウイルスによる不況は第二次世界大戦以後でもっとも深刻な不況だ。2020年3月には、1929年の大恐慌に匹敵する危機を経験すると懸念する専門家もいた。幸い、そのような結果は回避された。経済は急速に回復した。経済ではかなりのレジリエンスが見られた。では将来の見通しはどうだろうか。

パートⅢでは、マクロ経済の重要な問題を技術革新、傷痕、金融市場、財政・金融政策、不平等との関連で探っていく。力点を置くのは、不況などのショックによる経済的な傷ないし傷痕が原因で生じる罠をどう回避するか、だ。

そこで重要となるのは、経済が不況に入っていく道筋とそれに対処する方法との関係を理解することだ。ポール・クルーグマン（Paul Krugman）は不況を二つの基本タイプに区別している。すなわち、民間部門で持続不能な消費や投資が行われて修正が必要になるといった**内的な**アンバランスによるものと[1]、**外的な**逆風によるものだ[2]。歴史的には、後者のタイプの不況は厳しい金融引き締め期間のあとに起こることが多く、その後の経済は急速な雇用回復を示している[3]。今回のパンデミックによる不況もこれに当たる。ショックが起こるまではファンダメンタルズ（経済の基礎的条件）が健全だったので、それが急速な回復を促した。

対照的に、民間部門が過剰になったところで突如として金融部門に大きなストレスがかかる、いわゆる「ミンスキー・モーメント」による不況は回復に時間がかかることが多い[4]。その例が2007〜2008年の不況だ。2008年、住宅部門は高レバレッジで負債比率が高く、住宅価格の再評価にとりわけ脆弱だったのに、金融部門が資本不足でほとんどレジリエンスを提供できなかった[5]。その結果、あとからレバレッジの解消が必要になり、そのまま長期的な不況へとつながっていった。クルーグマンによる区別が正しいとすれば、2020〜2021年の不況はむしろ1979〜1982年の不況に似て、ナイキのロゴマークのような急回復を見せるかもしれない[6]。図表Ⅲ－1は、成長が長期的に損なわれる様子を示している。グラフは1990年代初めからの日本の実質GDPをプロットしたものだが、日本国内での金融危機〔訳注：北海道拓殖銀行や山一証券など金融機関の破綻が相次ぎ、その処理と金融再生のために公的資金が投入された〕と2007年の世界金融危機が成長ペースの大幅ダウンにつながったことが見てとれる。経済がレジリエントでなかったため、2000年代初めは低成長コースをたどることになった。

回復にも二つのタイプがある。一つ目は、経済が以前の成長コースの水準まで回復できるタイプ、二つ目は、経済が危機以前の水準まで回復してかつ以前の長期的な成長率に戻れるタイプだ。長い目で見れば、以前の成長率（図表Ⅲ－1の破線の傾き）まで回復することのほうが重要になる。バブル崩壊後の日本経済は、最後まで、金融危機前の成長率まで回復することがなかった。

対照的に2011年の東日本大震災では、基本的なショックははるかに大きかったが、成長見通し（破線の傾き）に目立った影響はほとんど見られない。日本経済は自然災害に対するレジリエンスの高さを証明して、急速に回復した。問題は、新型コロナウイルスによるパンデミックがどのタイプのショックに似ているかだ。1990年代の金融危機に近いのだろうか、それとも自然災害に

図表 Ⅲ－1

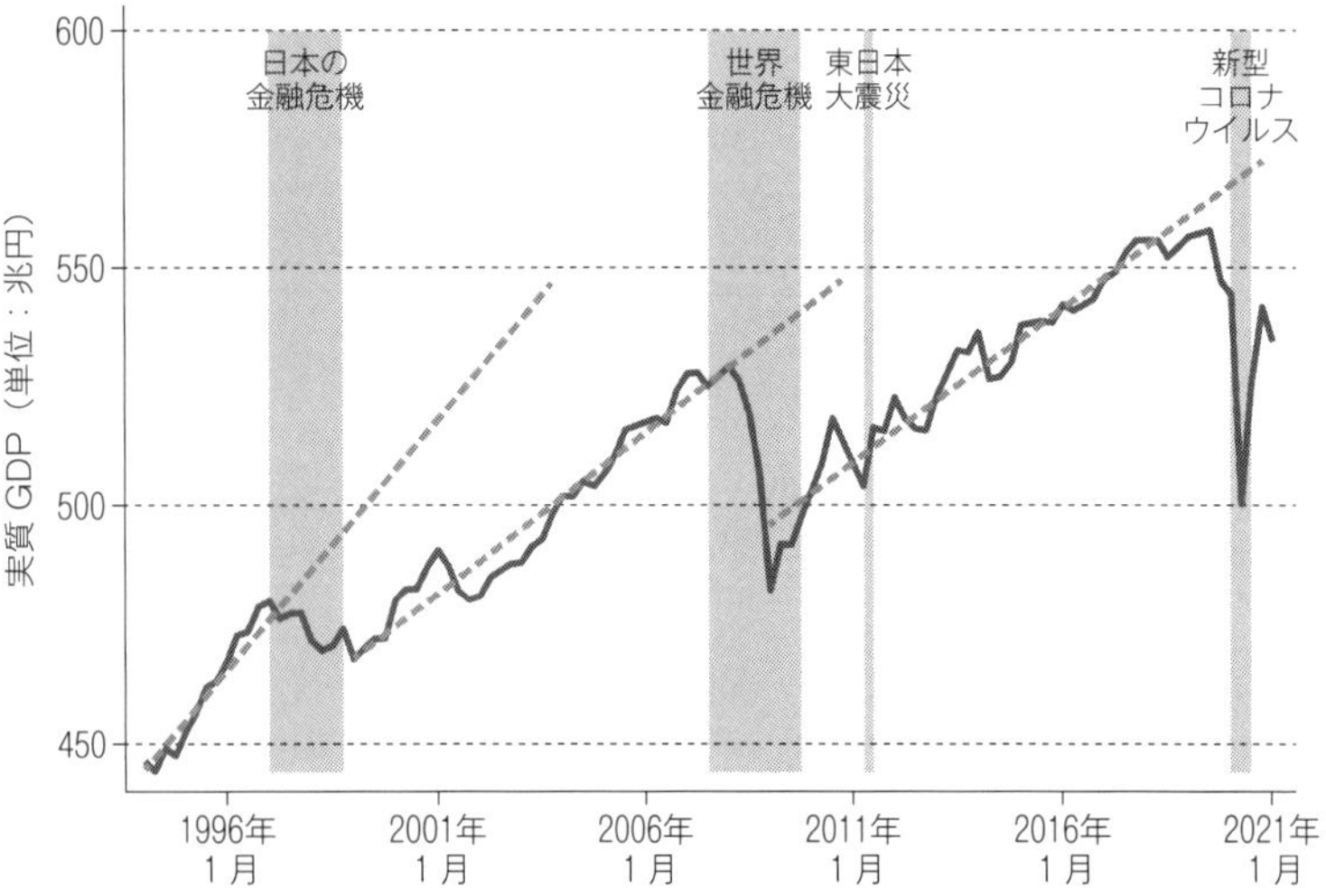

日本の実質 GDP の推移を線形の成長トレンド（破線）とともに示したもの。1990年代後半と2000年代後半の二つの金融危機では実質 GDP も GDP 成長率（こちらのほうが重要）も下がったままだったが、東日本大震災による外性的ショックは経済に長期的な影響をおよぼさなかった[*7]。
出所：FRED 2021〔訳注：Federal Reserve Economic Data (FRED) はセントルイス連邦準備銀行による経済統計データ〕

似るのだろうか。

不況には、どの部門がもっとも大きな打撃を受けたか、どの部門が高いレジリエンスを示したかという違いもある。典型的な不況では、冷蔵庫や自動車といった耐久消費財の新規購入が総崩れになる一方で、ヘアカットやレストランでの食事のような非耐久財の消費は比較的安定する。しかし、マクロ経済学者にはおなじみのこのパターンが、新型コロナウイルスによるパンデミックでは逆転している。今回のパンデミックでは、**耐久消費財**の購入能力には直接的な影響がほとんどなかったが、多くの非耐久財の消費活動で健康リスクが増大した。その結果、対面接客が中心で非耐久財をともなうこ

図表Ⅲ－2

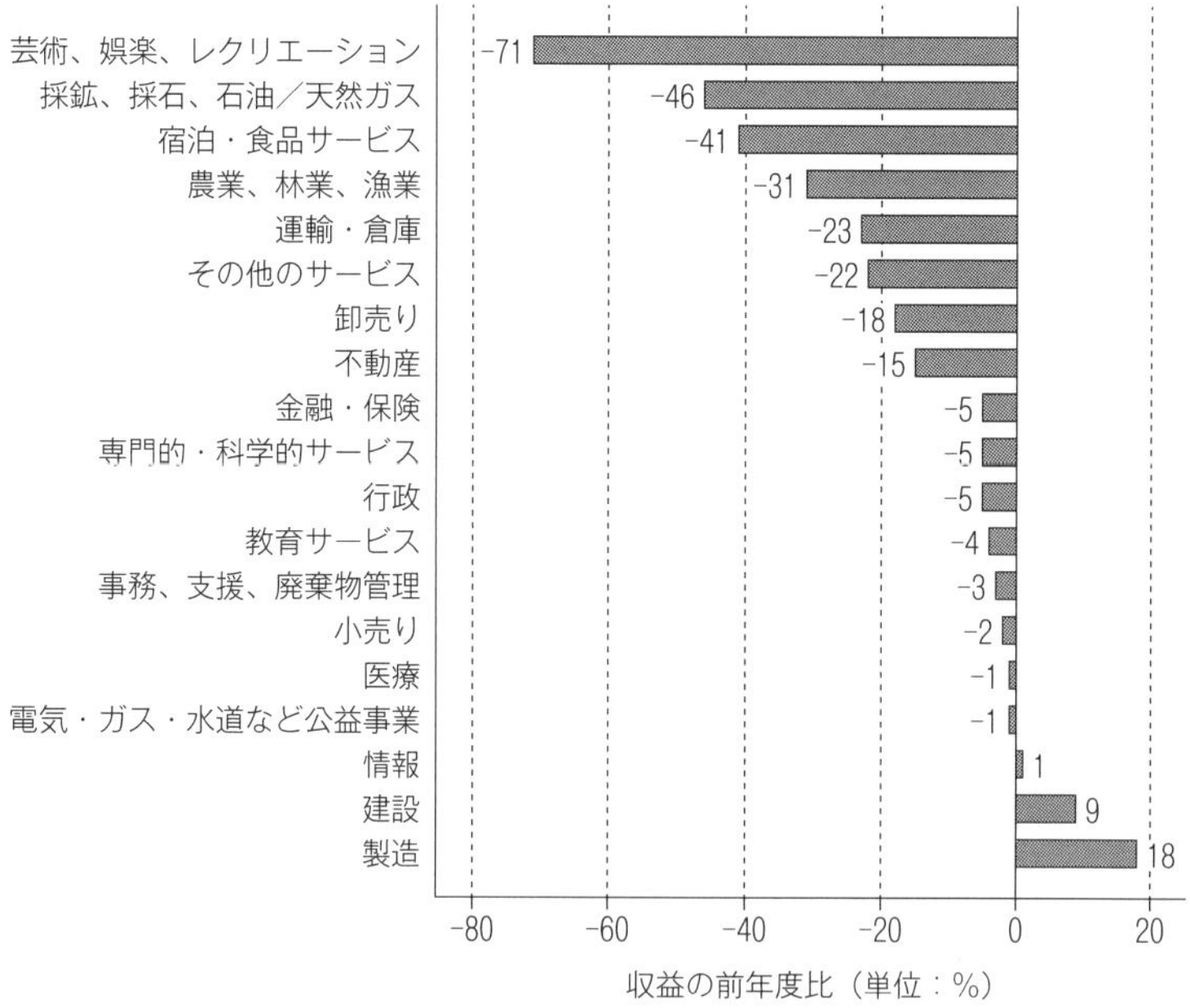

部門別に見たアメリカ経済の収益変化。
出所：Greenwood, Iverson, and Thesmar (2020), Brookings Paper

との多い接触集約型部門がもっとも影響を受けている。それに比べると、耐久消費財は新型コロナウイルスの直接的な影響をあまり受けていない。

図表Ⅲ－2は、アメリカの主要産業すべての収益の変化を対前年比で示したものだ。少なからず驚くのは、建設業と製造業という、2008年の不況でもっとも影響を受けた二つの産業が実際には大きな増益を経験していることだ。その一方で、芸術、娯楽、宿泊・食品サービスの各部門は大幅に収益を減らしている。

このように、新型コロナウイルスによる不況は少なくとも二つの方向で起こっていて、そのためK字型不況とも呼ばれている。利益をあげているのはオンラインでの商品やサービスの提供が容易な企業で、それはナスダック（Nasdaq）が2020年3月から反騰しているのを見れば明らかだ。こうした企業はK字の上の脚で表される。しかし、対面でのやりとりや大人数の観客を基礎とするビジネスモデルは苦しんでいて、アミューズメントパーク、映画館、レストランチェーンなどは、少なくともこの本の執筆時点では、おしなべてK字の下向きの脚に属している。

全要素生産性（Total Factor Productivity，TFP）は接触集約型部門と非接触型部門とで異なるが、パンデミックが長引けば、逆にイノベーションブームが来る可能性もある。これについては以下で検討していく。部門横断的な再配分は長期的に見て望ましいのだろうか。この考えについては次のセクションで探っていくつもりだ。

新型コロナウイルスが毎日のルーティンにもたらした劇的な変化は、同時に、古い習慣を再考する機会を提供してくれた。そのもっとも顕著なものとして、在宅勤務という雇用状況下でのさまざまな試みがある。今回のパンデミックをきっかけに、医療、小売り、高等教育といった部門でのイノベーションが一気に進んだ。このイノベーションブームが、長い目で見れば、持続可能な成長に向けて経済を引き上げるかもしれない。

他方、今回のパンデミックで大きな痛手を被った企業や労働者も多い。パンデミックを生き残るために借り入れを増やすしかなかった企業は、これから多額の過剰債務や倒産に直面する可能性がある。同様に、失業の長期化によって将来の雇用見通しが悪化したりスキルが失われたりすれば、労働者にも害がおよぶことになるだろう。

K字型不況への政策対応は、新型コロナウイルスによるパンデミックという特殊な偶発事象に根ざしたものであるべきだ。焦点の定まらない、大まかな景気刺激策では効果がない。ロックダウンでレストランが閉まっているときに給付金を配られても、それをレストランで使うことはできない。消費可能性が制限されていたこと（および危機までの予備的貯蓄が不十分だったこと）から、アメリカ市民は新型コロナウイルス対策法（CARES Act）による給付金のかなりの部分を貯蓄に回してしまった[8]。それに代わる、もっとターゲットを絞った介入としては、デジタルクーポンが活用できるだろう。これについては中国の杭州市が実験を行っている[9]。杭州市民はそれぞれスマートフォンでデジタルクーポンを受け取るが、一般的な給付金とは対照的に、これは消費にしか使えない。しかも有効期限が決められているので、短期消費へのインセンティブが強まる。クーポンを特定産業や特定都市の特定地域に制限することで、財政政策による介入のターゲットを絞り込むことができていた。

　不確実な部分が多いことから――とりわけいくつかの変異型ウイルスの登場を考えると――パンデミックからの回復の道筋は必ずしも見通せていない。その結果、政策立案者が柔軟性のある政策を維持し、パンデミックによる不況の進行に合わせて随時に修正できることが、大きな**オプション価値**となっている。２０２０年3月に用いたような「何がなんでも」的な当初のアプローチのあとは、「いままで何をやっていたんだ」という状況にならないよう「**つねに備えておく**」ことが重要だ。そうした柔軟性は、政策立案者がさまざまな罠を回避する助けになる。また、そうした罠を回避することはレジリエンスの下支えにもなる。それによって政策立案者に必要な柔軟性が維持され、状況の展開に合わせて路線を修正していけるからだ。

第8章　イノベーションが長期的な成長を促進する

マイクロソフトのＣＥＯサティア・ナデラ（Satya Nadella）が２０２０年4月末に述べたように「わたしたちは2年分のデジタル変革を2か月で目にした[1]」。新型コロナウイルスは経済活動の**構造**に大きな**基本的変化**をもたらした。ソーシャルディスタンスの必要な状況が長く続いたことが推進力となって、これまで以上のイノベーションが考案され、経済活動をパンデミックの圧力に適応させる助けとなっている。新型コロナウイルスは既存のトレンドを加速しているのだ。

大きなショックがさまざまなプロセスを激しく揺さぶることもある。もし社会が現在の危機以前に何かの罠に陥っていたか、あるいは準最適な均衡にあったのだとしたら、わたしたちは新型コロナウイルスによるショックを推進力にして、すでに罠から脱出し、新たな均衡へと向かっていると言える。これを見てもわかるように、恒久的なものでさえなければ、ショックが社会を罠から解放してくれることもある。

オンライン診療と**オンライン教育**は過去数十年で大幅な価格上昇を見たが、この2部門での飛躍は、新型コロナウイルスという偶発事象への適応を促進している[2]。ホームオフィスは、新型コロナウイルスの前には眉をひそめられることもあったのに、2020年3月には多くの労働者にとっての標準となった――それもわずか数週間のうちに、である。常識とは対照的に、自宅で働くほうが会社で働くより生産性が上がるという人は少なくない。

今回の危機では、R&Dへの支出が通常時と比べて落ち込んでいる。理由は少なくとも二つある。第一に、民間企業のR&D努力には大きな正の外部性が関係してくる。たとえば新型コロナウイルスのワクチンは、開発企業に利益をもたらすとともに広範な経済的利益を生み出すので、ほかの企業は、たとえワクチン開発のR&Dコストを負担しなくても恩恵にあずかれる。そのため、たいていの場合はR&D投資を控えるのが当たり前になる。研究努力が増えれば社会の利益になるのだが、個々の企業の視点から見るとコストが利益を上回ってしまうのだ――社会的な利益が内部化されていないからである。

第二に、R&Dが成功すると、かえって自社の既存製品やビジネスモデルの利益を減らしてしまう「共食い（カニバリゼーション）」につながる可能性がある。たとえば、自動車メーカーがよく走る電気自動車を開発すると、必然的に、自社のガソリン車のための既存ビジネスモデルを共食いする可能性が出てくる。この問題については協調問題と併せてあとで検討するつもりだ。

最後に、イノベーションは長期的な成長の主エンジンとなる。イノベーションブームが起これば持続的な長期成長に貢献するだろうし、それによって社会契約のレジリエンスも高まっていくだろう。経済の急成長が包括的な成長をともなっていれば、将来の危機が経済に吹きつけてくる横風にも容易に耐えることができる。しかし変化やトレンドが加速しすぎた場合、多くの人は取り残されたと感じてしまうかもしれない。このように、新型コロナウイルスによるパンデミックのような大きなショックがあると、社会契約のレジリエンスが試されることになる。

既存のトレンドをスピードアップする

イノベーションを促進することで、新型コロナウイルスによるパンデミックは既存の多くのトレンドを加速した。先にふれたホームオフィス、オンライン学習、オンライン診療は、どれもゆっくりとしたトレンドだったのだが、パンデミックで古いやり方が再考を強いられたおかげで、突如として大きな勢いを得た。これが潜在的な機会を提供している。危機によって根底から**激しく揺さぶられる**ことで、**固定化した習慣**が見直されるのだ。必要に迫られて新しいテクノロジーや日常生活への新しいアプローチを試していくうちに、意味深い改善が現れてくることはある。それはワーク・ライフ・バランスの改善かもしれないし、技術革新のスピードアップかもしれない。

しかしふつう経済は、急速な移行よりもゆっくりとした変化に対してのほうが、レジリエンスが高い。移行があまりに速いと人びとは修正に苦しみ、レジリエンスが弱まる可能性がある。先に強調したように、自転車は速く走ったほうが横風に対してレジリエンスがあるが、その一方で穴に落ちるリスクも大きくなる。社会の変化も同様で、速すぎるとついていけない人が多くなってしまい、社会的な混乱につながりかねない。そうなれば、危険な横風は避けられても、結局は穴に落ちることになる。

たとえば20世紀の後半、多くの先進国で製造業のコミュニティーが解体し、経済の中心がサービス部門に移っていった経緯を考えてみよう。具体的にはドイツの炭鉱労働者だ。石炭採掘が徐々に衰退してほとんどの炭鉱が閉鎖されると、炭鉱労働者たちは転職して新しいスキルを身につけなければならなくなった。若い世代にはこの修正は容易で、すぐに新しいスキルを身につけ、非鉱業部門で新しいキャリアをスタートすることができた。それと比べると、中高年の炭鉱労働者には変化のプロセスがずっと複雑だった。熟練した炭鉱労働者が一夜にしてソフトウェアのエンジニアにはなることはできなかったのだ。この例が示しているように、一定の人たちは、教育を受け直して新しいスキルを身につけるのに多くの時間を要する。もっと言えば、たいていの人は新しいことを始めるのを躊躇する。

よくある言い回しで多くの人が不安に思っているものに、21世紀の労働者は何度も再教育しなければならない、というのがある。労働市場の構造転換から考えて、これはおそらく正しい。こうした構造転換は労働者の教育方法にも影響するだろう。急速に変化する労働市場で労働者が個人のレジリエンスを構築できることが必要だ。高度に特殊化した職業訓練をしてしまうと、その労働者は大きな経済的変化があったときに柔軟な対応がしにくくなる。個人のレジリエンス開発という視点からは、金属がくり返し成形できるのと同じような、可鍛性のあるスキルを開発して、部門を超えて柔軟に就業できるようにしておくほうが利益は大きい。

急速な変化は社会としての対処が難しいこともあるので、新型コロナウイルスのような大きなショックを切り抜けられるよう、社会のレジリエンスを高めていく必要がある。しかし、現代社会を形成しているゆっくりとした（しかもときには加速する）トレンドに対しても、やはりレジリエンスを高めておく必要がある。

イノベーションの原理：共食いとＱＷＥＲＴＹ

新しいテクノロジーを採用すると、ふつうはまず固定費用がかかり、利益が見えてくるのはあとになる[3]。そこで変化は将来へと先送りされる――そして、やがてパンデミックなどで大きく揺さぶられる。

消費者が新しいテクノロジーを採用したがらないだけでなく、企業もその提供をためらうことがある。既存のテクノロジーやビジネスモデルを共食いするからだ。たとえばノキア（Nokia）は、２０００年代はじめには世界最大の携帯電話メーカーだったが、スマートフォンのトレンドに乗らなかったため、遠隔通信のインフラ会社への再編成を余儀なくされた。物理的なロケーションでの小売りショッピングも同じような例で、こちらは新型コロナウイルスのために、いまではオンラインショッピングに置き換えられようとしている。こうした流通形態の移行は以前から始まっていたのだが、今回のパンデミックでそれが大きく加速した。しかし変化の陰では、多くの小売店が、店舗を中心とした当初のビジネスモデルを共食いするという犠牲を払っている。

企業と市民との協調も、テクノロジーの進歩にとっては難題だ。有名な例が**QWERTY問題**で、ニワトリとタマゴ問題とも呼ばれている。現在のＱＷＥＲＴＹ配列のキーボード〔訳注：英字最上段の左6文字の並びからこう呼ばれる〕は19世紀、英語圏の国で唯一のキーボードとして登場した。理由はタイプライターの機械的な故障を減らす必要があったから（！）で、そのためにハンマーどうしがぶつかる可能性を最小化しようとしたことによる。実はこれはコンピューターのキーボード

図表8－1

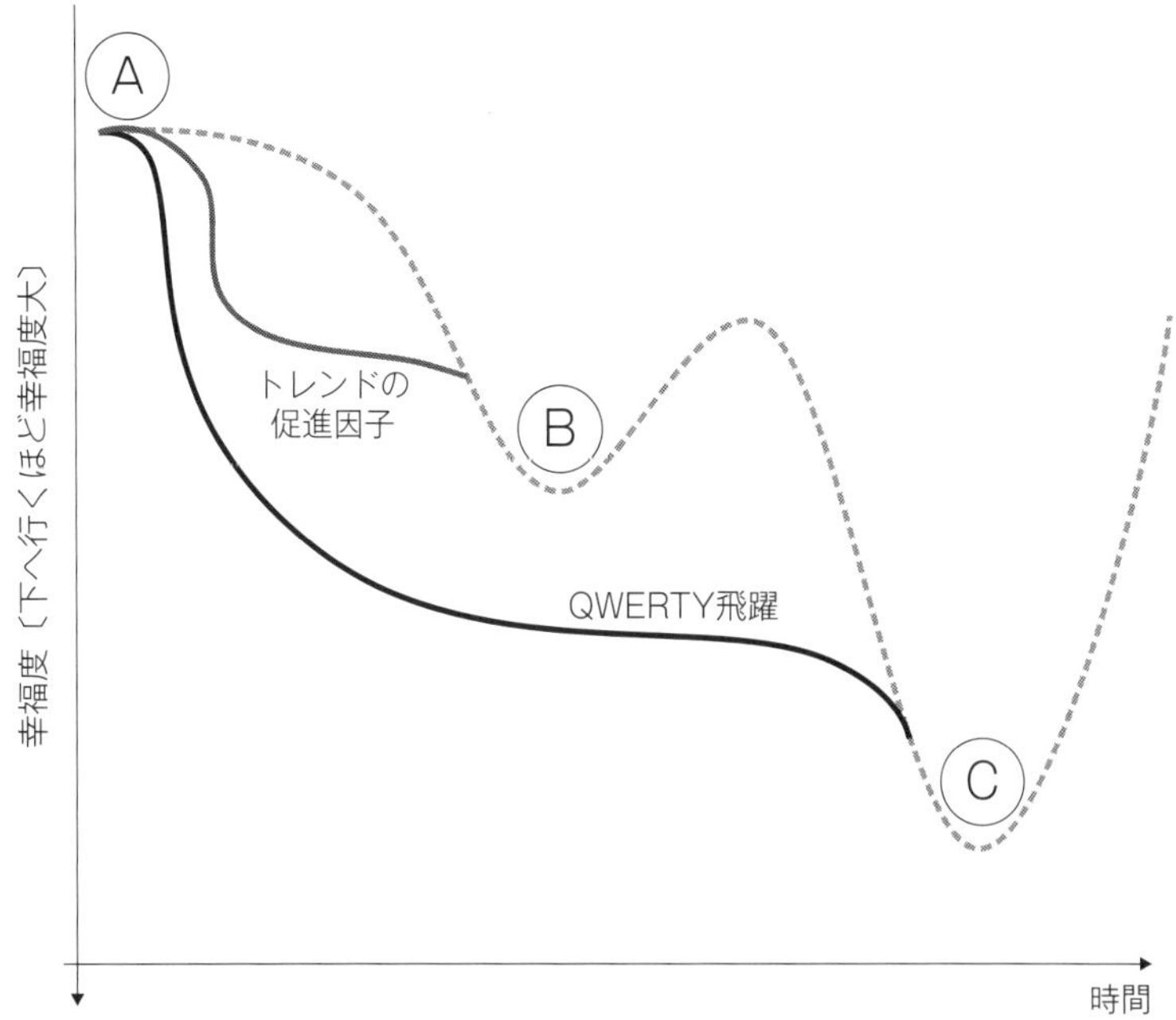

局地的な最適値での停滞と、新型コロナウイルスによる破壊的危機から生じるQWERTY飛躍

としては効率の悪い設定なのだが、切り替えようとするとコストが大きくなりすぎてしまう[4]。

図表8－1はこの難題を図で表したものだ。最初にタイプライターが導入されたときにはいろいろなキーボードが試されたのだが、最終的にQWERTY配列がほかのどの設定よりも人気になった。**QWERTY**キーボードはタイプライターの時代には効率的だったので、先の図表中の点Bに落ち着き、コンピューターが登場してからもそのまま残っている。点Cは新しいグローバルな最適解を表しているのだが、これを導入するに

はQWERTY配列とまったく違うキーボードが必要になってくる。この新しいグローバルな最適解に到達するには、ゆっくりと動くトレンド以上のものが求められる。本当の飛躍が必要だ。これをQWERTY飛躍と呼ぼう。これが起これば経済は激しく揺さぶられ、社会は、現在の局地的な最適解から新しいグローバルな最適解へと移行することができるだろう。

したがって、新型コロナウイルスによるイノベーションへの影響は2通り考えられる。一方では在宅勤務など、いくつかのトレンドの速度が上がってきている[5]。新型コロナウイルスがトレンドの促進因子として働くことで、ボールは破線上をゆっくりと転がるのではなく、薄い色の実線を通って点Bに向かうかもしれない。その場合、最初の下り坂が急なために加速がつき、上り坂でスピードアップする可能性がある。となれば、結果として新型コロナウイルスは、単なるトレンド促進因子以上のものになるかもしれない。

他方、**在宅勤務**が長くなれば、本当にQWERTY飛躍が起こる可能性がある。パンデミックが起こらなかった場合と比べて在宅勤務が大幅に増えれば、社会は新たな均衡（点C）へ直に移行するだろう。するとこんどは、在宅勤務への移行が生産性の大幅な増大につながるかもしれない。このセクションで検討しているように、パンデミックがもたらした激しい揺さぶりは、長期的には良い結果につながるのではないだろうか。

規制の足かせを振りほどく

規制がテクノロジーの進歩を束縛することがある。新型コロナウイルスによるパンデミックは、政府による調整と規制を混乱させた[6]。こうした分野での変化が遅いと考えている人が多いのも、オンライン診療や人工知能（ＡＩ）が社会の利益を向上させる大きな可能性への期待が高いからだ[7]。今回の危機による緊急事態のおかげで、ふつうなら数年から数十年もかかるような変化が誘導された。オンライン診療についてはあとで戻ってくるつもりなので、いまは、ソーシャルディスタンスが必要となったためにオンライン診療への急速な移行がほぼ強制的に行われたこと、すでにかなりの部分が対面での診察と置き換わっていることに留意しておいてほしい。

しかし、規制はイノベーションと相互作用するものだ。とくにデジタル時代にはそうで、もし過剰な自己規制で創造力を窒息させてしまったら、重要なイノベーションを見逃してしまう可能性がある。規制機関が現状維持を優先させてイノベーションを締め出すようなことになれば、新たな発見はなくなってしまうだろう――人間の創意工夫が足りないからではなく、新たなアイデアへの寛容性がないために、である[8]。

イノベーションの例

新型コロナウイルスによってイノベーションの加速が続いている分野は多い。本章のこのセクションでは、レジリエンスに関連する顕著なイノベーションのトレンドをいくつか検討してみよう。

ライフサイエンス、オンライン診療、ワクチンの前進

将来のレジリエンスに貢献するイノベーションの顕著な例としてはワクチン、とりわけメッセン

ジャーRNA（mRNA）ワクチンの開発がある。**mRNA技術**はがんの治療法になる可能性があるとして、かなり前から研究されてきた。いまはうまくmRNA技術を実装できるようになったので、専門家は、一人ひとりに合わせたがん治療に向けて遺伝学のイノベーションが加速するだろうと見ている[9]。mRNA技術はマラリアとの戦いでも有望だ。2021年までに市場に出回っているマラリア用ワクチンは一つしかなく、有効性も39％とかなり低い。ドイツのビオンテック社は、2022年までに臨床試験段階で90％の有効性をもったワクチン候補を見つけることをめざしている[10]。

デジタル化も、情報収集の改善を可能にすることで医療レジリエンスを向上させる。たとえば医療機関の設備が整ってデータの収集が改善されれば、将来のパンデミックにはいまより効果的に対応できるようになるだろう。柔軟性が高まれば、もっとも必要とされているところへ医療リソースを再配分することも可能になる。

もっと長い目で見れば、AIには、医療診断や治療に巨大な利益をもたらす可能性がある。ビッグデータを基礎に構築したAIなら、患者が病院に行く前に相互相関を特定できるだろう[11]。医師は事前に多くの情報を得られるようになるだろうし、診断精度が高まれば治療の効果も上がるだろう。

オンライン診療の利用も急速に広がっている。ふつう医療分野のイノベーションは、プライバシーへの懸念と広範な規制のために進みが遅い[12]。しかし新型コロナウイルスによって、オンラインでの医師との相談がほぼ日常化したために、規制の足かせが緩みつつある[13]。処方箋薬は、以前はオンラインでは届けてもらえなかったが、いまはアマゾン（Amazon）などが調剤して顧客に届けられるようになっている。

マネジメント：新たなヒエラルキー

オンライン会議への移行によって**ヒエラルキーが逆転**し、**情報の普及が様変わり**している。新型コロナウイルスの前までは、多くの銀行では、たとえば吸収合併（M&A）のような重要な話は上級幹部だけでしていた。ところが2020年3月以後、こうした会議はオンラインに移行している。リモート会議では、10人でも100人でも実質的な違いはない。いまでは若手社員もこうしたハイレベルの会議に呼ばれ、上級社員から直接学べるようになっている。これによる利点は多い。第一に、経験のある社員が重要な会議や交渉に対処するようすを直接見られることで、若手社員の学習が速まる。第二に、若手社員を早くから会議に参加させれば、彼らのモチベーションを高めることにもなる。

オンライン会議による効率向上はこれだけではない。以前は、会議に出席しなかった社員のために経営トップが報告会を開いていた。いまはこのステップを省くことができるので時間の節約になるうえ、情報の伝達も進むだろう。全体として見れば、オンライン会議は、本質的に新規採用者がリーダーになるため近道を作り出しているのかもしれない。

多くのプロセスで民主化が急速に進んだことで、企業のヒエラルキー内での情報格差が大幅に縮小した。しかしはっきり言って、こうした変化は階層のフラット化を示すものではない。ヒエラルキーの要素は温存される。そうではなく、ヒエラルキーのすべての階層のすべての成員が、具体的なビジネス課題についての情報に、以前よりずっと平等にアクセスできるようになったということだ。

関連することとして、さまざまな機関の運営会議もオンラインで行われることが増えている。新型コロナウイルスによるパンデミックまでは、多くの組織が対面会議に依存していたので、通常は参加者が出張する必要があった[14]。こうした暗黙のバリアには選択の意味合いがあって、一部のメンバーしか運営会議に参加できない。それがいまは誰もがオンラインで参加し、課題に耳を傾け、貢献することができる。ここには明確なトレードオフがある。参加と出席は民主化されたが、これまで以上に多くの声に耳を傾けなければならないので、ガバナンスが複雑になる可能性がある。また当然のことながら、ほかにも大きな欠点がある。対面会議では、あいまいに多くの非公式な（しかし秘密の）会議が行われていたのに、ビデオ会議では、プラットフォームに記録されるのを恐れてそれがなくなってしまうかもしれない。

在宅勤務

新型コロナウイルスは在宅勤務に対する考え方を劇的に変えた。以前は、在宅勤務はいくらか生産性が落ちると考えられていたが、一気に広まったことで、いまでは労働人口のかなりの割合にとっての標準となっている[15]。在宅勤務体制は、労働者の柔軟性が高まって配置転換や転任が容易になることから、レジリエンスの支えになる。今回のパンデミックによって、在宅勤務にともなう**偏見**は劇的に少なくなった[16]。

しかし、在宅勤務が現場での社会的相互作用に与える影響というテーマについては、あまり研究が進んでいない。休憩所などでなにげなく言葉を交わす「ウォータークーラー・ミーティング」、コーヒーブレイク、会社の廊下での偶然の出会いといったものは、リモート会議の世界では完全になくなる。会社でたまたま顔を合わせるのと違い、テレビ電話では事前に目的が必要になるからだ。一方では、こうしたスモールトークがなくなることで、厳密には仕事と考えられない活動が削減されて生産性が上がるかもしれない。多くの企業幹部は、オンライン会議のほうが集中しやすく効率的だと感じている。しかし、なにげない交流も、職場での健全な人間関係を維持するうえでは重要だろうし、そこからプロジェクトのアイデアが生まれることがあるかもしれない。ウォータークーラー・ミーティングがすべて時間の無駄とは限らない。それどころかこうした交流は、情報の共有やアイデアの検討といった目的にも役立つ。くわえて、ホワイトカラーの仕事にも、その場にいなければ困るという要素がたくさんある。たとえば、エンジニアが共同作業をするときにはたいていホワイトボードを使うし、建築家は物理的な設計図や模型を使って作業することが多い。こうした活動をバーチャルで回していくのは非常に難しい。

在宅勤務は将来どのように進化していくのだろう。在宅ベースでの仕事にまつわる課題としては、従業員をどうモニターして確実に仕事をさせるかが大きい。従業員やデスク上のスクリーンショットを撮影したりキーボードのキーストロークを記録したりするソフトウェアは存在するが、そのような監視の仕方だとプライバシーの問題が出てくる[17]。

業務のモニタリングは**インプット管理**から**アウトプット管理**へと移行するだろう。このアプローチでは、マネジャーは労働者のアウトプットをチェックし、プロジェクトの完成度に基づいてそれを評価する。しかし、これはこれで問題がある。個々の労働者に明確なタスクを割り振れる場合には比較的容易だが、チームで協力して一つのプロジェクトに当たる場合には、アウトプット管理は

図表8－2

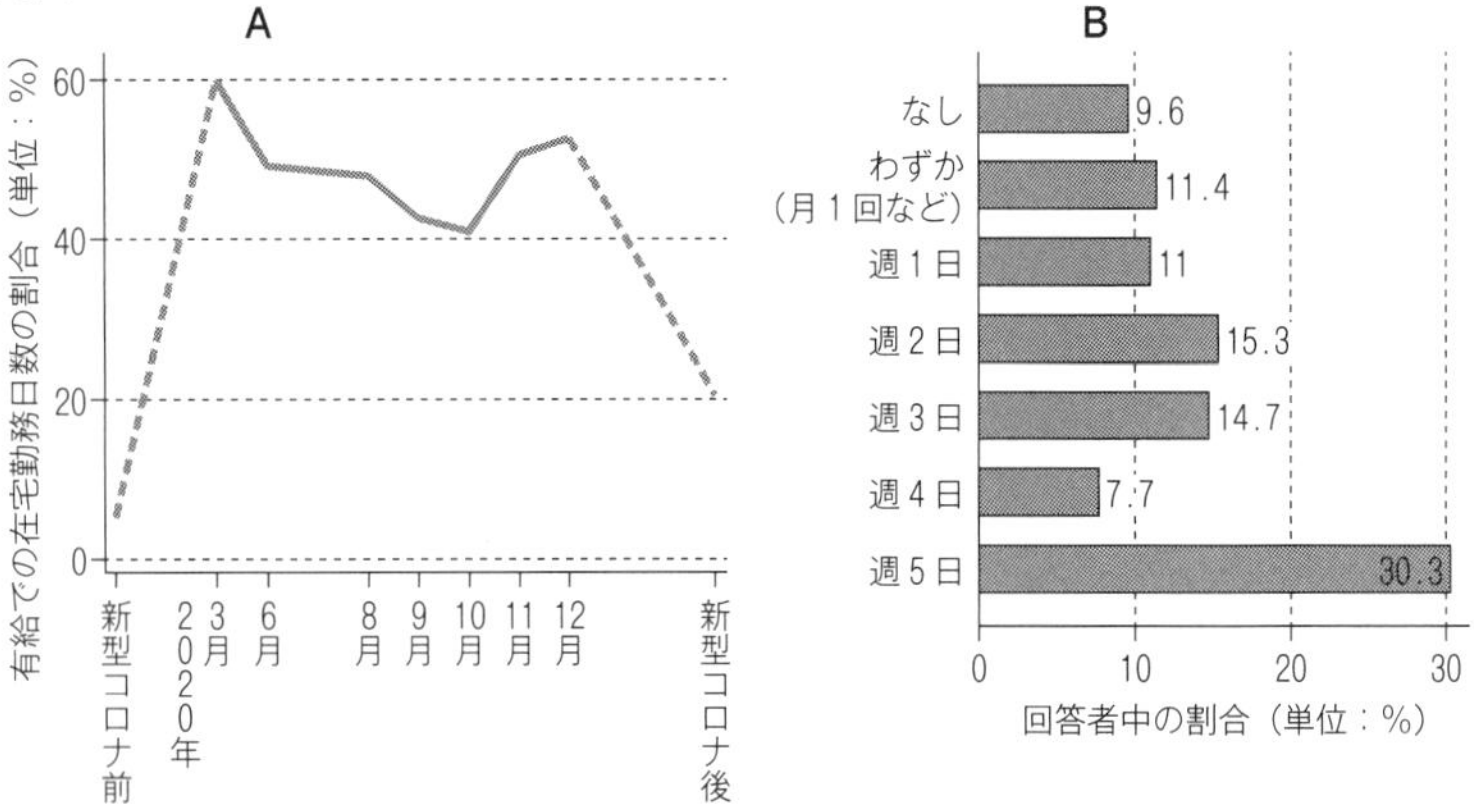

グラフAはパンデミック前、パンデミック中、パンデミック後に雇用者が認めた（または認める予定の）有給での在宅勤務日数の割合、グラフBはパンデミック後に労働者が希望している有給での在宅勤務の割合。

出所：Bloom, Princeton Webinar, Markus' Academy 2020

怠けを誘発しかねない。

　各種の推定では、アメリカには在宅でできる仕事が約40%しかない[18]。しかも、そうした職業は高度なスキルをもった労働者に集中している。だから、ホームオフィスの登場はかえって既存の不平等を拡大するかもしれない。大半の在宅労働者は、ほかのゆっくりとしたトレンド（オートメーションなど）の影響を受けにくい[19]。結局のところ、個人間での物理的な交流や特定の固定設備まで出向くことが必要な仕事については、多くが在宅業務にならないだろう。相談サービスやカスタマーリレーションズなど、在宅勤務になじみやすい活動でも、一部は有効性の低下に苦しむかもしれない。

　全体として、在宅勤務でもっとも大きな可能性があるのは金融、保険、経営管理、専門サービスの仕事だ。その対極にある製造業、建設業、農業については、在宅勤務の可能性はほぼない。

　入手できる範囲の調査証拠は、こうした考察を支持している。図表8－2のグラフA、Bは、在宅勤務体制が将来も持続する見込みを示したものだ[20]。左のグラフAは、パンデミック期間中の有給での在宅勤務日数の割合と、パンデミック以後に雇用者が労働者に在宅勤務を認める日数の推定値を示している。雇用者は、パンデミック後も1日か2日は労働者に在宅勤務を認める計画だが、グラフBを見ると、従業員の30％はパンデミック後も5日間の在宅勤務を望んでいる。そこで、この先の何年かは折衷的なハイブリッドモデルが登場することになるだろう。多くの労働者は1日か2日を在宅で勤務し、かつ会社でもかなりの時間を過ごすというパターンになるのではないだろうか[21]。

世界的に見ると、国によって特化している経済活動に違いがあり、新興国はリモートで実施できない活動に集中しているところが多い。そのため、ホームオフィスの持続は先進国のほうが顕著になるだろう。

グーグルのCEOサンダー・ピチャイ（Sunder Pichai）は自社向けのハイブリッドモデルを想定している。それによると、一部の労働者は一時的に会社に戻る可能性があるが、それ以外はずっと在宅勤務になるという。実現すれば、1日に3、4時間になることも多い長距離通勤のプレッシャーが緩和されるだろう。この変更によって労働者の生産性と福祉が大きく向上するかもしれない。

都市化：ドーナツ化効果

職場選好の変化は都市の地理にどのような影響を与えるだろうか。郊外に暮らしたいという傾向がこのまま続くのだろうか、それとも昔の暮らし方が復活するのだろうか。自宅で働く人が増えていけば、ワクチンが広範に行き渡ったあとでも、全体としての結果はやはり「**ドーナツ化効果**」だろう[22]。高層ビルの立ち並ぶ商業地区のオフィス需要は下がり続けている。いまでは多くの人に、長距離通勤とすし詰めオフィスに代わる選択肢があるからだ。くわえて、企業も商業地区から郊外のオフィスパークへ拠点を移しつつある。すでに多くの労働者が、都市中心部の小さな家から郊外の大きな住居へ住まいを移している[23]。かなりの証拠が、新型コロナウイルスによるパンデミックで「高度な都市集中」の魅力が減少したことを示唆している[24]。

アメリカをはじめ世界の主要都市では、今回の危機になる前から**不動産市場**が非常に高騰していた。したがって、職業上の理由で大都市に暮らす必要がなくなってくれば――とくに、これからも都会での社会生活が制約されるのであれば――住宅価格の低さから、多くの人が郊外や田園地域に引き寄せられるだろう[25]。ホームオフィスという選択肢が地理的な制約を取り払ってくれたおかげで、イタリア・トスカーナ地方での暮らしを夢見るヨーロッパ人カップルの多くが、その夢を実現する好機を見いだそうとしている[26]。

カリフォルニア州のシリコンバレーでも相当な見直しがあるかもしれない。サンフランシスコの住宅価格や賃料はとてつもなく高く、ベイエリアで労働者を雇用・維持する企業にとっては、かなり前から負担となっていた。物理的に職場にいることが時代遅れになってきたことで、労働者は住宅価格の手ごろな地域へと散らばり始めている。同じカリフォルニア州のサクラメント、ネヴァダ州のリノ、アイダホ州のボイジーといった都市の賃料が急上昇する一方で、サンフランシスコやサンノゼでは賃貸需要が下落している。こうしたトレンドはさらに大きな変化へと向かう可能性もあるが、シリコンバレーへの影響は不透明だ。一部には、地理的に近いところで頻繁に交流することによる経済的漏出効果が減少するという懸念もある。しかし、ベイエリア外から労働者を引き入れることで魅力の幅を広げられれば、シリコンバレーはこれからも目覚ましい成長を続けていけるだろう。

郊外への移住が続くことで、都心部にある小売店に悪影響が出る可能性はある。いま在宅勤務をしている人の大半は、以前は都市の中心部で働いていた人たちだ。ニック・ブルーム(Nich Bloom)は、マンハッタンのみの評価で、小売り支出が10%(100億ドル)減ると予測している[27]。オンラインショッピングへの移行も都市景観を変える可能性がある。たとえばドイツでは、中規模都市の多くで大型小売店舗が次々と閉店していっているし、アメリカでも、ショッピングモールの魅力が縮小したままになるかもしれない。

新型コロナウイルスは都市や公共交通を見直すきっかけにもなった。たとえばニューヨークでは、新たに自転車専用レーンを追加したり一部の道路を車両通行止めにしたりしている。リスボン、バルセロナ、パリも、数十キロにおよぶ自転車専用レーンを追加しようとしている[28]。都市空間のリニューアルと都市化の逆転というこの二つの力がどのような展開を見せるのかは、まだ明確ではない。世紀の変わり目にはインターネット革命と9・11同時多発テロがあって、多くの専門家が大都市は苦しむだろうと考えた。しかし実際にはその正反対のことが起こってしまい、多くの人は、新型コロナウイルスの影響についてもそうならない理由はないのではないかと考えている。

実店舗か、オンラインショッピングか

オンラインショッピングに向けたトレンドは新型コロナウイルス以前からすでにあった。しかし、それと逆方向の動きもいくつかあった。アマゾンはオンラインショップとして創業したが、限定的

な実店舗へと動き、自動チェックアウトを使ったまったく新しい顧客体験の提供を始めていた。

ニーマン・マーカス（Neiman Marcus）やＪＣペニー（JCPenney）といった伝統的なアメリカの小売りチェーンは、今回のパンデミック以前からすでに圧力にさらされていた。既存のトレンドが急加速されて中核事業からどんどん離れていったことで、この二つのチェーンは倒産に追い込まれた〔訳注：ともに２０２０年に経営破綻した〕。ここでも、新型コロナウイルスによる不況がＫ字型であることが見てとれる。アマゾンはパンデミック期間中、追加需要に対処するためにアメリカ国内で新たに10万人の労働者を雇用した。オンライン小売業への移行は、将来のパンデミックに関してはレジリエンス強化になっている。しかし同時に、大規模なサイバー攻撃への脆弱性が高まっている。とくにオンライン小売業がいくつかの巨大企業に集中していることを考えると、その懸念は大きい。

オンライン学習

在宅勤務と同じく、オンライン学習も効果的ではないと捉えている人が多い。以前からかなりの指導者が、教室で集中できていない生徒のことを懸念している。そうした指導者は、教室のような（緩いなりにも）規律がなければオンライン学習は失敗するか通り一遍のものになるかだと結論づけてきた。その一方で、オンライン教育は生涯学習のニーズに応える柔軟な方法であり、レジリエンスに貢献するものだと見る指導者もいる。

こうした昔からの懸念にもかかわらず、２０１０年代にはいくつかのトレンドが登場した。コーセラ（Coursea）、エデックス（edX）、リンダ（Lynda）、リンクトイン（LinkedIn）ラーニングといった大規模公開オンライン講座（Massive Open Online Courses, MOOCs）が、世界中にバリアフリーの教育を普及させた〔訳注：リンダは現在リンクトインラーニングに統合〕。インターネット接続があれば、数千人がこうしたオンライン教育のコースに参加することができる。そうした流れのなかで、ここでも、新型コロナウイルスが既存のトレンドを加速している。教室経験のデジタル化は各地の教育委員会で長年検討されてきた一大テーマだったのだが、新型コロナウイルスによる危機があって、教育システムはわずか数週間で完全にオンライン化された。何もなければ数十年かかっていたかもしれない[29]。

この大規模な教育実験の影響によって、これから何年にもわたって膨大な研究が行われることだろう。最大の問題は、仲間とともに学ぶことによる「ピア効果」と個人間交流の重要性が関係している。生徒は教室の仲間からどれほど多くを学ぶのだろう。バーチャル環境でそれがどこまで失われるのだろう。これに関連して、高等教育レベルではネットワーク活動の重要性についての問題もある。バーチャルなつながりを通じて形成される専門家のネットワークは、対面でのネットワークと比較できるほどのクオリティーになるのだろうか。

オンライン教育には明確な利点もある。生徒の機会費用が大きく削減されることだ。地理的な制約も消滅する。シカゴで仕事をしながら西海岸の定時制ＭＢＡを取得するといったことが現実的になる。それも、気の滅入るような移動スケジュールなしに、である。しかも、短時間の講義のために物理的な長距離移動をしたがらない有名講師による特別講義を受けることができる。

オンライン教育と個人間交流の必要性とのバランスをとるため、いまではいくつものＭＢＡプログラムがハイブリッドの解決策を提供している。デューク大学フクア経営大学院のグローバルＭＢ

Aは、ずいぶん前から世界中の学生を対象に、好きな時間に定時制MBAを受講することを認める一方で、年に何回かの対面授業も提供している。マサチューセッツ工科大学（MIT）は財政学修士のマイクロディグリー〔訳注：小さな単位で学習証明を発行するプログラム。ナノディグリーとも〕をオンラインで提供していて、これを入り口に、とくに優秀な成績を収めた学生には通常の修士課程への入学を認めている。この場合、オンラインでの修士号マイクロディグリーは、5万人のオンライン学生から最優秀者を選り分けるスクリーニング装置として機能している。

ほかにトレンドになりそうなものとしては、オンライン版の**反転授業**〔訳注：授業で教えて家庭で課題という従来型の授業を反転させ、家庭ではビデオなどで予習をさせておき、教室では課題を個別に指導したり生徒どうしの共同活動をさせたりする教育方法〕がある。あらかじめ録画しておくなどの配信方法を使えば、たいていの講義は容易にオンラインで実施できるだろう。それに比べて、授業助手（Teaching Assistants, TAs）を交えた授業のような小グループでの相互交流は、対面で実施したほうが得るものが大きい。詳しい講義は大人数での対面講義と大差ないのでオンラインで行い、それを少人数が顔を合わせる交流型授業で補うという教育モデルは可能だ。この概念は21世紀の発明ではない。たとえばオックスフォード大学やケンブリッジ大学、プリンストン大学の教授はずっと以前から、ごく一部の学生を相手に、集中学習型の少人数授業を実施している。

先にもふれたように、オンライン教育の普及によって生涯学習が促進される可能性がある。同じ会社で40年働くといった伝統的なキャリアパスはフレキシブルキャリアに置き換わっていくだろうから、労働者は、仕事を変えるたびに新しいスキルを身につける必要が出てくる。テクノロジーの変化も労働者に適応能力を要求してくるだろう。オンラインの研修コースによって対面訓練を補完できるかもしれない。生涯教育とスキルの再教育によって、人びとは構造的な変化に適応してレジリエンスを高められるようになるだろう。

デジタル通貨とデータ

オンラインショッピングへ向けた動きは、物理的な現金を持ち歩くことの効用も減少させる。ここでも、新型コロナウイルスによる危機が、以前からあったデジタル支払いへの移行を加速させている。だからといって現金が消えてしまったわけではない。物理的な店舗や銀行が閉店、閉鎖に追い込まれると、パンデミックのはじめの数週間は、安全な価値貯蔵手段として、かなりの人たちが現金を引き出していた（このトレンドはヨーロッパで顕著だった）[30]。

伝統的な金融モデルは、銀行による預金の受け入れと貸し付けが中心になっている。その一方で、決済部門で大きな変化があっても限定的にしか注目されなかった。アリペイ（Alipay／支付宝）やウィーチャットペイ（WeChat Pay）といった中国系のオンライン決済プラットフォームは完全に決済が中心となっている。決済プラットフォームでは膨大な量のデータを集めることが可能だ。アリペイが時間をかけて集めてくる数十億件もの取引は、機械学習のアルゴリズムを使って評価され、個人の特徴とデフォルト（債務不履行）になる確率との関係が可能な限り正確に推論される。決済データをほかの広範な個人的特徴と結び付けることは、こうした予測の向上に大きく貢献する。最終的には、顧客情報を銀行や資産管理会社に販売することも可能だ。

デジタル通貨で世界をリードしているのは中国で、ＩＤカード、決済システム、電話、物理的存在のすべてが中央で管理されている。いまの中国では基本的に現金は不要だ[31]。新型コロナウイルスによる危機の結果、この移行はあらゆるところでスピードアップしている。多くの新興国、発展途上国が、手数料の割引や規制要件の緩和といった施策でデジタル取引を促進してきている[32]。

決済取引からのデータにはたいへんな価値があって、オンラインプラットフォームからのほかのタイプのデータと組み合わせることができれば、機械学習を利用したレコメンダーシステムの改善が可能になる。こうしたデータはクレジットスコアリングにも応用できる。この分野では、機械学習のアルゴリズムが、定評のある信用調査会社と肩を並べるところまできている[33]。金融に関する巨大なデータセットが利用できるようになったことで、情報優位は顧客からサービス提供者へと移りつつある[34]。伝統的に経済学者は、銀行よりも顧客本人や取引企業のほうが自分や自社のデフォルト確率をよくわかっていることを前提としてきた。しかし、ビッグデータと機械学習のアルゴリズムを使えば、銀行のほうがデフォルト確率を正確に予測できるようになる。ソーシャルメディアからのデータによっても、顧客本人の気づかない情報が明らかになっていくだろう。

情報は保険ビジネスにとっても重要だ。伝統的には、保険の購入者は保険会社よりも自分のリスクについてよく知っている。情報優位が顧客から離れるにつれて、情報レント〔訳注：ほかでは得られない情報をもっていることから得られる超過的な利益〕も、ビッグデータを処理するプラットフォームへと移りつつある。

その他のデジタルトレンド

デジタル・ツールは労働市場のマッチング向上にも利用されている。たとえばインドでは、パンデミックによるロックダウンのあいだに多くの季節労働者が故郷の村へ帰った。仕事があるのでない限り、大都市には戻りたくない。そこで、彼らはリンクトイン〔訳注：ビジネスシーンに特化したアメリカ発のSNS〕に似た、しかし貧しいインド人労働者向けの新しいデジタル名刺サービスを利用した。このサービスで、これまでに100万件以上のジョブマッチングが成功している[35]。こうした変化は、労働者が新型コロナウイルスによるパンデミックに適応するのに役立っている。きっと将来の危機でもレジリエンスを高めてくれることだろう。

同様に、リンクトインをはじめとする各種のオンラインツールも新しい仕事探しに役立っている。アドバイザリ企業のガートナー（Gartner）社によれば、多くの労働者のあいだで、オンラインの求人ポータルサイトを使う時間が急増しているという[36]。ホームオフィスでの努力が会社から十分に認められていない労働者は、今回のパンデミックが終わって求人が急増したらまっさきに離職するかもしれない。

いまだに広範な社会活動が停止していることも、バーチャルな交流に向けた動きを加速している。伝統的なビデオゲームの範囲を超えて、オンラインでのコンサートやストリーミングでの映画配信、多様なビデオ通話プラットフォームなどが、かつての友人どうしのポーカーゲームのように、余暇の活動のハブとなっている。

会計事務所デロイト・トウシュ・トーマツ（Deloitte Touche Tohmatsu）の調査からは「ビデオゲームサービスに会員登録するか、クラウドでのゲーミングサービスを利用するか、スポーツやバーチャルスポーツのイベントを視聴している消費者が初めて3分〔の1〕」になったことが明らかとなっている[37]。同様に、ツイッチ（Twitch）〔訳注：アマゾンの提供によるライブストリーミング配信プラットフォーム〕でスポーツ観戦する人たちも記録的な数に達している[38]。この分野では韓国がほかの国から頭一つ抜けていて、多くの国民がバーチャルリアリティー経験にのめり込んでいる。将来は、読書に専念することや分析課題に集中することがどんどん難しくなるかもしれない。どちらも、ソーシャルメディアで交流しながらできることではない。ビデオゲームやバーチャルライフへの依存も罠の一つの形態だ。これは、人びとがふたたび労働力人口に加わってショックから回復していく能力を阻害してしまうかもしれない[39]。

第9章　傷　痕

新型コロナウイルスによる危機の前には大きな経済的アンバランスが存在しなかった。この点は2000年代はじめの住宅バブルとの明確な違いで、パンデミック後の回復は10年前と比べてずっと速いのではないだろうか。しかし不況の深刻さから見て、今回は労働者と企業に**長期的な傷痕**が残るかもしれない。経済・金融面での傷はレジリエンスを弱める。深い傷が経済の罠となって、経済活動の長期的かつ持続的な下降につながる可能性すらある。今回のパンデミックでは、多くの企業が閉鎖に追い込まれたほか、フル操業できない企業もかなりあった。そうしたことの結果、ほかにも多くの企業が一時的な非流動性に苦しみ、中期的に破産のリスクにさらされている[1]。これも2008年の金融危機との大きな違いで、当時は多くの取り組みが金融部門のバランスシート回復に集中していて、金融以外の企業部門はそれほどでもなかった。

深刻な危機は少なくとも三つの側面で経済を傷つける可能性がある。第一に、楽観主義とリスクテイクの意欲が弱まることで、これは人びとが傷つく。第二に、失業期間が長引くあいだに人的資本が損なわれることで、これは労働資本が傷つく。第三に、とくに破産手続きが長引いた場合には、過剰債務によって企業が傷つく。このすべてに、経済の妨げとなって長期的な成長率を引き下げる可能性がある。

楽観主義、選好、リスクに対する姿勢の変化

パンデミックのような深刻な危機はめったに起こらない。前回の世界的パンデミックは1918年のインフルエンザ危機（いわゆる「スペイン風邪」）だ[2]。今回の新型コロナウイルスによる危機では、世界的なパンデミックがいまも深刻なリスクであることを痛切に思い知らされた。合理的**学習**の理論は、パンデミック後の世界では知覚されるリスクが以前より大きく知覚されると予言している。人は経験との関連で自分の考えをアップデートするからだ[3]。その結果、予備的貯蓄が増える[4]。その意味で、知覚リスクの高まりと**リスク回避**は、経済が回復に向かうなかで、それぞれに需要の足を引っ張る可能性がある[5]。歴史的に見ても、1929年の大恐慌を経験した人たちは、その後は冒険的な行動に出ることが少なくなった。1970年代の大インフレ期を生きた人たちは、あとの時代の人たちと比べて一貫してインフレ期待が高かった[6]。

ブラックスワン（予測不能な出来事）のリスクについて学習すると、合理的精神に疑いをもってしまう。可能性の小さな出来事については行動バイアスが大きいからだ。行動経済学の2人の先駆者であるダニエル・カーネマン（Daniel Kahneman）とエイモス・トヴェルスキー（Amos Tversky）は、小さな可能性は往々にして完全に無視されるか、逆に不釣り合いに過大評価される

かだと強調している。新型コロナウイルスが現れるまで、人びとはパンデミックのリスクを無視していた。パンデミックの期間中も、多くの人がその後の波のリスクを過小評価し、それによってレジリエンスが損なわれた。この現象には「レジリエンス・イリュージョン」という名前がついている。とすると、これからしばらくはパンデミックの可能性が過大評価されることになるだろう。

長い目で見れば、この**二つのバイアスのあいだにはサイクル**があるのかもしれない。つまり、はじめはテールリスクを過小評価しているが、次には直近の経験から深刻な**過剰推定**に走る、ということだ。金融危機の知覚リスクはこの種の歪みの典型だ。金融危機は世界中で定期的に発生するものなのに、稀な出来事だとみなされることが多い。その原動力となっているのが**新近性バイアス**だ。金融危機が起こると、経済主体が過剰推定に走り、将来の金融危機が近いという可能性を実際以上に強調する。しかし、都合の良いできごとが続くと、そのうちリスクを無視するようになる。そこで大きなショックが起こったり負のショックが続いたりすると、また考えを見直すという具合だ[7]。このバイアスは、時間が経てば**後遺症が消えていき、レジリエンスが戻ってくる**ことを示唆している。

図表9－1は、リスク回避の別の側面を長期的な傷痕の可能性とともに示したものだ。調査では、解答者に「ワクチンが普及すればわたしは新型コロナウイルス前の活動に（　　　）」という文の空欄を埋めてもらった[8]。すると、パンデミック以前の生活に完全に戻ると答えた人は27・5％しかいなかった。地下鉄やタクシー、混み合ったエレベーター、外食などの回避はまだ何年も続きそうだ。それによって人びとの行動も、いくつかの経済部門も様変わりしてしまうかもしれない。もしリスク回避の傾向が強まってふつうの日常活動に**浸透**したら、将来の病気についても認識を

図表９－１

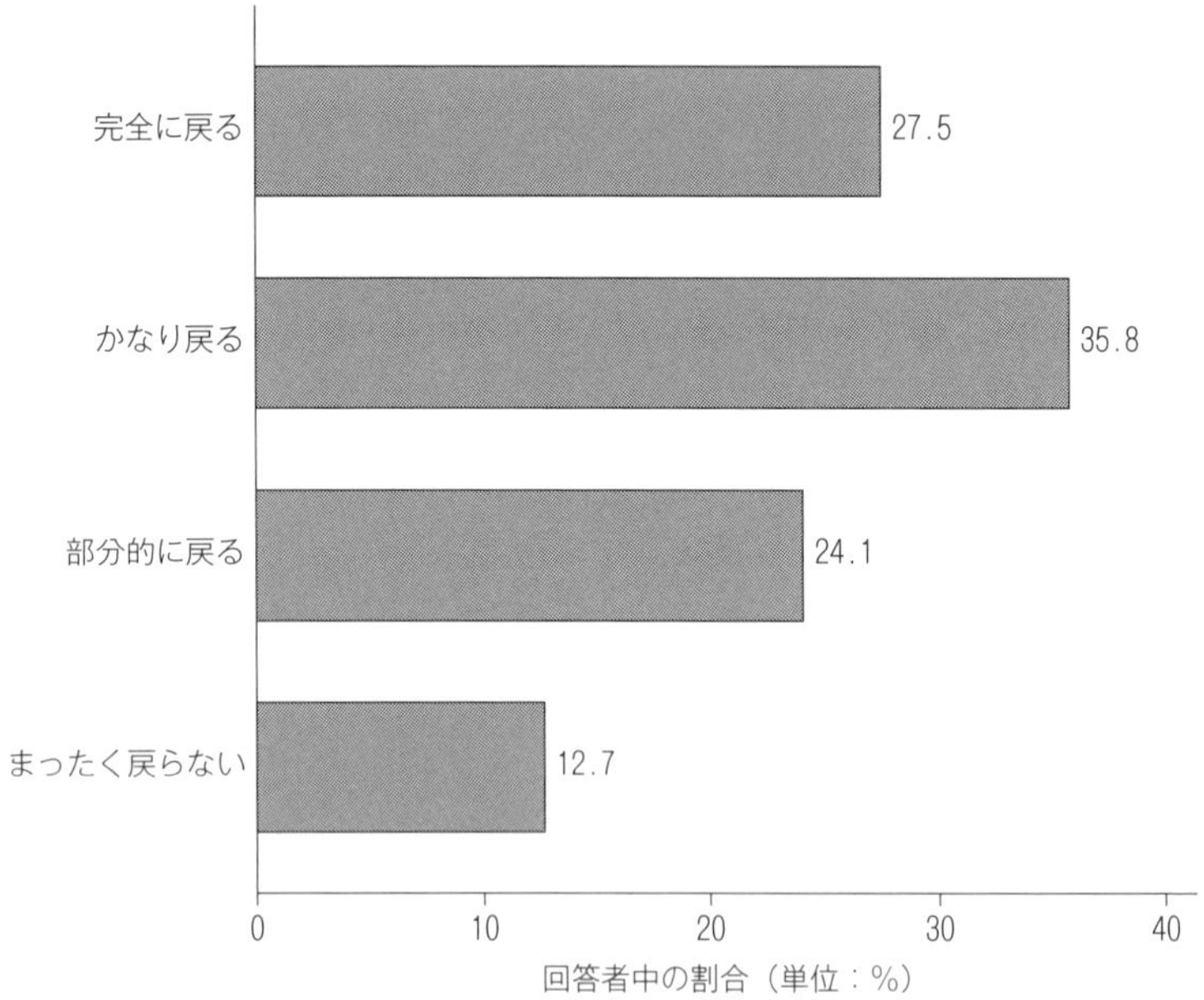

ワクチン普及後にどこまでパンデミック以前の活動に戻るかについての人びとの見込み。
出所：Bloom, Princeton Webinar, Markus' Academy 2020

変える人が増えるかもしれない。２０１９年までは、ちょっとした風邪なら「がんばって」出勤するのがふつうで、それによって大きな社会的スティグマに直面することはなかった。いまは新型コロナウイルスの関連で健康の外部性についての意識が高まっているので、そういう行動が許容されないかもしれない。いま風邪をひいている人は、同僚のことを考えて自宅にいようという気持ちがかなり強いのではないだろうか。

高齢の労働者は、職場で新型コロナウイルスに暴露するのを回避したいという気持ちがとくに強い。そういう人たちは保有している有価証券の市場実績が概して良いので、2020年の深刻な不況にもかかわらず、早期退職は望ましいし、以前よりやりやすいと感じている。これが引き金となって、パンデミックが終わったあとにはパラダイムシフトが起こるかもしれない。働くために生きるのではなく「生きるために生きる」というアプローチに導かれる人が多くなるのではないだろうか。

歴史を振り返っても、14世紀ヨーロッパの黒死病は、生き残った人びとの人生への態度を根底から変えた[9]。一部の歴史家は、この選好の移行がルネサンスへの道を拓いたのだと主張している。生き残った人びとは生きていることに感謝し、自分の存在を楽しみたいと思うようになった。メディチ家などが初めての芸術家のパトロンとして登場してきたのもこの時期のことだった。

労働者の傷痕

労働者マッチングの傷痕

新型コロナウイルスによるパンデミックの結果、アメリカの失業率は飛躍的に高まり、そのあと急速に下がった。しかし、この図式はいささかミスリードするものだ。これを、アメリカの労働市場に強いレジリエンスがあったしるしだと解釈するべきではない。多くの労働者は一時解雇となり、あとから事業が再開したので呼び戻されたのだ。このパターンは、不況の最初の数か月で失業率が極端に急上昇することを実証しているにすぎない。もっと大きな図式で見れば、今回の不況からの失業率の回復は、パンデミックに固有の力が働いたという以上に、これまでの回復例に近いのでは

図表９－２

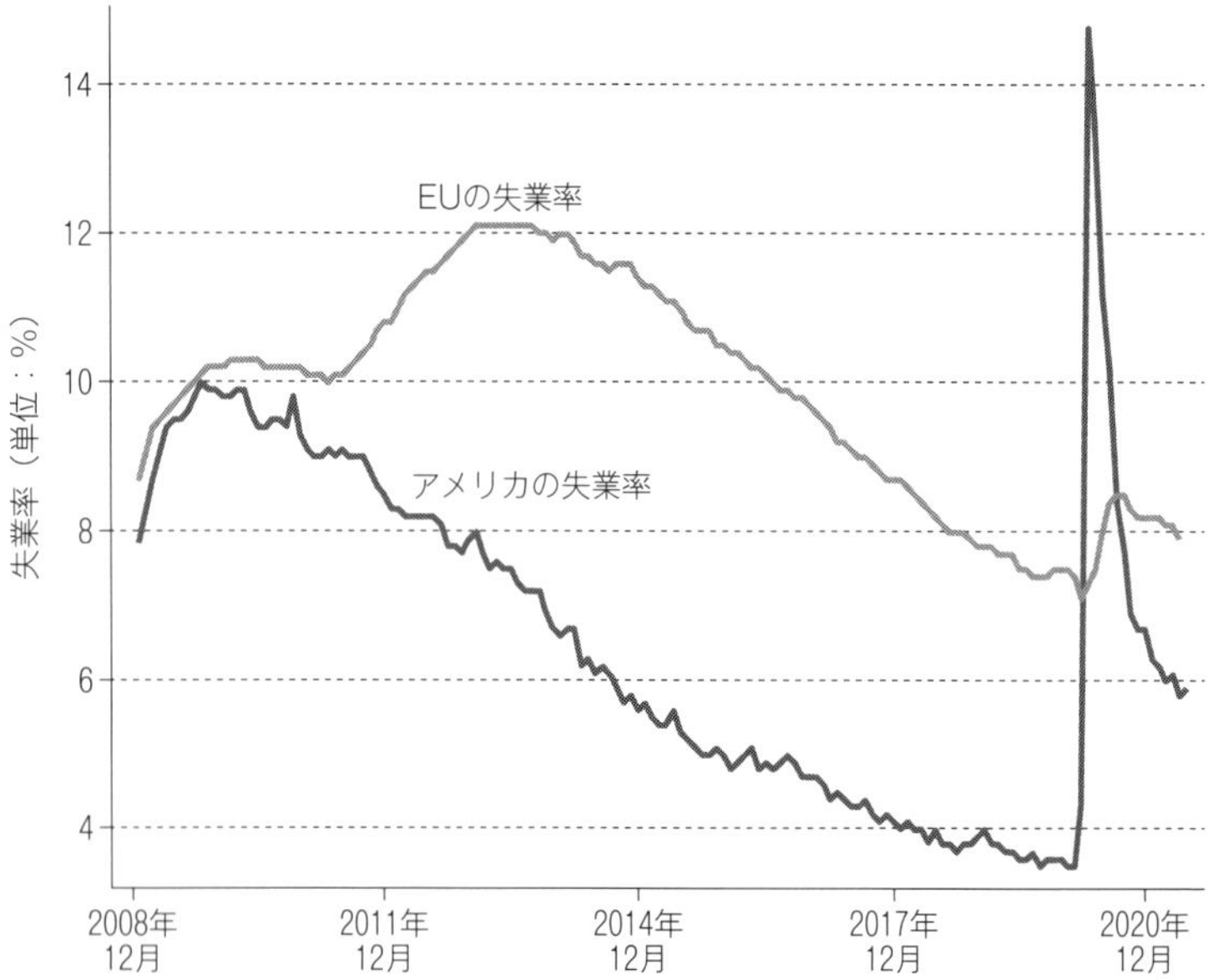

アメリカおよびEUの失業率。
出所：FRED 2021

ないだろうか。実際にボブ・ホール（Bob Hole）とマリアンナ・クドリヤック（Marianna Kudlyak）は、大恐慌以後のどの不況のときも、アメリカの失業率が基本的に同じ速さで回復していることを実証している[10]。

図表９－２は、２００８年金融危機以後のアメリカおよびＥＵでの失業率の推移を示したものだ。新型コロナウイルスによる危機でのアメリカの失業率は明らかに突出している。アメリカが主として労働者の解雇と気前の良い失業給付に依存したのに対して、ヨーロッパのモデルは**クルツアルバイト**と呼ばれる休業手当が中心だった。これは、労働者が働いていないあいだも仕事が維持され、政府が賃

金のかなりの割合を支給するというものだ（クルツアルバイトの置換率はたいてい賃金の100％を下回っている）。どちらの政策アプローチが成功するかは、パンデミック後の長期的な経済活動の分布がどうなるか次第だろう。クルツアルバイトでは**雇用マッチング**が維持されるが、労働力の再配置は妨げられる。しかし、今回のパンデミックのようなショックのあとに経済がさまざまな仕事を提供するためには、労働力の再配置がぜひとも必要だ。もしクルツアルバイトの対象となった仕事の多くが戻ってこなければ、ヨーロッパ諸国で**隠れた失業**が大量に表出してくる可能性がある[11]。他方、アメリカモデルの**戦略的失業**は雇用のつながりを切断するので、労働市場の大きな傷痕につながるかもしれない。またクルツアルバイトは、労働者マッチングの維持にとどまらず、マクロ経済のショックから労働者を守ってもいる。給与もその他の福利厚生も大半が維持されているので、このアプローチは、労働者に保険とレジリエンスを提供するという社会目的を達成している[12]。

どちらのアプローチが優れているかを評価するうえで鍵となる要因は、長期的なレジリエンスの提供という観点から見て、テクノロジー進歩の性質だ。新しく台頭してきた部門で大規模なQWERTY飛躍が起こり、既存の部門が衰退していくようなら、アメリカのアプローチは労働力の再配置を促進することになるだろう。言い換えれば、屋内レストランでの食事回数が減ったままでオンラインショッピングへの移行が増え続けるようなら、クルツアルバイトは斜陽部門に労働者を長く引き止めてしまうことになる、ということだ。しかし他方、ショックが短期間で終わるようなら、クルツアルバイトのほうが雇用のつながりを維持するうえで望ましいということになる。

2020年6月まで、アメリカでの雇用増加の大半は、元の従業員の再雇用から生じていた。これは、雇用者と従業員とのつながりを維持することの大切さを示している[13]。しかし今回のパンデミックはかなり長引いているので、労働者と企業への支援は、部門を越えた再配置の促進へと移行するべきなのかもしれない。パンデミック後の経済が以前の経済と大きく異なるものになるのなら、雇用マッチングを維持するための広範な補助金は、新たに拡大しつつある部門に必要な労働力を再配置することの妨げになるだろう。

全体として、アメリカでは、雇用のつながりを守るための取り組みが比較的少ない[14]。雇用者と従業員の関係維持を目的とする政策は給与保護プログラム（Paycheck Protection Program, PPP）が中心で、資金を給与目的に使うという条件で、ほぼ返済不要な融資を広範な雇用者に対して実施してきた。しかし、このプログラムはターゲットの絞り込みが甘く、融資の多くが大企業に回る一方で、教育研究機関や州政府、地方自治体が軽んじられた[15]。ＰＰＰによる雇用への影響が限定的だった理由としては、融資を受けた企業の多くに、はじめから労働者を解雇する意図がなかったことも考えられる[16]。

人的資本の傷痕

大学生に関する研究から、卒業した学生が労働市場でどこまでうまくやっていけるかは、卒業年の経済状態が大きく影響することがわかっている。しかも、卒業から何年も経ってもそれが続く[17]。不況の時期に大学を卒業したことによる傷痕は働き出してからも長く残り、それ以前に労働市場に入った学生になかなか追いつくことができない。同様に、失業状態も人的資本を損なう。スキルを失ったり新しいトレンドに追いつけなかったりすると、失業した労働者は長期にわたって労働市場の傷痕に直面する可能性がある[18]。

ヒステリシス：回復の遅れ

経済学者のオリヴィエ・ブランシャール（Olivier Blanchard）とローレンス・サマーズ（Lawrence Summers）は労働経済学に「ヒステリシス（履歴効果）」という用語を生み出した。労働市場が以前の失業率まで完全に回復しないうちに別の危機に見舞われ、それによってさらに失業率が上がってしまう状況を指すものだ[19]。もっと一般的な、物理学や物質科学でのヒステリシスは、過去の変化の影響によって元の状態への回復が遅れることを指しているのだが、近年の研究では、労働市場にもヒステリシス効果があることが示唆されている（決定的な証拠はまだない[20]）。したがって、不況による労働者の傷痕やテクノロジーの移行にも、労働市場でのヒステリシス効果につながる可能性はある。こうした効果は不況からの回復の大幅な遅れとして定義されるので、もし実際に表れたら、高い失業率の状態が長く続くことになるだろう。

企業の傷痕

２００８年の金融危機のとき、アメリカ政府の取り組みは家計への支援をが大半だった。多くの家計で住宅ローン残高が住宅バブル崩壊後の住宅価値を超えていたからだ。経済の回復はどの国でもゆっくりだったが、とりわけヨーロッパでは、当初のショックのあとにユーロ危機に見舞われたことで回復が遅れた。要するに、レジリエンスの歩みが遅く、いくつかの新興市場だけが強く回復したということだ。２００８年とは違い、２０２０年のショックでは、当初は主に企業部門が影響を受けた。これは一つには、アメリカではCARES Actによって家計に気前の良い支援が提供されたためだった。

過剰債務

新型コロナウイルスによる危機は企業、とりわけ接触集約型部門の企業のキャッシュフローにかつてない衝撃を与えた。２０２０年３月にキャッシュフローが干上がると、金融市場は「取り付け的行動」を目の当たりにした。企業は流動性バッファを確保しようと、クレジットラインを使って既存のコミットメントを引き出し始めた[21]。クレジットラインとは銀行から企業への融資枠のことで、ふつうは条件と限度額があらかじめ定められている。クレジットラインでの融資の約束（コミットメント）のうち、未実行分はまだ借り入れができるので、企業にとっては、急に現金が必要になったときに容易に利用できるバッファとなる。

パンデミックは当初、企業の財務上の意思決定に大きな影響を与えたが、あとになって、現実の決定に二次的な影響がおよぶ危険が表面化してきた。もっとも重要だったのは不動産投資との関係だ。財務的な制約がある企業はキャッシュフローがないので、たいてい投資を縮小する。ちょうど、自社のビジネスモデルの将来に不確実性の雲がかかるのを見たときの企業の反応と同じだ。

レバレッジが過剰な企業は大きな債務を抱えているので、パンデミック後は長期的で持続的な低成長を経験するだろう。これはレジリエンスの妨げとなる。**過剰債務**（負債の過剰蓄積）は、投資よりもレバレッジ解消にキャッシュフローを使うという方向の力を生み出す。投資を手控えれば回

図表9－3

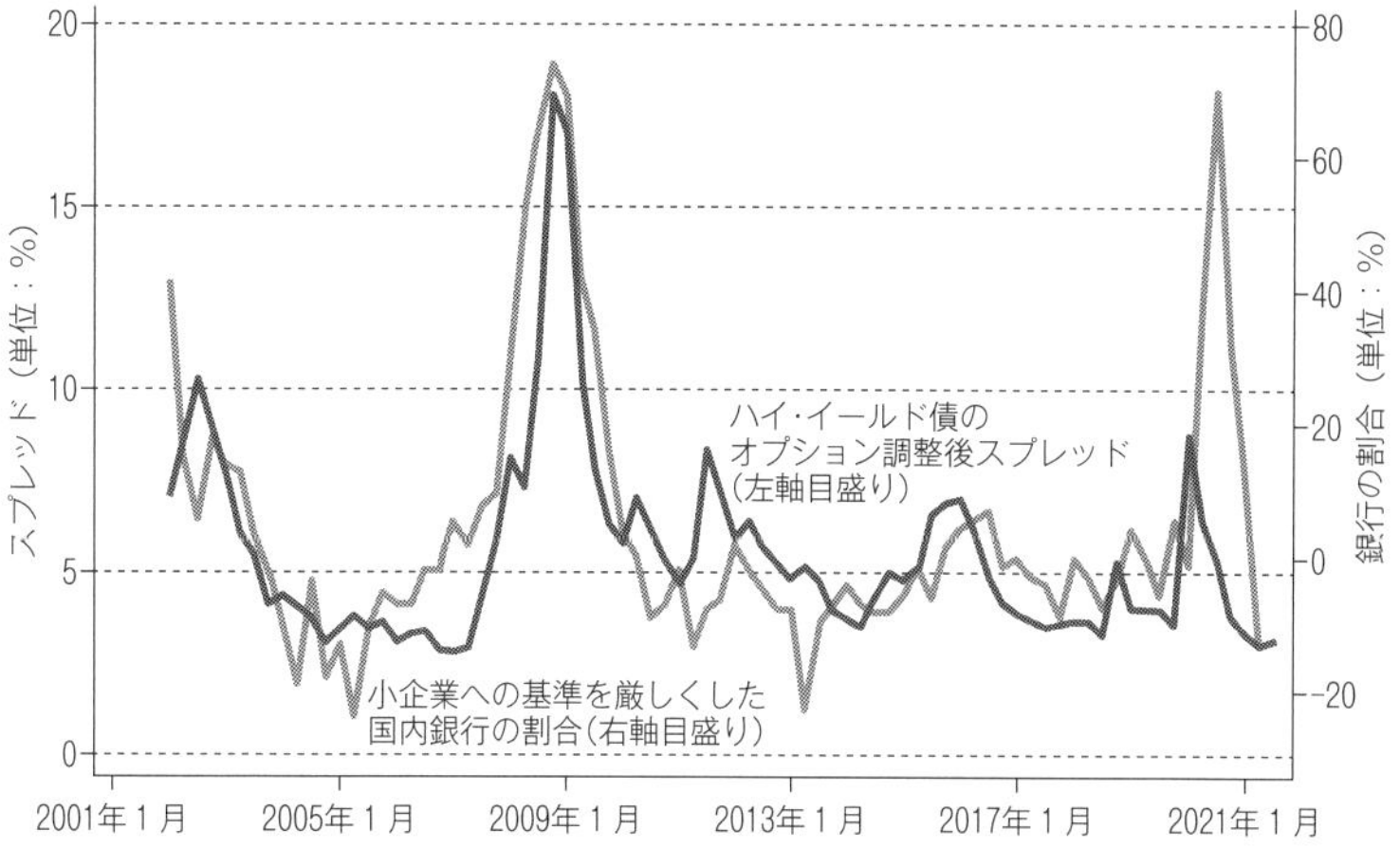

大企業向けおよび小企業向けの融資条件
出所：FRED 2021

復が遅くなり、後遺症が長引くリスクも大きくなるだろう。

全体としては、企業を支援する施策と家計を支援する施策の両方が重要になってくる。こうした政策介入の乗数は、ケインズ学派の通常の乗数よりずっと大きくなるかもしれない。さまざまな救済施策によって、中小企業（ＳＭＥｓ）の資本ストックと家計の人的資本ストックの両方が保持されるからである[22]。

小企業か、大企業か

新型コロナウイルスによる不況がＫ字型であることからわかるように、今回のパンデミックによるショックは多様な経済部門にさまざまな影響を与えてきた。そこには企業の大小による違いもある。

図表９－３は、大企業向けのクレジットスプレッドが２０２０年３月に急上昇したことを示している。その後、スプレッドはほぼパンデミ

ック前の水準に戻るのだが、新型コロナウイルスによる危機の当初段階には、小企業の外部金融コストにとって死活的に重要な、銀行の貸付基準がかなり厳しくなった。連邦準備制度（Ｆｅｄ）による社債市場への介入によって債券スプレッドは安定し、その後は銀行の利益が伸びたこともあって、貸付基準は緩んだ。このように、業界を越えたK字型不況は、大企業と小企業の金融条件にも部分的に反映している。小企業の多くはパンデミックの影響を受ける部門にあったため、自分たちのサービスを供給することができず、しかも銀行からの資金調達コストは高いという板挟みの状況に陥った。アメリカの大企業はＦｅｄの社債購入プログラムによって小企業をはるかに上回る恩恵を受けたのだが、これについては次章で検討する。

企業のレジリエンスか、経済全般のレジリエンスか：ダーウィン淘汰

資本主義社会の企業部門がそのままダーウィン淘汰と結び付くわけではない。しかし、新規参入者が次々と現れて既存企業とマーケットシェアをめぐって競争を続けるというサイクルは資本主義の活力源であり、たしかに適者生存の原理に似ている。たとえばスマートフォン革命から戦いを挑まれたビジネスモデルは、自らの製品ラインを根本的に見直すか、それができなければ消えていくしかなかった。その一例がコダック（Kodak）で、かつては写真市場のリーダーだった同社は、デジタルカメラへのトレンドにも、カメラからスマートフォンへの移行にも乗り損ねた。その対応として、コダックはデジタルプリント・サービスを中心とするビジネスモデルへと軸足を移した。この事例証拠が強調しているのは、シュンペーターのいう創造的破壊の役割の重要性だ。すなわち、新規参入者がいまある企業に挑戦することでイノベーションの原動力となり、そうしたイノベーシ

図表9－4

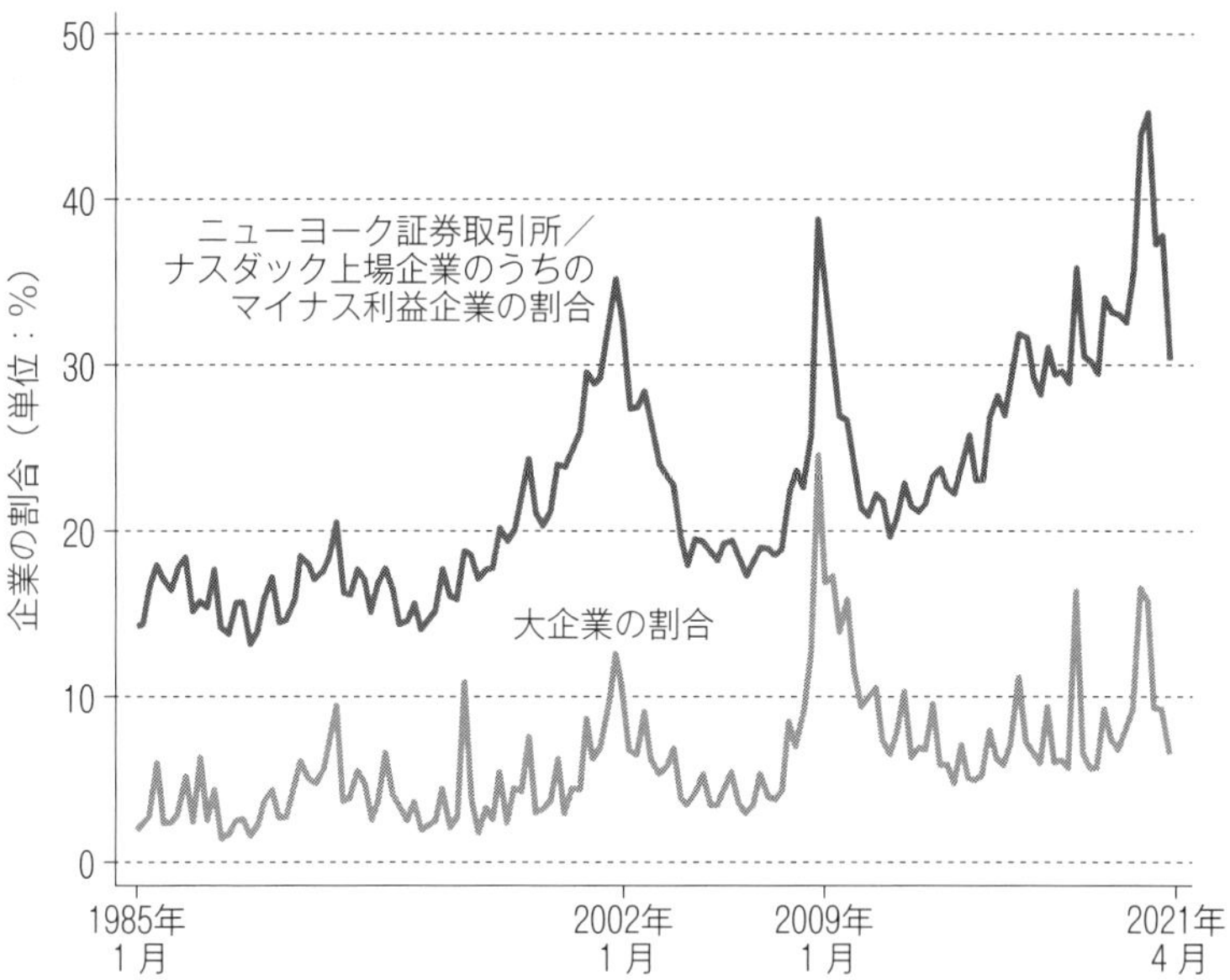

マイナス利益となった成熟企業（設立から5年以上）の割合。濃い線は、アメリカの主要証券取引所に上場している設立5年以上の企業のなかで、マイナス利益となった企業の割合。薄い線は、同じことを大企業のサンプルだけで見たときの割合。
出所：WRDS, CRSP-Compustat 2021

ョンが経済成長の原動力になるのである。テクノロジーの先端領域を競う経済では、イノベーションがつねにリーダーを脅かし、さらにイノベーションを続けることを強要してくる。

図表9－4は、1株当たりの利益（earnings per share, EPS）がマイナスになった上場企業の割合をグラフにしたものだ。多くのスタートアップ企業が最初の5年は損失を計上することを考慮して、数字は設立から5年以上の企業のものだけにしている。アメリカの成熟した上場企業のうち、少なくとも20％はESPがマイナスになっている。こ

の数字は中小企業が押し上げている部分もあるが、どの四半期を見ても、大企業の約10％はマイナスのＥＰＳを報告している。さらに、マイナス利益の企業の割合が増え続けていて、その大半が中小企業の会計損失となっている。

資本主義経済にとってリスクテイクはきわめて重要だ。その経済のどの企業もマイナス利益になっていないとしたら、それは喜ばしいことだろうか。おそらく違う。それはほぼ間違いなく、リスクテイクの欠如を示している。さらに言えば、悪い企業の除去も重要だ。将来見通しの厳しい企業で滞っているリソースは、最終的にもっと生産性の高い企業に再配分されなければならない。第1章で強調したように、経済は創造的で破壊的なイノベーションを通してのほうが早く回復する。たとえ、そのために一部の企業が利益を出せなくなって市場から消えていったとしても、そのほうが良い。新型コロナウイルスによる危機の最初の局面がすぎたあと、アメリカでは相対的にパンデミックに強い部門で、記録的な水準での新しいビジネス形成が見られた。オンライン小売業もこれに含まれる[23]。

倒産と企業再建：小企業か、大企業か

こう聞くと驚くだろうが、2020年、多くの国では倒産がそれほど増えていない。なかにはドイツのように、実際に倒産が減った国もある。これはモラトリアム（債務支払いの一時的猶予）によって届出要件が緩和されたため、企業が支払い不能になっても破産申請をせずに済んでいるからだ[24]。ここでのトレードオフは、**倒産の波**によって病み上がりの経済回復が脅かされるのを回避するか、**創造的破壊**が縮小されることで派生する長期的な損失を受け入れるかにある。シュンペータ

ーによれば、創造的破壊こそが長期的成長の主エンジンとなる。だから、あまりに多くのゾンビ企業（非生産的な企業）を生き延びさせると、個々の企業には良いかもしれないが、全体の経済には罠となりかねない[25]。言い換えれば、銀行が既存の融資を繰り越して**ゾンビ企業**を守り、損失が現実化しないようにすることで、リソースがそうした非生産的な企業から動かなくなってしまうのである。ゾンビ企業が多くなりすぎると、それがいつまでも成長の足を引っ張ってレジリエンスを弱めることになる。

こうした考察は、第1章での有限責任制についての議論ともつながっている。一方では、有限責任制は下振れリスクに対する保険を提供するので、起業家は思い切ったリスクテイクができる。しかしゾンビ企業の場合、それが非効率的な事業の継続につながり、経済全体の足を引っ張ってしまう可能性がある。

このトレードオフは、ショックがどれほど長引くかによっても変わってくる。ショックが一時的なもので経済がすぐに以前の均衡に戻るのであれば、倒産のモラトリアムは回復を促進するだろう（クルツアルバイトが従業員とのマッチングを保持したのとまったく同じだ）。しかしショックが長期化するようなら、リソースの再配置と企業再建に向けてニーズを下支えする必要が出てくるだろう。

図表9－5は、経営不振に陥ったアメリカ企業の通常のプロセスを図示したものだ[26]。経営不振の企業には基本的に二つの結果が待っている。債務と業務を再編して事業を継続するか、会社を清算してしまうかだ。どちらの結果になるにしても、正式に法的な破産手続きを通す方法と私的な交渉を経るやり方とがある。法的手続きを選択すると、債権者との交渉で強力な外的脅威となりうる。

図表9－5

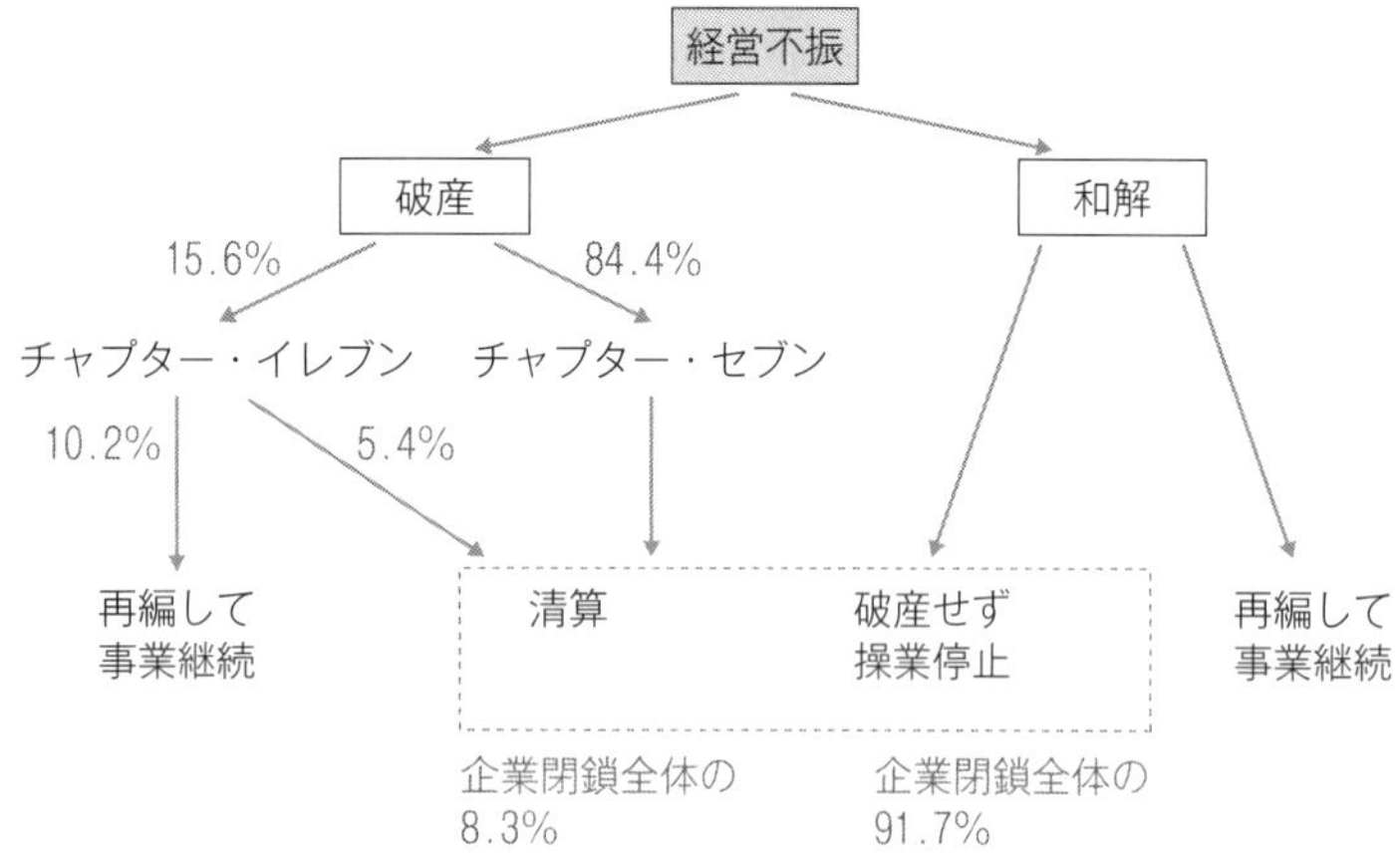

企業再建手続きの概略。
出所：Greenwood, Iverson, and Thesmar (2020), “Sizing Up Corporate Restructuring in the Covid Crisis,” Brookings Paper

驚くことに、操業を停止した企業の91・7%は法的な破産手続きを使っていない。支払い不能は必ずしも公的な破産を意味していないのだ。破産申請を選択する企業について見ると、大多数である84・4%が連邦破産法第7条（チャプター・セブン）の清算を申請している。逆に言えば、第11条（チャプター・イレブン）を申請する残り15・6%の企業については、破産裁判所の裁判官が、その会社を清算に回すべきか再編と事業継続のプロセスに送るべきかを決定していることになる。チャプター・イレブンの背景にある考え方は、経営不振に陥った企業で経済的に存続可能なものについては債務を再編するが、経済的な見込みのない企業は清算するということだ。

企業部門の二極化は大企業にも存在していて、豊富なキャッシュによるバッファのある企業は、流動性が低くて資本力の弱い企業――多くの中小企業はここに含まれる――よりもずっとショックへの備えができている[27]。くわえて、大企業はチャプター・イレブンのもとでの再建が容易だが、小さい企業はたいていチャプター・セブンによって清算されることになる。

ここから、中小企業を救済して企業価値の目減りを回避することへの論理的根拠が生まれる。債務救済がなければ、企業はわずかな流動性をまず債務の返済に使わなければならず、労働力や資本が維持できなくなって、ショック後の経済活動の拡大が遅れてしまうからだ[28]。しかも最終的には、多くの企業が債務返済義務に耐えられなくなってチャプター・セブンで清算される。これでは多くの破産が非効率なものになり、ショック後にも高い価値を有している企業が、流動性不足のために清算されて終わってしまう。清算を回避した企業にしても、多額の負債が回復期間中、操業の足を引っ張ることになりかねない[29]。**どちらの道筋をたどっても経済のレジリエンスは損なわれてしまう。**

対照的に、チャプター・イレブンの申請が可能で再建が見込める大企業を救済するのは資金の無駄遣いになる。そうした企業の株主は日々の経営に不可欠ではないからだ。現代の企業は株主が所有して、企業経営そのものは経営陣が行っている。対照的に、小企業は所有者が経営も行っている。大企業に補助金を出しても株主がチャプター・イレブンの申請を遅らせるだけなので、企業の社会的価値を下げることにしかならない。そのようなことは、とくに破産後の再建コストが比較的低いときにはあってはならない[30]。そういうわけで効率は悪いのだが、それでも破産制度は重要だ。とくに大半の不況では破産申請が殺到するので、それを考えると非常に大切だと言える[31]。

さらに問題を複雑化する要因としては、破産裁判所が取り扱い件数の増加に直面する可能性がある。とりうるアプローチは二つ、破産裁判所の能力を強化するか、和解での再建を促進するかだ[32]。

後者については、税制上の優遇措置を提供して和解による再建を選択するよう誘導することで可能となる。たとえば、要求の一部を引っ込めた債権者が見返りに税額控除を受けられるようにする、などだ。こうした路線での提案はリスクシェアリングを強化する。費用の一部は納税者が負担することになるが、再建者も損失のかなりの部分を負担する。

破産裁判所の処理能力を高める方法は、新たに破産裁判官を雇う、臨時の裁判官を雇う、破産申請の多い地区に裁判官を再配置するなど、いくつかある。破産プロセスの合理化という選択肢もある。

アメリカとは対照的に、ヨーロッパでは多くの国が破産モラトリアムを設けて、破産した企業が支払い不能を申請する要件を一時的に緩和している。その結果、矛盾するようだが、新型コロナウイルスによる危機のあいだは破産件数が劇的に下がっている。しかし、このアプローチは嵐の前の静けさにすぎないと危惧する声も少なくない[33]。モラトリアムが解除されたとたん、ゾンビ企業がこぞって破産申請を始めるからである。

第10章　金融市場の激しい変動：金融レジリエンスの守護者としての中央銀行

新型コロナウイルスによるパンデミックで、金融市場は前例のないレジリエンスを示した。急速に下落したあとすぐに回復し、そのまま2020年末の記録的な高値へとつながったのだ。この反騰は2020年夏にピークを迎え、新規公開株（IPO）も記録的な発行高となった。急落からの反騰というこのパターンは、まさにウィップソー（ノコギリ）の往復運動を思わせるものだった。

金融市場が実体経済よりもずっと早く回復した理由の説明としては、金利が低かったこと、証券市場の指標で大企業やテック企業が加重されていたこと、新型コロナウイルスをきっかけに起こった変化から恩恵を受けたテック企業の業績が好調だったこと、中央銀行による介入でテールリスクが取り除かれたこと、潜在的な（おそらく手数料のかからない投資アプリの台頭に後押しされた）証券市場バブルがあったこと、などが考えられる。この章ではこうした要因を一つずつ探っていこうと思う。

社債市場ではクレジットスプレッド――リスクの大きい企業が支払う金利と安全な企業が支払う

金利との差――が、当初のパニックが過ぎると少しずつ縮まっていった。2020年夏までには債券ブームが幕を開けた。記録的な低金利に支えられて、企業は前例のない規模で債務を借り換えた。こうしたパターンは2021年はじめになっても続いた。株式市場でも債券市場でも、企業による前例のない資金調達ぶりが見られた。以後、株式市場の高評価と社債の低金利の両方によって、企業の資金調達へのインセンティブが維持されている[1]。

ビットコインなどのデジタル通貨も、金融市場と同じような激しい変動を見せた。ビットコインは3月に下落したあと、2020年中にほぼ100%まで値を戻し、続く2021年初めには新たな記録を作った[2]。こうした変動に加勢したのが中央銀行による迅速な介入で、2020年3月に金融市場がぐらついた時点で実施された。安定化政策は強力で、金融市場の急速な回復に貢献し、金融市場では衝撃的なほどのレジリエンスのパターンを示した。

証券市場と大企業：K字型不況

金利が記録的な水準まで下がると、それによって社債市場での負債性資金の調達コストが下がり、それがさらに企業株式にも恩恵をもたらした。割引率が下がれば――つまりは時間の機会費用が下がれば――将来期待されるキャッシュフローの価値が上がるため、株価も上がることになる。

図表10－1は、アメリカ株式市場の代表的総合指数であるS&P500の2019年9月以後の推移をグラフにしたものだ。見てのとおり、株価は2020年3月に30ポイント以上落ち込んだあと、2020年の終わりから2021年のはじめにかけて徐々に回復している。唯一の例外は金融

図表 10－1

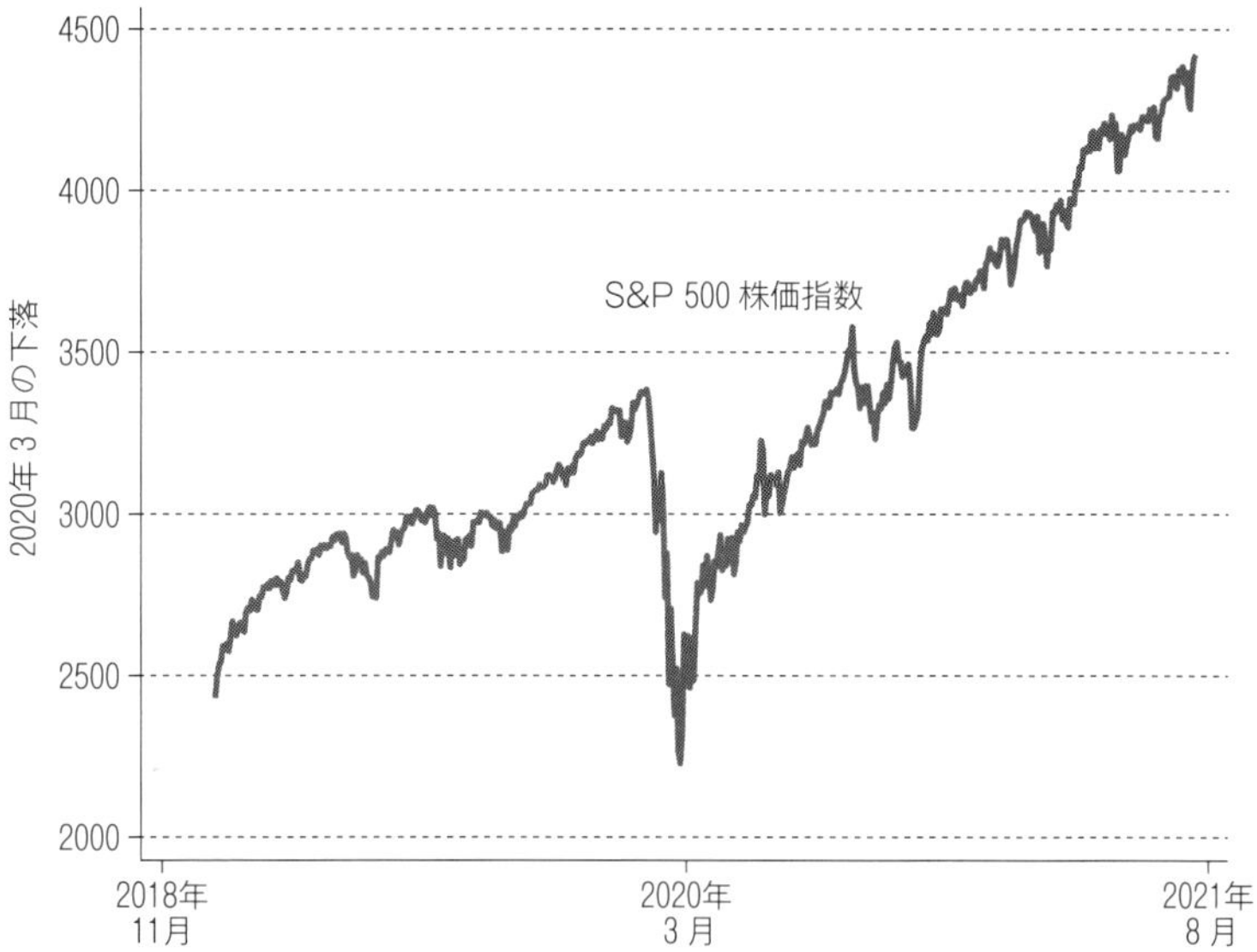

アメリカ株式の S&P 500株価指数。
出所：WRDS, CRSP-Compustat 2021

部門で、こちらはレジリエンスが弱く、回復したのは２０２１年の後半だった。２０２０年の後半以後で見ると、株価は高値を維持したものの、経済は深刻な不況が続いた。また、ほぼ２０２０年を通して非自発的な失業がかなりあった。株価は先行きを見るので、いまこの瞬間よりも将来の経済がどうなるかについてはすぐれた指標と言えるかもしれない。それに対して、債券価格は短期的な経済価格の指標としてすぐれている傾向がある。サミュエルソンの古い金言を引くならこういうことだ――株式市場は、横断的に企業を見るにはすぐれた予測材料だが、長い目で見ると「過去５回の不況のうち９回を予測している[3]」。

2020年夏：反騰

2020年夏、金融市場と実体経済との食い違いがかなり現実化し、大恐慌以来の失業水準にもかかわらず、株式市場は急速に回復した[4]。基本的に、株式市場が実体経済を上回った理由はいくつかある。ファンダメンタルズが一般に考えられているより強かったからだという主張もあるが、バブル的な要素の存在を指摘する声もある[5]。新型コロナウイルスによる危機の大半を通じて消費が抑制されたことで、民間の貯蓄が大きく積み上がり、その一部が資産市場へ投資されたのである。

第一に、株式市場と経済全体とのあいだには構成上の食い違いがある。接触集約型の企業が証券取引所で過小評価されているのだ。とくに中小企業は多くが非上場のため、証券市場での取引がない。さらに、株式市場を動かしているのは大型株で、これが各種の指標で不釣り合いに加重されている。しかも大型テック企業の株は非常に成績がいい。もっとも顕著なのはアマゾンのビジネスモデルで、パンデミック期間の明白な勝ち組だった。

第二に、各国の中央銀行が広範かつ多様な資産を購入して、資産市場全体からテールリスクを除去していった。日本銀行は株式を購入したほか、日本の上場投資信託（ETF）市場の90％を保有することまでしている[6]。スイス国立銀行は、スイス・フランの価値を下げようとしてアメリカの株式を購入し始めた。2018年に同銀行が保有するフェイスブック〔訳注：2021年10月28日に「メタ・プラットフォームズ」に改称〕の株式は、同社の創業者マーク・ザッカーバーグ（Mark Zuckerberg）よりも多かった[7]。

第三に、新型コロナウイルスによるパンデミックの期間中、中央銀行による介入が割引率を引き下げる役割を果たした可能性が高い。これによって、キャッシュフローが変わらないのに株価が押し上げられた。シンプルな**ゴードン成長モデル**では、実質割引率（r）と配当成長率（g）の差によって株価が動く（D1が配当のときP0=D1/（r-g）となる）。配当成長率（g）が少しくらい下がっても、それ以上に実質割引率（r）が大きく下がることで十二分に相殺されたのだろう。さらに言えば、今回の不況は長期的な傷痕を残さず急速なV字型回復を見せるだろうという考えが、ファンダメンタルズ（D1）は安定するという中期的な期待に貢献した可能性が高い[8]。

第四に、株式市場の急回復についてのこれ以外の説明は、どれも概ね、不合理な熱狂を軸としている。つまり「**回復に乗り遅れる恐怖**」が強い役割を果たしたのではないか、ということだ[9]。2008年の不況のとき、株式市場は最初に大暴落したが、そのあと力強く反発した。底値のときに売却した多くの投資家は、2008年後半の強い反発に乗り損ねたので、こんどは同じ失敗を繰り返したくなかったというのである。

取引の増加には、ロビンフッド（Robinhood）のような**投資アプリ**も関わっている。この種のアプリを使えば、平均的な投資家でも毎日（あるいはそれ以上に速く）株を売りさばくことができる。新型コロナウイルスの拡大で多くのギャンブル市場やカジノが閉鎖されたことから、2020年3月にはこうしたアプリの使用者数が急増した[10]。

ロビンフッドなどのアプリを使った取引にともなって異常現象も起こっている。たとえばアメリカのレディット（Reddit）という投稿型ソーシャルサイトには、ウォールストリートベッツ（WallStreetBets）というスレッド（「サブレディット」と呼ぶ）があって、そこで投資のヒントが交換される。ところがそうしたヒントに基づいて、一般の投資家がゲームストップ（GameStop）

というビデオゲーム小売店の株を競り上げたため、2021年1月26日には同社の株が100%以上も値上がりしてしまい、同社株を空売りしていた多くのヘッジファンドが大きな損失を出した[11]。ゲームストップのビジネスモデルは小売りに大きく依存したもので、店舗やショッピングモールの閉鎖でひどい影響が出ていたにもかかわらず、2021年の最初の29日間で株価が1700%も上昇した。熱狂ぶりはほかの株式にも広がった。映画館チェーンのAMCもその一つで、この会社の株も大量に空売りされていたため、その利益の大半があっというまに消えてしまった。ラッセ・ペデルセン（Lasse Pelersen）はこの出来事を詳しく説明するなかで、こうした現象を、企業の業績に関係なくSNSなどでの拡散情報をもとに投資するミーム投資や、情報の内容や制度がチェックされない捕食取引のメカニズムに関連づけている。捕食取引はほかの投資家を圧迫し、好ましくない価格でポジションを手仕舞いさせてしまう[12]。

IPOブーム

破産企業も今回のパンデミックではなんとか資金を集めることができたし、スタートアップ企業も株式市場に殺到した。伝統的な新規株式公開（IPO）は、投資銀行が関与して、企業の証券取引所への上場プロセスを監督する。悲惨な経済見通しにもかかわらず、2020年は伝統的なIPOが前例のないブームとなった。実際に2020年のブームは、名目ベースで、ドットコム・バブルのピークだった2000年のIPO熱を凌ぐほどだった（図表10-2）。もっとも急成長した部門は医療、金融、エレクトロニクスだ。2020年のIPOでは、エアビーアンドビー（Airbnb）やドアダッシュ（DoorDash）のように、初日の価格がドットコム・バブル以来の高値をつけたも

図表 10－2

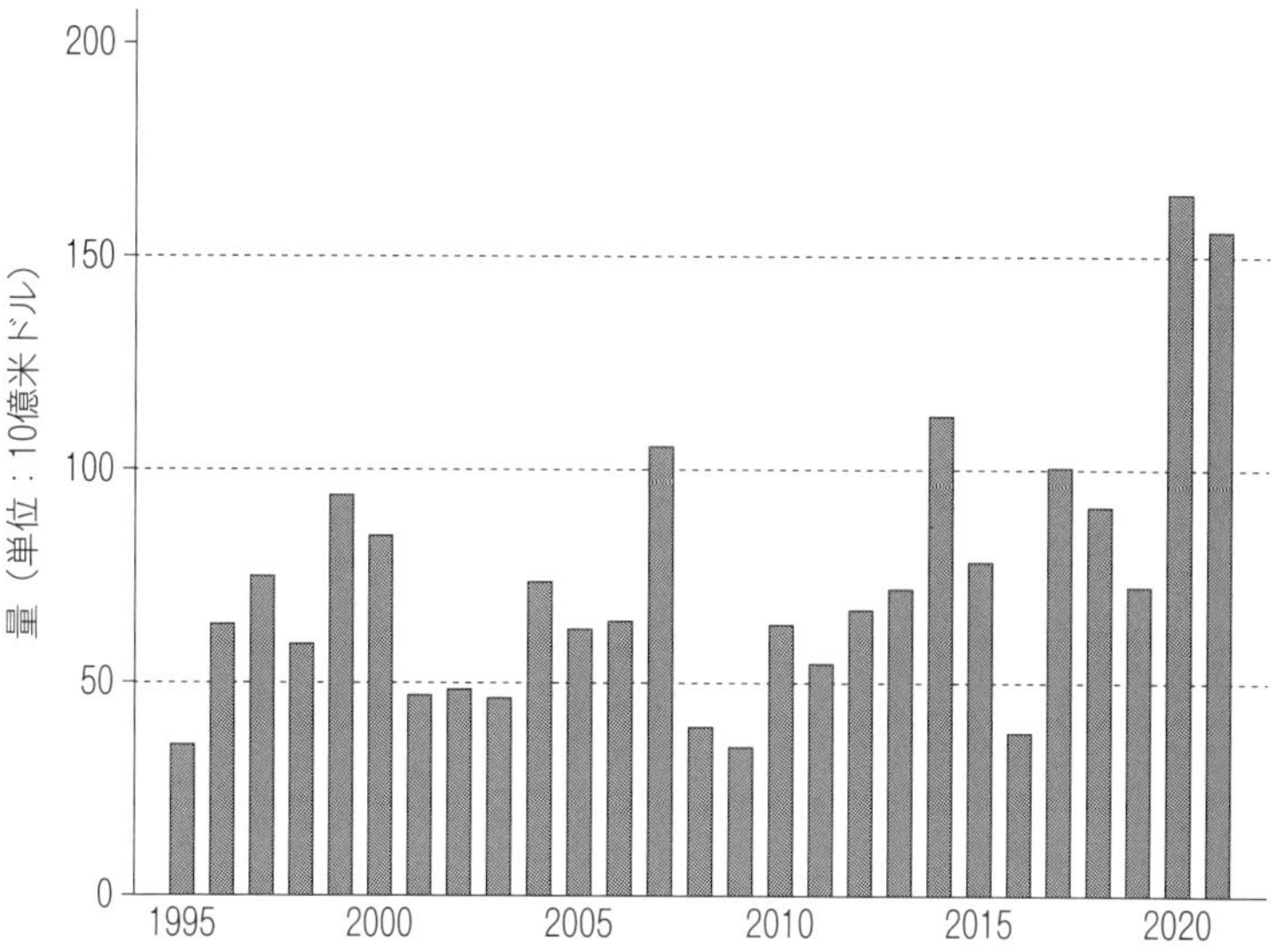

各年のアメリカの新規公開株の量。
出所：WRDS, CRSP-Compustat 2021, SDC (WRDS)

のもあって、これは潜在的に不吉な兆候だ[13]。

　公開株への新しいアクセス形態がアメリカで登場した。多くの場合、IPOは費用がかかる。投資銀行が募集価格の約7％の手数料を取るからだ。それに替わって2020年に人気となった選択肢は、**特別買収目的会社（special purpose acquisition company, SPAC）**が企画する直接上場（ダイレクト・リスティング）を経て株式市場にアクセスする方法で、これによって伝統的なIPOプロセスを回避することができる。SPACはペーパーカンパニーで、上場したがっている別の企業を吸収合併する目的だけで資金を調達する。このプロセスによる裏口上場は急激に人気が高まっていて、2020年にSPACを通じて実施されたＩＰＯの総額は７００億ドルに達している[14]。ただし、ＳＰＡＣ経由での上場の魅力が必ずしもコスト削減に結びつくわけではない。ＳＰＡＣはＩＰＯより少し安くつく傾向はあるが、さまざまな規制要件に関するものを含め、余分な手数料が必要になることもある[15、16]。

債券市場

新型コロナウイルスによる危機では、株式市場が類まれなレジリエンスを見せたが、それは債券市場も同様だった。

株式を保有していれば公開企業の所有権が与えられるが、債券に投資しても、債権者には未払い金額の返済を認められるだけで、会社の決定について直接の発言権は与えられない。しかし経営不振になると、まず債権者への返済が行われるので、株主は、何かを受け取れるにしても、そのあとになる。そのため、たいていは債券のほうがリスクは少ない。経営不振の企業でも、債権者には（少なくとも部分的には）返済できるものだ。しかし株主のために残せる分は多くない。とはいえ、人物Ａが人物Ｂに未払いの債券を売却したときに、グーグルの１００ドルの債券の価値が流通市場で変動する可能性はある。債券価格が変動するのは、たいてい、その企業に借入金を全額支払う能力があるかどうかが疑われるときだ。

株主への支払いはその企業の業績次第で大きく変動する。株主は、好況時には値上がり分から多くを得るが、不況時には何も受け取れないこともある。債券の保有者は、値上がりからの利益もないが、倒産などで企業が債券の額面価格を返済できない場合、打撃を被る可能性がある。この後者のリスクはデフォルト・リスクと呼ばれている。

ここではまず政府の債務である国債に目を向け、それから、企業が私的に発効する債務である社債について見ていこう。

アメリカ国債市場と最後のマーケットメーカー

公債は連邦政府や地方自治体が発行する。アメリカの連邦政府が発行するものがアメリカ国債で、まとめてアメリカ財務省証券（US Treasuries）と呼んでいる。ドイツ政府の発行するユーロ建て国債はブンズ（Bunds）と総称され、日本の国債はJapanese Government Bonds, JGBsとなる。

教科書的な経済市場は、買い手と売り手が同時に顔を合わせて商品やサービス、資産などを貨幣と交換することを前提にしている。しかし実際は、いずれかの当事者がアメリカ国債などを売りたいと思う時点（セリング・タイム・イン・ポイント）と、別の投資家が同じ証券を購入したいと考える時点（バイイング・タイム・イン・ポイント）とにギャップがあることがある。この二つの時点のギャップを埋めるためには、第三者の**マーケットメーカー**が一時的に証券を「大量に保有する」ことが必要だ。

歴史的には、大銀行がアメリカ国債市場でのそうした役割を引き受けてきた。バランスシートに巨額のアメリカ国債を保有することで、売り手と買い手の仲介役を果たしてきたのだ。しかし２０08年の金融危機以後、規制によって、銀行がマーケットメーカーとして振る舞うためには相当な資本を有することが義務付けられた。この規制のために、銀行はそうした役割を引き受けるインセンティブを失った。いまの銀行は、それほど規制が厳しくなくてマージンの多い活動に関わるのを

図表10－3

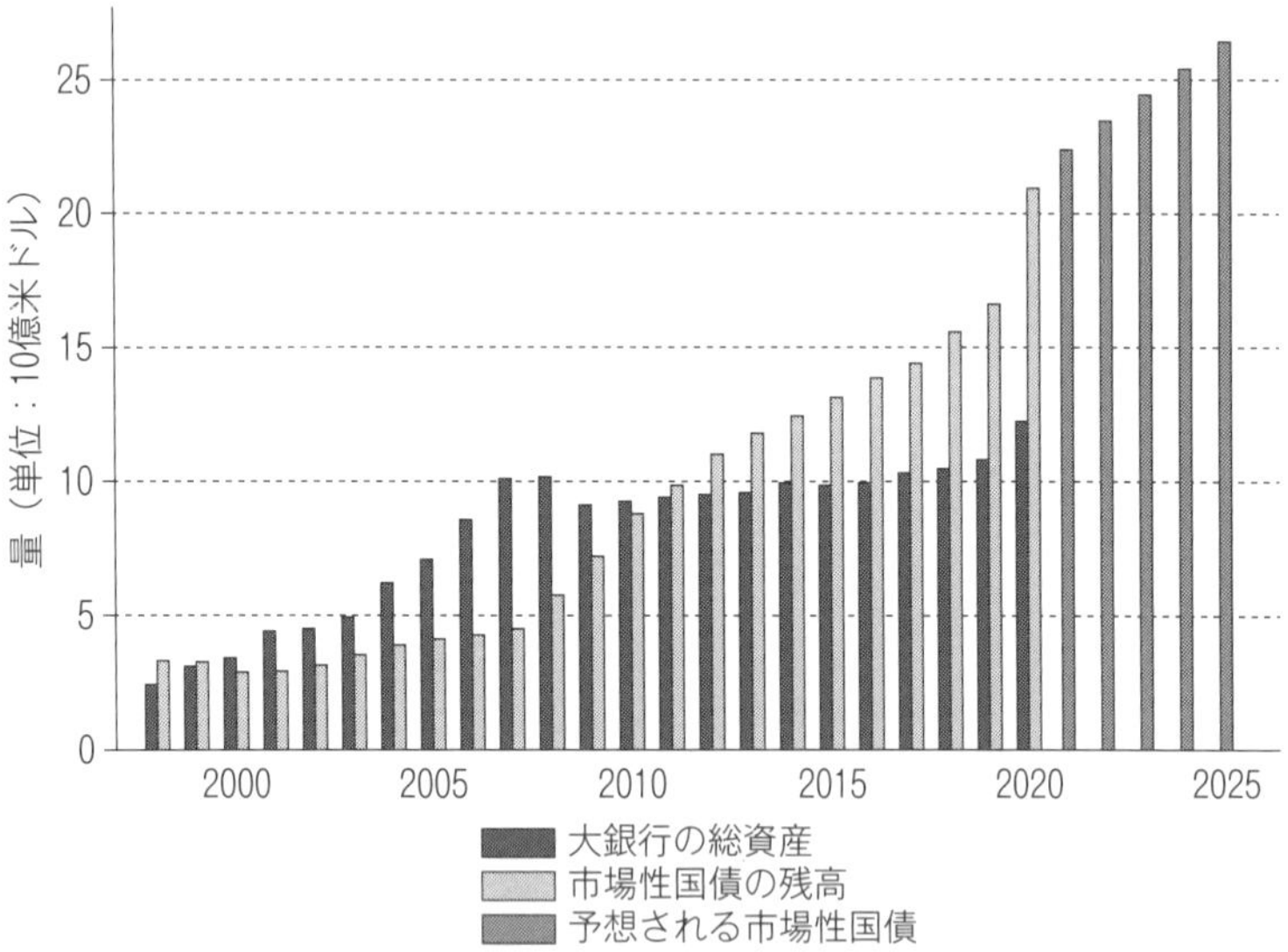

市場性アメリカ財務省証券（国債）の増加は大銀行の資産を上回っている。
出所：Darrell Duffie, Markus' Academy, 2020

好むようになっている。図表10－3は大銀行のバランスシートを示したものだ。銀行の引き受け能力は２００８年の金融危機以後も安定しているが、国債の供給は着実に増えている。そこでここ10年ほどは、代わりにヘッジファンドがマーケットメーキング部門に参入してきた。

ところが２０２０年3月、アメリカ国債市場が――世界最大の、しかも通常ならもっとも流動性の高い金融市場の一つが――流動性の需要によって「窒息した」。そこで連邦準備制度（Ｆｅｄ）が**最後のマーケットメーカー**として介入せざるをえなくなった。レジリエンスを回復させるために、である。マーケットメーカーになりたがる投資家がいなかったのは、ある種の「パイプライン効果」がディーラーを圧倒しためだ。投資家もそれぞれに役割を果たして仲介機能を拡張したのだが、単純に注文量が多すぎて、彼らのバランスシートを通したのでは、速やかな仲介ができなかったのである[17]。

最終的に、Ｆｅｄはほぼ2兆ドル相当の国債を購入した。この介入は、購入された債券の多くが量的緩和策の一環として通常より長く保有されたという点で、マーケットメーキング以上のものだった。状況が落ち着いてくると国債価格は上昇した。しかし新型コロナウイルスによる危機の最初の数週間、アメリカ国債の価格は下がっていった[18]。

こうした市場の失敗は繰り返し起こると予想できるし、おそらく頻繁に起こるだろう。アメリカの債務の対ＧＤＰ比は巨大化を続けているので、市場による仲介を必要とする国債はさらに増えることになる[19]。

ダレル・ダフィー（Darrell Duffie）は、中央清算の拡大をベースとする国債市場構造を提案している。ダフィーは、国債市場全体をディーラーのバランスシートを通して運営するのは非効率だと主張する[20]。広範な中央清算の導入により、市場参加者それぞれの売上高と購入額が相殺決済されるので、それを通じて市場での清算の安全性が向上するだろう。これなら、所与の取引量に必要なディーラーのバランスシートの総額が少なくて済む[21]。このような相殺決済は中央清算機関（central counterparty clearing house, CCP）で行うことができるだろう。

提案されたこの新しい市場構造で、Ｆｅｄは三つの役割を果たす。第一に、流動性を回復する必要があるときにはいつでもＦｅｄが出ていける。第二に、これは異論が多いだろうが、Ｆｅｄが最後の砦となり、国債を担保にして、中央清算機関（ＣＣＰ）に日中流動性〔訳注：日中の営業時間中にアクセスできて、金融機関が即時に支払いできる資金〕を提供することができる。これはつまり、CCPはアメリカ国債を担保として、容易にFedから借り入れができるということだ。そして第三に、Fedないし証券取引委員会（SEC）が、新しくできるCCPの監督、規制に当たることになる[22]。

社債市場と、テールリスク保険者としての中央銀行

社債とは、企業が発行する長期の確定利付証券だ。たとえばある企業が5年後に証券保有者に100ドル支払うと約束し、証券が売れた日に90ドル集めたとする。すると、この特定証券の発行時の利回りは年間約2％になる[23]。このように、社債は国債とよく似た機能をもっている。しかし社債はデフォルト・リスクが高く、担保としての価値が小さい。流動性も低く、そのため他者への譲渡がしにくい。アメリカでは社債の市場がかなり大きいが、ヨーロッパやアジアでは、いまも社債による資金調達より銀行での資金調達のほうが圧倒的に多い。

この市場では、債券の格付けが非常に重要だ。格付け機関は債券の発行者をふるいにかけ、それぞれの債券の格付けを決定する。格付けの高い債券が投資適格債と呼ばれるのに対して、それ以外のリスクの高い債券はジャンク債と呼ばれる。

2020年3月、金融市場は崩壊寸前になった。リスク価格が急上昇し（図表10‐4）、国際的な資本フローが縮小して、安全資産とりわけアメリカ短期国債に集中したのだ。3月には不安定性が急激に高まり、資金提供の条件が引き締められて、もっとも安全な企業でさえ**社債の利回りが急騰した**[24]。さらに波及リスクもあった。ぎりぎりで投資適格（BBB）と格付けされていた企業の証券の多くは日本やヨーロッパの投資家が保有していたのだが、こうした投資家は、投資方針とし

図表 10－4

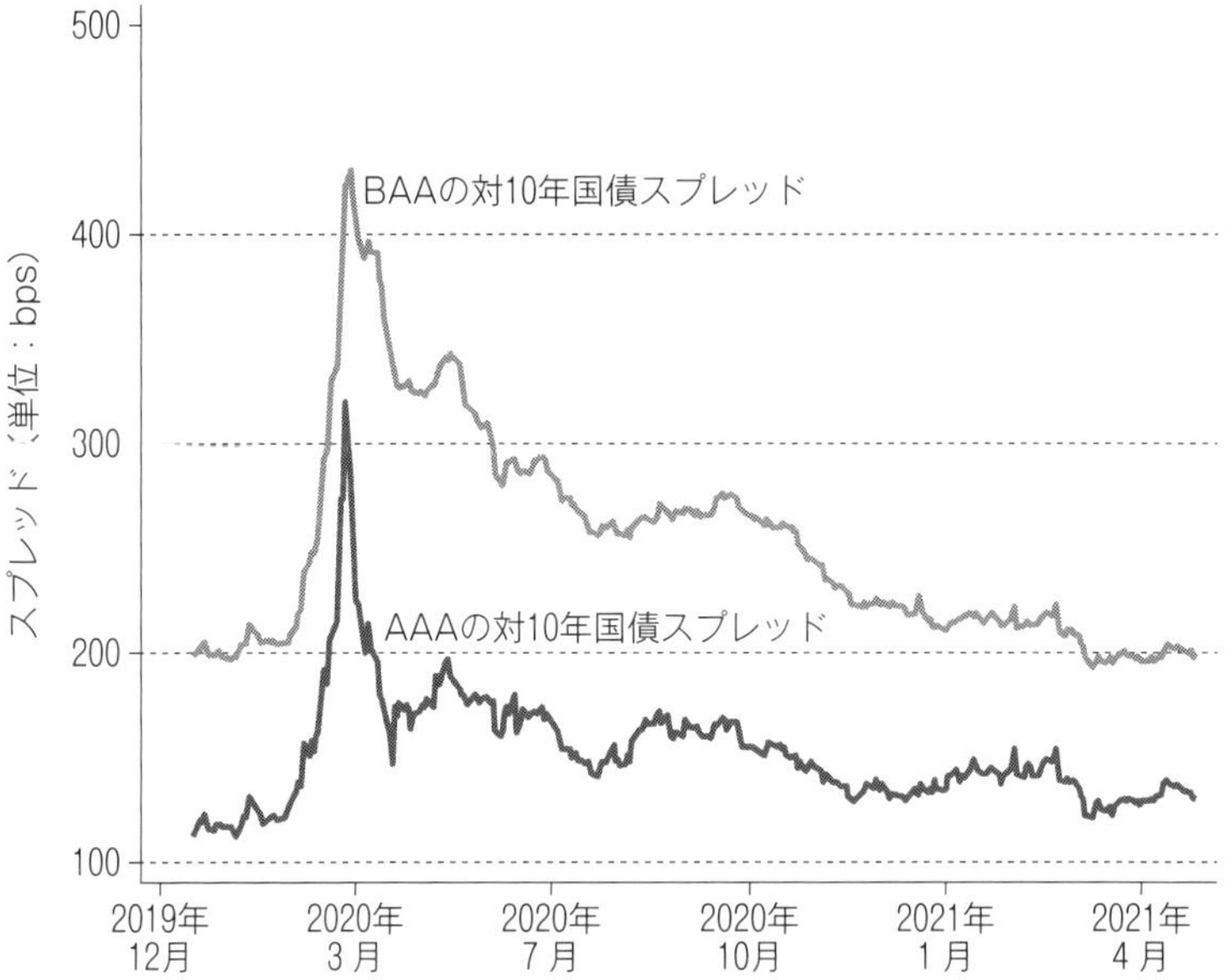

債券スプレッドはAAA（BAA）格付け債券の金利とアメリカ10年国債の金利の差として定義される。
出所：FRED, 2021

て、投資適格債しか保有しないところが多い。そのため、こうした企業間での格下げの波が国際的に広がりかねない状況になった[25]。この説明は２００８年金融危機の筋書きと似ている。

しかし、政策介入は２００８年よりずっと早く市場の安定化に成功した。そのことは図表10－４に表れているとおりだ。デフォルト・リスクはまだ高止まりしているが**リスク価格**は下がった。図表10－４からは、ハイ・イールドで比較的リスクの大きい社債と比較的安全な投資適格債とのスプレッドが、２０２０年３月にかなり大きくなったことも見て取れる。こうしたスプレッドは２０２０年３月をピークに、急速に元に戻った。

直観的には、二つの曲線はリスク価格の評価になっている。言い換えれば、投資家が国債ではなくあえて社債を保有するときに求める追加報酬の尺度になっている、ということだ（社債のリスクのほうが大きいと仮定）。

金融政策は、短期の無リスク金利を管理するだけではない。金融政策には、リスク価格を引き下げて危機的な状況下で金融を安定させる力もある。2020年3月が良い例だ。多くの債券市場には**二つの均衡**がある。第一は「良い」均衡で、これによって投資家は債券が安全だと認識し、したがって低金利を受け入れる。第二は「悪い」均衡で、これによって投資家は同じ債券を安全ではないと認識し、そのような考えから、スプレッドと高いリスク・プレミアムを要求する。金利が高いと企業は債務の返済が苦しくなり、デフォルトの可能性が高まる。すなわち、高金利／ハイリスクという結果が自己実現していくことになる。

内生的な（自己生成する）リスクを取り除くことで、中央銀行は悪い均衡を回避することができる。新たなパンデミックのような外生的なリスクについては、中央銀行が影響をおよぼすことはできない。しかし金融リスクを引き受けることで、リスク価格を引き下げることはできる。またこれは、経済全体でリスク配分が誤っていることから生じる負のショックが増幅するのを防ぐことにもなる。市場は小さな経済ショックには力強く対処できるが、大きなショックのあとに市場が（とりわけ金融市場が）自分で安定することはない。レジリエンスを提供できるのは、中央銀行によるターゲットを絞った介入だ。介入によって経済回復の道が整い、**バックストップ（金融措置）**が講じられてテールリスクが取り除かれるからこそ、経済主体は危機から立ち直れるのだ。

Ｆｅｄは２０２０年には信用の補完に集中し、経済のダメージを抑えて経済を速やかな回復に向かわせることを最終目標とした[26]。前例のない根本的なショックの性質を考えて危機後の傷痕回避を最重要視し[27]、その手段として、企業に保険を提供したのである[28]。

具体的に言えば、新型コロナウイルスによる危機のあいだ、Ｆｅｄは商用モーゲージ証券（商用不動産に裏付けられたもの）、社債、中小企業向け融資などを融資枠に含めた[29]。くわえて、企業向けにも信用枠を設けて、配当制限や自社株の買い戻しといった制限をつけたうえで、企業に中期的な資金を提供した[30]。Ｆｅｄから企業への直接の資金提供はできないので、財務省とともに**特別目的事業体（special purpose vehicle, SPV）**を設立し、エクイティ・トランシェ〔訳注：証券化商品を小分けにした「トランシェ」のうちもっとも格付けの低い部分〕を引き受けることで、最初に損失を吸収するようにした[31]。

万一状況が悪化した場合には、中央銀行がこうした新しい枠組みを使ってすぐに踏み込んで、高リスク資産を購入することでリスクを引き受ける。いまのところ社債の購入は――なかでもＦｅｄによる購入は――ごくわずかだが、必要なときにはＦｅｄが介入するという保証だけで市場の安定化には十分だった[32]。これまでのところ、中央銀行の介入による究極の成果は、リスク価格の引き下げだ[33]。２０２１年4月の時点で、Ｆｅｄは、流動性を維持するために設計されたこうした緊急施策の一部を緩和している。たとえば、銀行が保有国債や超過預金を除外して補完的レバレッジ比率（supplementary leverage ratio, SLR）を計算することはもう認められていない。これにより銀行レバレッジは制限され、借り入れた資金を自行の活動に使うことも制限されている[34]。

アメリカ企業が社債に依存しているのと対照的に、アジアやヨーロッパの企業は銀行での資金調達に大きく依存している。社債に依存することで、企業は銀行の仲介なしに、外部資本に直接アクセスできる。しかし、金利が証券の格付けに非常に敏感に反応してしまう。他方、銀行からの資金調達は金融仲介機関を経由して提供されるので、そうした機関には特定の企業を監視しようとする強い動機が働く。2020年3月、ヨーロッパ市場での証券や株式の大口の売り手[35]は国際投資家で、保険会社の割合は少なかった[36]。対照的に、各国の中央銀行は債券の最終的な買い手だった[37]。同じ2020年3月には、EU各国で典型的な外国資産売却による急落が起こった。しかし4月には、脆弱性の高い国でも低い国でも、値下がりの影響は消えていた。こうした国の住民は安定化を経験した[38]。

欧州中央銀行（European Central Bank, ECB）によるパンデミック緊急購入計画（Pandemic Emergency Purchase Program, PEPP）の最大の目標は、債券市場の安定化だった。これは同じECBによるものでも、量的緩和（QE）による資産購入計画とは目的が違う。QEはデフレと闘うためのものだ。この点は注意が必要で、ECBの任務は公式には金融安定化ではない[39]。とはいえ、金融政策の波及経路を機能させる必要性から、ECBの行動は正当化できる。

PEPPが市場の安定に貢献したという証拠は多い。いくつかの尺度から、ユーロ圏にはかなりの安定が見られる[40]。たとえばソブリン債〔訳注：各国の政府や政府機関が発行する債権の総称〕の利回りがそうで、これは銀行の資金調達にも緊密に反映しているうえ、家計の信用コストにも伝わっていくことから、ECBが重視する指標となっている[41]。

中央銀行によるこうした効果的なバックストップはコストなしには得られない。各国の中央銀行はリスクテイクを奨励していて、そのためにテールリスクを系統的に除去しているが、そこには当然、将来のモラルハザードという懸念が出てくる[42]。そうした懸念を和らげる方法としては、金融市場の重要な参加者に対する規制を系統的に強めていって、高レバレッジの主体には流動性保険の要件を強化するといったことが可能だろう[43]。

2020年夏の債券ブーム

新型コロナウイルスによるショックがいったん収まると、状況はたちどころに変わった。以下の議論はアメリカでの経験を中心としているが、世界のほかの国々も同様な展開を繰り広げている。2020年の夏には前例のない「**債券ブーム**」が見られた。記録的な低金利に支えられて、社債の発行高が大幅に増えたのだ。企業は現金バッファをいっぱいに溜め込み、なかには株の一部を買い戻すところまで出てきた。後者の行動は金融安定の視点から見て非常に問題が多い。企業のレバレッジが高くなると、たとえば企業部門が金利の急上昇に対して脆弱になる。そうなると、株を買い戻した企業のレジリエンスが損なわれてしまう。

図表10－5は2020年の社債発行高の急増ぶりを示したものだ[44]。それまでもピークは何度かあったが、2020年はそのすべてを凌いでいる。この債券ブームの原動力の一つは、歴史的な低金利で負債を借り換えたいという欲求だった。高金利の古い債券を新しい債券で置き換えれば、企業は予見可能な将来に向けて低金利を確定させることができる。

当初の市場の暴落ぶりこそ2008年の危機に匹敵するものだったが、2020年は各国の中央銀行の対応がはるかに早かった。その効果は社債ブームに見ることができる。迅速な介入によって市場は数週間で安定し、それに支えられて、企業は社債市場で資金を集めることができた。市場は急速に持ち直した。レジリエンスの観点から見た2020年は、2008年にもこのように対処す

図表10－5

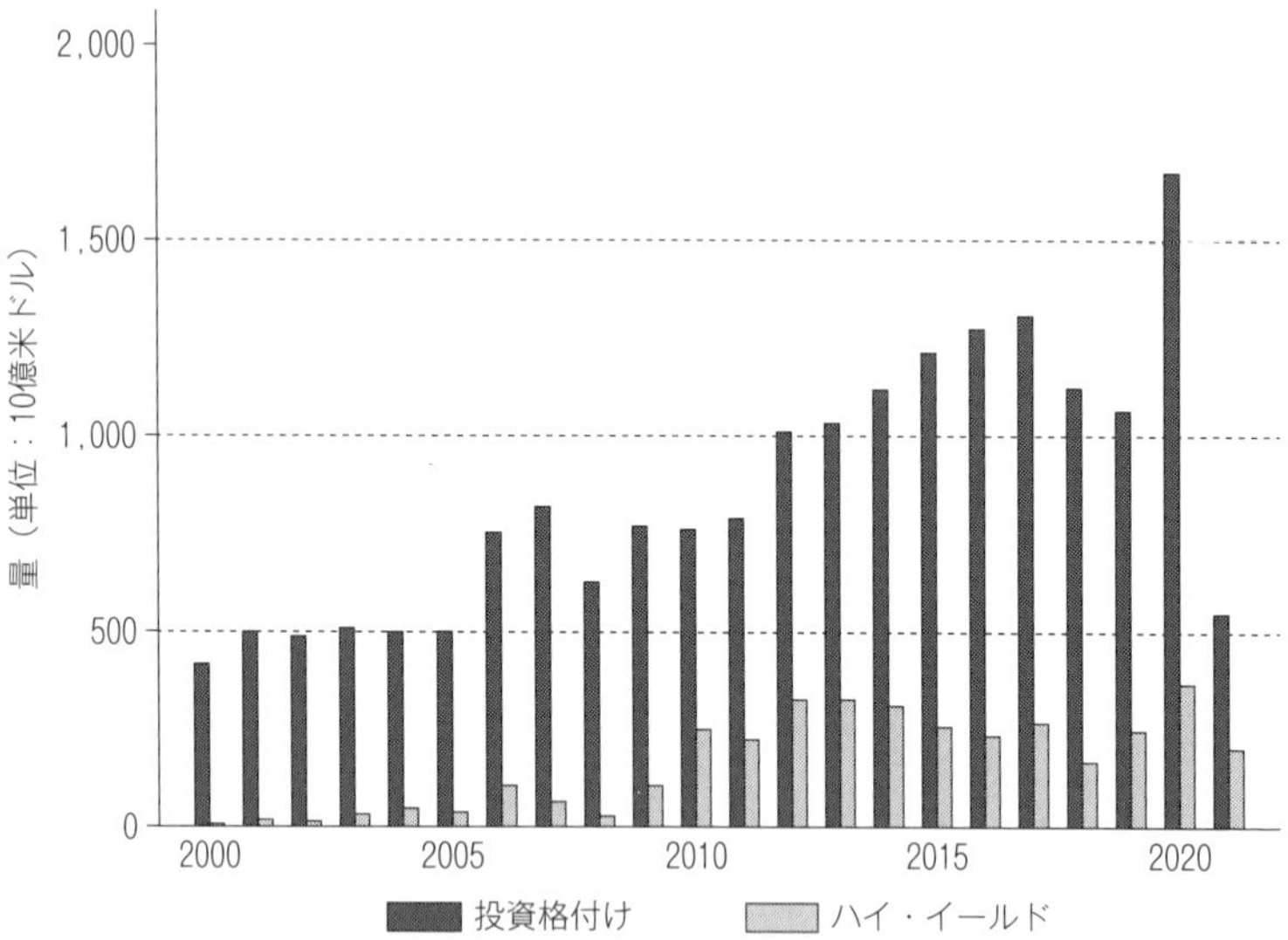

2020年のアメリカの社債発行高は過去最高を記録した。
出所：Mergent FISD (WRDS)

るべきだったという教訓になったと言えるだろう。

銀行融資

社債市場への介入が直接すべての企業に影響するわけではない。多くの中小企業は銀行融資に依存している。顕著なのはヨーロッパとアジアだが、アメリカでも似たようなものだ。2020年3月、企業が既存の貸出コミットメント契約（クレジットラインともいう）を実行し始めると、たちまち「**取り付け的行動**」が見られるようになった。銀行は多額の資金を企業に提供した。しかし、信用収縮（クレジット・クランチ）の兆しも見え始めた。あまりに多くの資金があらかじめ約束されたクレジットラインに回ったために、銀行は新規融資をする余裕がなくなっ

図表10－6

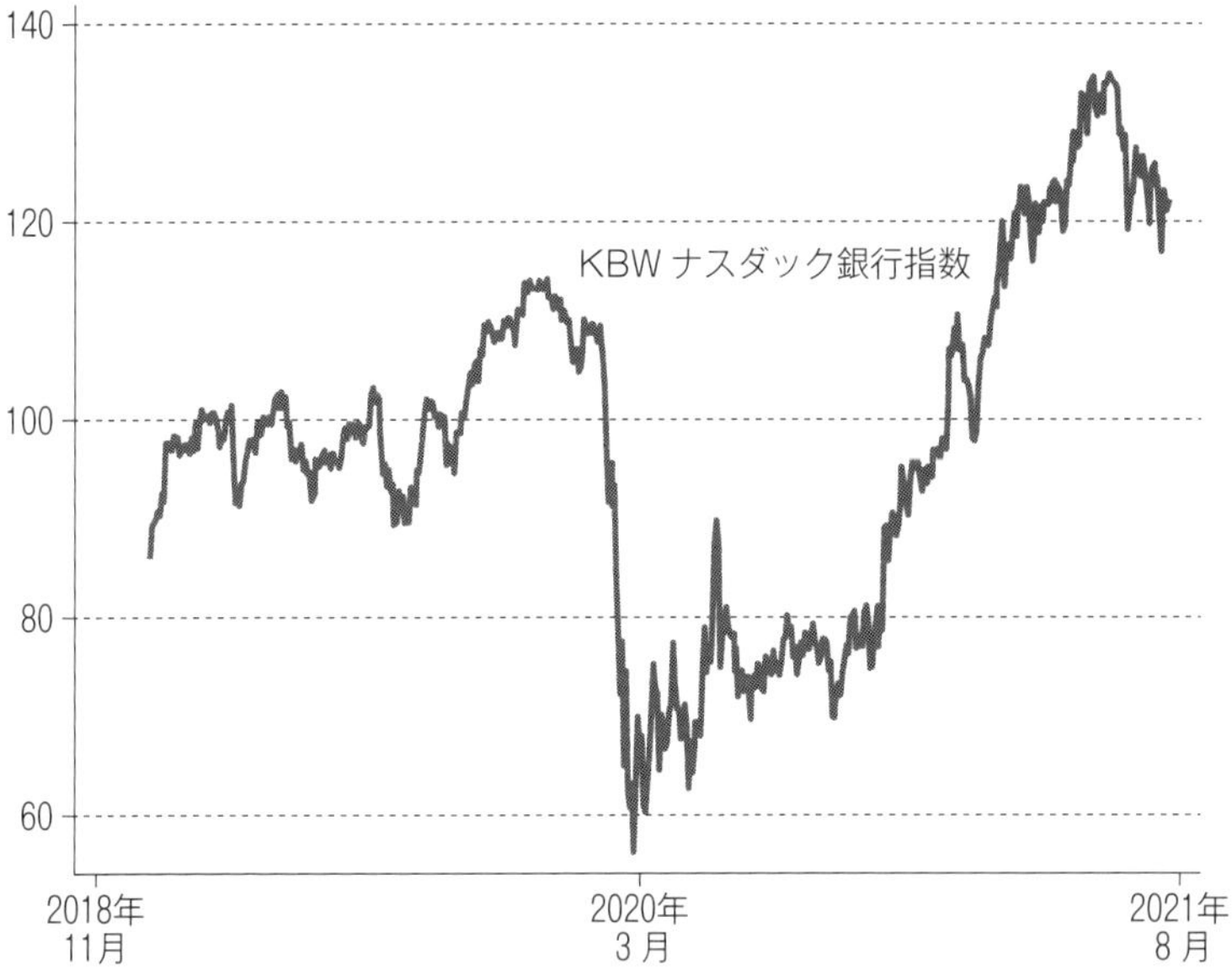

銀行の株価指数であるKBWは2020年にはゆっくりと回復した。
出所：KBW Nasdaq bank index〔訳注：KBWナスダック銀行指数はアメリカの主要24銀行で構成する金融部門の株価指数〕

た。これによって、新規の実物投資のための資金調達が犠牲になってしまったのである。

伝統的な銀行とは対照的に、ヘッジファンドなどの影の銀行（シャドー・バンク）や市場金利連動型投資信託（マネー・マーケット・ミューチュアル・ファンド）、あるいはストラクチャード・インベストメント・ビークル（structured investment vehicle, SIV）〔訳注：金融機関などが高リスクの証券化商品を運用する目的で設立する特別目的会社（SPC）〕は以前からずっと規制が緩く、2008年の金融危機以後も規制強化の対象とはなっていない。銀行は既存のクレジットラインの返済では頼りになることがわかったが、影の銀行部門は新型コロナウイルスによる危機ではあまり安定せず、金融市場のレジリエンスへの貢献は少なかった。

新型コロナウイルスによるショックでとくに大きな打撃を受けたのは銀行だ。銀行の株価は証券市場の平均より大幅に下落した。図表10－6は、銀行が危機以前の水準に戻るのに2020年末ないし2021年はじめまでかかったことを示している。その一方で、証券市場は全体としてずっと早くその水準に達していた。

最後の貸し手

銀行部門のことをこれほど気にする最大の理由は、この部門が資本を仲介するからだ。それも理想的には、生産的だが財務面で制約のある企業への資本仲介が求められる。では、どうすれば銀行が実物投資のための融資を拡張するよう奨励できるのだろう。中央銀行の戦略の一つは、銀行が負債の借り替えをして、融資分を担保として活用するのを認めることだ。

中央銀行は、**最後の貸し手**になることで市場と銀行を安定させることができる。ウォルター・バジョット（Walter Bagehot）は19世紀に、支払い能力はあるが一時的に流動性を失った銀行に対して、安全な担保を設定できることを条件に融資をするという考えを提出している。それと同じようにして、中央銀行による大規模な介入は何度も銀行部門を助けてきたし、これまでのところ、銀行部門は2008年を上回るレジリエンスを示している。たとえば先に分析した企業の取り付け的行動についても、なんとか銀行部門で調整できている。

企業への緊急融資の際に頼りになりうる原則は、新型コロナウイルスによる危機のときに見られたように、バジョットの法則を修正したものになりそうだ。すなわち「支払い能力のある企業には、しっかりした担保をとったうえで、懲罰的な金利で自由に貸し付けよ」ということだ。この方法なら、中央銀行は銀行だけでなく、企業にとっても最後の貸し手となることができる[45]。

最後のベンチャー資本家

中央銀行による企業への直接支援をどうするか——それを規定する原則を掘り下げる前に、まず、なぜ銀行が企業部門への支援を拡張しないのかを考えてみよう。有力な主張として、銀行は資本要件を維持したままでも増資によって融資を拡大できるから、というものがある。しかし実際には、銀行は不況のときには増資をしない。これは一つには、株価が下がっているからだ。実際に、2０年の銀行株は株式市場で最大級の損失を出していて、それが追加株式の発行による資金調達の試みを難しくしている。株主のほうも、追加株式が発行されると自分の株保有が希薄化するので、この方法での資金調達には反対する。結果として、別の形態での企業への直接支援が必要になってくる。

中央銀行は銀行部門を経由した間接支援だけでなく直接支援を企業に提供するべきだ、という提案はこれまでもあった。しかし、ここには長期的な**過剰債務**問題という危険がある。この問題を大きくしないで企業に支援を提供するのはかなりの難題だ。企業への追加融資は、企業にさらに債務を負わせることになるから、この基準を満たさない。そうではなく、ジェレミー・スタイン（Jeremy Stein）が強調したように、介入には必ず**資本注入**を含めなければならない。債務と株式との決定的な違いとして、株式は企業の業績が悪くなると価値が下がるが、債務にはそのような条件がないからだ。

ミクロ経済のレベルでは、企業支援を行う重要な理由づけは、長期的には存続可能だが一時的に流動性不足に陥っている企業を維持することと、余分な過剰債務を生まずにそれを行うことにある。マクロ経済のスケールでは、フィナンシャル・アクセラレーター〔訳注：ショックによる経済への影響を増幅する循環的なメカニズム〕、投げ売り、あるいは総需要から生じる外部性の増幅を抑え込む必要があるとする見方がある[46]。

ジェレミー・スタインは「**最後のベンチャー資本家原則**」を指標とした政策を主張する。この場合であれば、**さまざまな段階で、成功を条件に**資金が提供される。これならば、機能を失った**企業部門のバランスシート**を中央銀行が安定化することも可能になるだろう。かなりの不確かさがあることを考えると、資金は広く利用できるようにするのが望ましい、破産という選択肢の順位を低くして、企業に大きな債務を負わせないようにするべきだ[47]。つまり中央銀行は、ジュニア・トランシェ（リスクの大きい債券）や、場合によってはそれより下位のエクイティ・トランシェも保有するべきだということになる。

中央銀行があえてこうしたタイプの新たな領域に踏み込んでいくときには、明確な指針が必要だ。最後のベンチャー資本家としては、資金提供を続けることでどの企業が生き残り、どの企業が生き残れないかを判断する必要がある。ここから少なくともあと二つの問題が出てくる。すなわち、ベンチャー資本が必要な段階とはどのようなものか、どのポイントで資金を引き揚げるべきか、だ。**政治経済**上の判断も関係してくるだろう。あとの段階で資金をカットするのでは議論を呼んでしまう。このタイプの政策は中央銀行の伝統的な政策の範囲をはるかに超えているし、大きなリスクを含むことになるだろう。しかし、不測の事態に陥った企業の株式を引き受けることで過剰債務が回避できれば、それによってレジリエンスを提供できる。こうしたスキームは財務省でも運営できる可能性があるし、むしろ中央銀行よりこの仕事に適しているかもしれない。

この章の主な教訓は、中央銀行には、金融市場のレジリエンスを守るのに役立つ役割がさまざまあって、それを強力に果たすことができるということだ。マーケットメーカーとして、貸し手として、ベンチャー投資家として、そして資産の購入者として——そしてこのすべての最後の砦として——中央銀行は、金融市場が立ち直るためにきわめて重要な機能を果たすことができる。それは新型コロナウイルスによる危機のような大きな混乱のあとでも可能だった。しかしそうすることで、中央銀行は大きなリスクをとることになる。そこには政治的なリスクも含まれるのだが、そのすべてとなると、中央銀行の任務を超えてしまうかもしれない。

第11章　高水準の政府債務と低い金利負担

レジリエンスを高める手段としての財政刺激策

２００８年は、アメリカのサブプライムローンのデフォルトという、比較的小さなファンダメンタルズ・ショックが引き金となって破壊的な世界金融危機が起こった。その後の２０２０年には、パンデミックによる大きなファンダメンタルズ・ショックが起こり、少なからぬ観測筋が、第２四半期中にアメリカのＧＤＰは30％縮小し、底なしの不況になることを懸念していた。

しかし２０２０年は、積極的で拡張的な財政・金融政策によって危険が回避された。アメリカでは、パンデミックの当初こそ失業が急増したが、その後は急速に回復した。多くのヨーロッパ諸国でも、失業がユーロ危機の最高値に達することはなく、ＧＤＰも第３四半期には持ち直した。この本の執筆時点で先行きはまだ不確定だが、一大不況というシナリオは防止できているように思われる。

今回のパンデミックによるショックからの（ここまでの）回復では、経済のレジリエンスを高めるうえでの政府の力に光が当たるとともに、では2008年の危機への対処はどうだったのかという新たな疑問も生じている。2008年の金融危機では、中国の財政政策のほうがアメリカよりずっと積極的だった。抜きん出て大規模な刺激策によって中国経済のレジリエンスは大幅に高まり、それが世界経済を支えることにもなった。

2008年に先進国がもっと積極的な政策を適用していたらどうなっていただろうか。あの不況を回避して、レジリエンスにもっと大きな貢献ができただろうか。それとも、2008年の不況と2020年の危機とのあいだには何か根本的な違いがあったのだろうか。一つには、2008年のショックは金融危機が原因だったが、2020年のショックは感染症の大流行によって生じたということがある。

今回は政策決定者が2008年の不況から学んでいた、という仮説を立てることもできるかもしれない。2020年3月に金融市場が動揺したとき、各国の中央銀行は、2008年の経験に基づいて緊急事態の計画を策定することができた。その結果、2020年の政策介入はきわめて早かった。政府の迅速な行動がレジリエンスを高めたことは明らかだ。経済悪化の規模と期間を抑えることで、中央銀行は傷痕が長く残る危険を縮小し、経済主体のポジションを改善して、急速な回復をもたらした。

新型コロナウイルスによる危機は、2011〜2012年のユーロ危機とも違っていた。今回の危機は国策の誤りから発したものではない。2020年、新型コロナウイルスによるショックが始まった時点で、ユーロ圏の国はどこも域内の財政枠組みに「おおまかに従って」いた。銀行業務の面では、単一管理のメカニズムが2014年に実施され、銀行監督が向上していた[1]。全体としては、傷痕が長く残るのを防止するうえで**政策**が決定的な役割を果たしていることが見て取れる。事後保険を提供することでショックを和らげ、迅速な回復への道を拓くことができる。高度な保険が一方で過剰なリスクテイクを推進するという、よくあるモラルハザードの懸念は、新型コロナウイルスによる危機については当てはまらない。このパンデミックは誰の責任でもなかったからだ。

これまでのところ、新型コロナウイルスによるショックに対処するための政府政策は、そのほとんどが「**必要なことは何でもやる**」という原則に従ったもので、政府債務の大幅な増加につながっている。しかし、ここから次の疑問が湧いてくる――今回も「ああ、いままで何をやっていたんだ」と思いたくなる瞬間がやって来るのだろうか。レジリエンスがあるとは、不況のときにも余剰の支出能力があるということだ。そのためには、好況時に余剰を積み上げておかなければならない。言い換えれば、好況時の倹約こそがレジリエンスの本質なのである。

高水準の公的債務

今日の高水準の公的債務が問題となって、将来の経済成長率を引き下げる可能性はあるだろうか。いま債務を増やすことは、将来の危機に対処するための財政余地を限定することになるのだろうか。もしそうなら、マクロ経済のレジリエンスは下がってしまう。あるいは金利が低いことを考えると

――それで公的債務の金利負担は下がるとはいえ――いまが異常な状況なのだろうか。アメリカの政府債務は過去20年ほどでＧＤＰの約60％から１００％以上へと急増していて（図表11－１）、数年後には史上最高に達すると予測されている。アメリカが平時にこれほど巨額の公的債務を抱えたことはこれまでにない。日本の財政状況はさらに衝撃的だ。政府は対ＧＤＰ比２００％を超える債務をやりくりしながら、過去60年のうち50年にわたって財政赤字を計上してきている[2]。日本の国債の約半分は日本の中央銀行である日銀が保有している[3]。すぐあとで検討するように、**この債務を賄うために積み立てられる準備もさらに政府の負債総額に加算されなければならない。**

ヨーロッパの多くの国でも政府債務は大幅に増加している。最初は２００８年の大不況で、そしてそれに続くユーロ危機でも増加した。こんどは新型コロナウイルスによる危機でさらなる債務がヨーロッパ諸国に加わった。フランスでは国債の対ＧＤＰ比が１００％を超え、イタリアでも１５０％を上回っている。

なぜ金利がこれほど低いのか

公的債務はパンデミックのずっと前から膨れ上がってきているのだが、記録的に低い実質金利が公的債務を持続可能なものにして、財政余地を生み出している。財務省にとってのこの僥倖は、マクロ経済の広範なトレンドを反映したものだ。

図表11－１は、対ＧＤＰ比で見たアメリカ国債の推移（網かけ部分）と利払いの推移（実線）を示している。１９９０年代以後、政府による利払いの対ＧＤＰ比が大きく下がっている一方で、公

図表 11－1

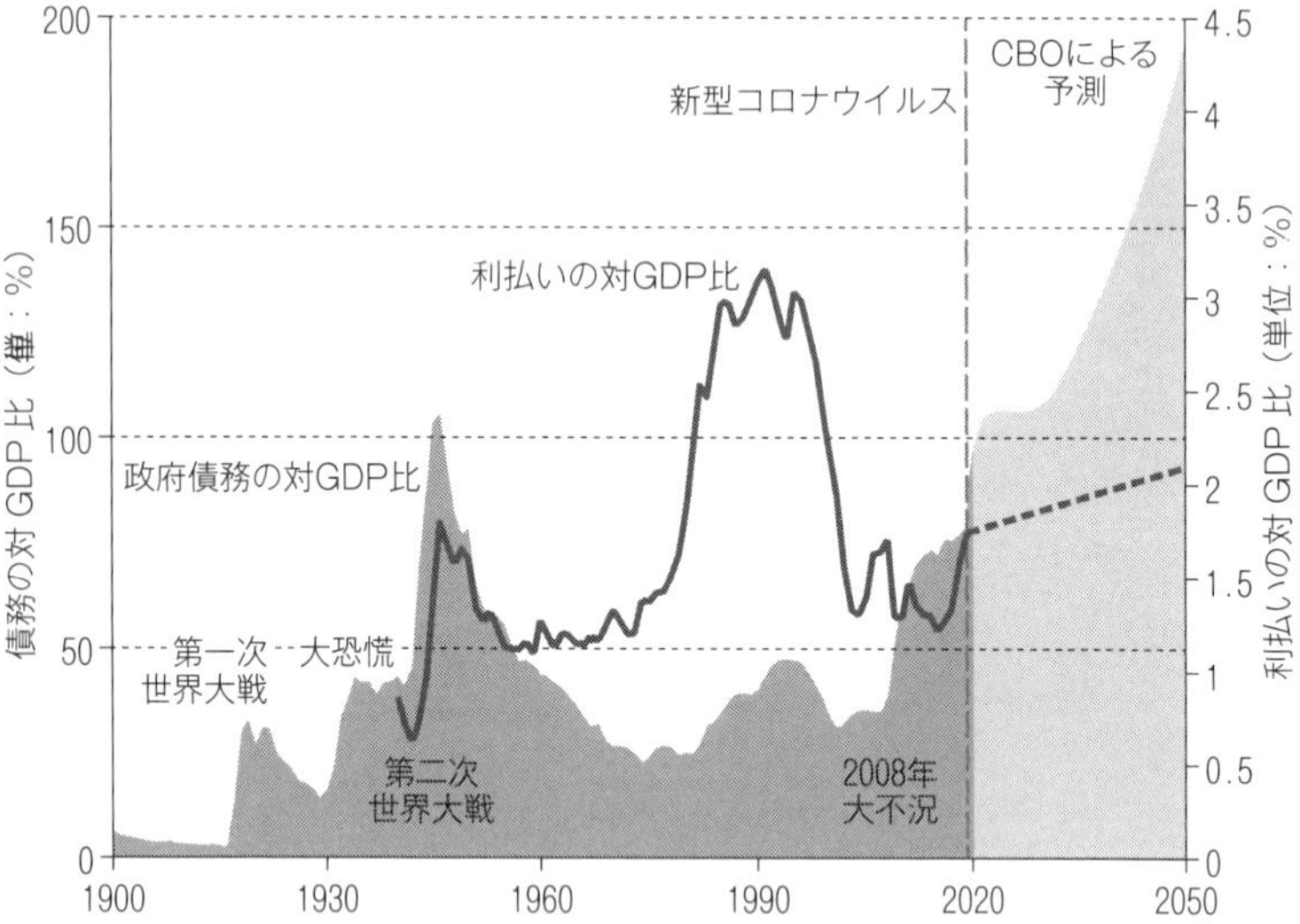

アメリカの債務と利払いの対GDP比、およびCBO（連邦議会予算）による2020年以後の予測。
出所：FRED 2021

的債務の対ＧＤＰ比はほぼ2倍になっている。

政府債務の全体像を把握するためには、まず低金利の理由を理解することが重要だ。**予備的貯蓄が高水準にあり**――これについてはすでに見たように明確な証拠がある――それが圧力となって安全資産、とりわけ国債の金利を押し下げてきた。リスクを負担しようという市場の意思は弱く、安全資産の価格は上昇を続け、利回りが下がり続けて、高リスク資産はリスク・プレミアムが増加していった。**人口構成の変化**、とりわけ平均余命の延びも金利を押し下げる圧力となった。高齢世帯はたいてい高リスク資産の割合を低くしようとする。また寿命が延びたことで、高齢者ほど引退してからの年月が長く、たいていは蓄積した貯蓄も多い。その

図表 11－2

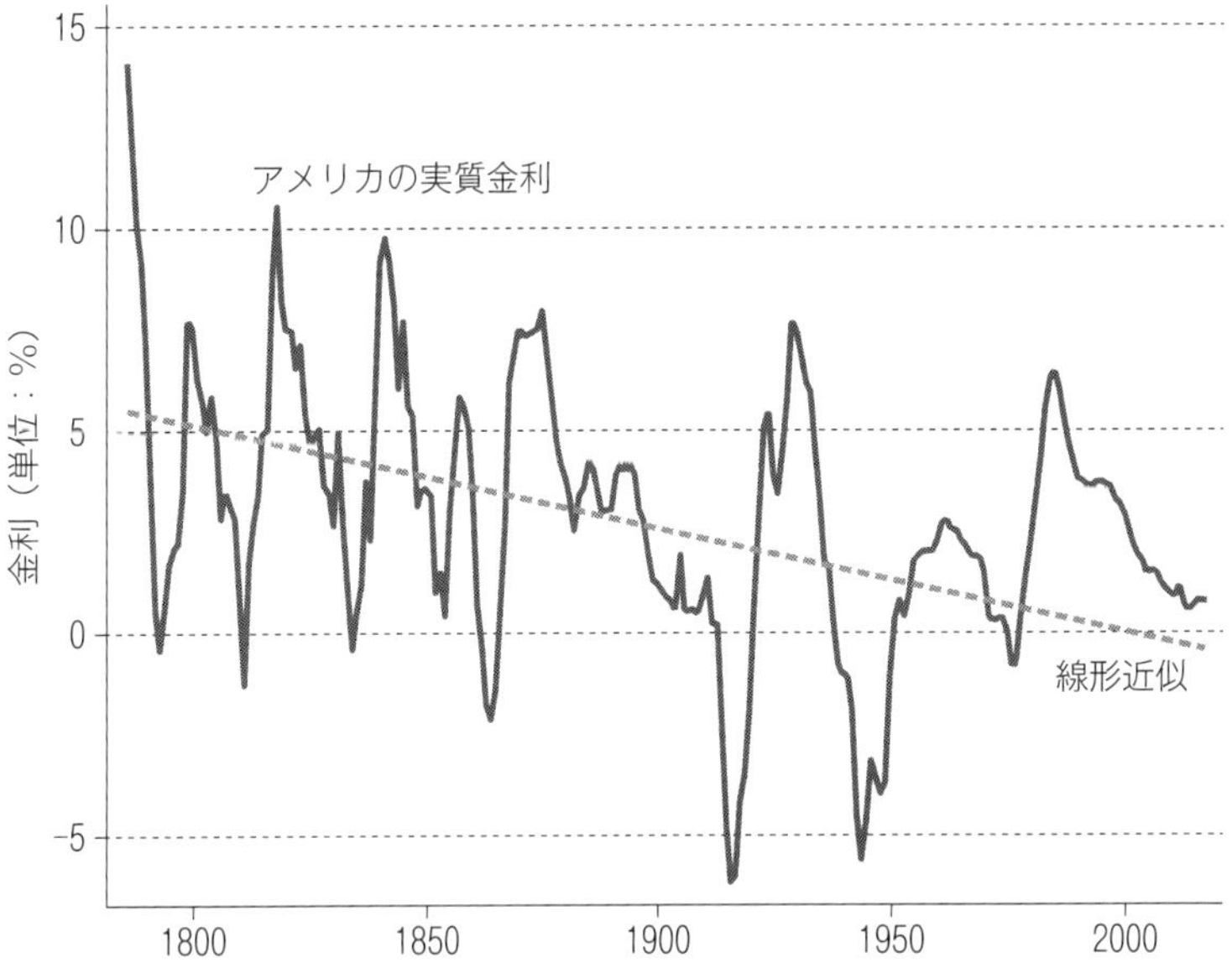

アメリカの実質金利は長い時間をかけて下がってきている。
出所：Paul Schmelzing, Bank of England Staff Working Paper 2020

結果が安全資産への需要の増加で、これが国債の金利を引き下げているのである。

低成長（**長期停滞**仮説）も金利を押し下げている可能性が高い[4]。将来の成長率が低いと現在の金利が抑えられる傾向がある。金利は最終的には経済の生産性次第なのだが、その経済の生産性が経済成長と結び付いているからだ。

　しかし非常に長い目で見れば、着実な金利低下はそれほど驚くことではない。金利は過去800年にわたってずっと下がってきている[5]。図表11－2はアメリカの実質金利――名目金利からインフレ率を差し引いたもの――の変化を時間経過とともに示したものだ。実質金利は19世紀のはじめには5％辺りを上下していたが、いまはゼロに迫っている。もちろん、以前の証券投資はいまよりリスクが大きく流動性も低かったので、この金利低下には、リスクの低下と流動性の高まりを反映している部分もある。

最後に、**不平等の拡大**も金利に影響している可能性がある。裕福な人びとは貧しい家計より貯蓄が多い傾向がある。富裕層の富のシェアが増大すれば経済の総貯蓄供給も増加するので、金利を引き下げる傾向が出てくる。しかし、そうした貯蓄の一部は高リスク資産に流れるので、国債の利回りに与える影響はそれほど明確ではない。おそらく、家計の貯蓄よりも企業による現金保有と貯蓄の増大のほうが、実質金利の抑制には重要な役割を果たしているはずだ。

こうしたさまざまな力は債券への追加需要につながる。それが債券価格を押し上げ、同じことだが、金利を引き下げている。そして他方では、高水準の公的債務が債券の供給を増大させている。貯蓄の多さが低金利につながるなかで、その副作用もありうる。すなわち、レバレッジが過剰に積み上がり、資産価格が土地や不動産価格のバブルを形成する危険である[6]。

国債の安全資産ステータス

過去数十年にわたって公的債務の水準が着実に上がっていることは、債務の持続可能性についてさまざまな疑問を生み出している。高水準の債務は、国民が低金利を承知のうえですべての債券を保有している限り、必ずしも問題ではない。

国債の人気は**安全資産ステータス**である程度まで説明がつく。家計や企業が国債に価値を見いだすのは、たとえ利回りが低くても債券として安全だからだ。安全資産は、危機になって消費や投資のための資金調達能力がとくに大切になったときにも、大きな（もしくはまったく）割引なしに売却することができる。金融経済学者は、証券市場全体との関係で大きく変動しないこうした資産を「ベータ値の低い資産」と呼んでいる。

では、国債が安全資産ステータスを失ったらどうなるだろう。さらに言えば、投資家があからさまなデフォルトやインフレーションによる隠れデフォルトを懸念し始めたらどうなるだろう。記録的な債務水準に照らして、また新型コロナウイルスによる世界的な危機ということもあって、こうしたことは現在の経済問題となっている[7]。

安全資産には鍵となる特徴が二つあって、それは「いい友だち」の喩えと、安全資産の同義反復（トートロジー）で説明される。安全資産はいい友だちのようなもので、個人的なショックや経済全般にわたるショックに対処する必要があるときに、そこにいてくれる大切な存在だ。しかも安全資産だから、思いがけない出来事があったときにも大きく値を下げずに売却することができる。

個人的なショックをなんとか回避できる市民はたいてい、あえて安全資産を買おうとする。これは取引コストが低いことと、将来のショックですぐに役立つことが理由だ。直感的には、安全資産はその経済でつねに取引されていると考えられる。負のショックを受けた家計は安全資産を売却して嵐を乗り切ろうとする。それ以外の、将来あるかもしれないショックを心配する家計は喜んでそうした資産を買う。その買い手が実際にショックに見舞われたら、こんどはその家計がその資産を売却して……という具合だ。安全資産の第二の特徴はトートロジーだ。すなわち、安全資産が安全なのはそれが安全だと思われているから、なのだ。このことは、なぜ複数の均衡がありうるのかを説明している。第一の均衡では、安全資産は安全だと思われていて、それゆえ高価格で取引されている。しかし、その安全資産ステータスが失われたときには第二の均衡が生じてくる。必要なときに安全資産を売却すれば自家保険になるから、それによってリスクを下げることができる。言い換えれば、キャッシュフロー以外にも、安全資産がリスクに対する保険として働くということだ。このタイプの便益は「サービスフロー」と呼ばれている。このほかにも、国債がすぐれた担保として受け入れられていることに起因するサービスフローがあって、こちらは有担保の借り入れを促進する。これを理解するには、古典的な資産評価の修正が必要だ。適切な割引キャッシュフローのみに着目した古典的な資産評価の方程式を拡張して、割引サービスフローの流れも含める必要がある[8]。

さらに言えば、サービスフローは危機で高リスクのときにこそ価値がある。経済が悪化してサービスフローの価値が高まると、それが安全資産の価値をさらに押し上げ、良い友だちとしての性質が強まる。危機のときにこそ価値が上がるという、まさにその事実が、安全資産をいっそう魅力的なものにしている。言い換えれば、低金利のときこそ安全資産を保有しようと思うのは、それによってほかのサービスも提供されるからなのである[9]。

高水準の債務と金利急上昇に対する脆弱性

安全資産ステータスが維持される限り、政府は好ましい利率で国債を発行することができる。市民は先に述べたようなサービスフローを享受できるから、低金利でも喜んでそれを引き受ける。不確実性が高まり、その結果として予備的貯蓄が増えると金利は下がっていく。重要な点は、金利が経済の成長率を下回っている限り、政府は**ポンジ・スキーム**のような投資詐欺まがいのことさえできるということだ。つまり、満期になった債券を新発行の債券で支払い、さらに発行を重ねて追加支出を賄っていくのである。国債は本質的にはバブルだ。利払いに必要な新たな債務を上回る速さでGDPが成長している限り、債務の対GDP比は下がっていく。

政府は「**バブルを採掘する**」ことまでできる。国債発行のペースを速めれば、それが国債保有にかかるインフレ税のような働きをするのだ。しかし、これは国債の発行価格を侵食するので、結果として「課税基準」としての国債の価値を下げてしまう。税収は税率×課税基準だ。一定水準を超えて税率を上げることで——つまり、あまりに多くの国債をあまりに速く発行してしまうことで——課税基準が大きく侵食され、バブル採掘から得られる歳入全体が下がってしまう。これは現代貨幣理論（Modern Monetary Theory, MMT）の提唱者が主張していることとは対照的だ。たとえ実質金利が経済成長率を下回る好適な条件下でも、新規国債の総額を増やすことには限界がある[10]。

こうしたバブル的ポンジ・スキームによる国債戦略はリスクが大きい。国債の金利がいつまでも経済成長率を下回るとは限らないからだ。たとえば不安定性が消滅すれば——そしてそれとともに予備的貯蓄のための動機がなくなれば——金利は上がっていく[11]。

ほかにも、高水準の公的負債に関する大きな懸念としては、**複数均衡の危険**がある。バブルが弾けるかもしれないという、内在的なリスクがあるのだ。良い均衡では、経済主体は国債を安全なものと認識していて、したがって低金利を要求する。しかし、公的債務の水準が同じでも、悪い均衡のこともある。その場合、国債は安全ではないと認識され、したがって投資家はそのリスクに見合う高い代償を要求する。これを現代に当てはめると、最初は世界中で超拡張的な財政政策をとっていたのに、急に「ああ、いままで何をやっていたんだ」という局面に入る可能性があるということを意味している。そうなれば、それまでの均衡が向きを変えて悪い均衡へ向かい、当初の財政拡大の影響が幽霊のように政府予算につきまとうことになる。

したがって、レジリエンスを維持するという視点から、各国は自国国債の安全資産ステータスにつねに目を配っておかねばならない。いったん悪い均衡へのジャンプが起こり、国債から安全資産ステータスが剥ぎ取られたら、元へ戻ることはほぼ不可能だ。そうなれば財政政策の罠に落ちることになるだろう。金利は急上昇し、政府はたいへんな金利負担に直面してしまう。

そうした状況では、中央銀行が重要な役割を果たすことになるだろう。貨幣――現金と中央銀行の準備――は政府債務の特殊形態だ。貨幣は取引上の交換手段として、別のサービスフローも提供している。にもかかわらず、貨幣は最終的には政府の負債だ。しかし、そこには特殊な性質がある。貨幣の満期は無限大なのだ。つまり、払い戻しは絶対にない。現金は金利という形でのキャッシュフローすら約束していない。貨幣と国債には明確な違いがあって、国債ではふつう利息が支払われ、あらかじめ指定した満期日に元金が払い戻される。中央銀行は準備から利息を支払うが、これはフローティングベーシスなので政策金利とともに変化する。したがってデュレーション〔訳注：投資した資金の平均回収期間〕が非常に短く（金利感応度が高いということ）、しかも満期は無限大だ。だから、中央銀行が量的緩和を実施するときは、有限満期の国債と無限満期の貨幣を交換していることになる。こうしたことやその他の貨幣政策については次の章で見ていくことにしよう。

追加的な隠れ政府債務

明示的な政府債務と隠れ政府債務

大切なことなので追加して指摘しておくと、国家の債務総額は明示的な債務（大半は未払いの国債）と隠れ債務（年金債務など）から成る。隠れ債務は自由に取引するわけにいかないので、安全資産とは考えられない。そのため、政府が公的債務の支払いか年金債務の支払いかで決断しなければならないときには、難しい政治経済的な配慮が必要になる。市場としては、政府は社会保障などの給付を削減して明示的な政府債務の処理を優先するのが当然だと考えるだろう。しかし、政治経済的な配慮が最終的にどうなるかは明確ではない。年金受給者は、とりわけ高齢化社会では強力な有権者基盤を形成している[12]。

低金利のときの余地——財政政策か、金融政策か

低金利環境では、財政政策のほうが介入によって早期の回復を達成する能力が大きいのに対して、金融政策は操作の余地が少ない。具体的に言えば、実質金利が低いときには政府の利子負担も下がるので、その分だけ財政面での余地が大きくなる。政府は危機のときには容易に支出を拡大して、早期回復を可能にすることができる。その一方で、低金利環境では（インフレ率が変わらないと仮定すると）名目金利も低くなっている。名目金利がすでに低い場合には、中央銀行が経済を刺激し

ようとしても利下げの余地があまりない。まさか金利を大きくマイナスにするわけにはいかないからだ。要するに、低金利環境においては金融政策の力が低下しているので、ショック後の反発をねらって経済を刺激するには弱いということだ。次章では、金融政策に焦点を当てて考えていく。

第12章　インフレの罠、デフレの罠：「インフレ・ウィップソー」

レジリエンスとは、要するにショックからの回復力だ。金融政策はこれに貢献する重要な役割を果たすことができる。そのプロセスでは、さまざまな罠を回避することが決定的に重要だ。これまでの何章かで検討してきた高水準の債務は、二つのタイプの罠が積み上がることを示している。すなわち、**デフレの罠**と**インフレの罠**だ。中央銀行は狭い回廊の範囲内で行動しなければならない。そうしたパラメーターから外れたら、インフレ率が低いまま動かなくなって成長が損なわれる「リスク」と直面するか、そうでなければ高率のインフレに捕まるかになる（おそらくインフレ抑制のためのアンカーが壊れて**臨界点**を超えることになる）。中央銀行は一つのタイプの罠にだけ焦点を絞るのではなく、両方の危険に対してつねに目を光らせておく必要がある。したがって、レジリエンスのマネジメントは罠回避の分析によって補完されなければならない。

社会契約のレジリエンスを説明するのに用いた自転車の喩えは、インフレの場合にも適用できる。自転車は、デフレの風に吹かれて右に倒れるかもしれないし、**インフレ**によってコースを外れて右に倒れるかもしれない。だから、インフレ政策には柔軟性の要素が必要で、インフレの罠にもデフレの罠にも落ちないように自転車を走らせなければならない。

インフレ・ウィップソー：ダイナミックな視点

図表12－1は「インフレ・ウィップソー」による上下の往復運動を図示したものだ。短期的な低率インフレやデフレのあとですら、インフレ率は長期にわたって急上昇し、当初の水準を突き抜けている。このインフレ・シナリオは現在の危機でも起こる可能性がある。インフレの罠はもう地平線に顔をのぞかせているのかもしれない。

ロックダウンの期間中は、すぐあとで説明する理由から、全体にインフレ率が（測定の問題はあるものの）下がっている。したがって、直近の懸念は長期的なデフレの罠だ。デフレの罠に陥ると、インフレは抑制されるが、経済成長が長期間にわたって抑えられてしまう。これは1990年代以後の日本のマクロ経済の歴史にちなんで「ジャパニフィケーション」と呼ばれている。「低成長、低金利、低インフレ」と概括する見方もある。

今日のわが国の状況はそれよりも悪くなる可能性がある。両方の罠が連続する「インフレ・ウィップソー」に直面しかねないからだ。これは、短期的な力はデフレ方向に押しているのに、同時に長期見通しがインフレ圧力を示しているときに起こる。「こうした流れをかき分けて歩く」には、非常にデリケートなバランスのとり方が必要だ。言い換えれば、第10章で検討した金融安定を損なうウィップソー（大変動）にくわえて、第二のウィップソーがあるかもしれないということである。

図表 12－1

実線は、アメリカのインフレ連動債（TIPS）と通常の国債との利率損益分岐点（break-even point, BEP）から推定されるアメリカの5年インフレ予想。
出所：FRED 2021

インフレ期待

新型コロナウイルスによるショックのあと、どのタイプの罠に直面するかについては不確実な部分が大きい。したがって、インフレへの期待と予測は個人レベルの違いを反映したものになるはずだ。同様に、インフレの罠が近いのかデフレの罠が近いのかについてはさらに見解が分かれているので、予測となるとさらに個人間の差異が大きくなるはずだ。

図表12－2の二つのグラフはプロの専門家によるインフレ予測を示したものだが、グラフAを見ると、2019年の第4四半期から2020年の第2四半期にかけて、インフレ期待の**不確実性**が大きく増大していたことがわかる。**不一致**も大きくな

図表 12－2

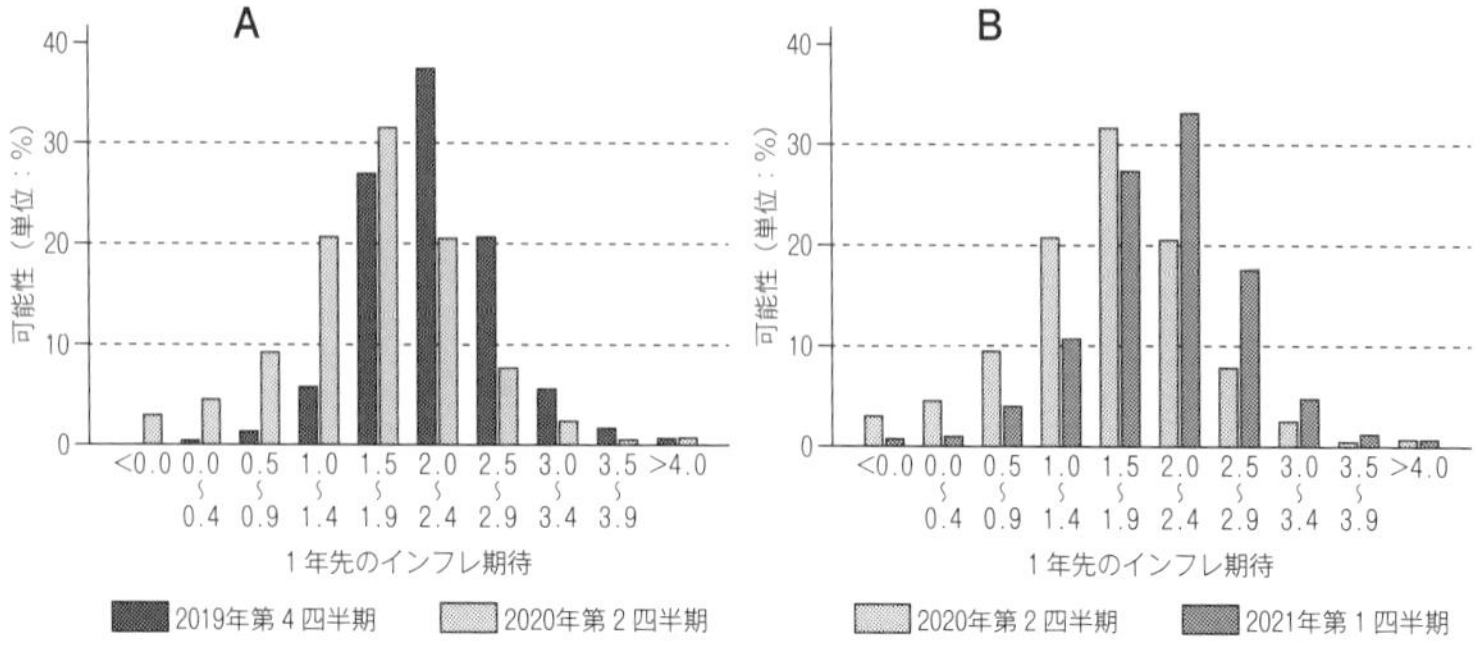

プロの予測した1年先のインフレ期待。グラフAは、プロの予測が新型コロナウイルスによる危機の当初に低インフレへと移行し、意見の不一致が大きくなったことを示している。グラフBからは、それが2020年の後半から2021年はじめにかけて逆転して、高インフレへの期待が高まったことがわかる。
出所：Federal Reserve Bank of Philadelphia 2020, Survey of Professional Forecasters

って、薄い網がかかった棒の範囲が広がっている。しかしグラフAからグラフBに目を移すと、ウィップソーのパターンも見て取れる。インフレ期待は2020年の第2四半期から第4四半期にかけても増大しているのだが、このときは濃い網がかかった棒が右に移動している。

　図表12－3はアメリカの家計のインフレ期待を図に表したものだ。いくつかのパターンが目につく。第一に、家計が期待しているインフレ率は一貫して高すぎる。平均的な家計は3%のインフレを期待しているが、過去30年の実際のインフレ率は約2%だ。第二に、家計はインフレについて確信をもっていない。二つの破線は家計の信頼区間を概略で示したものだが、不確実性が2020年のはじめに大きく増大して、その後は高止まりしているのがわかる（二つの破線の間隔がさらに広がっている）。しかし第三に、家計間の不一致も増大していて、網をかけた部分が大きくなっている。インフレを期待している家計も少なくないが、デフレのほうが心配だという

図表12－3

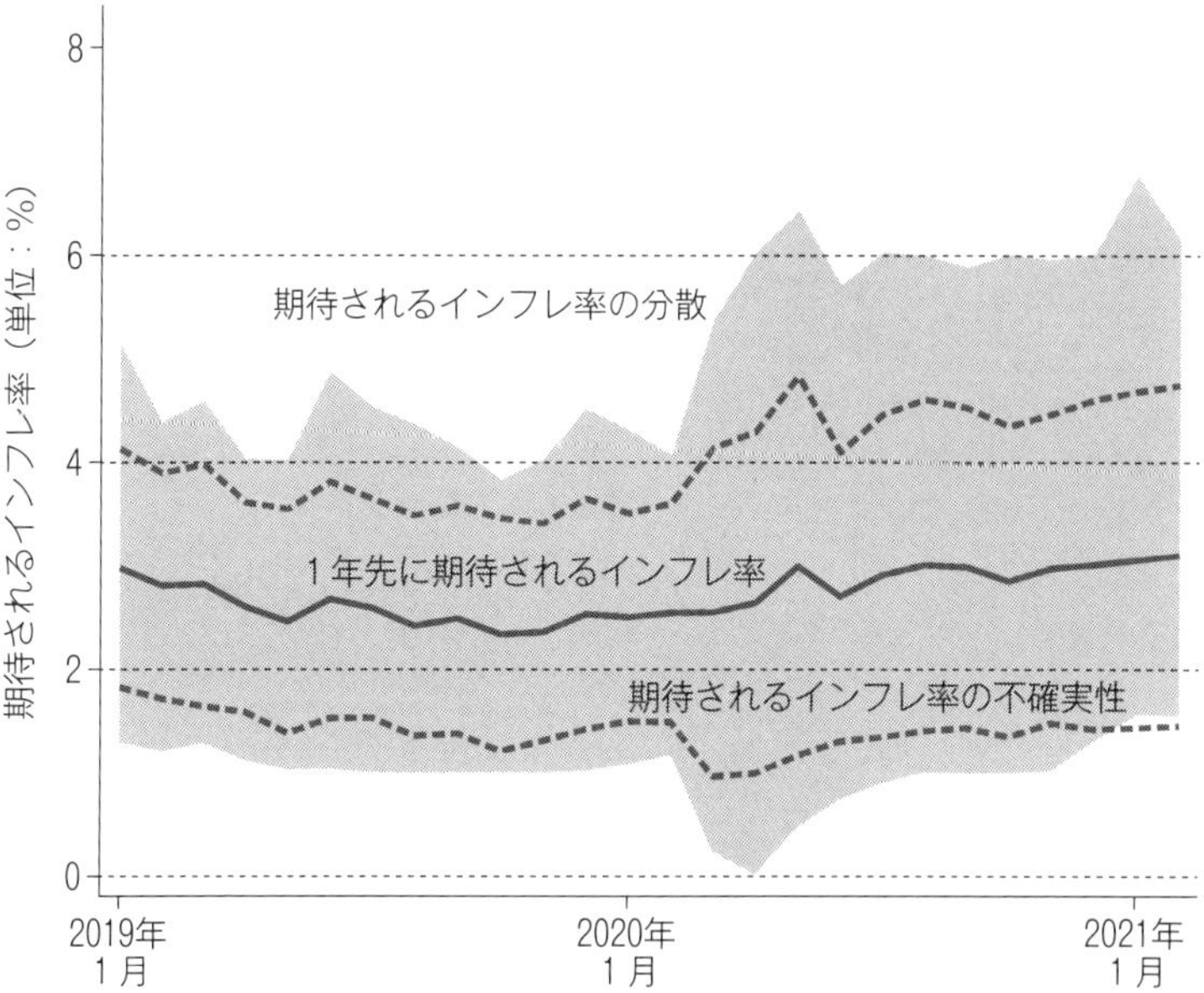

家計のインフレ期待の推移。2020年春、家計のインフレ期待は上昇し、将来のインフレ期待についての不確実性（破線）も増大して、将来のインフレについて家計間での不一致（網の部分）が広がった。

出所：Federal Reserve Bank of New York 2020, Household Survey*1

家計もかなりあるということだ。

不一致増大のパターンには、長期的なインフレ・ウィップソーについての懸念と一致するものがありそうだ。こうした不一致からも、家計によってはデフレの罠のほうを気にしているが、インフレの罠を心配している家計もかなりあることが示唆される。

インフレの測定

インフレの測定は難しい課題だ。その経済中の何百という商品やサービスを考慮しなければならない。こうした難題に取り組むため、統計学者はふつう、平均的な消費者についての消費「バスケット」を定義し、そのなかの商品の価格の変化を追跡することで、いわゆる消費者物価指数（consumer price index, CPI）を推定する。これがインフレの主要尺度の一つとなっている。

標準的なインフレ尺度は、平均的な市民の平均的な消費バスケットを取り上げて、その中の商品の加重価格の変化を測定する。しかし、新型コロナウイルスのインフレへの影響をめぐっては、理論的な考察を掘り下げる前に認識しておくべき大切なことがある。ロックダウンが始まってからの数週間で、消費バスケットの中身が大きく変わったのだ。

パンデミックのあいだ、映画館や外食、休暇など、消費バスケット中の大きな項目への支出が急減した[2]。したがって、標準的なバスケットに基づいたインフレ尺度を用いるとミスリードになる可能性がある[3]。たとえば自転車や医療、あるいはケーブルテレビの価格は、２０２０年8月までに前年比で約5％上昇した。したがって、パンデミック以前のままでは加重が少なすぎて、今回の危機では使えない。その一方で運輸、ホテル、ビジネス用衣類、航空運賃などは、パンデミックのあいだに2桁も急落している[4]。その結果、下がった価格のままでは荷重が大きすぎてしまう。新たな「新型コロナウイルス消費バスケット」は、こうした商品やサービスとは逆のほうに傾いているからだ。図表12－4は、異なる製品カテゴリーについて、消費バスケットの大きな変化を図示したものだ。２０２０年11月について見ると、芸術、娯楽、レクリエーション活動へのクレジットカード支出はパンデミック前と比べて50％下がっている一方で、食品雑貨類への支出はパンデミック前よりも増えた状態が続いている。

アメリカでは、家賃がＣＰＩ消費バスケットの40％を占めているため、その推移もインフレ尺度

図表12－4

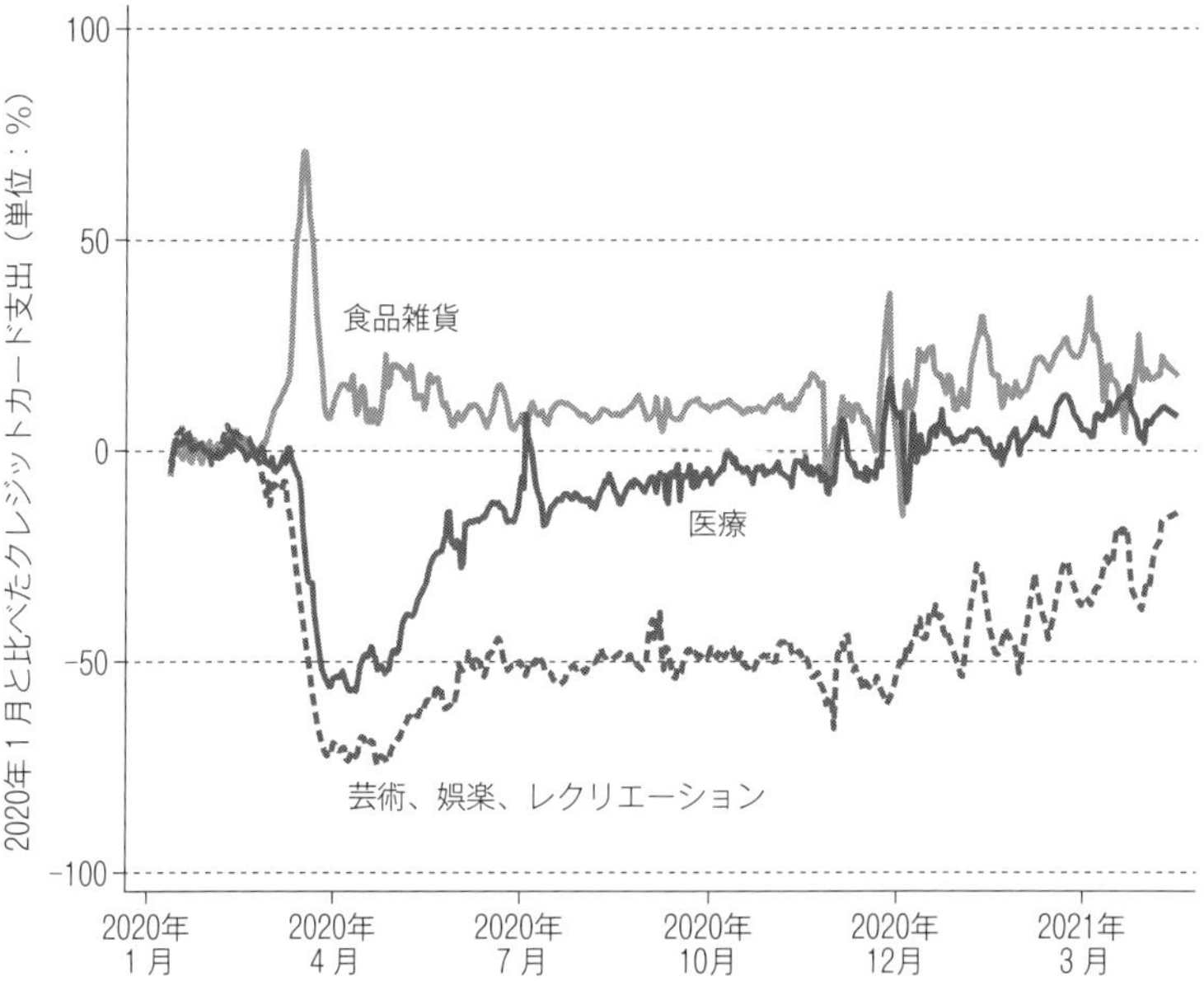

消費バスケットの変化。2020年1月と比べたアメリカのクレジットカード支出
出所：Opportunity Insights 2021

に強く影響してくる。マンハッタンでは、2020年の家賃の中央値が3500ドルから2700ドルまで下がった[5]。この影響は一時的なものかもしれない。2021年に人びとが群れを成してビッグアップルへ戻ってくれば家賃はまた上昇するだろうし、それに誘導されて、生活コストも消費者物価に基づいたインフレ尺度も、大幅に上昇することになるだろう。

次は「商品」の定義で、これは測定という目標に大きく影響してくる。また、新型コロナウイルスによる経済危機が需要ショックだったのか供給ショックだったのかを明確にするのにも役立つ。一見すると、新型コロナウイルスによるショックが原因でレストランへの来店需要がマイナスになったと思えるかもしれない。しかし、商品を「健全なレストラン環境でのおいしい食事」と定義するなら、これはそうしたサービスが、とりわけ室内では完全に利用不能になったことを示しているのではないだろうか。そうした商品への需要は高いままで、したがってそうした商品の潜在価格も相変わらず高いままだった[6]。しかし、どのレストランもその商品を提供（供給）できなかった。言い換えれば、新型コロナウイルスによるショックは実は供給ショックだったということだ。このことは、公式の統計がインフレを過小評価してしまう経緯を明瞭に示している。

短期的な影響

まずは、新型コロナウイルスによるパンデミックでの短期的なインフレ圧力とデフレ圧力に目を向け、それから、パンデミック後のインフレ圧力を概観していこう。

さまざまな圧力

短期的なインフレ圧力は２０２０年末には弱まっていたが、理由はさまざまだった[7]。第一に、ある程度の**強制貯蓄**があった。これは、多くの部門がやむなく閉鎖するか、あるいは通常の操業ができなくなったためだ。強制貯蓄の影響がとくに大きかったのは高収入世帯で、裕福な個人はたいてい接触集約型部門への支出が多いことが理由だった[8]。これにはデフレ圧力を生む傾向がある。高リスクになると貯蓄が加速して支出が減りがちになるのと同じだ。

第二の圧力は部門を超えた**資本の不適切配分**で、これは供給が減るのでインフレ圧力が強まりやすい。接触の少ない部門では資本が必要とされているのに、接触集約型部門からの再配分がなければ物価は上がることになる。

予備的貯蓄と安全への逃避

新型コロナウイルスによるショックでは、ロックダウンの開始時に不確実性が大きく増大したことから**安全資産の需要**が拡大し、その結果、2020年3月には、教科書どおりの安全への逃避を目にすることになった。投資家は危険な資本を離れ、安全資産へとポートフォリオを見直した。家計では流動性資産の保有が急増した。くわえて、2020年4月にはアメリカの家計貯蓄率が前年比で20％上昇し、当座預金残高も30％増加した[9]。安全資産と貨幣への需要が伸びたことで短期的なデフレ圧力が生まれ、消費財への需要が下がった。

図表12－5では、とくに2020年春の貯蓄の急増ぶりが突出している。この効果がはっきり表れているのは、先の図表12－4で見た、余暇活動への支出の大幅減だ。博物館、劇場、オペラハウスなどは閉鎖されたままで、芸術愛好家は、本来ならそうした活動に支出していた分を強制的に貯蓄させられている。その後の2020年末から2021年はじめにかけてアメリカの貯蓄が急上昇しているのは、政府が家計に配布した給付金によるものだ。

現金保有の形態としては、企業によるものもある。パンデミックのあいだ、企業とりわけ大企業は既存のクレジットラインを引き出して、必要になればすぐに現金に換えられるような短期的な流動資産で流動性を維持した。企業が**取り付け的行動**に走れば貨幣への需要が高まり、それがインフ

図表 12－5

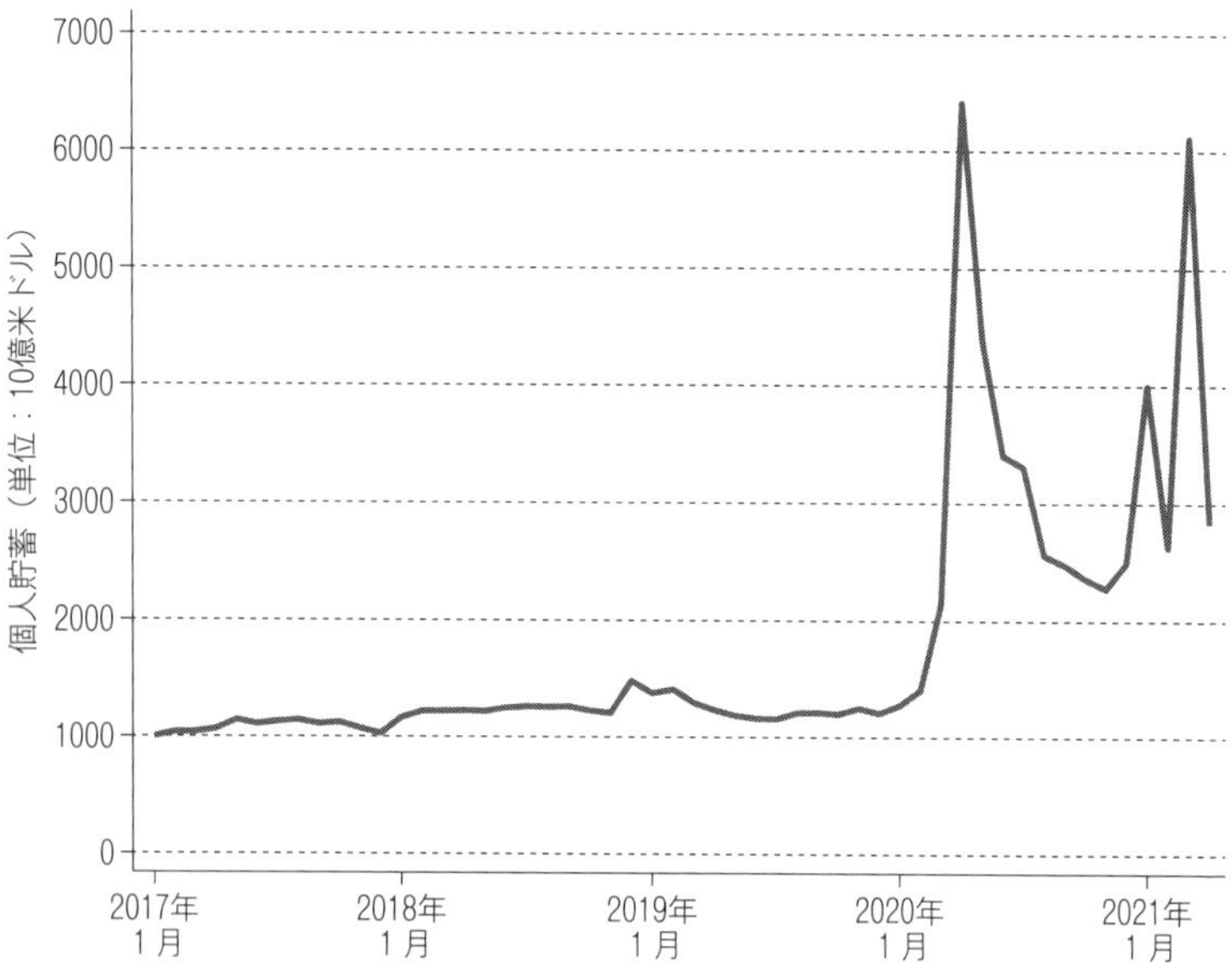

アメリカの家計による個人貯蓄（年率）。
出所：FRED 2021

レ圧力を下げることになる。

グローバル・サプライチェーンの崩壊と余剰生産能力

ほかに、パンデミックでインフレ圧力およびデフレ圧力に影響した要因としては、**グローバル・サプライチェーン**の崩壊がある。これはグローバリゼーションによる生産性の向上を部分的に逆転し、一部の貿易品の価格を上昇させた[10]。その一方で、余剰生産能力と高水準の失業が価格をさらに押し下げる圧力となった[11]。しかし、2021年の夏には材木とコンピューターチップが世界的に品薄となり、それが圧力となってこうした財の価格を大きく押し上げている。

中央銀行と非伝統的な金融政策

副作用のある政策

ケインズ経済学によれば、インフレと失業とのあいだにはトレードオフがある。こうした理論が強調するのは、失業率の低減を達成するには（少なくとも）短期的にはインフレという犠牲を払わねばならない、ということだ。このようなインフレと失業との負の関係をフィリップス曲線と呼ぶ。低金利を通じた拡張的な金融政策で総需要を刺激すれば、労働者の雇用は必ず増える。労働市場での失業水準が極端に高くない限り、これには賃上げが必要となる。中央銀行が利上げしない限り、失業水準は下がるはずだ――そしてインフレが進む。したがって、政策立案者はどちらかを選ばなければならない――インフレを抑えるのがいいか、失業を減らすのがいいか。

しかし、2000年代を通じて（日本の場合はそれよりも長期間）フィリップス曲線は驚くほど平坦なままだ。低い失業率が、インフレ率を高めることなしに達成された。これによって労働市場への刺激策は促進されたが、インフレに影響をおよぼすことが難しくなってしまった。

多くの先進国は、具体的なインフレ目標の達成を中央銀行の任務としてきた。アメリカ連邦準備制度（Ｆｅｄ）は約2％の対称的インフレ率（symmetrical inflation rate）を目標にしている。インフレ率が2％のとき、債権者はインフレの補償を求めるので、名目金利はそれより高くなる。その結果、名目金利を引き下げる余地が大きくなる（名目金利はゼロまで下げられる）。２０２０年

8月、Ｆｅｄは新たに2%の柔軟な平均インフレ目標（Flexible Average Inflation Target）を発表した。これにより、インフレ率の低すぎる時期がしばらく続くようなら、2%の平均インフレ率を達成するために、インフレ目標を2%より高いところまで引き上げられるようになった。ヨーロッパでは、欧州中央銀行（ＥＣＢ）が（つい最近まで）2%弱のインフレ率達成をめざしていた。２０２１年の夏、ＥＣＢは約２%の対称的インフレ目標に切り替えた。

しかし、先進各国の中央銀行は２００８年の金融危機以来、2%のインフレ率達成に苦しんでいる。表明したこの目標になかなか到達できないことから、各中央銀行は非伝統的な金融政策での努力を強めてきた。しかし過去10年にわたる持続的な刺激策は、インフレ率にさして大きな影響を与えられていない。

ハーバード大学の経済学者ジェレミー・スタインは、大規模な拡張的金融政策にもかかわらず低水準のインフレが続いているのは、患者に最初に与えた薬が効かないのを見て医師が投薬量を増やしていく様子を思わせる、と指摘している。医師が2回目の、場合によっては3回目の投薬をすることはあるが、薬の量を増やし続ければ副作用が出かねない。金融政策の副作用には、たとえば金融安定についての懸念も含まれる。それによって、たとえば資産価格のバブルが膨れ上がるかもしれないからだ。

インフレに影響をおよぼすという目標をもった量的緩和

伝統的には、中央銀行が設定するのは短期金利だ。21世紀はじめの２００８年世界金融危機のときには、各国の中央銀行は利下げ策を使い果たし、非伝統的な金融政策手段を使い始めた。量的緩和（quantitative easing, QE）と呼ばれる有力な政策ツールを用いた介入はその一例だ。これには満期の長い資産の大規模購入も含まれていて、利回り曲線（イールドカーブ）に沿って金利に影響をおよぼすことを目標としている。国債などの安全資産の長期金利を下げる目的は、リスクテイクの奨励だ。理論的には、安全資産で得られる金利が低ければ、投資家は社債など、リスクの高い投資へと切り替えるだろう。すると、それによって企業の資金調達コストが下がっていく。

具体的に言えば、QEとは、中央銀行が準備と引き換えに長期の債券を取得するということだ。中央銀行の準備は満期がないから、概念としてはコンソル公債と似ている（コンソル公債では利息が定期的かつ永久に支払われるが元本は決して償還されない）。今日では、準備で利子を支払うが、その利子は政策金利とともに変動する。言い換えれば、準備の満期は無期限だが金利感応度は高い（デュレーションが短い）ということになる。

中央銀行のバランスシート

量的緩和は中央銀行のバランスシートに影響する。中央銀行による追加的な証券購入は資産サイドに現れる。負債サイド（図表12－6および12－7のゼロの線より下）では支払い準備の総額が急増する。

図表12－6は、21世紀に入ってから現在までのFedのバランスシートの推移を概観したものだ。図表12－7はECBのバランスシートについて同じ情報を示している。どちらも資産がゼロを上回って報告されている。その大部分は証券だが、金準備や、それぞれの中央銀行が金融政策のオペレーションから取得した貸付債権も含まれている。両中央銀行の負債の主なものは二つで、ゼロの線

図表 12－6

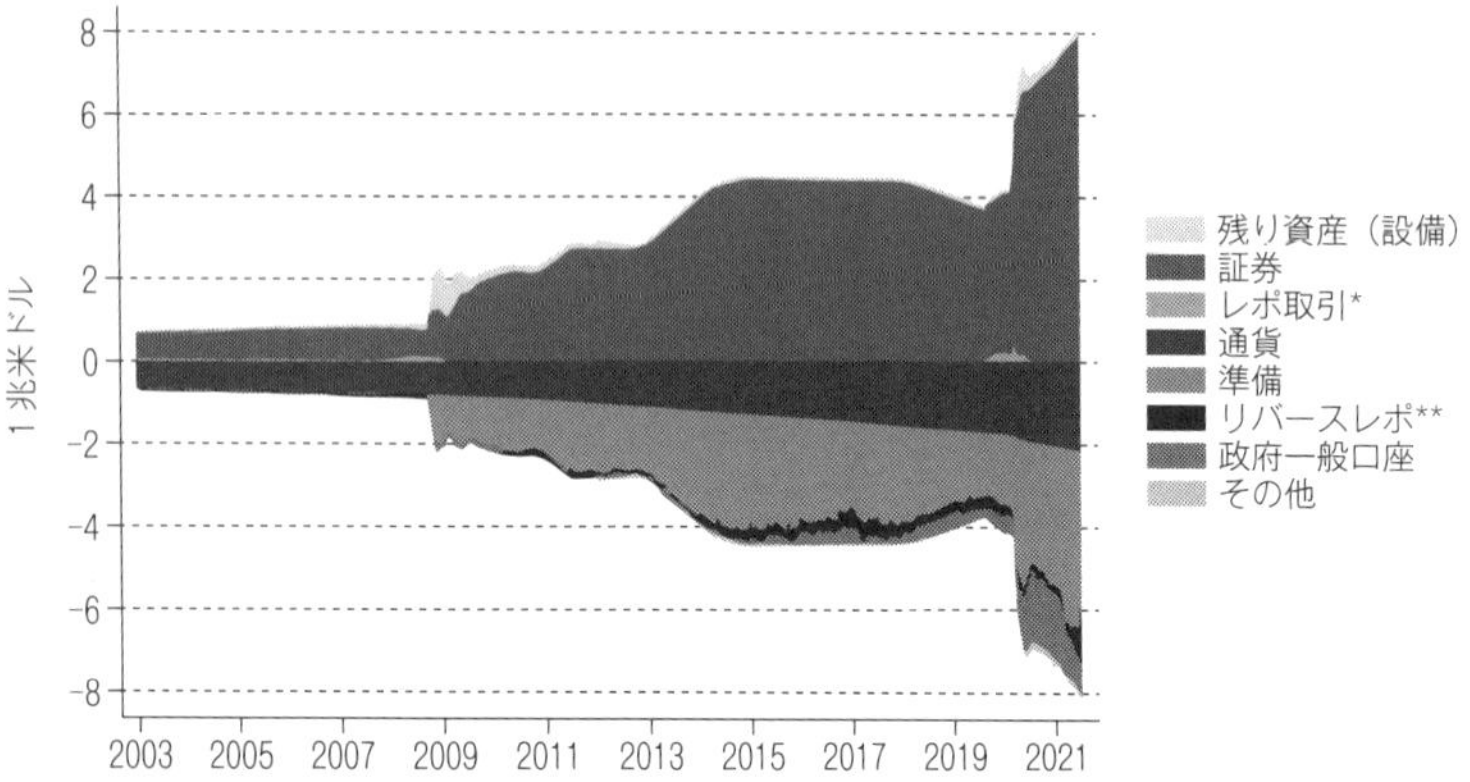

Fed のバランスシート。資産はゼロの線より上、負債はゼロより下に示されている。
出所：FRED 2021

図表 12－7

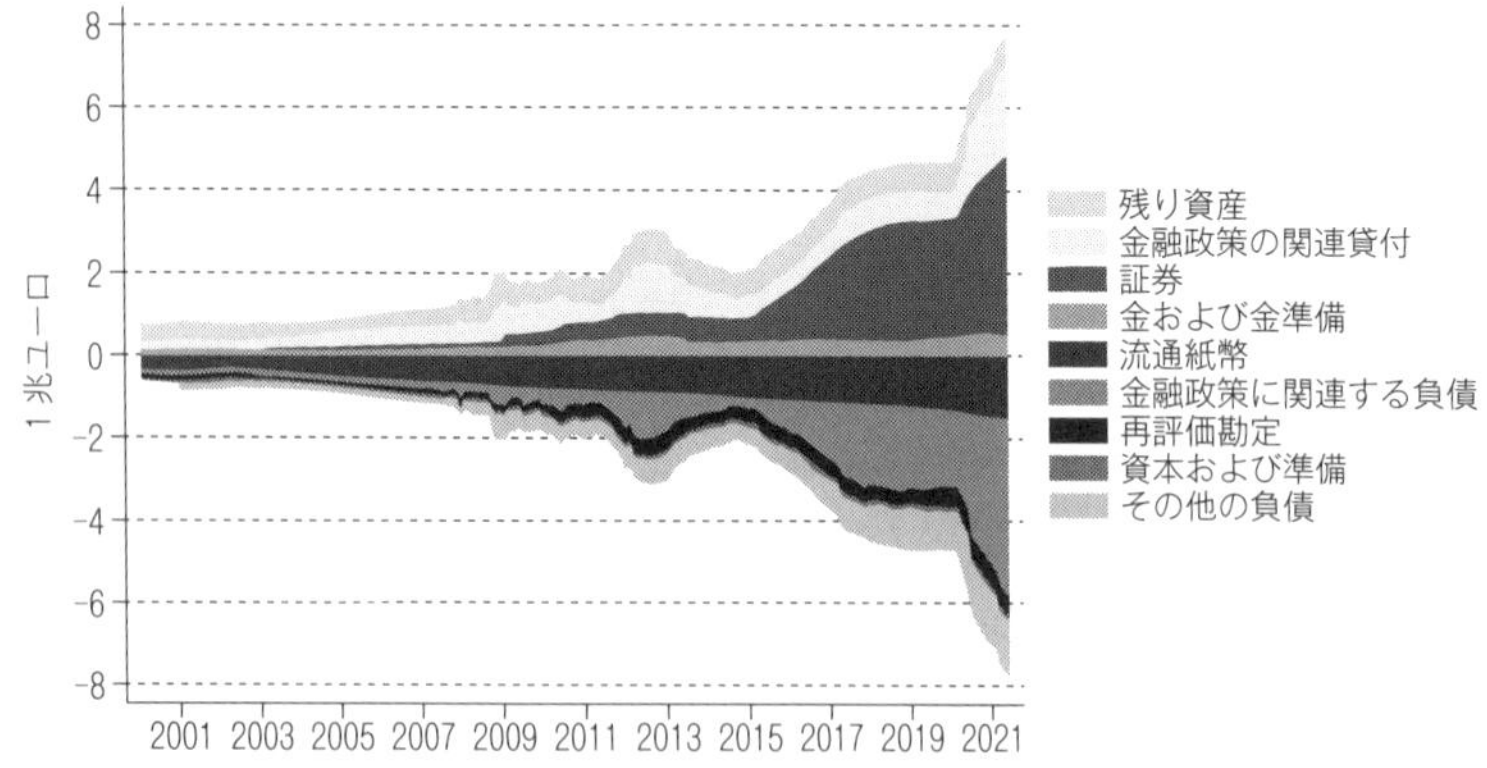

ECB のバランスシート。
出所：European Central Bank 2021

より下に示されているように、流通通貨と準備だ。負債の残りはレポ取引（現金担保付債券貸借取引）や、アメリカでは政府預金口座（財務省のＦｅｄでの口座）となっている。資産と負債との差は中央銀行の持ち分だ。バランスシートはそもそも釣り合っていなければいけないので、資産と負債に持ち分を加えたものは対照的に推移しなければならない。

２００8年不況とユーロ危機、そして新型コロナウイルスによるショックの大きな影響としてまず目につくのは、どちらの中央銀行も２００8年以後にバランスシートが急激に膨れ上がっていることだ。図表12－6は、アメリカでは量的緩和の波が3回あったことを示している。そのたびに、中央銀行は巨額の準備を計上して政府証券を購入した。２０２０年3月の購入増加は、２００8年金融危機のときに3度行われたＱＥを凌ぐものだった。注目すべきは政府一般口座も大きく増大していることで、これは財務省が大規模介入したことによる。

ＥＣＢはＱＥとレポ取引の両方を用いてきている。後者はある種の短期担保付貸付だ。資産の継続的購入（大部分が国債だが社債も一部ある）はとくに２０１5年以降、バランスシートの大拡大に寄与している。くわえて、金融危機のときには貸出業務がバランスシートの拡大を加速した。図表12－7を見ればわかるように、２０２０年のパンデミック緊急購入プログラム（ＰＥＰＰ）によって、ＥＣＢの保有する証券はふたたび大幅に増加している。

中央銀行のバランスシートのリスク

債券購入プログラムでバランスシートが膨らむと、各国の中央銀行は大きなリスクを背負うことになる。リスクの一つは金利上昇の可能性で、これは債券価格が急落する原因となる[12]。デフォルト・リスクや信用リスクの可能性もある。ヨーロッパでは、一部の国債だけ信用リスクが上がっている。ユーロ圏ではすべての国が単一通貨で借り入れるので、どんな状況になっても、自国通貨を一方的に切り下げて債務を返済するわけにはいかない。ユーロ危機のときには、この問題をまざまざと見せつけられた。

これと関連して、中央銀行は国債が**安全資産ステータス**を失う危険も考慮しておかなければならない。万一そのような罠が発生したら、マクロ経済政策は一気に複雑さを増すことになる。各国の財政当局は、先を争って自国債務の借り換えコストを維持しようとするだろう。とくに財政余力が限られている国、増税による歳入増の能力が限られている国はそうするはずだ。

最後に、もう少し全体的な視点で見て、中央銀行は単に政府の一機関だということを認識しておくことが大切だ。当然のことながら、これは政府と中央銀行とのあいだに制度的な摩擦が存在しないことを含意している。しかしそこからは、QEとはある形態の負債（長期国債）から別のタイプの負債（中央銀行の準備）への置き換えだということが浮かび上がってくる。

柔軟な平均インフレ目標の設定

2020年、Fedは固定インフレ目標（約2%）から平均インフレ目標へと移行した。この新しい体制では、Fedはもうインフレ目標を常時達成する必要がない。その代わり、インフレ率がたまたま2%を下回るときがあれば、インフレ率が目標を超えそうになっても、全体として平均2%の範囲に収まっている限り、そのままにしておける[13]。

一見すると、このアプローチは直感に反しているように思えるかもしれない。2%のインフレ率にすら到達できないのなら、新しい柔軟な目標を達成するのはよけいに難しく思える。しかしFedとしては、これは金利上昇を将来にずらしたものだと理解してほしい。金利上昇の遅れはFedが表明している政策と一貫したもので、必要なら、インフレ率が約2%を超えてもしばらくそのままにしておく。それによってインフレ期待がさらに上がるはずだと見ているのである。

ヘリコプター・マネー

2020年4月、アメリカの多くの家計は1人当たり1200ドル、2020年12月にも600ドルの小切手を財務省から受け取った。2021年春、バイデン政権はさらに1400ドルをアメリカの多くの納税者に支給した。概念的には、こうした行動はミルトン・フリードマン（Milton Friedman）が言った有名な「ヘリコプター・マネー」とよく似ている。中央銀行が国民にマネーをばらまく目的は、インフレ刺激だ。これはインフレを生み出すためのもっとも直接的な介入として、昔から提案されてきている。

この本の執筆時点で、パンデミック関連のこうした取り組みによるインフレへの影響は、まだすべて明らかにはなってない。こうした給付の大部分は当初、消費ではなく貯蓄に回った。ある意味で、家計は新しく手に入った資金を銀行に持ち込んだことになる。銀行は超過準備を抱え、Fedは景気刺激策を支えるために国債を保有している。しかし、家計が景気刺激のための資金を消費に回し始めれば、そこからインフレになる可能性はある。ラリー・サマーズとオリヴィエ・ブランシャールは、バイデン政権の刺激策はアメリカ経済を加熱させ、やがてインフレを引き起こすと主張している。この件についてはあとでもう一度検討してみよう。

新興市場の発展

量的緩和は多くの国で用いられてきたが、実施形態はさまざまだ。たとえばブラジルは「**トロピカルQE**」という形で実施して、債務の満期構造を短縮した。短期国債の金利はふつう長期国債の年利より低い。したがって、短期国債に切り替えることでブラジル経済省は金利負担を削減することができる。この戦略は事実上、イールドカーブの急勾配を悪用しようとするものだ。政府による短期国債の発行はQEとは違う。QEでは、中央銀行が長期国債を中央銀行の準備と交換する。

トロピカルQEも、最終的には中央銀行が関わってくる。市場が短期国債の借り換えに消極的になるようなら、最後はブラジル中央銀行が割って入って、新たに積み立てた銀行準備から国債保有者に支払わざるをえない。これはインフレ圧力になり、為替レートを弱める可能性がある。ブラジルの外貨準備保有高は大きいのだが、それでも市場の信頼を失ったら、この国は危険な状況になる[14]。満期構造の短縮という短期的な利益には、いざ満期を迎えたときに債務の借り換え（ロールオーバー）ができないという、潜在コストがある。

長期的な影響

現時点での短期的な見通しとして、新型コロナウイルスによる危機のあとはデフレになりそうだが、ほかの長期的な要因が寄与すれば、将来はウィップソー・パターンになる可能性もある。再分配、政府の関与、ペントアップ需要（繰り越し需要）、大企業の利益率などがインフレに寄与する可能性がある。さらに言えば、世界中の政府が計画した貸付プログラムがインフレを増大させるか、少なくとも将来のデフレを弱めるかもしれない（どうなるかはパンデミックがいつまで続くかによる[15]）。

再分配と政府の関与によって家計の購入力は維持されるだろう。それが消費を維持するので、企業はなんとかやっていけるはずだ。このどちらの要因も、価格上昇に寄与することになるだろう。ペントアップ需要についてはすぐあとで詳しく述べる。

経済回復と消費への逃避

経済が回復してリスクが遠のくにつれて、先に見られた安全性への逃避は元に戻るだろう。家計も、マネーや安全資産からリスクの大きい資産へとポートフォリオをリバランスするだろう。消費の伸びに起因する需要が圧力となって全体として物価水準が押し上げられ、それがまた長期的なインフレ要因を増やすことになる。

ペントアップ需要と供給——需要の相互作用

消費拡大要因でもっとも静かなものは、ロックダウンによる制限で積み上がった潜在的なペントアップ需要だろう。２０２０年は多くの旅行者が休暇計画をキャンセルしたから、パンデミックがほぼ克服されたら、すぐにも旅行ブームが起こるかもしれない。ほかにも映画や劇場、レストランといった部門も、同じような消費者需要の急上昇を経験する可能性がある。

ロックダウンはふつう供給ショックだが、それが需要ショックに変わることもある[16]。左足用の靴が製造を停止したのに右足用はいつもどおりの製造を続けていると想像してほしい。当然のことながら、右足用を左足用と別に販売しても、大半の消費者にはほとんど価値がない。そこで、左足用の生産中止は右足用部門へと波及していく。消費者は靴を買うことをやめてしまうだろう。みんながその分を貯蓄に回しておき、あとで靴に使おうとしたら、こんどは生産中止後に靴需要が急上昇するかもしれない。これは左足用については供給ショック、右足用については需要ショックとなる可能性がある。パンデミックの時期を通じて、結婚と結婚写真、ポップコーンと地元映画館といった補完性の高い製品のあいだで、このタイプのシナリオが展開していく様子がいくつも見られた。

経済学用語でいう「異時点間代替弾力性（intertemporal elasticity of substitution）」とは、任意の貯蓄金利と引き換えに消費者がどこまで消費を先延ばしするかを意味している。同じく「部門横断的代替弾力性（cross-sectoral elasticity of substitution）」は、任意の時点で消費者がある部門の商品を別の部門の商品で代替する意欲を表している。ロックダウンの文脈では、この二つの要因が重要な役割を果たすことになるだろう[17]。

後者（部門横断的代替弾力性）が非常に低ければ、消費者は、ロックダウン中にある部門の製品が手に入らないからといって別の部門の製品で代替しようとはしない。その場合、ロックダウンは支出の大幅低下につながるだろう。このような支出の大幅低下があると、ロックダウンが解除されたとたん、それまで積み上がっていたペントアップ需要に一気に火がつく可能性がある。強制貯蓄の期間を経て、家計の富が増えているからだ。

このように、短期的な需要抑制はかえって需要を高め、将来のインフレの原因となる可能性がある。これは絵に描いたようなインフレ・ウィップソーのメカニズムだ。インフレは期待を裏切る低さから、一気に反発してくるかもしれない。

バイデン政権の景気刺激策と過熱する議論

ドナルド・トランプ（Donald Trump）大統領の在任中、アメリカは積極的な財政拡張に乗り出して法人税減税を実施し、その後の新型コロナウイルスによる危機では、2020年7月のCARES Actを含めた大規模な財政対応を行った。この拡張的な財政政策は、バイデン大統領による1兆9000億ドルの景気刺激策にも継承された。2021年7月末現在も、大規模なインフラ政策など、まださらなる出費が控えているようだ。

2020年12月および2021年3月の刺激策の経費は、新規支出で2兆8000億ドルへと膨れ上がった。それに比べると、GDPギャップはわずか9000億ドルと見積もられている[18]。GDPギャップは、完全雇用状態にある経済の仮想GDPと実質GDPとの差を測定する。景気刺激策がGDPギャップを超えるかどうかは財政乗数（fiscal multiplier）に大きく左右される。もし家計が景気刺激策による給付金を丸ごと貯蓄すれば、乗数はゼロだ。しかし給付金を全額支出すれば、乗数は1より大きくなる可能性がある[19]。乗数の値については不確定性が大きいが、0・3よりかなり大きい値を示す推定が大半だ。乗数の値がこれくらいであれば、2兆8000万ドルの支出で9000億ドルのGDPギャップが埋まるだろう。

それを受けて2021年、ローレンス・サマーズをはじめとする著名な経済学者は、ある程度の刺激策は必要だが新型コロナウイルス救済政策の規模とペースは行き過ぎではないかと主張した。理由は、経済を過熱させてインフレに火をつける恐れがある、というものだ。ウォーレン・バフェット（Warren Buffett）も2021年春に、経済は「レッド・ホット」と言える状態にある、自身がCEOを務めるバークシャー・ハザウェイ（Berkshire Hathaway）の保有銘柄でもいくつかの原材料価格が急上昇していると指摘した[20]。同様にポール・クルーグマンも2021年、経済の加熱を避けるためには、バイデン政権が家計に送った1400ドルのパンデミック救済給付金を「非刺激策化」する必要があると述べている。これは、給付金を支出ではなく貯蓄に回す必要があるということだ[21]。景気刺激策による給付金は国債発行高を増やすことで調達したものだから、それを国民がそのまま銀行に預けてしまえば刺激策ではなくなる。結果としてはFedの超過貯蓄が増えるだけだ。そうなれば、Fedは量的緩和を通じて国債保有を増やすようになる。言い換えれば、アメリカ政府は単に国債発行高を増やしただけで、それを家計が超過貯蓄を通じて間接保有することになるのだ。先に説明したように、この自己金融のメカニズムは、新型コロナウイルスによる危機の頂点でばらまかれたヘリコプター・マネーが刺激策とならなかった理由を説明するものだ。その一方で、もし国民が給付金を支出に回したら、その分は刺激策となって経済を加熱させてしまう可能性がある。しかし、それでもポール・クルーグマンは、政治的な理由から、バイデン大統領による景気刺激策を支持している——分断された国の傷を癒すために、である。

インフレ・アンカーの崩壊

市民がどこまで消費を先送りするかは期待されるインフレ率次第だ。将来はインフレ率が上がると期待するなら早めに消費しようと思うだろう。この理由から、期待こそが鍵だということになる。期待がいまと変わらない限り、消費シフトは小幅なままになるだろう。しかしインフレ期待がシフトすることもある。本当の危険が生じるのは、長期的なインフレ・アンカーが壊れたときだ。インフレ・アンカーは人びとがインフレについてどう考えているかに左右される。また、ほかの人たちがインフレについてどう考えているか、あるいはどう考えるだろうと推測するかによっても変わる。経済が加熱してくれれば、Ｆｅｄはすぐにでも動いて、金利を引き上げるか公開市場での資産購入ペースを落とすかして（または一時停止してでも）インフレを防ごうとするだろう。Ｆｅｄが量的緩和の縮小を示唆したことで国際金融市場に大きな動揺が生じた２０１３年の「テーパータントラム」はその例だ。たしかに２０２１年2月、Ｆｅｄの非常にハト派的な動きにもかかわらず、アメリカの長期国債金利は一時的に上昇した。アメリカの景気刺激策は大規模かつ急激な性質のもので、リスクもいくつかあるのだから、刺激策を打つなら時間をかけて、小さなステップで広げていくほうが安全かもしれない。

対照的に、インフレ・アンカーが下向きに壊れることもある。デフレで経済機能が損なわれたときがそうで、ある経済で、全員が次の年は物価が少し下がると予想しているときには、多くの人が、そのような物価下落が現実化するまでは大きな買い物を控えるだろう。そうなれば、デフレ期待が自己実現してしまう可能性がある。大衆が、とくに高額の耐久消費財の消費を遅らせると、需要不足から物価がさらに下がることになる。デフレを期待すればするほど家計は購入を控えるようになり、それがデフレを加速して、持続的なデフレの罠を生み出す可能性もある。

金融支配か、財政支配か、金融セクター支配か

インフレと政府予算

インフレは政府予算とどのようにリンクしているのだろうか。マネタリストのミルトン・フリードマンの有名な主張に、インフレはいつでも・どこでも金融政策の問題だというのがある。しかしトーマス・サージェント（Thomas Sergent）は、インフレはいつでも・どこでも財政政策による現象だと言った。これは言い換えれば、インフレは政府による現在および将来の課税と債務によって決定されるということだ。**物価水準の財政理論（the fiscal theory of the price level, FTPL）**はクリストファー・シムズ（Christopher Sims）らが提唱したもので、未払い債務――つまりは政府債券と貨幣――の真の価値は現在または将来の基礎的財政黒字によって裏付けられなければならないとする。政府が持続的な財政赤字に陥り、将来の税収で名目債務を支払うことができなくなれば、必ずインフレが起こる。政府が「本当の」債務を返済してデフォルトを回避するためには、それが唯一の道なのだとシムズは言う。政府は高率のインフレを起こすか容認するかして、名目債務を「インフレで帳消し」にする以外にない。したがって、物価の安定は政府予算が長期的に均衡するかどうかにかかっている。これはマネタリストの見解とは対照的だ。マネタリストは、インフレはもっぱら金融政策によるもので政府債務一般によるものではないとしているし、マネーサプライを現金、銀行預金、準備として定義している。

物価水準の財政理論にはシンプルな含意がある。ある国の財政状況が悪化を続け、しかも名目債務が変わらなければ、物価水準の上昇を通じて修正するしかなくなる――すなわち、ハイパーインフレである。

ＦＴＰＬは、政府が自国通貨で債券を発行していれば決してデフォルトにはならないと結論づける。理由は単純で、政府はいつでも貨幣を印刷して債務の支払いに充てられるからだ。しかし、外国通貨での借り入れをしている国はまったく異なる難題と直面する。貨幣の発行高を増やして直接債務の支払いに充てるというのは、債務の大半が外国通貨である場合には選択肢にならない。たとえばユーロ圏内で、もしイタリアが新たに国債を発行しても、その債務の支払いのために自国だけでユーロ札を印刷するわけにはいかないのだ。

現代貨幣理論（Modern Monetary Theory: MMT）はさらに踏み込んでいく。この理論は、失業率が自然失業率を上回らない限り政府支出について心配する必要はまったくない、と主張する。この理論の支持者にはスタグフレーションはありえない。

しかし歴史を見れば、大規模な財政支出のあとはたいていインフレが起こっている。図表12－8は、実線が南北戦争以後のアメリカの財政収支を、濃い破線がインフレ率を表している。高インフレ率と大規模な財政赤字の相関は驚くほどだ。さらに、薄い破線は名目金利で、こちらは3か月物コマーシャルペーパー（非金融法人による短期債務証券）の割引率の加重平均として測定している。

南北戦争、第一次世界大戦、第二次世界大戦、ベトナム戦争と、大きな戦争があるたびに赤字が急増し、物価も大きく上昇している。赤字が減ってくるとインフレも抑えられている。同じようなパターンは１９７０年代、１９８０年代にも見ることができる。このパターンの唯一の例外は過去

図表12－8

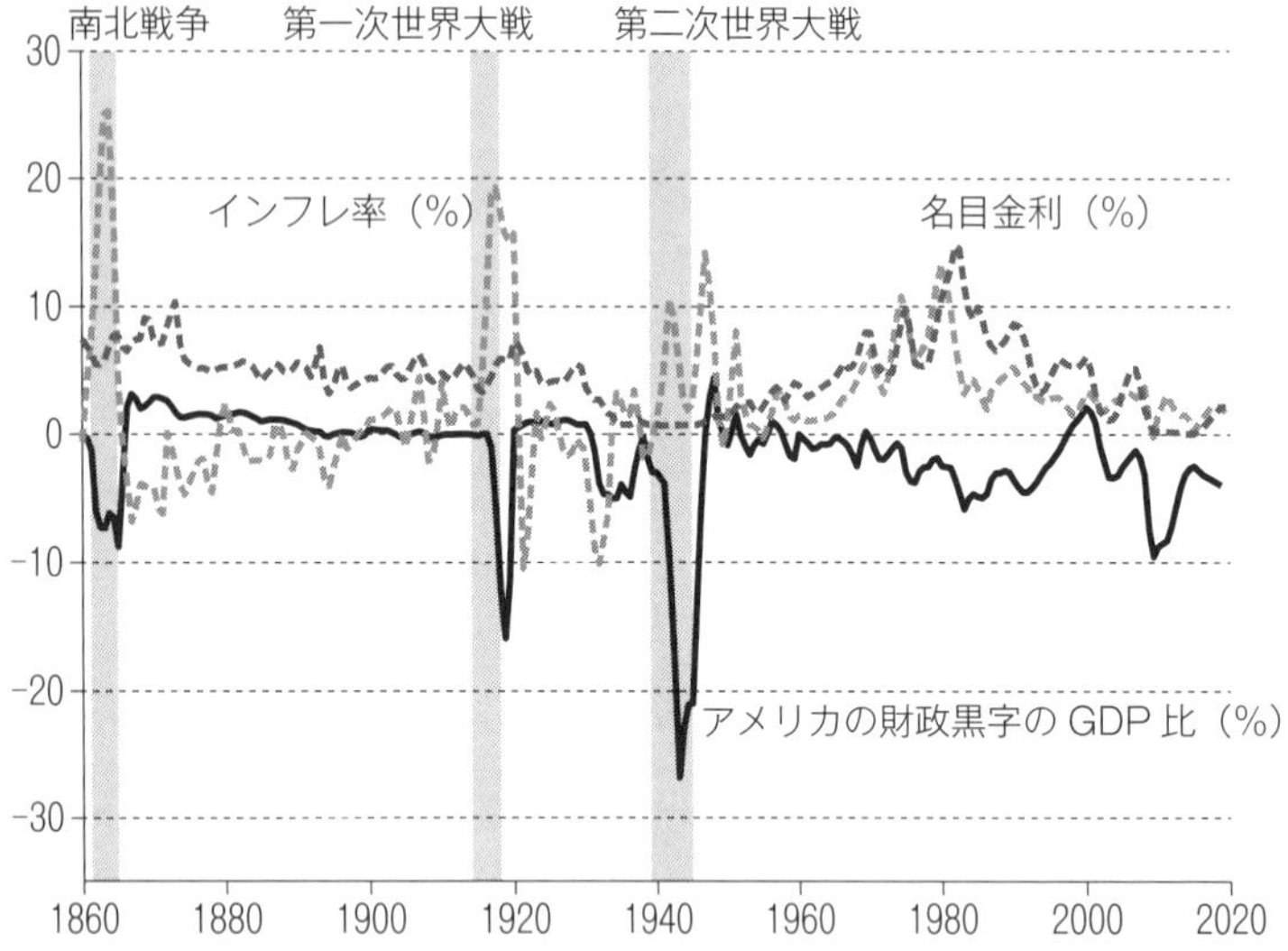

とくに戦費調達との関係で見た財政とインフレのリンク。図表にはアメリカの戦争、財政黒字、短期名目金利、インフレ率を示している。財政黒字のデータおよび名目金利のデータはFRED（2020）より。名目金利は満期が3か月未満の非金融系証券の利回りから合成。インフレ率とGDPのデータはそれぞれOfficer and Williamson 2021およびJohnston and Williamson 2021より。

10年のもので、巨額の財政赤字と非常に低いインフレ率が同時に起こっている。

現在は政府債務の水準が高く、アメリカではGDPの100%を超えているが、これは平時にはほとんど前代未聞のことだ。にもかかわらず、巨額の財政赤字はこれまで何度も起こり、そのつど克服されてきている。これは、これまで金融当局と財政当局がどう相互作用してきたかに関する手がかりを与えてくれている。

ほかの国々がどのようなアプローチで戦争後の混乱に対処してきたかも、この疑問への手がかりになる。第一次世界大戦では、戦争に関わったすべての国で巨額の財政赤字が積み上がった。理由は、戦費の大半を債務で調達したためだ。その結果、あとになって、短期のインフレがすべての参戦国に影響した[22]。しかし中期的に見ると、ドイツの経験はアングロ＝サクソンの経験とは強烈な対照を成していた。アメリカとイギリスは、インフレ圧力と闘うために高率の税を課して政府予算を再建しようとした。イギリスは金本位制に復帰することまでしている。他方、ドイツの財政再建計画は失敗し、1923年のハイパーインフレへの道を拓いた[23]。このことは**将来の租税政策**が、そしてとりわけ租税政策についての**期待**が重要であることを如実に示している。ひょっとしたらこんな主張もできるのかもしれない——インフレはいつでも・どこでも政治現象だ、結果がインフレになるかどうかは、社会と制度にインフレ対策を押し通す強さがあるかどうかで決まるからだ、と。忘れてはならない重要なことは、戦争はパンデミックとは違うということだ。たとえば、戦争は巨大な需要刺激策にもなる[24]。

制度上の配慮

政府は予算と名目金利を決める。過去には、金融当局と財政当局を同じ財務省の屋根の下に並べた国もあった。しかし、そのような設定は政治経済上の問題を抱えている。選挙前になると、政治家は金利を下げて経済を刺激したがる。しかしそのような行動は、選挙後にインフレ率を急上昇させることになりかねない。このタイプの政治的ビジネスサイクルは、すでにインフレ率が高くて利上げが必要な場合にはとくに有害だ。

たとえ政府が事前にインフレ率を下げると約束しても、政治家は選挙が近くなるとその約束を破ろうとする。こうした時間不整合性の問題があることから、多くの国では、中央銀行が政府から独立した金融部門として設定されている[25]。しかし、それにもかかわらず、中央銀行と財務省とのあいだには重要な相互作用がある。

インフレを制御するということでは、金融政策と財政政策との相互作用はきわめて重要だ。この動力学に取り組むために、まずは金融当局と財政当局がどのように相互作用しているかを探っていこう。たとえば、中央銀行が金利を上げれば政府は支出を減らすのだろうか。

忘れてならないのは、ほかにも考慮すべき第三の重要なプレーヤーがいることだ。それは金融セクターだ。金融セクターの支配力が強まると、それに合わせて財政政策、金融政策の修正が必要になる可能性がある。この章の後半は、そんな金融セクター支配の可能性について検討していく。

チキンレース

インフレを制御するためには、中央銀行がブレーキを踏んで金利を上げるという選択肢が必要だ。金利を上げれば政府の金利負担が増える。そこで、利上げを効果的なものにするために、政府は支出を減らすか税金を上げるかする必要がある。こうした理由から、アメリカ財務省をはじめ、各国の財政担当省はふつう利上げを嫌がる。その結果、金融当局と財政担当省庁とが対立する。では、どちらが優位になるのだろう。

財政支配のシナリオでは、政府は単純に中央銀行の利上げ政策を無視する。議論を進めるために、中央銀行が金利を5％上げると想像してみよう。政府は引き続き国債の発行を増やして、金利負担が増えた分をカバーしようとする。総需要がさらに刺激されてインフレ率は上昇を続ける。その結果、中央銀行はさらに利上げをしてインフレを抑えざるをえなくなり、政府はそれに対応してさらに多くの国債を発行することになる。もし政府が強硬な態度に出れば、中央銀行は独立して金融政策を実施する権限を失うことにもなるだろう。

金融支配の文脈では中央銀行が運転席にいて、政府は助手席にいる。政府は支出を減らすか税金を上げるかだ。これはインフレ率を安定させる。

実際には、運転席にいるのが金融当局なのか財政当局なのかはわからない。この対立はチキンレースと似ている。2台のレーシングカーがお互いに相手に向かって突進する。最初に恐れをなして軌道を外れるのはどちらだろう。最後まで意地を張ったほうが勝つ。しかし、両方が同じように意地を張り通したらそうはいかない。それでは衝突してしまう。

短い期間で見れば、デフレ局面で経済を加速するためには強制的な金融政策が必要だ。また、あとでブレーキを踏める金融政策があることも同じくらい重要だ。すぐれたブレーキを備えた中央銀行だけが積極的に動くことができる。この緊張関係はレーシングカーと似ている。強力なブレーキがあると知っているドライバーのほうが大きなリスクをとれる[26]。この場合のブレーキは、独立した中央銀行と、のちに見るような、マクロプルーデンスな施策〔訳注：金融システム全体のリスクを分析・評価し、経済全体の安定を図る政策〕ということになる。

金融セクター支配とチキンレース2・0

先にもふれたように、政府の金融当局と財政当局とのチキンレースには第三のプレーヤーがいる。金融セクターだ。このセクターのレジリエンスが高ければ、政府は損失をそちらに移すかもしれない。たとえばスペインは、新型コロナウイルスによる危機のあいだ、融資返済の一時停止を強制した。この施策によって銀行は、期限までに融資返済できない人たちに対して抵当権を行使できなくなった。したがって、融資が全額返済される可能性は少なくなり、銀行界にとっては潜在的損失となった。

もし政府がレジリエンスのある金融セクターに損失を移したら、金融セクターには、バッファを築くよりも、配当を支払って自社株を買い戻すというインセンティブが働くだろう。これは金融セクターのレジリエンスを弱める。もし金融セクターがすでに弱っていたら、通常なら政府はそちらに損失を移すことはせず、むしろ政府が金融セクターに救済措置を提供するだろう。

では、その救済策の費用は誰が出すのだろう。そこでチキンレース2・0が始まる。政府は、透明性のある形で資源を移転させて金融セクターを救済するかもしれない。金融政策の運用によって資産価格を変動させ、銀行セクターの資本を増強することもできるだろう。利下げすることで銀行の保有資産の価値を高め、バランスシート上の債務の価値が下がる可能性もある。

財政支配の体制では、**マクロプルーデンス政策**が、こうした救済を回避し金融セクターの十分な資本増強を進めるうえできわめて重要な役割を果たす。マクロプルーデンス政策の目的は、金融セクターの問題が経済全体に影響するのを最小限に抑えることだ。すぐれたマクロプルーデンス政策は、レバレッジ構築にともなうリスクを絶えず監視する。くわえて、健全性審査（ストレステスト）を実施することで、銀行に十分なバッファがない場合には、規制当局が、配当支払いと自社株の買い戻しを禁じることができる。

中央銀行にはこれ以外にも、巧妙な設計によってバッファを増やせる政策手段がある。たとえば、パンデミックのあいだにも、配当を引き上げたり株式バッファを強化したりせず、しっかりした金融リスク管理を行っている金融機関だけから集中的に証券を購入するのだ。アメリカには景気変動抑制的（カウンターシクリカル）な経営バッファはないが、証券購入プログラムを修正することで資本バッファや流動性バッファを誘導できるので、それによって、銀行の自社株買いを抑えることができる[27]。

超長期的なインフレ要因

チャールズ・グッドハート（Charles Goodhart）とマノジ・プラダン（Manoj Pradhan）は、高水準の公的債務と人口の高齢化という今日的な組み合わせによって、長期的なインフレ圧力がいっそう強まることを強調している[28]。高齢化が進むと、政府は社会保障費の増大や高齢者向け医療などの資金を調達しようとするので、財政赤字は増えていくだろう。

一般に、巨額の財政赤字を削減するには三つの方法がある。第一に、経済成長によって税収が増えれば、支出を大きく減らさなくても赤字を削減することができる。しかし、生産性は過去20年であまり向上していない。さらに、高齢化によって若年層に依存する高齢者の割合が増加しているので、労働力の増加率も下がることになる。

第二に、力強い持続的な経済成長がないなかでは、政府は税を調整（増税）することができる。第三の選択肢は支出の削減だ。しかし、この二つのアプローチは政治的に不人気なので、残るのは、不人気なりにもっともましな解決策だけとなる。すなわち、インフレ率を上げることだ。もしそうなれば、中央銀行の独立はますます危うくなる。従来型の金融政策の枠組みでは、中央銀行が独立していて、インフレ率が上がったら独自の判断で金融引き締めができることが必要だ。しかし、巨額の債務負担を抱える政府はなかなか金融支配の体制に屈服したがらない。それをすると政府の金利負担が急増してしまう。

テイラー・ルールを超えた金融政策

1990年代、インフレターゲットの確立ということが、先進国の金融政策における標準的なアプローチとして登場した。中央銀行は、インフレと「GDPギャップ」の変化に対応して金利を動かしてインフレ目標を達成することができた。インフレ率が目標を超えて上昇したときや、GDPが経済の潜在力の限界を超えたとき（GDPギャップが正のとき）の処方箋は利上げだった。他方、インフレ率が低い時期や不況でGDPギャップが負になっているときは、金利を下げればよい。この機械的なテイラー・ルールは、実際に適用されたのはわずかだったが、中央銀行にとっては簡潔なガイダンスとして有用だった——2008年の金融危機までは。

2008年の金融危機以降、各国政府は非伝統的な金融政策の手段を用いるようになった。いまではそれが当たり前になっているため、もう金利にだけ焦点を当てていたのでは十分ではない。各国の中央銀行は、大規模な資産購入を用いて深く関与し、リスク価格やタームスプレッド〔訳注：期間の相違による金利の差〕に影響を与えるようになっている。その結果、こんどは中央銀行のバランスシートと成長率をモニターする必要が出てきた。

こうした政策手段のすべてを管理するためには、これまで以上に全体的な視点から経済を見る必要がある。中央銀行は、過剰なインフレやGDPギャップにとどまらず、財政リスクや金融リスクにも焦点を当てるべきだ。ほかにも、政府の金利負担が突然上昇するリスクについても監視しておく必要がある。金融政策は政府の債務借り換えコストになって返ってくることを思い出してほしい。したがってシンプルなテイラー・ルールは、基礎となる経済的投入量および産出量の観点から拡張する必要がある。拡張したテイラー・ルールの視界には、金利だけでなく、貨幣量に関する施策などの非伝統的な手段も含めるべきだ。

再分配的な金融政策

最後になったが、重要なので強調しておくと、金融政策には再分配の要素がある[29]。これは、金融政策の伝統的な実施方法についても当てはまる。金利の動きはすべて証券価格に影響するからだ。利下げは借り手には利益になるが、貯蓄している者は損をする。

金利やスプレッドを動かすことの直接的な影響だけでなく、インフレを目標とした中央銀行の行動はすべて再分配だ。(予期しない)インフレは、預金など、その経済での名目債権の価値を下げる。同様に貸し手にとっても、予期しないインフレは、請求する金利がそのインフレ分を考慮したものでない限り、損となる。対照的に、借り手は債務の実質価値が下がるので、予期しないインフレになると得をする。インフレ連動国債(Treasury Inflation-Protected Bouds, TIPS)など、実質価格での請求権を保有している者にも利益になる。

したがって、再分配的な金融政策を利用して、悪化したバランスシートを抱えた部門を安定化させることも可能だ。2008年の不況では、家計と銀行部門でバランスシートが悪化した。金融政策は間接的に銀行部門の資本を増強し、リスク価格を引き下げた。新型コロナウイルスによるショックでは、景気刺激策による給付金などの財政措置が家計のバランスシートを助けたが、多くの先進国では、企業部門のあちらこちらが大きな打撃を受けた。金融政策のこうした再分配的な側面から の自然な流れとして、次の章では不平等について、そしてそのレジリエンスとの関係について考えていく。

第13章　不平等

アメリカの不平等は過去数十年にわたって拡大している。新型コロナウイルスによるパンデミックまで、総資産額に占める割合を伸ばしていたのは上位1%の家計だった。彼らは技術の進歩から大きな利益をつかんだ。やがて、テクノロジーは勝者総取りの力学に引き寄せられ、最大級の企業だけが成功して、最大の利益をポケットに入れるようになった。しかし、アメリカの勤労所得の中央値は過去50年にわたってほとんど変化していない。その結果、多くのアメリカ人のあいだで不安感が表面化してきた。近年では、平均的な白人男性アメリカ人の平均余命が縮まっている[1]。急速な医療の進歩に照らせば、これは大半の国ではめったに起こらない暗鬱な展開だ。

国内の不平等は多くの国で拡大しているが、世界の富の分配については国どうしの不平等が縮小する傾向にある。新しいテクノロジーのほか、中国、東アジア、東ヨーロッパへのアウトソーシングによって、何百万という新たな労働者が労働人口に組み入れられた。そうした国でのグローバル中間層の登場によって、国どうしでの世界的な不平等は縮小した。しかし、先進国では労働者の交渉力が低下している。いまでは、以前よりずっと数が多くなった世界の労働力と、多くの新たなテクノロジーを相手に競争しなければならないからだ。

この章ではレジリエンスについて、そしてその不平等に対する意味合いについて、いくつかの経済的側面に沿って見ていこう。まずは個人的なレジリエンスと不均質性を検討したうえで、不平等のさまざまな尺度とそのそれぞれについて、注意するべき点を取り上げていく。そしてそうした洞察を踏まえて、社会的不平等を中心とした議論へと移っていく。

個人のレジリエンスにおける不平等

富裕層と貧困層とのあいだのレジリエンスの不平等には、社会的にかなり大きな意味合いがある。ショックに襲われたとき、裕福な家計には十分なバッファがあるから嵐の影響を弱めることができるし、将来も裕福でいられる可能性が高い。貧しい家計はそれより脆弱なので、立ち直るのが厳しい。貧困の罠に陥って取り残されたままになるリスクもある。そうなれば富裕層と貧困層とのギャップはさらに広がってしまう。

時間とともに不平等を悪化させるものはほかにもある。裕福な人たちは、自分がひどいショックから立ち直れるとわかっているから多くのリスクをとることができる。リスクの大きい資産にも進んで投資するだろうし、長い目で見ればそのほうが期待されるリターンが大きくなるのは間違いない。しかし、貧しい家計はレジリエンスが低いので変動に耐えられない。そこで、利益は望めてもリスクのある機会は避けることになる。センディル・ムッライナタン（Sendhil Mullainathan）とエルダー・シャフィール（Eldar Shafir）は、貧しい人たちは日々の暮らしを送ることに多くのエネルギーを使っているためにリスクがとれないという点を強調している[2]。長い目で見れば、リスクテイクの能力は最初の不平等水準を増幅する。裕福な家計はふつう、貧しい家計よりも投資から得るリターンが大きいからだ[3]。

さまざまな形態の不平等

個人的なレジリエンスが不平等にどう影響するかを分析する最善の方法として、まず、さまざまな形態の不平等を区別しておく必要がある。ジャーナリストは不平等が増大していると当たり前に報道しているが、実際には、不平等にはさまざまな概念がある。往々にして見過ごされるのがレジリエンスの不平等だ。レジリエンスの高い人は、高リスクで利益の大きい機会をつかむことができるので、多くの所得を生み出すことができる。その長期的な結果として富の不平等が広がっていくのである。

所得の不平等

所得とは、一定期間（たとえば1年）にわたってのフロー変数だ。所得の不平等は個人間の所得分布の尺度になる。もっとも裕福なアメリカ人は年間数百万ドルを稼いだだろうが、多くの家計では、同じ年の所得が3万ドルに満たなかったのではないだろうか。新型コロナウイルスによる危機の影響は、所得分布の最上層での水平化効果はなかったかもしれないが、上位1％より下にはかなりの水平化をもたらした。水平化の例として、多くの小企業オーナーを考えてみよう。この人たちは所得分布の上半分に算入されることが多いが、パンデミックのあいだは、政府による給付金を計算に入れても、かなり収入が下がっていた。対照的に、それ以外の、あまり暮らしぶりの良くない市民は、少なくとも通常の給与所得を維持することができていた。

富の不平等

所得の不平等の評価には、家族の暮らしている住居の価値、金融資産、その他のストック変数といった富は含まれない。同様に、富の不平等の尺度は、ある時点（たとえばある具体的な年の末）での不平等のスナップショットを提供するだけだ。しかし、人びとが追加的な所得を貯蓄したときには富の尺度が変化するし、資産の価値が上下したときにも変動する。資産の価値は金利の変化に大きく影響される。たとえば年間100ドルが支払われる債券の保有者を考えてみよう。金利が下がっても債券からの収入は変化しないが、金利が下がったために債券の現在割引価値が上昇する。これは純粋なキャピタルゲイン効果で、債券の保有者は、収入が変わらないにもかかわらず、書類上は富が増えたことになる。

不平等の測定は一筋縄では行かない。可能なアプローチとしては、所得税控除を利用する方法や相続税から富を推定する方法などがある。データソースが決定したら、資産価値をどう評価するのかという、微妙な問題に取り組まなければならない。とくに大きな難題は、将来の社会保障の権利をどう評価するかだ[4]。この先数十年におよぶ支払いを適切に割り引く必要があるし、将来の税金や給付金の支払いも計算に入れなければならない。将来の社会保障給付の割引率を高くすると、現在価値が下がってしまう。40年以上先では、金利の仮定のわずかな違いが大きくものをいうので、指数関数的な成長の力を思い知らされることになる。

民間企業の価値の評価も難しい。所得分布の上位1％は多くが起業家だ。それもシリコンバレーの起業家ばかりではない。個人営業で成功している医師や弁護士もいる。上場企業の市場価値が株価から推定できるのと対照的に、非上場企業の価値の測定はずっと難しい。

こうした測定上の難しさはあるが、大半の研究者は、アメリカでは1980年以来、富の不平等が拡大しているとしている。ただし、拡大の度合いについてはいまも熱い議論が交わされている[5]。アメリカ以外では、富の不平等が拡大しているのかどうかがかなり不明瞭だ。フランス、イギリス、デンマークでは――この国々では最良のデータが利用できる――さまざまな要素が混在して全体像をつかみにくい。ただ、たとえ不平等が拡大していたとしても、その幅はアメリカよりも小さいだろう。

多くの新興国でも高水準の不平等が目立っている。中国では過去30年ほどで不平等が大きく拡大した。今日の中国は世界でもっとも不平等な国の一つとなっている[6]。

レジリエンスの不平等

レジリエンスの不平等は新しい概念だ。ここからは、不利なショックに直面して回復してくる能力は人によって違うという真実が伝わってくる。富裕層にとって、新型コロナウイルスによる危機は単なる一時的なショックかもしれない。しかし貯蓄のない貧しい労働者は――アメリカ人の大多数は1000ドルの不意な支出に対応できない――長期的な影響に直面するだろう。労働市場にまだ傷痕が残っているなかでは、新型コロナウイルスのような、一時的だが予想していなかったショックが恒久的な大打撃に変わってしまう可能性がある。言い換えれば、たいていの場合、貧しい人たちは裕福な人たちよりもレジリエンスが低いということだ。先に説明したように、レジリエンスの不平等は所得の不平等を拡大するし、その持続性を考えれば、長期的には富の不平等を悪化させることになる。

社会的流動性

個人のレジリエンスは社会的流動性ともリンクしている。社会的流動性が高いときには、ある時期の高所得者が次の時期には低所得者になったり、その逆が起こったりする。こうした変化はつねに起こりうる。そのような社会では、低所得者が罠から脱出し低所得層から抜け出せることから、レジリエンスは高い。

医療の不平等とレジリエンス

新型コロナウイルスによるパンデミックで医療危機になったとき、先進国のなかでもとくに備えのなかったのがアメリカだった。カナダやヨーロッパの**国民皆保険制度**とは対照的に、アメリカ人の約10％は健康保険に入っていなかった[7]。したがって、アメリカ人はウイルス拡大に対するレジリエンスが弱かった。新型コロナウイルスによるパンデミックの初期には、多額の自費支払いを恐れて多くの人が検査や治療を回避した。しかも、当時のアメリカ人は相対的に不健康だったので（いまもそうだ）新型コロナウイルスの影響を受けやすく、最悪の結果となった。アメリカ人の全体的な健康不良を典型的に示しているのが、近年になって平均余命の伸びが停滞していることだ。対照的に、ほかの先進国では平均余命が着実に延びている。

所得分布の下半分にいるアメリカ人労働者の多くが**有給の病気休暇**を使えない[8]。近年これをさらに悪化させているのが、インターネットを通じて単発の仕事を受発注するギグエコノミーによる雇用の増加で、労働者への保護がほとんど提供されていない[9]。今回のパンデミックでは、病気になった労働者の保護が不十分なために、医療が負の外部性に向かう可能性が生まれた。収入を維持するために病気でもしかたなく働いていると、同僚を感染のリスクにさらしてしまう。こうした医療の切れ目にはとりわけ重大な意味がある。新型コロナウイルスでもっとも影響を受けるのは基礎疾患のある人たちだからだ[10]。**医療保険**の補償範囲を広げ、**医療へのアクセス**を改善することで人びとの立ち直りが可能になるだろうし、それが全体としてのレジリエンスに貢献することになるだろう。

雇用の安定は、とくにアメリカにおいては二重の役割を果たしている。仕事が適正な生活のための収入を提供することは明らかだが、それだけでなく、医療保険への主要なアクセス源でもあるのだ。労働者は、仕事を失うと医療保険も失ってしまう。ビル・クリントン（Bill Clinton）の医療計画は１９９３年の任期のはじめに策定されたもので、国民が転職中にも医療保険の補償を維持できるようにするものだった。

このように、不平等は新型コロナウイルスの拡大を遅らせようとする努力を強く妨げてきた。アメリカでは、裕福な郡ほどソーシャルディスタンスの実施から得られる利益が大きい傾向にあるが、これはおそらく、在宅勤務に切り替えて職場感染のリスクを最小化できる労働者が多いためだ[11]。

貧困層にとって、こうしたホームオフィスへの切り替えはほとんど選択肢にならない。途上国での状況はさらに悪く、インドのスラムでは、ソーシャルディスタンスは夢物語に近い。居住区域が近接していることと働かざるをえないことが、効果的なソーシャルディスタンスを阻んでいる[12]。くわえて貧しい世帯は、休業になって収入が失われることによる影響が大きい場合が多い。失われた収入の一部は（少なくともラテンアメリカ諸国では）「社会的支援」の拡張によって吸収されているのだが[13]。

地域的な不平等

医療の不平等には地域的な要素が多い。裕福な地域にはいい病院があるし、たいていは人口1人当たりのベッド数も多い。アメリカの都市部と郊外が裕福な地域と貧しい地域に大きく分かれていることを考えると、医療は地域コミュニティーの拡差を広げる効果をもたらしていると言えるだろう。同様にブラジルでも、貧しい地域への医療提供は裕福な地域より劣っている[14]。適切な衛生状態へのアクセスがないことも難題だ。結果としてブラジルでは、貧しい地域がとくに新型コロナウイルスの影響を受けている[15]。

新型コロナウイルスによる危機でのレジリエンスの不平等にも——そしてそれによる所得および医療の不平等への影響にも——地域的な要素があった。たとえばニューヨーク市のマンハッタン地域でもっとも大きな消費支出の落ち込みを経験したのは、アッパーイーストサイドなどの裕福な地域だった。2020年3月には、対面サービスへの支出はほぼ完全に消えてしまった。

図表13－1は、カリフォルニア州での裕福な家計と貧しい家計の支出パターンを示したものだ。

図表 13－1

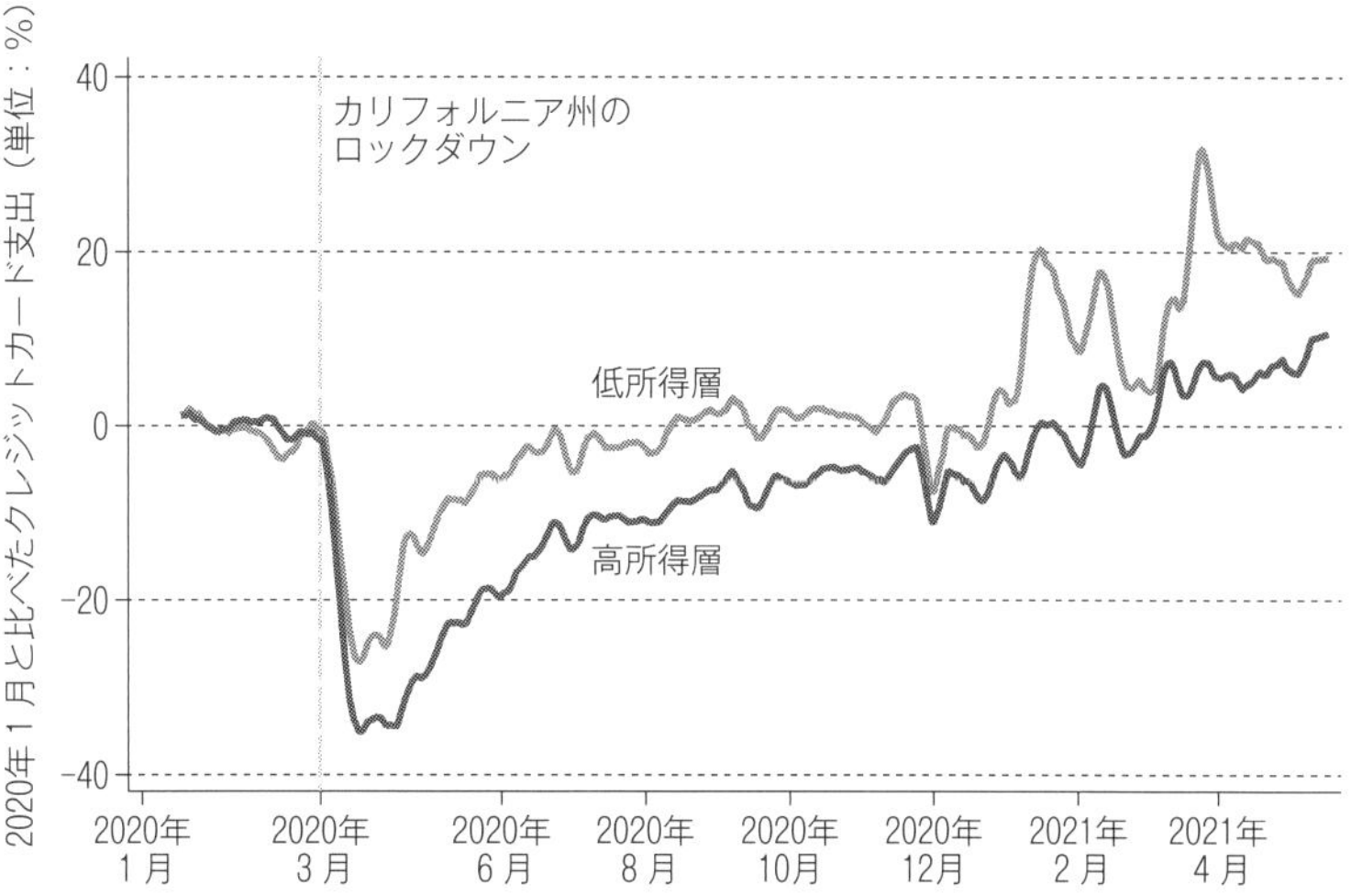

高所得層と低所得層の個人支出の比較。
出所：Opportunity Insights 2021

貧困層における支出は、大規模な財政支出による景気刺激策のおかげもあって、3か月以内にはパンデミック以前の水準に回復している。その一方で、富裕層の支出は2020年12月になってもまだ約10%落ち込んでいた。

　支出と雇用も重要な地理的パターンを示している。低所得者の雇用では、裕福な地域のほうが大きな落ち込みを経験した。その結果、新型コロナウイルスによる危機では「富裕層にサービスを提供している貧困層」がもっとも苦しんでいる[16]。アメリカの郡のうち、以前から不平等の水準が高かったところで不平等の拡大が見られた。理由は、裕福な家計が新型コロナウイルスからほぼ守られているためで、これは一つには、裕福な人たちは在宅勤務への切り替えが可能だったからだ。もっとも大きな負担を強いられたのは、生活に必要不可欠でないサービスに従事している労働者だ。レジリエンスの不平等と合わせて、新型コロナウイルスによる危機は裕福な家計と貧しい家計とのギャップをさらに広げたのかもしれない。したがって重要な問題は、どうすれば貧しい家計がこの危機から立ち直れるか、ということになる。

ロボットによる真空効果と傷痕

こうした不均衡を増幅させるかもしれないのが「**ロボットによる真空効果**」だ。接触集約型サービスへの懸念には、少なくともワクチンが広く利用できるようになるまでは、資本による労働の代替を加速させる可能性があった。住宅清掃サービスを使うと作業員の持ち込むウイルスにさらされるのではないかと、ロボット掃除機を購入する人が増えた。清掃サービスの需要は、新型コロナウイルスによる危機が落ち着いてからかなり経っても回復しないかもしれない。さらに言えば、サービス部門全体の回復が抑えられたままになる可能性もある。そうなれば、この部門で働く人たちのレジリエンスが損なわれることになる。

学習の不平等：機会の不平等による傷痕

新型コロナウイルスによる危機は不平等を縮小するどころかむしろ拡大し、恒久的な罠を生み出すかもしれない。この可能性の例としては、オンライン学習への参加をめぐる格差が挙げられる。低所得の学生は、一般的なアプリを使った数学演習の量が高所得の同級生と比べてずっと少ない[17]。オンライン学習のリソースについてのグーグル検索すら、高所得地域のほうがずっと頻度が高い[18]。

こうしたトレンドには現実を突きつけられる思いがする。教育は、レジリエンスを高めるうえできわめて重要なインプットだからだ。教育があってこそ労働者は柔軟性を高め、適応力を伸ばしていける。

オランダでは、ロックダウンの期間中に最終試験を受けた学生は、ロックダウン前に最終試験を受けた者と比べて、パーセンタイルで3ポイントの学習損失が見られた。この損失は、親の教育水準が低い学生で有意に大きかった[19]。こうしたタイプの教育損失は、将来のショックに対するレジリエンスに負の影響を与える。公立と私立という学校制度による格差も大きい。イギリスの私立学校では、生徒が毎日オンライン授業を受けられる可能性が公立学校の2倍ある[20]。同時に、低所得の背景をもつ生徒は授業日がなくなってしまう可能性が高い。

恒久的な罠に落ち込んでしまう生徒はかなりいるだろう。人的資本の蓄積が妨げられれば、パンデミック期間中に学習が滞った生徒・学生のレジリエンスが損なわれることにもなる。さらに、アメリカでは多くの子どもが学校で給食を食べている。そのため、食料不安を抱えている家庭の子どもは、オンライン学習環境へシフトしたことで二重の負担に直面している。

発展途上国では、こうした難題の解決がさらに急を要するものになっている。学校は平等化の要素になりうるが、ロックダウンによって子どもたちが学校に来られず、家にいることを強要されるとなれば、そこには取り返しのつかない大きな危険がある。人的資本の形成は大きく損なわれるだろうし、それがまた長期的な傷痕の原因となる。マルシア・リマ（Marcia Lima）によれば、ブラジルの中学校では、スマートフォンを使ってインターネットにアクセスできる生徒の分布がきわめて不均等になっている。それがとくに当てはまるのがブラジルの北部および北西地域で、自宅学習に必要な機器を使える生徒はほとんどいないという[21]。

不平等と社会契約のレジリエンス

社会は、その成員間で社会契約が広く受け入れられているほどレジリエンスが高い。公正さや機会の平等、ジェンダー平等がなく、人種間格差があると、社会契約のレジリエンスは損なわれる。したがって政治は、社会の特定集団を不当に優遇したり不利益を与えたりするべきではない。すべての個人のあいだで平等にレジリエンスを育てることで社会全体のレジリエンスが高まる。この章の残りの部分では、新型コロナウイルスによる危機で表面化してきた男女間の不均衡、人種間格差、政策格差について詳しく見ていこう。

男女間格差

不公正であるばかりでなく、男女間格差によっても女性はリスクをとりにくくなり、ショック後に立ち直る能力を阻害されてしまう。これは女性のキャリアと収入への長期的な傷痕となりかねない。

斬新なデータソースから、2020年3月の新型コロナウイルスによるショックでは、女性への打撃がずっと大きかったことが明らかになっている。しかし新型コロナウイルスによる不況は、第二次世界大戦以後のどの不況ともかなり違っている。製造業と比べてサービス部門への影響が不釣り合いに大きい。男性は製造業など耐久消費財の業界で働いている割合が大きいのに対して、女性

図表 13－2

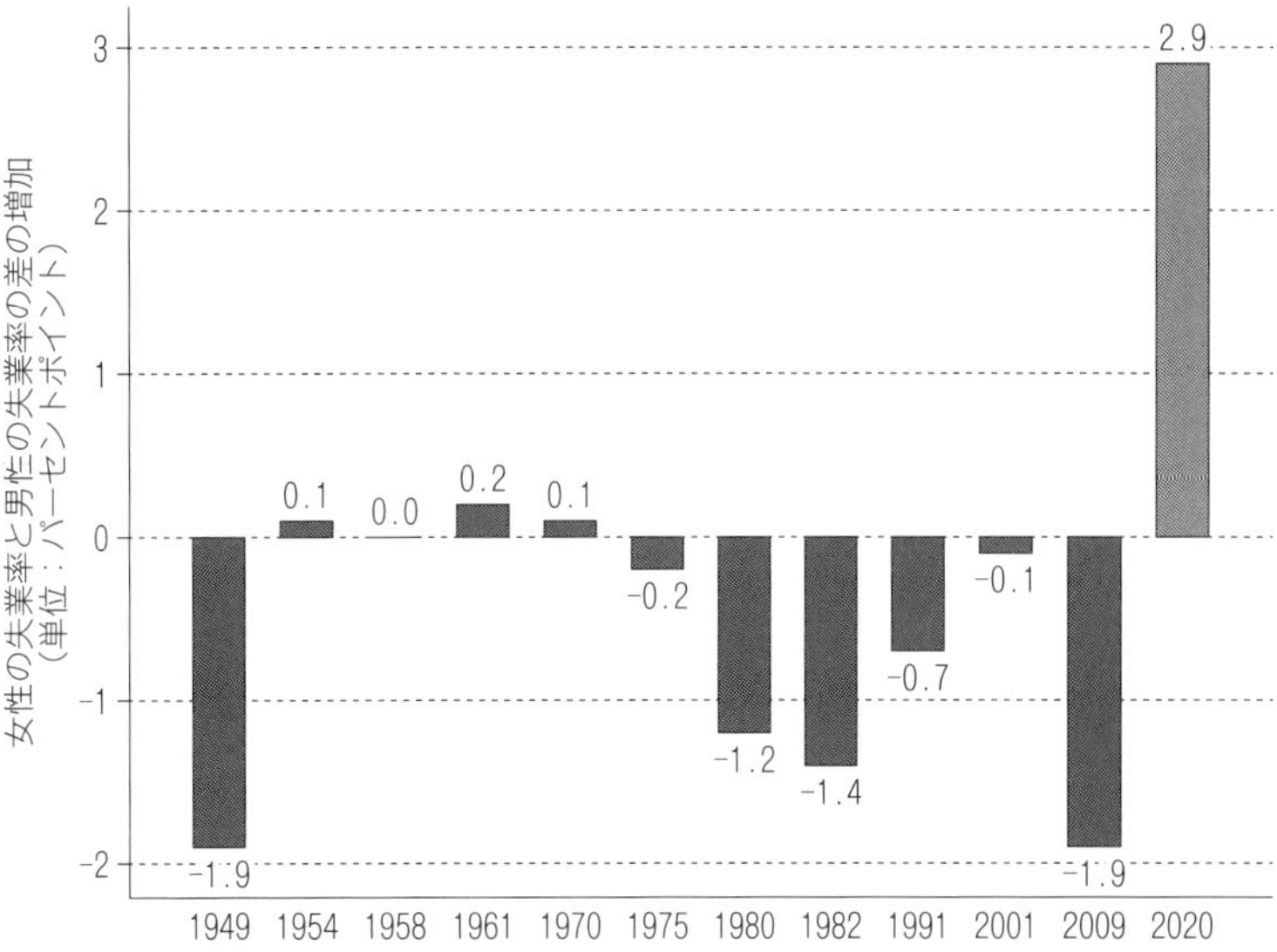

アメリカの過去の不況での失業率の男女差（女性の失業率－男性の失業率）。それぞれ最初月から最後月までをNBERビジネスサイクル／景気循環日付表から算出。潜在的な連続については季節ごとに修正。
出所：Alon et. Al., 2020

はサービス部門に雇用が偏っている。新型コロナウイルスによる危機では、男女を問わず、これまで例を見ないほど失業が急増した。しかも女性には、大規模な失業に直面する以外にも、休校期間中の家庭学習も含めて、家事や育児の負担が余分にのしかかった[22]。

人種間格差とレジリエンス

アメリカでは2020年、新型コロナウイルスによる危機のあいだに人種間格差が増大し、緊張が高まった。アフリカ系アメリカ人およびヒスパニックの労働者は高リスクの職業で働いていることが多く、人口密集地域の住居に暮らしている人が多い。医療アクセスが乏しく、複数の病気を抱えた並存疾患の率も高い[23]。小企業のオーナーが危機をどう乗り切ったかを見てみると、同じようなパターンが表れてくる。マイノリティー、移民、女性起業家は今回の危機でもっとも強い打撃を受けた。アフリカ系アメリカ人の現役企業オーナーの数は2020年4月に41ポイント減っているうえ、その後の回復も遅い[24]。数十年にわたるレッドライニング〔訳注：低所得者階層の居住地域など特定地域への融資差別〕や住居の住み分けは、アメリカの不平等の地理学が人種間格差を映すミラーイメージ（鏡像）になっていることを暗に示している。

パンデミックによる医療への影響には**人種による不平等**がある。ブラジルではアフリカ系ブラジル人の死亡率が高い。これは職業的なリスクのせいで、ウイルスにさらされることが多いためだ[25]。アメリカでは、アフリカ系アメリカ人に影響が偏っている。ヒスパニックを除いた白人人口と比べると、アメリカの黒人は新型コロナウイルス感染による入院率が2・8倍、死亡率は1・9倍となっている[26]。この観察結果は、アメリカの人種間格差が今日も根強く残っていて、それが以前よりも深刻化していることに改めて光を当てるものだ。医療、収入、教育、学業成績や企業実績、暴力、労働環境に関する多くの不平等は、とりわけアフリカ系アメリカ人に大きな影響を与えている。

2020年3月にジョージ・フロイドが殺害されてから、アメリカの人種的分断は**政治的危機**にもなった。リサ・クック（Lisa Cook）は、薄っぺらで実現性のない「青空思考」を超えた、深い意味での、恒久的な構造変化を目標にした変化を訴えている[27]。クックが推奨する反人種差別的な政策や実践はいくつもあるが、なかでも必要なものとして、科学、テクノロジー、工学、数学（science, technology, engineering, math, STEM）の各分野で活躍するマイノリティーが少ないことへの取り組みを挙げている。また、政治的要因を再構築することが重要だとも指摘しているし[28]、

図表13－3

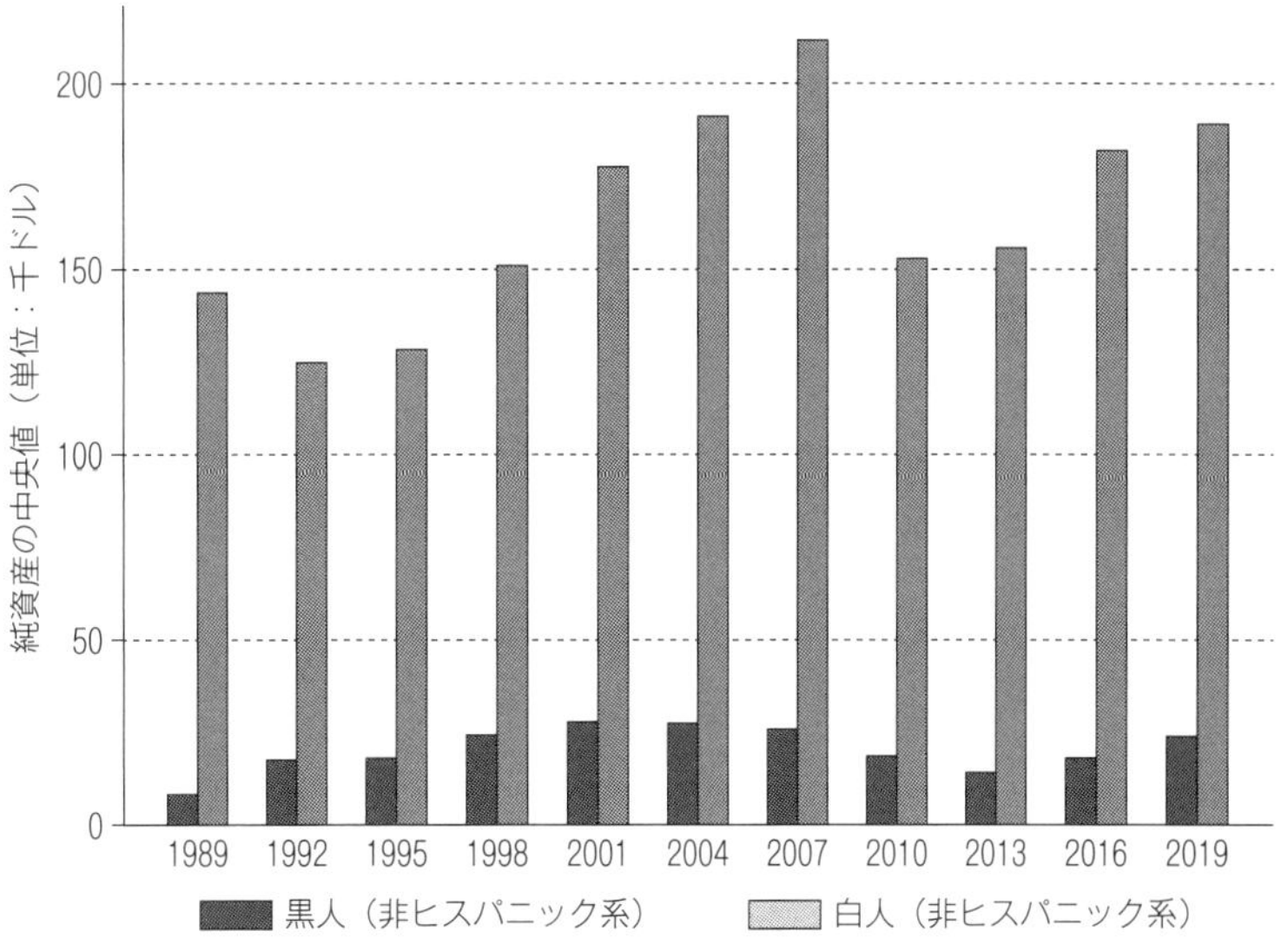

アメリカの黒人（非ヒスパニック系）と白人（非ヒスパニック系）の純資産の中央値。
出所：Aliprantis, Carroll, and Young 2020; and Federal Reserve Board of Governor 2020, Survey of Consumer Finances

アメリカ議会は人種間にある明白な富のギャップに取り組むべきだともしている（図表13－3参照[29]）。1960年代の公民権運動の時代から、富と収入についての人種間格差の縮小は、痛いほど歩みが遅い。どちらの格差も50年前とほとんど変わっていない。白人男性と黒人男性の富の比率は4～6倍を行ったり来たりしているが、これはつまり、平均的な白人男性は平均的な黒人男性の4倍から6倍の富をもっているということだ。白人男性の賃金は黒人男性の約2倍となっている。これまでのところ、市民権の平等化は経済的不平等の縮小につながっていない。

富の人種間ギャップは**起業の不平等**へと波及している。アメリカの小企業の3分の1以上は、どこかの時点で家族ないし友人からの贈与に依存しているのだが、富に関する人種間ギャップが大きいため、**アフリカ系アメリカ人**の企業家はこの種の支援を受けられる可能性がかなり低い。カリフォルニア州サンフランシスコに本社を置くランウェイ・ソーシャル・ファイナンス（Runway Social Finance）はこの問題に取り組むことを目的に、アフリカ系アメリカ人によって所有されている小企業に資金を提供している。条件はただ一つ、強力なビジネスプランがあることだ[30]。アフリカ系アメリカ人のためのビジネス投資サポートが全般に不足していることは、レジリエンスの不平等が経済的な不平等を悪化させることを明確に示すものだ。もしバッファが小さいことでアフリカ系アメリカ人企業家のレジリエンスが小さくなってしまったら、一時的な不況がマイノリティーのコミュニティーに**恒久的な傷痕効果**をもたらしかねない。レジリエンスがないと**リスクテイクができず**、それが**投資の減少**につながっていくからだ。

今回のパンデミックでは、マイノリティーのコミュニティーが過度の困難に直面しているにもかかわらず、これまでの証拠からは、アメリカの財政救済策からの資金が、とくにそうした人たちへの到達をめざしていないことが示唆される。主要プログラムであるPPP（パブリック・プライベート・パートナーシップ、官民連携）は企業をターゲットにしたもので、銀行が運営している。しかし、マイノリティーの企業家は金融テクノロジー（フィンテック）を使って資金を調達したり管理したりしているため、その多くがPPPの分配から取り残されている。黒人の企業オーナーの割合がとくに大きい郡は、平等なPPP資金を受け取っていなかった[31]。さらに悪いことに、アフリカ系アメリカ人の企業は、新型コロナウイルスによる危機が始まる以前からレバレッジが高く、バランスシートには脆さを抱えていた[32]。

こうした不平等に共通する原因は**社会全体に浸透した根深い人種差別**[33]だ。リサ・クックは、イノベーションプロセスにアフリカ系アメリカ人の関与が不足していることで、アメリカは毎年GDPの4・4%を失っていることを発見した。こうした損失は、女性差別によって生じる年間2・7%の喪失を上回っている[34]。経済損失にとどまらず、昔からある人種間の学業成績格差からも、次のような疑問が湧いてくる――機会の平等がないのなら、わが国は社会として本当に自由なのだろうか。

今後の見通しと歴史からの教訓

新型コロナウイルスによるパンデミックは広範な影響を残した数少ない悲劇の一つと考えられるようになるだろう。しかし、不平等に対するパンデミックの長期的な影響には、まだはっきりこうだと言い切れない部分がある。多くのテック企業とその株主が大きな利益を得た一方で、多くの貧しい国民はとてつもなく苦しんでいる。これまでのパンデミックは、14世紀の黒死病をはじめとして、不平等に大きな変化をもたらしてきた。

実際にウォルター・シャイデル（Walter Scheidel）は、過去において所得と富の不平等が縮まったのは大規模な危機があったときだけだと述べている。そのもっとも顕著なものは、大規模な動員をともなう戦争、「変革的革命」、国家の失敗、そしてパンデミックだ[35]。シャイデルはこれを、ヨハネ黙示録で世界の終わりに現れるとされる四騎士になぞらえて「フォー・ホースメン」と呼び、平準化効果を得るためには、このフォー・ホースメンのどれかが大きな規模で登場し、現代人にほとんど「黙示録的な」影響を与えるしかない、としている。

20世紀の二つの世界大戦は、どちらも大量の資本を破壊した。その影響をもっとも感じたのは、資本を集中的に保有していた富裕層だった。労働年齢の最盛期にあった多くの男性が死亡したことも、労働力の供給を制限し、実質賃金を押し上げた。さらに、両世界大戦は「また類を見ないほど強力な触媒として機能し、平等化を進める政策転換を引き起こした。つまり、権利の拡大、労働組合の結成、社会保障制度の拡大などへ向けた力強い推進力を生み出したのだ。世界大戦の衝撃はいわゆる『大圧縮』をもたらし、あらゆる先進国で所得と富の不平等が大きく減少した[36]。それは主として1914～1945年に集中的に起こったのだが、プロセス全体が完了するにはさらに数十年を要するのが普通だった」〔『暴力と不平等の人類史：戦争・革命・崩壊・疫病』鬼澤忍、塩原通緒訳、東洋経済新報社、2019年6月、9ページ〕とシャイデルは主張している[37]。ロシア革命と現代のソマリアの破綻は、それぞれ革命と国家の失敗の例であり、どちらも長期的な影響を生み出している。

最後に、黒死病が労働者に対する大規模な再分配効果となったのは、ヨーロッパ全域で数百万人が死亡したために「人的資本ストック」が劇的に低下したためだとも考えられる。その結果、労働力が資本に対して希少になり、労働力の相対価格が上昇したのである。逆説のようだが、人類的な大惨事がレジリエンスの平等を育てることもあるということだ。

新型コロナウイルスによる危機は同じような所得分配の逆転を、あるいは富の分配の逆転をもたらすのだろうか。今回のパンデミックは二つの世界大戦や14世紀の黒死病、あるいは国家の失敗とは違う。平準化を推進する二つの重要な経済メカニズムの特徴のいずれも備わっていない。物理的な資本ストックは破壊されていないし、人的資本ストックも、少なくともまだほぼ無傷で残っている。さらにロボットによる労働者の置き換えが、ここ数十年で大きな調整の余地となってきている。このトレンドは、オートメーション化の余地のある部門でさらに賃金を押し下げる可能性がある。

新型コロナウイルスによるパンデミックは大きなショックだったが、歴史上のほかのショックと比べれば、それほど重要ではないのかもしれないし、ウォルター・シャイデルが強調したフォー・ホースメンと比べても、ほんの一時的なものなのかもしれない。不平等の平準化には、平均回帰を起こさせないか、またはそれを妨げるだけの大規模なショックが必要だ。今日何が起こるかはわからないが、いずれにせよ、不平等ではなく平等こそが、レジリエントであるべきだ。

パートⅣ　グローバル・レジリエンス

第14章　新興国のレジリエンスに関する難題

　過去1万年の人類史を通じて**世界の人口は増加を続け**、1970年代の半ばには約40億人に達した。そしてその後の40年ではさらに約40億人増加している。1970年代にさかんに議論されたテーマは（多くはローマクラブをきっかけとする）「成長の限界」だった。当時、その見通しは非常に暗いものに思えたに違いない――この急速に成長する人口をどうやって食べさせていけばいいのか、どうすれば人類の繁栄を保障していけるのだろうか。

　かなり悲観的な状況だったにもかかわらず、人類は驚くほど成功した。過去40年で何億という人びとが貧困から抜け出し、グローバルミドルクラスに入っていった。このサクセスストーリーで鍵となる役割を演じたのは、急激なグローバリゼーションだ。1990年代はじめには、まだ世界人口の36％に当たる19億人が極貧状態に暮らしていた。今日、世界の人口は増えているにもかかわらず、極貧状態に暮らしているのはおよそ6億5000万人だ。世界経済は宇宙がビッグクランチの収縮からビッグバンの大膨張に切り替わるような「ビッグバウンス」を経験し、数億人を貧困から引き上げた[1]。

20世紀の後半、**世界規模での不平等は大幅に縮小した**。インド、中国、東アジアの「タイガー」諸国の経済的台頭によって、数億人が貧困からグローバルミドルクラスへと引き上げられた。こうした国々は先進国よりも成長が早く、世界規模での大幅な不平等の縮小につながった。にもかかわらず、立ち往生の脅威はいまも残っている。

貧困の罠と中所得国の罠がレジリエンスを妨げる仕組み

一般に、すべての新興市場国・発展途上国(Emerging Markets and Developing Countries, EMDEs)を一枚岩として扱いがちだが、その制度、経済の発展段階、開発戦略はそれぞれ大きく違う。レジリエンスを妨げる多くの難題とも戦わなければならない。

貧困の罠

貧困は、たいていの場合、ある一定の所得水準を下回るレベルで生活することとして定義される。それがいわゆる絶対的「貧困ライン」で、肉体的健康に必要な最低限度のリソースを基礎としている。また、本書でのレジリエンスの概念と関連した、もっと動力学的な**貧困**の定義もある。たとえば、負のショック(穀物の不作など)があったら子どもを学校へ通わせられないとき、その人は貧しいとする。そのような場合、家族全体をショックから回復させるのはさらに難しい。それでも、この人物にショックから立ち直る能力を提供できれば、たとえすぐに収入が上昇しなくても、それだけで大きな違いになるだろう。

後発発展途上国（Least Developed Countries, ＬＤＣｓ）の一部では、個人的な貧困の罠が複雑に組み合わさっている。実際に、ＬＤＣｓの人たちの多くは貧困の罠の瀬戸際で暮らしているか、すでに臨界点を超えてしまっている。国全体が貧困の罠に陥ってしまったら、レジリエンスの総量が足りないので、経済全体が穴から抜け出せなくなる。

中所得国の罠

これまで多くの国が、経済発展の早い段階で貧困の罠から抜け出し、大幅な技術的進歩を遂げてきた。安価な、そして多くは未熟練の労働力を提供することで、また消費を抑えて広範な投資をすることで、たいていの国は相当な成長率を達成できる。それによって基本的な生存に集中するしかない低所得状況から抜け出し、中所得国のステータスへと向かっていく。しかしそこで、こうした新興市場は新たな難題に直面する。貧困の罠を回避してそれなりの中間層が生まれ、パンデミックのようなショックによる経済的影響と闘えるだけの財政的な余裕ができてくると、ここで検討している**中所得国の罠**に陥る可能性が出てくるのだ。

キャッチアップ中の経済を組織するのは、テクノロジーの最前線を走っている経済を組織するのとは違う。キャッチアップはたいてい投資ベースの開発で達成できる。消費の増大を犠牲にしてＧＤＰの大部分を投資すれば、資本ストックが急速に積み上がって国は成長する。アメリカは過去10年で人口１人当たりＧＤＰの約67・５％を消費している[2]。中国は、この数字が50～55％だ[3]。

投資主導型の段階では、国は新しい産業の立ち上げや幼稚産業の保護のために、かなり大きな固定費用に直面する。こうした保護政策には、競争になんらかの制限を設けて新しい産業やスタートアップ企業の発達にインセンティブを与えることなども含まれる。

しかし、経済がテクノロジーの最前線に近づくにつれて、開発戦略はイノベーションベースに変わっていかなければならない。そこで中所得の国は、成熟するにつれて、それまでと違う成長モデルに切り替える必要が出てくる。イノベーションベースの段階では、最大の利益は、経済活動を管理する者の効率的な配置から生まれる[4]。テクノロジーの成長を維持するためには、もっとも優秀なマネジャーがもっとも重要なイノベーション活動を管理する必要がある。しかし、この段階で競争が制限されていると、そうした重要な活動への優秀なマネジャーの配置が最善でなくなる可能性がある。もし才能あるマネジャーの誤配置を修正できなければ、そしてもし人的資本を築くことに失敗してしまったら、その国は中所得国の罠に陥るリスクが出てくる。そうなれば、当初、低所得国から中所得国へと成長の階段を駆け上がったのちに、成長が大きく停滞することになる。先進国へのキャッチアップという目標は遅れるか、まったく達成できなくなってしまう。そのような結果にならないためには、競争を盛んにし、人的資本への投資を増やし、最前線にあるイノベーション部門の開発努力を強化することが必要だ。

教育部門を拡大・深化させて人的資本の開発を促進すれば、労働者のスキルが向上する。それによってレジリエンスも提供される――ショックに直面したときに多くの労働者をさまざまなタスクに容易に振り分けられれば、そうなるはずだ。対照的に、先行開発の重要分野を軽視すると経済が脆弱になる。一度のショックでレジリエンスが破壊されるか、国ごと罠に突き落とされることにもなりかねない。

輸出主導型および輸入代替型の開発

国が追求する成長モデルはさまざまある。開発に向けてもっとも成功するアプローチは**輸出主導型の成長モデル**で、アジアの大半の国はこれを採用してきた。効果は絶大で、中国、韓国、インド、香港、シンガポール、台湾で何億という人びとが貧困から抜け出している。経済と金融のグローバリゼーションが拡大したことで、そうした利益はさらに増幅された。しかし、この輸出主導型成長モデルは脅威にさらされている。先進国が内向きになったときにもっとも高い代価を払うのは、貿易と外国直接投資（ＦＤＩ）に依存している発展途上国だ[5]。新興市場の発展が妨げられれば、グローバルな形での経済的傷痕につながりかねない。いまのところ、パンデミックによって先進諸国が生産を国内に戻すということにはなっていない。２０２１年春の時点で世界が力を入れているのは、サプライチェーンをさまざまな国の複数のサプライヤーに分散させることだ。

その一方で、ブラジルの**輸入代替工業化（ＩＳＩ）による開発モデル**は、輸入関税を使って外国との競争から国内企業を保護し、それによって輸入品を地元製造で置き換えようとする。国家が主導するＩＳＩモデルはブラジルが１９５０年代に採用したものだが、１９８０年代からは停滞を続けている。

閉鎖的なブラジル経済は過去数十年にわたって先進国へのキャッチアップができていない。国家が経済に過剰に関与しているうえ、不平等の水準も高い[6]。らせんを描いて急増する債務、鈍い成長率、社会的緊張、そして民主主義もしっかり根付いていないなかで、さまざまなリスクが高まっていった[7]。ブラジルの最適とは言えない成長モデルと高水準の財政赤字は、新型コロナウイルスによる危機の前からこの国の財政余地を制限してきたし、今回のパンデミックから経済が回復する能力も損なってしまった。しかも、新型コロナウイルスによる危機に襲われたときのブラジルは、欧米の経済とは対照的に、やっと不況から抜け出しかけたばかりだった[8]。

医療のレジリエンス

これは先進国にも当てはまることだが、ＥＭＤＥｓのレジリエンスには医療のレジリエンスも含まれている。ＥＭＤＥｓでは、今回のパンデミックのような医療ショックからの回復はずっと難しい。こうした国々では医療のトレードオフに違いがあるうえ、ロックダウンもあまり効果がなく、たいていは人口密度が高い。その一方で、ＥＭＤＥｓは年齢層が若いことが多く、それが今回のパンデミックの第1波ではプラスになった。ふつう若い人は、新型コロナウイルスによる深刻な影響があっても、それほど脆弱ではないからだ。

見える医療か、見えない医療か

パンデミックのようなショックでは、当初の対応が国民医療全体に負の影響を与えることがある。これが明白に示されたのが、新興市場での見える死と見えない死とのトレードオフだった。国がエネルギーとリソースを新型コロナウイルスへの公衆衛生上の対応に集中させたため、公衆衛生のほかの分野に負の副作用が表れた。ほかの病気に対する予防接種の多くが差し控えられたのだ。インドではロックダウンの期間中、１００万人以上の子どもが重要な予防接種を受けられず、危険な家庭内出産も増加した。インドの医療専門家の最大の懸念は結核だ。新型コロナウイルスによるパンデミックで結核の治療が受けられないために、インドの結核患者数は２０２５年までに６００万人以上も増加して、１４０万人が死亡する可能性がある[9]。このように、新型コロナウイルスとの闘いとほかの感染症を抑え込む苦闘とのあいだにはトレードオフがある。新型コロナウイルスによる死亡が少なく済む陰で、予防接種の遅れやその他の医療処置の延期による見えない死が多くなってしまうかもしれない。

その一方で、新型コロナウイルスによる危機を軽く見すぎても悲惨な結果になることは、２０２1年春のインドでの第2波が明白に示している。２０２１年3月はじめには、1日に確認される患者数が連日40万人以上に達し、悲しい世界記録となった。本当の患者数はこれの5倍から30倍だと推定される[10]。宗教上の祝祭や政治集会に集まった大群衆がこの大惨事に寄与していた。マハーラーシュトラ州で患者が見つかり出したとき、野党が同州を押えていたことから、中央政府は大きな支援を提供しなかったらしい。医療システムが機能しないことで危機は加速し、パンデミックは急速に制御不能となった。酸素が不足して病院が対応不能となったことから、多くの人びとが病院に受け入れてもらえず、路上で死に追いやられていった。治療を受けられなかった人や助けてもらえなかった人の親戚から襲われる医師もいた[11]。被害の大きい首都デリーからインド南部への移住を考える人たちもいた。この悲劇の最中、市民による地元の支援ネットワークが行動を開始した。こうした社会的なネットワークはレジリエンスを高めた。これは、強力なコミュニティーが深刻な危機に対処する人たちへの追加の支援になりうることを明白に示している。

アルゼンチン、ルワンダ、ナイジェリアなど、ほぼすべてのＥＭＤＥｓが新型コロナウイルスに襲われた。ブラジルと南アフリカは感染力の強い変異株に苦しんだ[12]。デルタ株や二重変異株がほかの国へ広がったことは、インドや世界に衝撃を与えた。さらなる変異の脅威は――したがって新たな感染爆発の脅威は――いまもまだ残っている。

あまり効果的でないEMDEsの政策措置

ＥＭＤＥｓではあらゆるタイプのショックが深刻なものになりうるが、政策余地が限られているために、政府は弱い対応しかできないことが多い。たとえば新型コロナウイルスでロックダウンをしようとしても、ＥＭＤＥｓでは労働者の多くがその日暮らしをしているため、費用がかさむうえに実施も難しい。必要最低限度の生活はつねに緊急かつ基本的な問題なので、それをなおざりにしたのでは、新型コロナウイルス以上の死者が出かねない[13]。こうした背景では、広範なソーシャルディスタンスとビジネス規制は、生活と生存の確保と両立せず現実的なツールではない[14]。

それぞれの難題があったが、それでも新興市場は厳しいロックダウンを施行した。**ロックダウン**は、国民に医療危機が深刻だという**シグナルを送る**ための有益なツールではあるかもしれない。しかし、シグナルとしての役割の重要さにもかかわらず、ＥＭＤＥｓでのロックダウンは持続できたためしがない。こうした国々では自宅でできる仕事がほとんどないからだ[15]。多くの新興国が、ウイルスを抑え込む前に経済活動を再開せざるをえなくなり、それがかなりの経済損失と、ときに医療面での期待外れの結果につながった[16]。**劣悪な生活条件**もソーシャルディスタンスの遵守を弱めてしまう。ブラジルの携帯電話データは、ファヴェーラ（低所得層の不法居住地域）の居住者がほかの地域の居住者ほど**ソーシャルディスタンスを保っていない**ことを明確に示している。混み合った居住区域と住居の近接も、公衆衛生施策の施行を困難にしている[17]。

財政政策余地を通してのレジリエンス

良い政策とは、ショック後の回復をスピードアップできるような支援を提供する政策だ。そうした政策はコストがかかるので、実施できるかどうかはその国の財政能力にかかってくる。第一に、損失を再配分して市民を守るには課税権限が必要となる（ＥＭＤＥｓではこれが限られている）。第二に、危機に先立って好景気のうちにバッファを構築することで追加のレジリエンスが提供される。第三に、借り入れ能力は、確固とした課税計画、国際的な課税競争、安全資産ステータスを失う危険性によって変わってくる。

今回の新型コロナウイルスによる危機の注目すべき特徴は、これまでの危機と比べて新興市場の財政余地がかなり大きいことだ。これはアメリカの低金利の結果で、それが新興市場への持続的なキャピタルフローに寄与している。とはいえ、ＥＭＤＥｓはまだ先進国と比べて財政余地が大幅に少なく、キャピタルフローの逆流には脆弱だ。

分配およびＥＭＤＥｓの課税権限強化の可能性

財政政策は政府の課税権限に大きく依存する。政府の課税権限は国の開発モデル、インフォーマル経済、制度的な枠組みと絡み合っている。課税権限のある国は、ショックでもっとも苦しんでいる社会への再配分と補償ができる。それによって、もっともショックの影響を受けた人たちの回復が保証できるし、それが社会的レジリエンスの前提条件でもある。

今回の新型コロナウイルスによるパンデミックでは、政府対応の範囲が実に多様だった[18]。2020年、先進国は平均してGDPの約20％を費やして直接的な財政支援と政府保証を行った（両者の割合はほぼ半々だった）。ブラジル、ブルガリア、インドといった新興国では、財政措置と政府保証をすべて合わせてもGDPの約6％にしかならない。さらに低所得発展途上国（LIDCs）、すなわちこの惑星で相対的にもっとも貧しいミャンマー、エチオピア、セネガルといった国々では、財政支援はGDPのわずか2％だった[19]。結果、世界的な開発階層の底辺近くにある国にはかなりの傷痕が残るリスクがあるうえに、それによって将来のキャッチアップの能力が損なわれる可能性もある。パンデミックのような大きなショックがあったとき、**事前の財政余地が小さいことはレジリエンスが低いことを意味している**。

今回のパンデミックでは、同じグループの国どうしでも、財政措置の実施に大きなばらつきがあった。たとえばトルコでは、ほぼすべてが**融資と債務保証**による措置で、比較すると、直接的な財政支出がほとんどなかった（GDP比13％対1％）。チリは**直接的な財政措置**を強く押し出した（GDP比8％対2％[20]）。債務保証はあとから直接的な財政支出をともなわないので、政府にとっては安くつくのだが、企業の過剰債務問題を悪化させてしまう。

こうした支援プログラムの資金を調達するために、各国は誰に課税するべきなのだろう。労働者か、資本家か、それとも両方か？　需要の価格弾力性が低い財への税を高くするというラムゼイルールに立ち返れば、伝統的な選択肢は移動性の低い要素への課税だ。理由は、このアプローチのほうが歪みは少ないからだ。多くの労働者にとって移住は容易ではないが、資本は国を越えて移動する。たとえ課税しても簡単に別の国へ移ってしまうのだから、資本への課税は効果的ではないと考えられる。これは今日の知識経済にはとくによく当てはまることで、巨大テクノロジー企業は税率の有利な国へ簡単に活動を再配分することができる。この議論は、労働者への課税が高くて資本への課税が比較的低いことの裏付けとなっている。資本への課税強化を達成するための案としては、移動性があっても、地球規模での所得に課税することだろう。アメリカ市民に対する現在のシステムがこれに似ている。基本的にアメリカ市民は、世界のどこに暮らしていても、資本と労働に基づく所得に対して課税されている。このシステムは企業にも拡張できるだろう[21]。

この目的を達成するためには、主要国が富裕層への課税の仕方、資本への課税と共有の仕方について合意することが必要だ。2021年春、バイデン政権は企業利益への国際課税に向けた国際イニシアティブを支持した。これによって、経済協力開発機構（OECD、本部パリ）が以前から主張してきた議論がふたたび活性化することになった〔訳注：2021年10月8日に最低法人税率15%に136か国が同意した。2023年の実施をめざす〕。

利益を外国へ移すこと以外にも、企業が課税を回避する方法はある。利益をインフォーマル部門〔訳注：法人格がなく事業活動が公式記録に残らない部門〕へ移すのである。これはEMDEsでは大きな問題だ。ブラジルでは、控えめな集計でも経済の40%がインフォーマルとなっている[22]。多くのEMDEsはインフォーマル部門が巨大なために脱税の機会が多く、徴税努力も複雑になっている。結局のところ、フォーマル部門への課税強化は、企業が経済活動をインフォーマル部門に移すインセンティブになってしまうかもしれない。**新しいデジタル・ツール**が徴税を促進する可能性はある。電子決済は監視が容易だし、自動徴税なら、税法の執行に多くの人的能力を必要としない、効率的なソリューションにつながるかもしれない。

商品価格の動きも、新興国や発展途上国の財政余地に影響を与える。新型コロナウイルスによるショックに襲われたとき、商品価格は激しく変動した。石油価格は急落した。インドなど、石油の輸入に大きく依存している国では石油価格の下落が恩恵となったが、石油および関連商品を輸出している国は大きな打撃を被った。

外国への出稼ぎ労働者からの**送金**は、多くのEMDEsにとってバッファの一つであり、かつ収入源でもある。キルギス、ネパール、ホンジュラスといった国は、ふだんは**GDP**の20％以上の送金を受け取っている[23]。危機のときにこうした流れが減ったことで、地元経済には大きな影響が出ている。

反循環的政策、バッファ、借り入れ能力

新型コロナウイルスによる危機は、レジリエンスには信頼できる財政的バッファが必要だということを教えてくれた。反循環的財政政策はレジリエンスを強力に高めることができる。好況時は巨額の税収が発生するので、政府は赤字を削減できるし、場合によっては黒字になることもある。好景気のときにさらに質素にしていれば、ショック後の回復を賄うための余剰資金も確保できるし、借り入れ限度に達することなく大規模な借り入れができる。これは財政面でのレジリエンスを提供してくれる。

新興国のなかには、新型コロナウイルスによるパンデミックまでにバッファを築くことができていなかったために、救済の提供が難しくなったところがかなりあった。たとえばブラジルは、20

図表 14－1

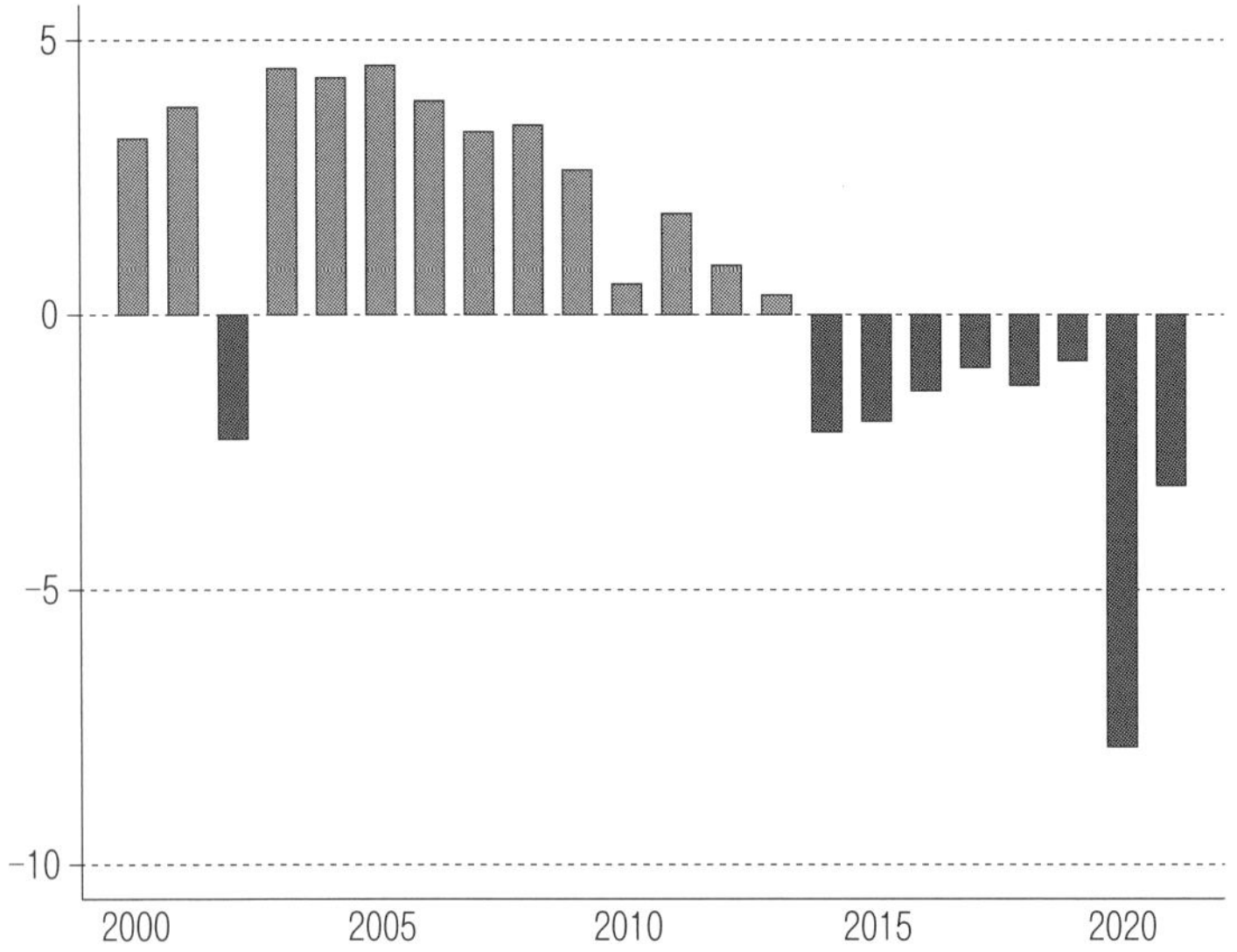

対 GDP 比（%）で示したブラジルの基礎的財政黒字ないし赤字。
出所：IMF

14年以来の巨額の財政赤字を抱えていたために、パンデミックのときに国のレジリエンスが限定されてしまった[24]。

多くの新興国に以前から存在するこうした問題が、政府による救済プログラムがない理由を説明している[25]。官民の過剰債務がレジリエンスキラーの役割を演じてきた。過剰債務があって財政能力が不十分な政府は、自国経済の回復に必要な財政支援を提供できずにいる。債務があると民間企業は投資を手控える。それがさらに経済の傷痕に寄与して回復を遅らせる。その結果、経済成長の落ち込みは相当長引く可能性がある。さらに、企業は生き残りのために新たな債務を増やさざるをえないから、民間部門ではさらに債務が積み上がっていく。危機のあいだに民間の負債が公的負債になっていくと、債務リスクが高まる。

一般に新興国は政府機関が弱体なうえ、課税されないインフォーマルな陰の経済が巨大なことから、借り入れ能力が限定されている。こうした文脈では、財政面での期待をつなぎとめておくことが非常に重要になる。目的は、明快さと信用を提供することだ。それができるかどうかは二つの条件にかかっている。第一に、政府が代わっても財政計画が大きく動揺しないよう、広範な政治的支援が必要だ。第二に、明確で信用できる計画を示して、政府には将来的に赤字を解消する意図があることを民間に理解してもらわなければならない。

驚くことに、多くの新興国はこれと正反対のことをして、反循環的どころか、正循環的な財政政策を実施してきている[26]。それを如実に表しているのがブラジルの例で、好景気のときに大規模な支出プログラムで財政能力をほぼ使い果たしたせいで、不況に対応する余地がほとんどなくなっていた。罠は口を開けている。言い換えれば、景気後退時の政策が十分に拡張的でないと不況が長引いてしまい、持続的で長期的な傷痕になるリスクが高くなる、ということだ。くわえて、危機のときの反循環的財政政策は、正循環的財政政策と違って、借入利子率の急上昇につながる可能性がある。そのようなシナリオでは、金融市場が国内の財政政策に圧力をかけることになる。これはたいてい緊縮財政という結果をもたらす。ほどほどの金利で借り入れを続けられるようにするためには、それしかないからだ。

政策余地とＩＭＦの特別引出権

重要な問題は、国の財政能力が限られている新興国や発展途上国を国際組織が支援できるかどうかだ。もし国際支援が実現できれば、グローバルなレジリエンスを育てることになるだろう。

一つ可能性のある手段は、国際通貨基金（ＩＭＦ）が提供する**特別引出権（ＳＤＲｓ）**の一般配分を通じて、即時の救済を提供することだ[27]。このアイデアは２０２１年2月末下旬にアメリカのジャネット・イエレン（Janet Yellen）財務長官が主張した[28]。ＳＤＲｓは権利保有国に、有力なＩＭＦ加盟国の外貨準備を利用する権利を与えている。新たなＳＤＲｓが配分されればＥＭＤＥｓの外貨準備が強化されるだろうし、ＳＤＲｓを米ドルなど、他国通貨との交換が可能なハードカレンシーに転換して輸入の費用に充てることもできるだろう。

それぞれのＳＤＲｓの価値は国際通貨のバスケットを反映していて、その加重はＩＭＦが決定する。いまのところ、バスケットは米ドル、ユーロ、人民元、日本円、イギリスポンドで構成されている。ＳＤＲｓには多くの制約があるものの、貨幣の三つの機能を満たしている。

第一に、これは信頼性のある安定した決済単位で、主要通貨のバスケットとして定義されている。第二に、これは安定した価値貯蔵手段だ。実際に、ＳＤＲｓは各国の中央銀行にとって価値ある準備資産となっている。また、複数通貨のバスケットとして分散化の恩恵があるので、個別の通貨だけより安定性が高い。第三に、ＳＤＲｓは交換媒体であり、限定的とはいえ決算手段にもなる。ＳＤＲｓの会計は閉じられたシステムで、ほかの金融・財政システムとの相互作用はまったくない。

ＳＤＲｓはその会計の範囲内で、加盟国どうしでのみ移転することができる（これには各国の政府、中央銀行、国際機関が含まれる）。またＳＤＲｓは、こうした公的な会計単位どうしの決済にしか使えない。つまり、民間の経済主体にはＳＤＲｓへのアクセス権がなく、したがって民間取引には使えないということだ。さらに、ＳＤＲｓ会計内での加盟国どうしの決済にも条件がある。支払いを受ける当事者が、一定限度以上をＳＤＲｓでの受け取りとすることに同意しなければならない。

新しいＳＤＲｓが配分されたら、ＩＭＦ加盟国は（財政余地を広げるために）それをハードカレンシーと交換するようＩＭＦに働きかけることができる。ハードカレンシーを提供するのは、外貨準備ポジションが強く、要請に応じて他の加盟国のＳＤＲｓを自発的に受け入れた国々だ。そうした国は要請のあった通貨（大半は米ドルかユーロ）を自国の外貨準備から提供するか、その通貨の発行国なら単純に「発行する」。ハードカレンシーを受け取った国はそれを条件なしで使うことができる。このように、ＳＤＲｓは、必要としている国に追加の外貨準備を即座に提供してくれる。この準備は、売却して財政余地を拡大してもいいし、他国の中央銀行への支払いに利用してもいい[29]。債務を抱えたＩＭＦ加盟国は、たとえば中国政府に対する未払い債務が満期を迎えるといったときに、その決済にこれを当てることができる。

これ以外にも、この財政措置には、債務国の政治経済に影響しないという利点がある。ＩＭＦプログラムの多くは、改革を実行する義務を負うなどの条件がつくが、ＳＤＲｓにはそういった制限はない。ＳＤＲｓは、改革をしようとしない国も含めて、すべての国にプラスになる[30]。

突き詰めれば、ＳＤＲｓは金融政策と財政政策のハイブリッドだ。取引の性質は金融のように思えるが、明らかに財政的な要素があるし、将来の公的支援に向けた合意を表すものでもある。

ＳＤＲｓが開発銀行からの直接支援と比べてすぐれている点はなんだろう。大きな利点の一つは国際的な調整だ。ＳＤＲｓの通貨バスケットを使うと多くの国が同じ船に乗ることになる。第二の「利点」は政治的な議論と関連している。ＳＤＲｓを使えば、先進諸国は自国の国家予算に含まれない支援を提供することができるので、政治的な対立や議会での長々しい交渉を迂回することができる。また、国のリソースを国際支援に振り分けたリーダーとして、国内のマスコミからネガティブな報道をされるリスクを抑えることもできる。

しかし、ＳＤＲｓの使用を増やすことに反対する主張もある。批判的な立場からは、ＳＤＲｓは本質的に財政救済のためではなく、国際的な流動性を提供するために設計されたものだという指摘がなされている[31]。ＳＤＲｓの目的は緊急事態だけの短期的な橋渡しであるべきだ、というのである。また、ＳＤＲｓを通じた暗黙の財政移転は、ＥＭＤＥｓが必要としている実際の救済と比べて規模が小さいという議論もある。

債務再編

危機のときに多額の債務を帳消しにすることは、各国に一息つく余裕と回復のチャンスを与える。債務再編（デット・リストラクチャリング）はレジリエンスの重要な要素となりうる。しかし、債務再編は効率よく、速やかに行う必要がある。現在のところ、再編には最大で６年かかっている。この非効率さが、債務再編のプロセス全体を非現実的なものにしている。プロセスが長引くと、困っている国は再編プロセスが終わるまでの、つなぎ融資の心配をしなければならない。新型コロナウイルスによる危機での巨額の財政赤字は、各国の政府予算をいっそう締め付けた。したがって、危機のあとには公的債務の負担がかなり大きくなる可能性がある。

持続不能な債務

新型コロナウイルスによる危機は、政府支出を増大させるのと同時に、税収を減少させもした。当然のことながら、政府予算はプレッシャーにさらされている。これは、格付け機関による国の債務の格下げにつながる可能性がある。実際に2021年5月、コロンビアの債務にそれが起こっている[32]。2020年11月にはザンビアが一部の債務について明白な不履行状態に陥った〔訳注：中国は債務返済延期に合意した[33]〕。ガーナやアンゴラのように、利払いのためだけに政府予算の50%を支出してきた国も、やはり圧力にさらされている[34]。どのケースも、パンデミックによってリスクが増大するうちに財政状況の切迫が表面化してきて、新たに債務を増やすためのコストが上昇してしまい、債務の維持が難しくなっている。

一部の経済学者は債務問題を「良い、悪い、醜悪な」に区別している[35]。大規模で、公的資金による、成長促進のための投資プログラムが原因で積み上がったものは「良い」債務と呼ばれる。結局のところ、債務が投資に使われれば国の資本ストックが増えることになり、その過程で潜在的なGDPが増大するのだ。「悪い」債務とは、それが積み上がって過剰債務となる無駄な支出のことで、これは長期的な傷痕になりかねない。最後の「醜悪な」債務は汚職の資金源となるもので、たいていは外国のタックスヘイブン（租税回避地）にある個人口座に流れ込む。

債務が国内通貨建てでないために負担が大きくなる場合もある。1980年代および1990年代、通貨危機の最大の原因は**国王などによる外国通貨での借り入れ**で、これは「原罪」と呼ばれた。国内通貨を切り下げることで、米ドル建ての債務の価値はあっというまに天井知らずになった。ありがたいことに、ＥＭＤＥｓはここ20年ほどで原罪をほぼ克服している[36]。しかし民間債務はまだ外貨建てのことが多く、いまも為替リスクを残している。

積極的政策と先送り

債務問題が表面化するとき、国は二つの選択に直面する。積極的に動くか、先延ばしするかだ[37]。積極的な政策、すぐれた債務管理、ＩＭＦプログラム、自発的な債務再編は、どれも財政負担を管理可能にし、高水準の債務リスクを軽減することに寄与できる。

公的債務の負担を軽減する目的では、積極的な政策よりも**先送り**のほうがずっと一般的だ。しかし、国の再編プロセスが遅れがちになるので、問題が増幅されてしまうことも多い[38]。先送りが生じる理由は少なくとも二つある。第一に、債務再編をすると、いざというときに国債市場で借り入れる能力が弱まってしまうかもしれない。これについては、ＩＭＦのつなぎ融資によって各国政府にインセンティブを与え、再交渉プロセスを早く始めるとともに、債務再編プロセスに債権者を含めていくべきだ。第二に、必要な財政再建が国内の有権者から大いに不評を買う可能性がある。政府予算の大幅削減を発表するのは決して楽しいものではない。したがって、財政上の緊急事態に取り組むうえで必要な解決策でも、政治的な日和見主義から、その実施が遅れてしまうことがある。

ホールドアウト問題、集団行動条項、パリクラブ

債権者が交渉を遅らせる**ホールドアウト問題**〔訳注：債権の一部放棄などについて債権者間で合意が得られず、債務問題の解決が進展しない状況〕も難題の一つだ。大きな財政危機の解決には多くの債権者の協力が必要だが、最初に譲歩したいと思う貸し手はいない。理由は単純で、そんなことをすれば間接的にほかの貸し手の利益になるからだ。もし一部の債権者が部分的に請求権を放棄（いわゆる「ヘアカット」）すれば、その分だけ、ほかの債権者が全額返済を受ける可能性が高くなってしまう。

1980年代、国債を保有しているのはほとんど欧米の主要国だけだった。だから、主だった国債保有国の代表者が集まる「パリクラブ」で債務交渉を促進することができた。しかしそれ以後、ヘッジファンドをはじめとする多くの機関投資家が国債市場に参入してきた。その結果、すべての債権者を含めた交渉では調整が不可能になった。たとえば2001～2002年にアルゼンチンがデフォルトになったときには70％のヘアカットが求められたが、ヘッジファンドのエリオット・マネジメントを筆頭に、合計で不履行債務の7％を保有する債権者がこれを拒否した。それどころか、エリオットは10年にわたって法廷でアルゼンチンを追及した。最終的には裁判による和解が成立し、アルゼンチンは債務の支払いに同意した。ガーナでアルゼンチン船舶が差し押さえられるなど、さまざまな紆余曲折を経てのことだった[39]。

現時点で、一国の破産に対処するための統一的なアプローチはない。全体のプロセスを定式化して、ケース・バイ・ケースのアプローチから脱するために、ＩＭＦのアン・クルーガー（Anne

Krueger）は２００２年、国家債務再編メカニズム（Sovereign Debt Restructuring Mechanism, SDRM）の設置に向けた提案を行った[40]。ＳＤＲＭの基盤となる考え方は、国のための破産法のようなものを創設しようということだ。ちょうど企業のための破産法が、企業が支払い不能になった場合の処理について統一的なガイドラインを提供しているのと同じだ。しかし、こうした提案はまだ現実的な国際合意に至っていない。代わりに決まったのが**集団行動条項（Collective Action Clauses, CACs）**で、これは、少数の債券保有者によって多数の債券保有者による同意が妨げられるのを防ぐための約定だ。一定数（半数以上）の債権者が同意すれば、債務再編の合意はすべての債権者に対して法的拘束力をもつようになる。しかし、古い債務契約にはＣＡＣｓが含まれていない。新しい債券でも、石油を裏付けとする融資のように、天然資源を担保としたものはＣＡＣｓの対象外となることが多い。

ほかに、**官民の貸し手の区別が曖昧**なことも債務再編の難題だ。たとえば中国国家開発銀行は、民間の貸し手としてのステータスを維持しようとしている。そのため、公的部門での譲歩や債務軽減による影響を受けない。

ホールドアウト問題について解決がさらに複雑になるのは、たいていの場合、負債総額も貸し手が誰かも、まったく**一般公開**されないことが理由だ。さまざまなソースによって政府に提供された融資については、まったく統計がない。そのため債権者は、政府がほかの債権者にどの程度の契約をしているのかがわからない。ピーターソン国際経済研究所による最近の調査によって、中国からの多くの融資には、借り手に債務の公開を禁じる明示的条項があることが明らかとなった。さらに借り手側は、中国からの融資を集団的な債務再編から除外することにも同意していた。なかには中国に、自国の国内・外交政策に間接的な影響をおよぼすことを認めているケースもある[41]。中国はEMDEsの大口債権者として、債務再編プロセスできわめて重要な役割を果たすことになるだろう。

債務の見直し

債務再編には「見直し」（リプロファイリング）と呼ばれる特別バージョンもある。明確に債務を償却する代わりに、債務の満期だけを延長するのだ。見直しは、債務の水準が持続不能な場合には役立つが、債務国は一時的な借り換えリスクに直面する。

債務の借り換えリスクは債務の取り付けにつながる可能性がある。債務が満期を迎えると、たいてい政府はその一部ないし全部について借り換えが必要になる。専門用語では、債務のロールオーバーという。投資家Aの債務が今週満期を迎えるとして、投資家Bが来週その国の債務をロールオーバーしないと見込んだら、投資家Aも自分の債務をロールオーバーしないだろう。もしAがロールオーバーすると決めたのに投資家Bが延長に応じなかった場合、自分の債権すべてを失うリスクが出てくる。これがロールオーバー中止の連鎖につながることは容易に想像できる。ついには債務の取り付けが起こり、政府は破産する。第二の均衡が生じるのは、投資家Aがあとの投資家全員がロールオーバーすると見込んだ場合だ。その場合は、通常ならロールオーバーするほうを選ぶだろう。

こうした純粋な流動性の問題を軽減するためには、強制ロールオーバーが解決策を提供してくれる。それが**債務の見直し**とも呼ばれるもので、この場合、債務は免除されるのではなく、ただ延期される。投資家は誰も損失を被らないが、国は債務の満期構造が延長されることで、即座に利益を得ることができる。

G20債務支払猶予イニシアティブ（DSSI）と新しい共通枠組み

債務見直しの具体例としては、2020年4月のG20債務支払猶予イニシアティブ（Debt Service Suspension Initiative, DSSI）がある。これは低所得国の公的債務を対象にしたもので、このイニシアティブを受け入れた発展途上国は2021年6月30日まで政府間債務を支払わなくてもよくなった[42]。この計画は、少なくとも他国の政府または自国の政策銀行に対して負っている債務について、即座に財政面での救済を提供した[43]。DSSIの大きな政治的利点は、G20の一員として中国を同じ船に乗せ、ほかの国々とともに債務再編プロセスに引き入れたところにある。

しかし、DSSIは公的な債権者に対する債務の見直しのみを対象としており、民間債務は含まれない。したがってこの計画では、民間の債権者は遅延なく返済を受けられるが、公的な債権者は後回しにされることになる。世界銀行とIMFによる新たな**共通枠組み**は、DSSI構造をさらに広く一般化することを狙ったものだ。この枠組みでは、DSSIの資格を有する73の低所得国に対して協調した債務再編アプローチを適用することになる。伝統的なパリクラブのメンバーは大半が北アメリカやヨーロッパの国々だが、この新しい共通枠組みには、ほかにインド、中国、サウジアラビア、トルコが含まれることになる。**同等の扱い**も、共通枠組みの重要な要素だ。有資格債務国がこの新しい共通枠組みに入会した場合、再編の負担は参加している債権国すべてが平等に分け合う。民間の債権者が公的な債権者よりも優遇されることはない。このことは、民間の保有する債務を債務再編プロセスに組み込むのに役立つだろう[44]。結局のところ、新しい債務再編プロセスを成功させるためには、債権者にとってアメとムチの両方を含んだメカニズムにして、ほかの債権者にも参加してもらうしかないのである。

新たな債務

債務再編で既存の債務負担が軽減されるからと、かえって「悪い」債務または「醜悪な」債務を呼び込むのではないかと危惧する声は多い。いったん債務が再編されたら、その国の政府は財務能力を回復できるので、またさらに支出を増やしてしまうかもしれない。正しいインセンティブがなかったら、新たな債務の割り振りがうまくいかないこともあるだろう。そのようなシナリオでは、債務再編が短期的な解決をもたらしても、将来のレジリエンスを高めることにはならない。新たな醜悪な債務によって、その国を元の状況よりも悪いポジションに置いてしまう可能性さえある。

第15章　新たなグローバル世界秩序

新型コロナウイルスによるパンデミックで、人類は**共通のグローバルな敵**と対峙した[1]。しかし、さまざまな提案にもかかわらず、この病気と闘うための信頼できるグローバルなイニシアティブはまだ生まれていない。たとえば旅行制限や効率的な検査でグローバルな協調が行われていれば、わたしたちはもっとレジリエンスを高めることができただろう。ところが今回のパンデミックでは、逆に既存の国際的な緊張が露わになってしまった。

トランプが大統領在任中のアメリカは、パンデミックへの対応で世界のリーダーシップをとることがほとんどなかった。中国は2020年3月に**マスク外交**を展開して、マスクの出荷と外交目標を結び付けようとしたが、これは最終的に裏目に出た。2020年末から2021年はじめには**ワクチン外交**が登場してきたが、その意図はやはり海外での中国イメージの向上だった[2]。アメリカは当初「アメリカ・ファースト」のアプローチを追求し、アメリカ製のワクチンを一切外国に送らなかった。対照的にEUは、製造したワクチンの約40％を輸出した[3]。インドも、2021年春の第2波で一時的に海外への出荷を停止するまでは、多くのワクチンを輸出していた[4]。中国はいくつかの新興市場経済にワクチンを輸出した。

こうした戦略上のライバル関係は、**中国の台頭**と**グローバリゼーション**がもたらした大きな変化を反映している。過去40年で世界の相互依存が進んだことで、貿易からの利益は最大化した。各国は商工業で比較優位のある分野に特化し、世界全体の貿易量が大きく増大した。このトレンドは、1970年代末に中国が資本主義を受け入れたことと、1989年に東ヨーロッパで鉄のカーテンが崩れたことによっていっそう加速された。

しかし一方で、**経済統合はレジリエンスを損ねた**。かなりの企業が世界各地からの供給に依存するようになったが、その多くはサプライチェーンを分散していなかった。2019年末に新型コロナウイルスが登場すると、多くの国が、マスクをはじめとする個人用の防護具を輸入に頼っていたことを後悔し始めた。こうした商品を輸入に依存していたために、あわてて適正在庫の確保に駆けずり回ることになった。

この章では、グローバリゼーションのさまざまな側面を探っていく。はじめは地政学について、そして**新型コロナウイルスがグローバル秩序をどのように再形成したか**を検討する。そしてその分析に基づいて、**グローバルな金融**および**貿易**について、そしてそのレジリエンスとのつながりについて詳しく見ていく。

地政学とグローバル秩序

地政学は、伝統的な定義によれば、天然の要害のような地理的な要因が国際政治を形成する経緯を記述するものだ。しかし現代の地政学の定義では、国どうしのゼロサム・ゲームを扱うことが多い。すなわち、ある国の利益を別の国の損失と考えるのである。しかし、こうしたゼロサム・ゲームのシナリオと、関係する当事者すべての利益をめざす国際的な政策協調の機会とのあいだには、根本的な緊張関係がある。新型コロナウイルスのワクチンはその最たる例だ。ワクチンを製造している国やワクチンの量に余裕がある国は、それによって国際的な影響力を手に入れられる見込みが出てきた。外国にワクチンを配ることで、こうした国々は目先の政治的利益を期待できるし、将来の政治的友好関係を積み上げることにもなる。

地政学はグローバル秩序に埋め込まれている。それを理解するには二つの側面に目を向けることだ。第一の側面は、取り決めが国際機関を通じた多国間における相互的なものか、当時国どうしの二国間によるものかだ。第二の側面は、機関ベースの秩序か成果ベースの秩序かという区別に関連してくる。

多国間か二国間か、機関ベースか成果ベースか

グローバル秩序は本質的に**多国間**か**二国間**のものになる。多国間のグローバル秩序は国際機関をともなうものが多く、多くの国による幅広い合意が特徴だ。くわえて、ＥＵや東南アジア諸国連合

（ASEAN）のような地域的な多国間協定もある。それに代わるものが二国間のグローバル秩序で、これは2か国が協定について交渉する。このアプローチは力の強い国に有利になりがちだ。強い国はどの国が相手でも優位に交渉を進めることができる。

第二次世界大戦後のグローバル秩序の大半は、ルールと国際機関によって特徴づけられる[5]。国際連合、世界貿易機関（WTO）、国際通貨基金（IMF）、世界銀行、世界保健機関（WHO）といったさまざまな多国籍機関は、それぞれグローバル秩序を形成するうえで重要な役割を果たし、国際社会が政治や経済、社会の難題に取り組むための場を提供してきた。

ルールベースのグローバル秩序、すなわち機関ベースのグローバル秩序は、複雑さを加速する世界に予測可能性を提供してくれる。くわえて、貿易戦争や通貨戦争のような好ましくないフィードバック・ループを制限することにもなる。しかし、ルールベースのアプローチは柔軟性に乏しく、予想外のショックへの対応が難しい。世界は予測不能なため、ルールベースの勧告では、世界の経済構造に予想外の、しかし恒久的な変化が起こった場合には、方向を誤ってレジリエンスを損ねてしまう可能性がある。ただルールベースの秩序には、大きな力を制限するという傾向もある。大国といえどもほかのすべての国と同じルールを守らなければならないからだ。

成果ベースの国際秩序は機関にあまり重点を置かないので、今回の新型コロナウイルスのような予想外のショックが起こったときにも柔軟性がある。しかし、このアプローチは安定性に欠けるうらみがある。貿易や国際金融システムを調節する世界的なルールがなければ、貿易戦争や通貨戦争のリスクが高まってしまう。成果ベースのアプローチでは最強の国々の力を制限する必要がないし、機関ベースの秩序でも、ルールを作るのは十中八九こうした国々だ。大切なのは、ショックの性質がわかる前にルールを確立しておくことだ。

この二つの側面をまたいだ多様なカテゴリーに該当する国際協定もある。たとえば気候変動に関するパリ協定には、地球温暖化を2℃に抑えることを長期目標とする成果ベースの面と、多国間的な面の両方がある[6]。同様に、欧州中央銀行（ECB）が確立したヨーロッパ金融政策も、多国間的であるとともに成果ベース的でもある。

多国間のアプローチを求める「呼び声」とワクチン開発

国際協力が行われたのが明らかな分野で、新型コロナウイルスの初期にとくに意味のあったのが、**ワクチン開発**への国際的な資金提供だった。まだワクチンの治験がどれくらいうまくいくかどの国もわからなかった当初には、財政支援と配布の世界的な共同投資基金に参加しておくことで、悪い結果が出たときのリスク回避になるという魅力があった。ある計算によると、各国はGDPの約0・15％を拠出するだけでよいとされていた[7]。

2020年12月までにいくつかのワクチン開発が成功すると、こうした計画は意味を失った。しかし国際協調の可能性は残っている。国際的な**ワクチン配布**を脅かす危険な状況は続いているし、アメリカをはじめとする先進国による国際リーダーシップがないことも明らかになっている[8]。WHOによる国際的アプローチの一つにCOVAXがある。これはドナー国や世界銀行のほか、ビル・アンド・メリンダ・ゲイツ財団といった民間財団から資金提供を受けていて、貧しい国々にワクチン利用の機会を保証することを目的としている。2020年12月までに、COVAXでは20億回分のワクチンを確保していて、参加している190か国に割り当てる予定だ[9]。くわえて、自国民が必要とするよりずっと多くのワクチンを購入した国が余剰のワクチンをCOVAXに寄付したり、ワクチン契約のない国に配布したりし始めている[10]。余剰ワクチンを確保した国は、それを地政学的な目的追求に利用することが多い。

米中関係

トランプ政権による貿易戦争や技術的な標準設定をめぐる争い――ファーウェイ（Huawei）、5G（第5世代移動通信システム）、ティックトック（TikTok）をめぐる議論など――を見れば明らかなように、アメリカと中国による**一大覇権争い**は、グローバルなレジリエンス強化の取り組みを長く阻害することになりそうだ[11]。2025年までにハイテク製品の自給自足をめざすという中国の計画（「中国製造2025」）は、中国の台頭と野望を明白に表している。

技術競争も若者の心に影響をおよぼすし、データの機密性も同様だ。開かれた社会と独裁主義社会とのあいだのデジタル関係は本質的に非対称になる。中国は、一方ではアメリカのテクノロジー企業の多くを国内市場から締め出しているが、他方では、ティックトックなどの自国製アプリを使って、アメリカをはじめとする欧米社会の若者に働きかけることができる。その結果、いまは一方通行のデジタル国境ができている。問題は、将来こうしたテクノロジーが拡散していくのかどうかだ。また、欧米が一方通行の国境を許容するのか、それとも双方向の国境を要求するのかという問題もある。まだまだある。もしインターネットが分断されたら、経済にはどのような影響が出るのだろう。また、データは誰が所有するのだろう。

技術競争は、いつまでも中国とアメリカのあいだにとどまってはいないだろう。むしろ、デジタルな国境はもっと巨大なものになると予測される。2020年5月はじめ、ヒマラヤで起こった**国境での武力衝突**によって中国とインドの緊張が高まると、シリコンバレーにチャンスが訪れた。それまでほぼ中国のテック企業に支配されていたインドの巨大市場に参入する機会が開けたのだ[12]。

2020年5月にラリー・サマーズは、アメリカと中国との関係を、難破して1艘の救命ボートで生き残った2人になぞらえた。たとえ敵対的な関係であっても、ボートを漕ぐには両方の協力が必要だ[13]。中国は、一帯一路構想などを通じて自国の力を対外的に誇示するという野心を抱いている。道路や橋、港を築くことで各国への影響力を強め、太平洋岸の上海からヨーロッパの大西洋岸、北海沿岸にまでおよぶインフラを備えた新たな「シルクロード」を作り出そうというのだ。スリランカ、パキスタン、ジブチのインフラプロジェクトはすでに資金調達ができている[14]。一部には、こうしたプロジェクトを賄うために各国に提供される融資が将来の財政依存を生み出すことを懸念する声がある。隠れた公的債務があると、債務再編が必要になった場合に、情報の非対称性問題を悪化させることになる。

同様に、オーストラリア、日本、インド、アメリカのいわゆる「クアッド」は、インド太平洋地域での中国の拡張は近年の緊張を加熱するものだとして、そろって深く憂慮している[15]。

2020年11月に中国をはじめとする15か国が調印した地域的な包括的経済連携（Regional Comprehensive Economic Partnership, RCEP）は、南アジアで中国の影響力が増していることを如実に示している。この協定は環太平洋パートナーシップ（TTP）――バラク・オバマ（Barack Obama）大統領時代の2015年にアメリカが合意したものの、トランプ政権の初期に放棄された――に代わるものだ[16]。差し迫った懸念は、中国がTPPと似たような、しかし掲げている理想はそれほど高くない自由貿易協定を確立して、いま以上にアメリカを周縁に追いやるのではないかというものだ。現時点で、ＲＣＥＰは「世界経済の3分の1近くをカバーする」世界最大の自由貿易協定となっている[17]。

その後に発足したバイデン政権は２０２１年、トランプ流の二国間交渉による「アメリカ・ファースト」のアプローチを放棄した。いまのアメリカは多国間アプローチを追求して、海外パートナー諸国との同盟を築こうとしている。新政権による新しい施策の一つが「クアッド」の強化で、そのために、新型コロナウイルスワクチンのアジア諸国への配布計画が策定された。この取り組みは、中国の影響に対抗するための広範な戦略の一環だ[18]。この構想では、インドのワクチン製造能力が重要な要素になる。アメリカは自国民のワクチン接種が終わるまではワクチンを輸出していなかったので、世界はインドからの供給分に大きく依存していた。インドがワクチン輸出を約束した理由の一つは、中国製ワクチンとの関係で、自国産ワクチンの国際的な影響力を高めることだった[19]。インド政府は、いまになってこの決断を後悔していることだろう。２０２１年4～5月の第二波で、インドの国民は世界最高の1日当たり死亡者数に苦しんだ。

アメリカと中国との摩擦が露わになったのは２０２１年3月のアラスカ・アンカレッジでの会談で、アメリカのアントニー・ブリンケン（Antony Blinken）国務長官とジェイク・サリヴァン（Jacob Sullivan）国家安全保障担当大横領補佐官が、中国の楊潔篪《ヤン・ジエチー》共産党政治局員、王毅《ワン・イー》国務委員兼外相と対立したときだった。アメリカ代表はルールで動くグローバル秩序が望ましいと主張した。中国の代表は、世界には二つの異なる形態の「民主主義」があると主張し、重要なのは「アメリカが自己イメージを変えて自国流の民主主義を世界に広げるのをやめることだ」「欧米世界はグローバルな世論を代表してはいない」と強調した。こうした発言を見ていると、単一のグローバル世界秩序を目にすることができるのかははなはだ疑わしい。代わりに見えてくるのは、これからも二極化が続き、**競合する二つの制度をもった国々による二つのブロック**へと分かれていく世界だ。そのうちの一方は中国に、もう一方はアメリカに近づいていく[20]。

ヨーロッパの役割

この二つのブロックが対立するなかで、ヨーロッパの果たす役割は重要だ。中国はユーロ危機のときに東ヨーロッパのEU加盟国に投資して、ヨーロッパに強力な足がかりを手に入れた。たとえばギリシャのピレウス港はヨーロッパで7番目に大きい港だが、中国の海運会社である中国遠洋海運集団（COSCO）に買収された。新型コロナウイルスによる危機では、中国の外交政策は社交辞令抜きの露骨なものになった。中国のいわゆる**マスク外交**によって緊張が高まったのは、一つには、中国がヨーロッパの国々以上にイタリアを助けているかのように見せようとしたことが理由だった。

中国の武漢で最初に新型コロナウイルスが現れたとき、ヨーロッパ企業は2020年1月と2月に医療機器を送ったが、これといった宣伝はしなかった。その後、ヨーロッパが新型コロナウイルスによる危機の初期にあった2020年3月、世界最大の臨床医療機器提供者の一つである中国は、大量のマスク、検査キット、酸素吸入器を世界中に出荷した[21]。広範なメディア報道を強要し、一部のEU加盟国どうしで関係を悪化させようとしたことが厳しい反発を呼ぶとともに、ヨーロッパの外交官を激怒させた[22]。2020年末、中国は、このウイルスはヨーロッパ起源だとまで言い出した。

その一方で欧米も、中国で民主主義の価値観と人権を広めようとしている。中国に対する長年のアプローチをもっともわかりやすく表しているのが、ドイツの「**ヴァンデル・ドルヒ・ハンデル（貿易を通じての変化）**」という言葉だ。しかし経済的な結びつきが深まっても、中国は民主主義へ動いてはいない[23]。そのため、外交政策上のタカ派は中国に対して強硬なスタンスをとるよう主張しているのだが、中国と世界との経済的な結びつきは強く、どうにかして引き離そうとしても実現性はほぼない――この点は冷戦とはまったく対照的だ。

くわえて多くの人が、海外からの投資に対する中国の規制は非常に強いと考えている。中国の国有企業は――ということは（少なくとも間接的には）国家は――外国で技術を獲得できるが、中国は自国企業が外国所有になることを厳しく制限している。最近の出来事はこうした緊張関係を強調するものだ。２０１６年にある中国企業がドイツのロボットメーカー、クーカ（Kuka）を買収すると、ドイツの外交政策ブレーンの多くは警戒心を強めた。ドイツは自国のノウハウが売却されるのを恐れ、自国企業の外国所有に関する法律を一気に厳格化した[24]。

ドイツがＥＵ理事会の理事長国だった２０２０年末、ＥＵはＥＵ中国包括的投資協定（Comprehensive Agreement on Investment, CAI）に原則合意した。この協定は、中国市場に参入する際の中国企業とのジョイントベンチャー設立要件を撤廃するなどして、中国との経済的な結びつきを強化するとともに、ヨーロッパから中国への投資を促進するために考えられたものだ[25]。**この協定が批准されるかどうかはまだ不透明である**〔訳注：欧州議会は2021年5月20日以後、批准のための審議を凍結している〕。

国際関係について鍵となる問題は、トランプ政権が終わったいま、ヨーロッパが大西洋をはさんだアメリカとの関係を強化していくのか、中国との関係改善を試みるのかだ。とりわけアメリカとヨーロッパが協力して共通の基準を設定できれば、中国に対して有力な対向勢力になるだろう。しかし環大西洋貿易・投資パートナーシップ（Transatlantic Trade and Investment Partnership, TTIP）協定の失敗以来〔訳注：2016年8月にドイツ政府とフランス政府が「事実上の失敗」を宣言した〕、このプロセスは下火になっている。

2021年5月、インドとEUは中国の影響力に対抗するため、貿易協定の交渉を再開した[26]。重要な点は、インドがすでに、中国およびアジア太平洋地域の有力諸国によるRCEP協定に参加しないと決定していることである。

グローバル金融

各国政府と民間部門との国際関係は、安定的でレジリエントなグローバル通貨（国際通貨）に依存している。19世紀から20世紀のはじめには、英ポンドがその役割を担っていた。第二次世界大戦後は米ドルが支配的なグローバル通貨として登場した。

米ドルの役割

現代の経済で米ドルは三つの重要な役割を果たしている。グローバルな決済単位として、交換手段として、そして価値の貯蔵手段として、である。米ドルはこれからも支配的な国際通貨であり続けるだろうが、外国人がアメリカ国債の保有に慎重になるようなら、米ドルが脆弱になる可能性はある。２０２０年3月にアメリカ国債の市場が窒息したときには、ひび割れがいくつか表れた（このテーマについてはこの本ですでに論じた）。

米ドルは一部の国では**決済単位**にもなっている。エクアドルには国内通貨がなく、完全なドル化経済の一例だ。多くのＥＭＤＥｓはそこまでドル化されていないが、企業は米ドルで借り入れることが多いので、アメリカの通貨政策の影響をもろに受けることになる。石油を含めた多くの商品もドルで請求されている。

さらに、米ドルは国際貿易の**交換手段**にもなっていて、例外はユーロ圏とその周辺だけだ[27]。最後に、米ドルは民間部門にとっての**価値貯蔵手段**にもなっている。これはつまり、多くの融資契約が米ドル建てになっているということだ。公的部門では、大半の国の中央銀行が**準備通貨**としてドルを保有している。くわえて、米ドルには巨大な海外市場があって、アメリカの管轄外で取引が行われている。

アメリカにとっては、自国の政府債務にグローバルな安全資産ステータスがあるということは、Ｆｅｄが**ヘッジファンドのように**行動できることを意味している。つまり低利の債券を発行して、そこから得た資金を海外直接投資（ＦＤＩ）など、リスクは大きいがずっと大きなリターンを提供するものに再投資することができるのだ。

グローバルな低リスク資産への逃避と国内での安全資産ステータスの喪失

多くの国は、内国債の国内での安全資産ステータスを守るためにドル準備を保有している。それに対応して、市民は負のショックに直面したときのバッファとして、予防的な理由から自国の国債を保有している。危機に直面したら、市民はその債券を自国通貨で売却することができる。しかし、これには自国の国債の価値が維持されるという信用が必要で、さもなければ、市民は安全資産として、直接アメリカ国債に殺到するだろう。このタイプの切り替えは、アメリカの金利が高いときに起こりやすくなる。言い換えれば、Ｆｅｄが利下げをした場合には、その国の国債のリターンがアメリカ国債のリターンを上回るので、自国の安全資産ステータスを維持しやすくなるということだ。対照的に、アメリカの金利が上がり、今回の新型コロナウイルスのようなショックが世界経済を襲ったときには、グローバルな安全資産への逃避が起こる可能性がある。

米ドル資産への駆け込みが起これば自国通貨の価値が下がり、米ドル建て国債の実質価値が上がる。新興国の多くは官民で米ドル建て債務を抱えているため、自国通貨の価値の低下が裏目に出て、回復を支えるどころか、レジリエンスを損ねることにもなりかねない。積極的な面では、**為替レートの切り下げ**が助けになって、米ドル依存経済のなかでの経済回復が加速する可能性がある。為替レートが下がるとＥＭＤＥｓの海外向け輸出に追加需要が生まれる。そうした輸出品が相対的に安くなるためで、そうなれば早い段階でＧＤＰの短期上昇につながるはずだ。しかしその一方で、自国通貨の切り下げによって商品の輸入コストが上昇する。これは、そうした輸入品に依存している国内の家計を締め付けることになる。

今回のパンデミックでは、２０２０年３～４月期には前例のない安全資産への逃避が起こり、グローバル金融システムのレジリエンスを脅かした。新型コロナウイルスによる危機が始まったころは、ＥＭＤＥｓからの資本流出が記録的な水準となり、２００８年の世界金融危機（Global

Financial Crisis, GFC）や２０１３年の「テーパータントラム」の時期と比べても突出していた。２０１３年のときは、Ｆｅｄが量的緩和プログラムにブレーキをかけると発表したことで世界の金融部門に悪寒が走り、金利の上昇とＥＭＤＥｓへの金融ストレスのような動きが見られた。２０２０年３月には、誰もが準備を保有したがったため、10年物のアメリカ国債でさえ不足となった。流出が落ち着いたのはＦｅｄが介入してからだった。特筆すべきは、Ｆｅｄが各国の中央銀行に米ドルを融通する「スワップライン」でＥＭＤＥｓにドル流動性を提供したことだった。スワップラインを使うことで、Ｆｅｄは事実上、外国の中央銀行に米ドルを貸し付けた。ある意味で、Ｆｅｄはグローバルな最後の貸し手として行動したことになる。

２０２０年の後半、安全資産への逃避が落ち着くと、新興市場への、歴史的な規模での資本流入が見られた[28]。先進国の金利がほぼゼロのままだったのを見て、投資家が少しでも高い利回りを求めたことから、２０２１年の最初の３週間で１７０億ドルがＥＭＤＥｓに流れ込んだのだ[29]。Ｆｅｄの政策は資本フローを安定させ、最終的に再逆流させた。こうした政策はＥＭＤＥｓと国際資本市場のレジリエンスに大きく貢献した。

グローバルな金融サイクル

米ドルに依存することで、新興市場は**グローバルな金融サイクル**の支配下に置かれてしまう。資本家がリスクをとりたがらない「リスクオフ」局面から始まるサイクルを考えてみよう。リスク価格は高い。どこかの時点で国際投資家が低リスク局面を感知してスイッチを切り替えると、ＥＭＤＥｓは外国から安く借り入れができるようになる。そうなると、自分たちで自国にバブル的な安全資産を作りたくなる（低金利で安全資産を発行すると政府の金利負担が下がることを思い出してほしい）。この局面では、市民や国内企業の多くが、安全資産として自国国債を保有してそれぞれのリスクを回避しようとする。くわえて、低金利の米ドルによる借り入れもするかもしれない。借入金利が低く、比較的安価な米ドルが経済成長を加速させることで、自国の安全資産バブルは持続可能になる。しかし、リスクオフ局面になる恐れが広がり始めると、バブル経済はぐらつきだす。サドン・ストップ（資金供給の途絶）が起きるかもしれないとなると、その時点で市民は、予防策として貯蓄をアメリカ国債に移すかもしれない。そのときには米ドルでの借り入れもやめ、予防的理由から自国国債を保有するのもやめてしまうだろう。経済成長は崩壊し、バブルの持続可能性はさらに損なわれる[30]。

アメリカの金融政策からの波及効果

リスクオン、リスクオフのサイクル以上に、アメリカの金利政策がグローバルな金融サイクルを動かすこともある。アメリカの高金利はリスクオン局面と対応する関係にあり、アメリカの低金利はリスクオフ局面と相関関係にある。したがって、アメリカの金融政策は**EMDEsに絶大な波及効果**をおよぼす。アメリカの金利が下がると新興市場への資本流入量が増え、それによって大きな産出量効果が生じる。しかし、アメリカが金融政策を引き締めるとそうした効果が反転し、レジリエンスを脅かす。多くの新興市場はアメリカの金融政策に大きく依存しているので、アメリカでの展開に合わせていくよりほかになく、国内の経済状況だけに対応するわけにはいかない。

スワップライン経由でのグローバルな最後の貸し手：世界的な米ドル不足になったときのレジリエンス

米ドルの世界支配をもっともよく表しているのが巨大な**海外ドル市場**だ。すべてをひっくるめて「ユーロダラー市場」と呼ばれることが多い。ユーロダラーは実はユーロ自体とは無関係だ。これはアメリカ国外にある米ドル預金のことで、したがってアメリカの規制を受けていない。歴史的には、ユーロダラー市場が登場したのは1950年代だ。当時のアメリカには厳格な銀行規制があり、預金金利に上限があるなどしたため、アメリカ企業が国内預金から得られる額が限られていた。その結果、そうした企業は預金を海外に移し始めた。今日、ユーロダラー市場はアメリカ国外最大の米ドル資金調達市場となっている。たとえばヨーロッパでは、多くの銀行が、ユーロダラー市場からの安価な短期ドル資金を利用してドル融資の資金を調達している。これはアメリカによる規制の網の外で起こっているため――ドル預金が安価に利用できる限りは――国際取引を加速するし、金融面でも魅力的がある[31]。税制でも有利になる。

通常、銀行業では満期と流動性の変換が行われる。銀行は長期的な流動性資産に投資して、短期の流動性のドル預金を受け入れる。しかし、アメリカ以外の銀行がドル融資に携わる場合、取引は安価なドル資金が利用できるかどうかに決定的に依存する。もしドル資金が干上がって流動性に問題が生じたら、典型的な解決方針は、最後の貸し手として中央銀行を利用することだ。たとえばECBは、ヨーロッパの銀行が資金不足になった場合の最後の貸し手として、ユーロ資金を提供している。しかしヨーロッパの銀行がドル資金を必要としているからといって、アメリカの中央銀行に

図表 15－1

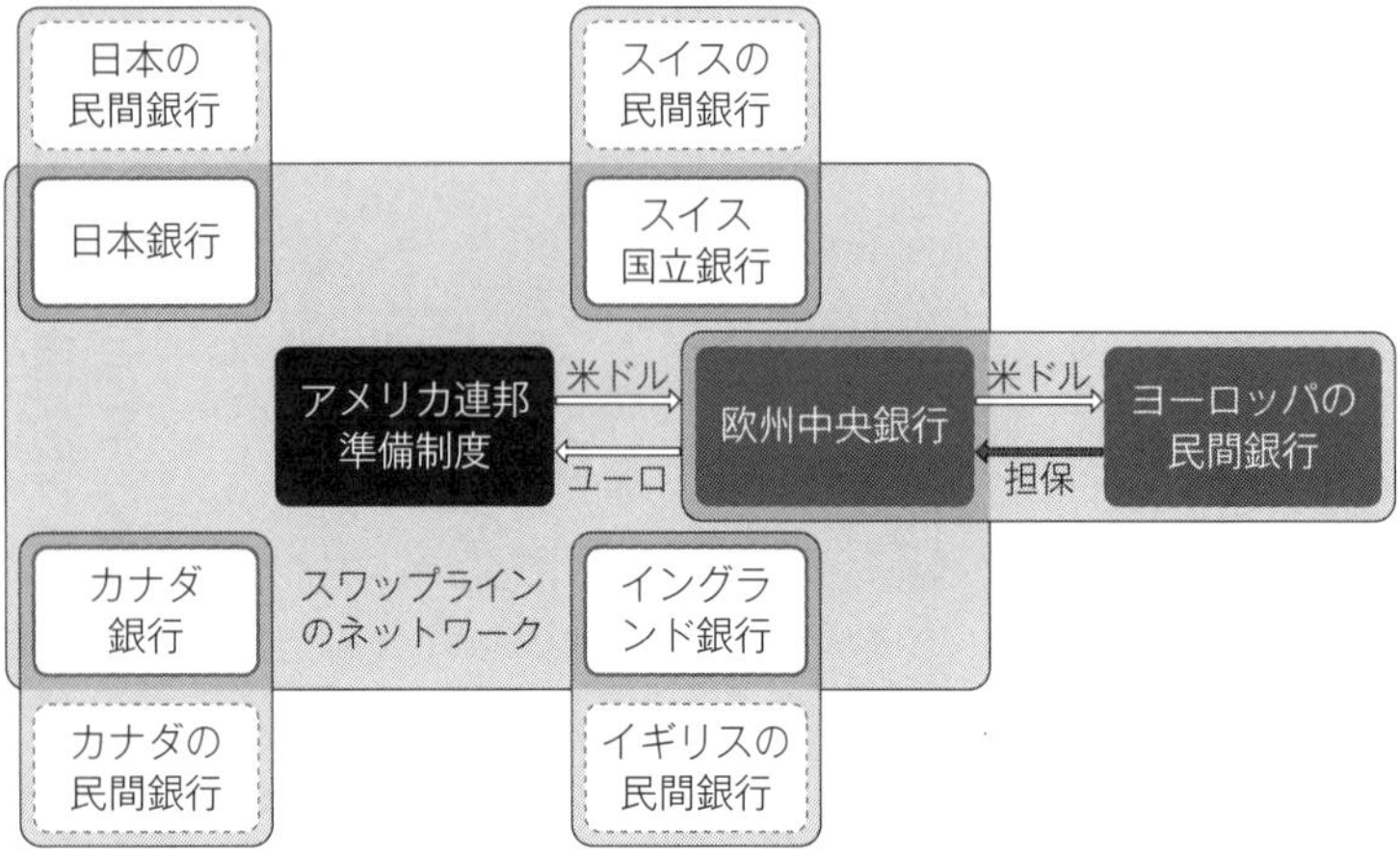

アメリカ連邦準備金制度によるドル・スワップラインの概略。

最後の貸し手として介入してくれと頼むことはできない。Ｆｅｄはアメリカ以外の銀行に担保貸し付けを行っていないからだ。その意味で、海外ドルは国内ドルと比べてリスクが大きい。アメリカの銀行は最後の貸し手としてＦｅｄを頼ることができる。

ほかの取り決めがなければ、ＥＣＢはユーロしかヨーロッパの銀行に供給できない。そこで出てくるのが、図表15－1に示した**スワップ**だ。Ｆｅｄから外国の中央銀行へのドル供給を拡張することで、外国の銀行や企業はドル資金が途切れる心配をしなくてもよくなる。スワップラインに入っておけば、自国の中央銀行から米ドルを入手することができる。

２０２０年３月19日、Ｆｅｄは主要な中央銀行とのスワップ合意を復活させた。それ以前では、２００８年の世界金融危機のときにもこうした合意が確立されている。典型的な合意は固定為替レートでの１週間ローンだ。ＦｅｄがＥ

ＣＢに米ドルを渡し、ＥＣＢはＦｅｄにユーロを提供する。金利はＦｅｄが決定する。たとえば翌日物金利スワップ（ＯＩＳ）に０・５％のスプレッドを上乗せする、などだ。その後、ＥＣＢはヨーロッパの銀行に同じ金利で、ＥＣＢが評価するなんらかの担保を取って米ドルを貸し付ける。これは事実上、ＦｅｄがＥＣＢを通じてヨーロッパの銀行に貸し付けていることになる。

注目すべきは、こうした中央銀行間のスワップラインが**Ｆｅｄにとって**まったくの**リスクフリー**だということだ。ドイツの銀行が米ドル資金を必要としているとしたら、その銀行は直接アメリカのＦｅｄから借り入れるのではなく、ＥＣＢから借り入れる。したがって、リスクはＥＣＢが負うことになる。同様に、Ｆｅｄは為替リスクも負わない。スワップラインは米ドル建てだからだ。最後に、Ｆｅｄはこのサービスを提供することで利息を稼げる。エコノミストのサレーム・バハジ（Saleem Bahaj）とリカルド・ライス（Ricardo Reis）は、ＥＣＢが監視してデフォルトのリスクを負ってくれるのだから、このスワップラインはＦｅｄにとって得な取引だと主張している[32]。

結果としてＦｅｄは、間接的にではあるが、**海外ユーロダラー市場の最後の貸し手**として行動している。外国の中央銀行は、危機のときにはＦｅｄによる米ドル資金の提供を当てにできるわけで、これは暗に、外国企業が米ドル資金の提供を当てにできることを意味している。重要なことは、これによってグローバル通貨としての米ドルの役割が強化されている点だ。

ヨーロッパ以外の国の中央銀行も、それぞれの通貨について同様のスワップラインを受け入れている。２０１５年までに、中国人民銀行は人民元のスワップラインに関連して１００件もの協定を結んでいるが、これは人民元の国際的役割を強化する意図があってのことだ。

さらに、流動性を獲得したいと思っている外国の投資家は、アメリカ国債を利用してＦｅｄでのレポ取引ができる。そのような取引では、Fedにアメリカ国債を預けるのと引き換えに米ドル資金を受け取る。レポの満期は1週間か2週間のことが多い。満期になると、投資家は米ドルをFedに返し、Fedは国債を返すことになる。

グローバルな安全資産（GloSBies）

注目してほしいのは、EMDEsの中央銀行の多くが、Fedのスワップライン合意に含まれていないことだ。したがって、**自国の安全資産ステータス**が急激に揺らぎ、それにともなって与信の流れが突然ストップして資金流出を始めると、EMDEsには大きな痛手となる。スワップラインを通じてFedが間接的に最後の貸し手として動くなどの積極的な介入は、サドン・ストップの可能性を抑える有力な方法だ。

それよりもすぐれた代替案となるのは、自律的な安定作用があって積極的な政策介入を必要としない、レジリエントな国際金融アーキテクチャーだろう。中心となる問題は、多くの場合、安全資産そのものの不足ではなく、安全資産の世界への提供が非対称なことだ。アメリカやドイツ、日本など、わずかな先進国だけが世界に安全資産を提供できている。安全への逃避が起こるときは、必ず国際的な資本フローが関係してくる。そうしたケースでグローバルな安全資産の不足に取り組むソリューションとなるのは、真のグローバルな安全資産を作ることだ。それがいわゆるGloSBiesである[33]。

EMDEsからの、そしてEMDEsのためのグローバルな安全資産を作り出すプロセスには二つのステップがある。第一のステップでは、さまざまな国から少しずつ国債を集めて**プールする**。

図表 15－2

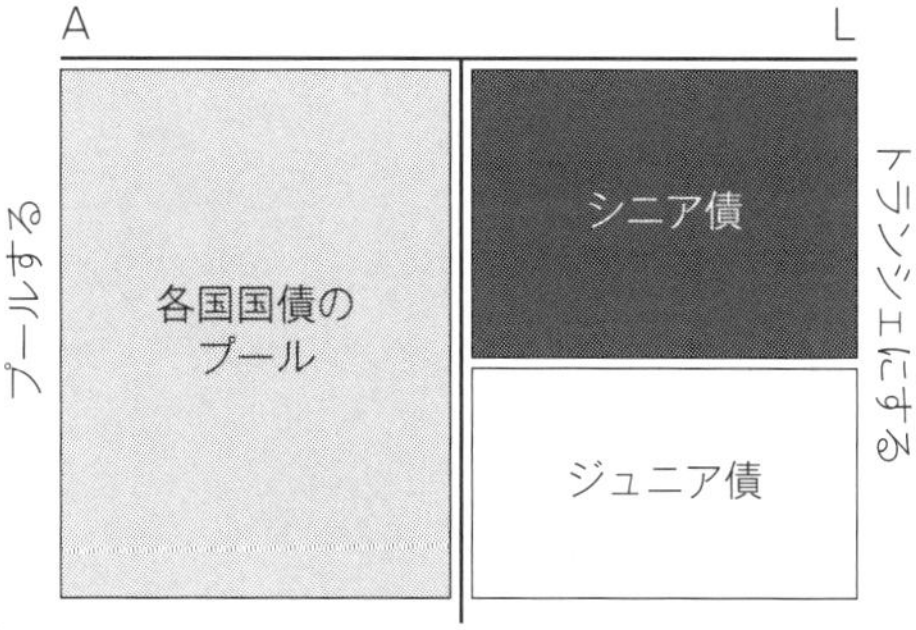

特殊目的事業体（SPV）のバランスシート。国債をプールし、それをシニア債（GloSBies）、ジュニア債と呼ばれるトランシェに割り振っていく。

新興市場の国債から安全資産を作るために、中国、インド、ブラジル、東南アジア、アフリカ、ロシアの国債をプールすることが考えられるだろう。次にそれを分割して別々の**トランシェにする**。話をシンプルにするためにトランシェを二つだけにして、それぞれシニア債、ジュニア債に分類してみよう。プールした国債のどれかがデフォルトになれば、ジュニア債の保有者がその損失を吸収する。ジュニア債がすべてデフォルトになって初めて、シニア債の保有者が資金を失う可能性が出てくる。

このシンプルな例からわかるように、シニア債は、プールしたなかに含まれる個々の国債のどれよりも安全になる。たとえばブラジルの国債がすべてデフォルトになったとしよう。ふつうにそのような債券を保有していたのでは、大きな損失を被る可能性がある。対照的に、グローバル安全資産のシニアトランシェを保有していれば、ブラジルのデフォルトによる損失はジュニア債の保有者がまず吸収してくれる。もしブラジル以外のすべての国が全額を返済すれば、シニア GloSBies の保有者にはまったく損失がない。その結果、シニア債は安全だとなる。

安全資産ステータスを獲得することもできるだろうし、それによって低金利をもたらすこともできるだろう。そうなれば、こんどはＥＭＤＥｓに財政余地が生まれ、レジリエンスに貢献することになる。

もし安全への逃避が起こってしまったら、投資家はジュニア債からシニア債（アメリカ国債やドイツ国債）へ逃げ込むことができる。言い換えれば、国境を越えた国際的な資本フローをジュニア債からシニア債への資本フローに切り替えるのである。

GloSBiesの構造はユーロ圏で提案された「ソブリン債担保証券（Sovereign Bond Backed Securities, SBBS）」、別名「欧州安全債（European Safe Bond, ESBies）」とよく似ている[34]。ユーロ危機のとき、ユーロ圏の周辺国は安全資産への投資による資本流出に苦しんだ。ESBiesの目的は、そうしたフローの向きを変えることだった。ユーロ圏内では為替リスクがないのでESBiesのジュニア債がシニア債に流れることはなかったが、世界的なGloSBiesのジュニア債なら通貨リスクを吸収していたに違いない。

新しいデジタル形態の貨幣：デジタル通貨圏

伝統的に、米ドルはアメリカ（およびいくつかの貿易パートナー国）で使用され、ユーロはヨーロッパで使われるなどしていた。しかし、いまは金融取引をデジタルで行うことが急増している。通貨圏の伝統的な役割は変わろうとしている。将来は、デジタルウォレットのなかに37種類のデジタル通貨を入れておいて、そのうちのどれかとどれかを千分の何秒かのあいだに交換できるようになるかもしれない。現在は、ビットコイン（Bitcoin）やイーサリアム（Ethereum）といった多くのデジタル通貨があり、メタ（旧フェイスブック）もリブラ（Libra）から名称変更したディエム（Diem）をまもなく発行するようだ〔訳注：2022年1月31日に断念を発表〕。中国の決済サービスプロバイダーであるアリペイとウィーチャットペイも同じ分野で競い合っている。新しいデジタル通貨は追加的なグローバル通貨としての地位を確立し、場合によっては米ドルのシェアを奪うことになるのだろうか。こうしたデジタル通貨は、どれもグローバル金融システムのレジリエンスを下げるものになるのだろうか。

たとえばアメリカの中華レストランには、すでに決済用のデジタル端末を使って人民元を受け入れているところがある。アメリカ政府は2021年1月、とうとうアメリカ国内でのアリペイとウィーチャットペイの使用を非合法化した。伝統的に貨幣には三つの役割がある。すなわち決済単位、交換手段、価値貯蔵手段である。この三つの役割は全部でワンセットだ。デジタル通貨が広がることで、このセットがバラバラになったり拡大したりする可能性がある[35]。交換の容易なデジタル通貨の利用が広がることで、個人でも、貨幣のそれぞれの機能に合わせて異なる通貨を使えるようになるかもしれない。たとえば高金利の通貨は大きな価値の貯蔵手段になるだろうが、ほかのプラットフォームであまり受け入れてもらえなければ、交換手段としては劣っていることになる。同様に、広く利用可能な交換手段として機能するデジタル通貨だが魅力的な金利は提供していない、ということもあるだろう。ほかの新しいデジタル通貨のほうがプライバシーの保護にすぐれているというケースもあるかもしれない。

こうした展開は、これまでの通貨圏の概念を変えてしまうかもしれない。**デジタル通貨圏**が現れる可能性もある。伝統的な通貨圏が地理的な境界によって定義されるのに対して、デジタル通貨圏は国を超えたユーザーのデジタルネットワークによって定義される。したがって、デジタル通貨がほかの金融および非金融サービスと統合される可能性もある。

こうした新しい形態の通貨圏の副作用として「デジタル・ドル化」があるかもしれない。もしそうなれば、金融政策上の意味合いは従来型のドル化とよく似たものになるだろう。人びとが、国内でも自国通貨の代わりにまず米ドルを使い始めるような状況だ。ドル化した経済では、債務契約が米ドル建てでなされ、取引も米ドルで行われる。したがって国内の金融政策は、自国通貨の短期金利にしか影響をおよぼせなくなってしまい、大きく力が落ちてしまう。同様に、デジタル・ドル化が起こると人びとは新しいデジタル通貨を使うので、金融政策とインフレが「輸入」されることになる。

東南アジアでは、アリペイやウィーチャットペイが使われることが急増していて、デジタル形態の人民元が中国の外にまで届くようになっている。こうした展開が続けば、中国の金融政策がデジタル人民元を使っている国々に影響する可能性が出てくる。くわえて、中国人民銀行は約８年前から電子人民元を少しずつ開発中で、２０２２年には大規模な運用が始まる計画だ。これは間違いなく、民間のデジタル通貨や決済サービスプロバイダーと競合するだろう[36]。そんな世界では、国の金融政策は――とくに小国のＥＭＤＥｓでは――金融政策はほとんど無力になる。こうした国にとっては、金融政策のレジリエンス機能が大きく損なわれることになる。

世界貿易

世界貿易のレジリエンスが試練に直面しているのは間違いない。新型コロナウイルスによる危機のあとの見通しは不透明だ。パンデミックの前ですら、貿易の成長率は１９９０年代末のハイパー・グローバリゼーション期より鈍っていた。いま直面している問題は、一時的な混乱に対するサプライチェーンのレジリエンスをどのようにして高めるか、だ。

貿易の爆発

ＥＭＤＥｓの登場は世界の貿易量の急増と時期が重なっていて、１９８０年代末に始まり、２００８年の世界金融危機まで続いた。２０００年から２００８年までの商品の貿易量は50％以上も増加した（図表15－３）。グローバル・バリューチェーンが生まれたのは、貿易と専門化の利益を全面的に活用するためだった。どこかの国が原材料を生産し、別の国がその原材料を加工して中間商品にする。グローバル・バリューチェーン上のまた別の参加者が最終商品を製造する[37]。このような成長が起こったのは、一つには、高度の専門化が比較優位の最大利用を促進したためだ。しかし、過度な専門化にはグローバルなレジリエンスを損ねる可能性がある。こうした貿易の爆発は新興市場の利益となる部分が大きかったが、やがて不平等の拡大など、影も見え始めた。

図表 15－3

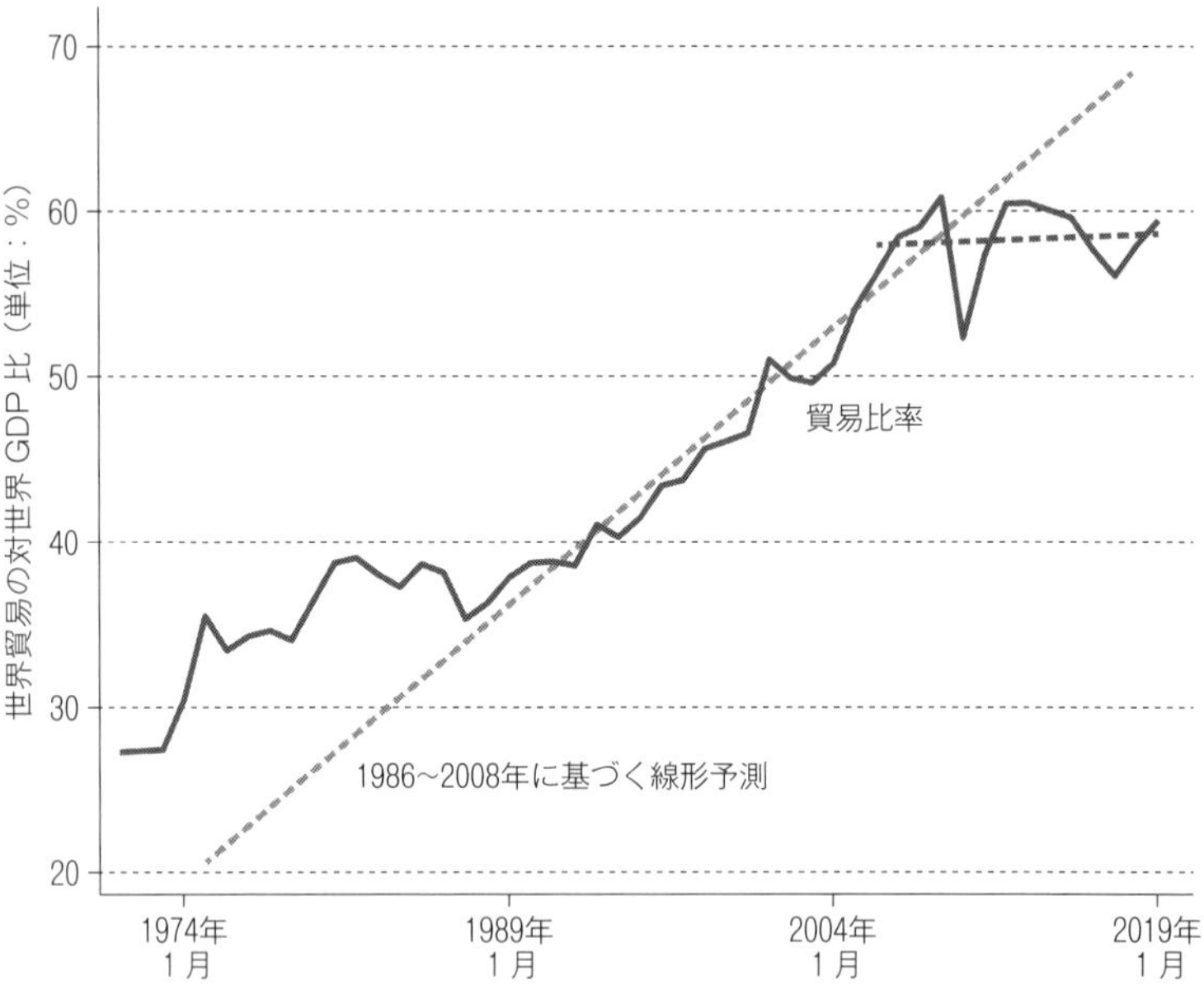

スローバリゼーション：世界貿易の対世界 GDP 比。1980年代からの貿易爆発は2000年代半ばに安定した。

出所：CPB Netherlands Bureau for Economic Policy Analysis 2021

スローバリゼーション

新型コロナウイルスによる危機は、幅広い目で見た国際貿易にどのような影響をおよぼすだろう。ホームオフィスやオンライン診療のトレンドをスピードアップしたのと同じように、やはり何か既存のトレンドが加速されるのだろうか。

図表15－3が示しているように、グローバリゼーションの鈍化は新型コロナウイルスによる危機になる前から起こっている。実際には、この鈍化は2008年の世界金融危機とほぼ同時期に始まっていた。どんなシナリオになっても、1990年代の急速なグローバリゼーションのペースを維持することは

図表15－4

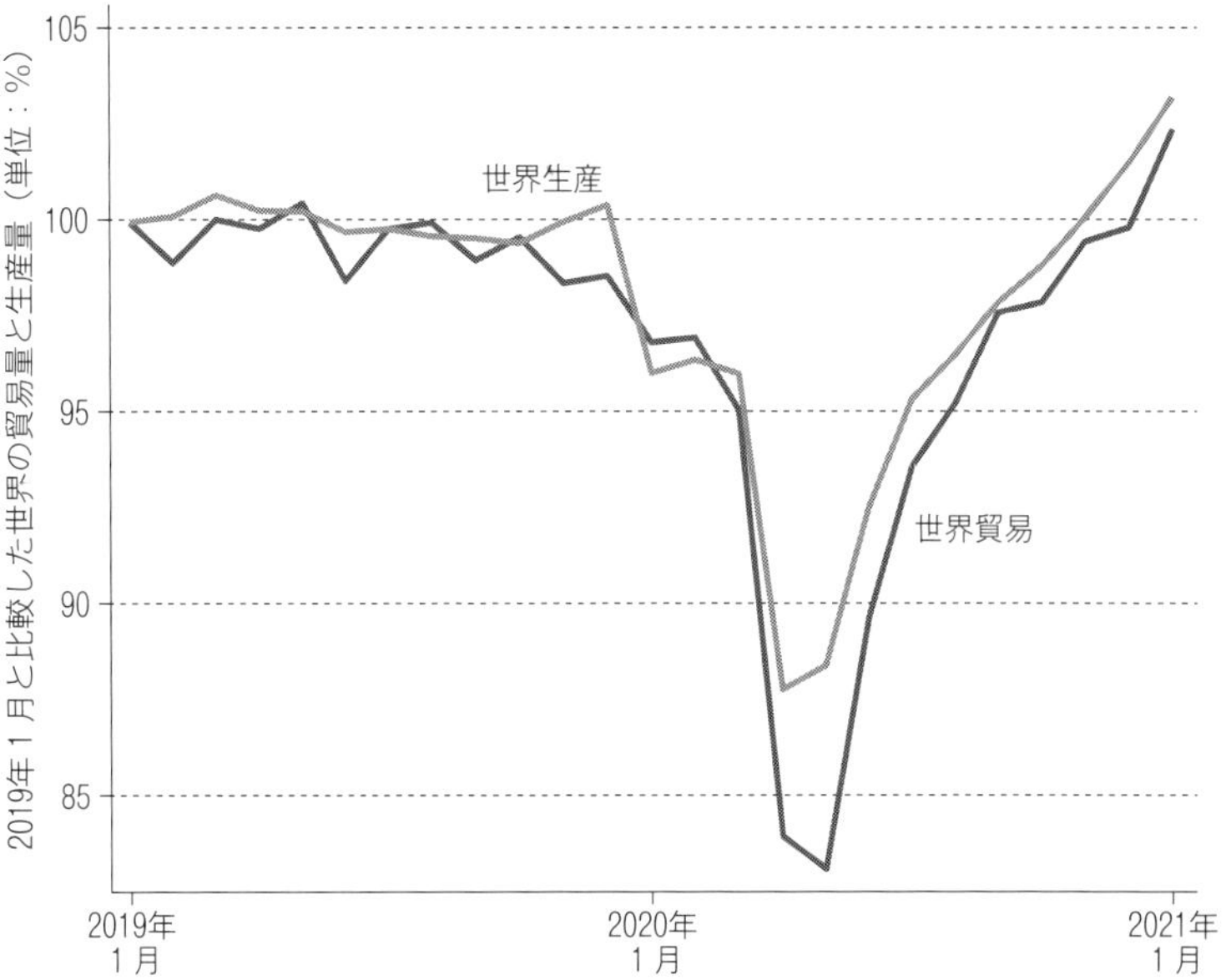

2019年1月と比較した世界の貿易と工業生産、および2020年後半の力強い回復。
出所：CPB Netherlands Bureau for Economic Policy Analysis 2021

できなかっただろうとするエコノミストも少なくない[38]。それが正しいとすれば、国際貿易量の成長率がある程度で安定するのは予測されたことだった。そうした歴史を念頭に考えれば、今回の新型コロナウイルスによる危機が世界貿易にどのような影響を与えたかを評価できるだろう。危機の最初の数か月が苦しかったことは明らかだが、２０２０年秋の回復は力強かった。この本の執筆時点で、新型コロナウイルスによる危機が商品貿易の縮小につながるという兆候はない[39]。

その一方で、サプライチェーンの混乱とコンテナの荷下ろし労働者の不足は、大陸をまたいだ国際貿易の基盤である世界の輸送コンテナ事業も大きく揺るがした。多くの労働者が新型コロナウイルスに罹患したことで、アメリカ各地の港でコンテナの荷下ろしが遅れたのはその一例だ。まもなく、そうしたコンテナは中国で行方不明になり、アメリカへの工業製品の輸送が滞るようになった。そうしたことが積み重なって、携帯電話や自動車の製造にきわめて重要な材料である半導体が不足するようになった[40]。また副作用として、コンテナ価格も大幅に上がった。この本で先に用いた用語を使うなら、これは貿易のウィップソー（大変動）だった。世界の需要は2020年3月、4月には不十分だったかもしれないが、こちらは供給ペースが持ち直すよりもずっと早く回復した。要するに、世界貿易にはレジリエンスがあるのだろう。

将来は、デジタル化とロボット工学が国境を越えたアイデアの流れを促進するだろう。ロボット工学は資本の移転を促進する。教育サービスやオンライン医療のグローバル化にとっても、経済統合が進んだほうが望ましい。

世界貿易にはレジリエンスがあったが、企業には一つの選択肢がある。これまで海外にアウトソーシングしていた活動を自国に戻す、**リショアリング**だ。しかし、リショアリングにはコストがかかる。すでに多額の出費をして海外に生産設備を築いてきた企業は、既存の海外プロジェクトを放棄することで巨額の埋没費用（サンクコスト）が生じるリスクがある。そう考えると、調査での企業幹部の発言にもかかわらず、実際には、まだリショアリングがほとんど行われていないことにも説明がつく[41]。リショアリングが行われていないということは、貿易の大幅な縮小は起こらないだろうという見方を支持している。

コストの最小化か、レジリエンスか

新型コロナウイルスによる危機はグローバル・バリューチェーンのネットワークが抱える弱点を暴露した。パンデミックまでは、国際的なサプライチェーンを設計するときの主要目的はコストの最小化だった。だから、サプライヤーの選択はコストで決まっていた。しかし、そのように近視眼的にコストに焦点を絞ってしまうと、各企業の脆弱性がそのままになってしまう可能性がある。どれほどコスト効率の良いサプライヤーでも、特異なショックがあれば休業せざるをえない。となれば、労働者のストライキや自然災害があっただけでも、サプライチェーンの反対の端にある企業は存続の危機を経験することになる。今回のパンデミックは、商品製造部門だけでなくサービス部門も含めて、まさにこうしたサプライチェーンのリスクに光を当てるものだった。例としてサービス部門では、多くの企業が事務管理機能を新興市場（とくにインド）に大量にアウトソーシングしていた。２０２１年春に新型コロナウイルスの第2波がインド全土を席巻すると、アメリカの金融企業のいくつかは、別の海外拠点へ活動を移さざるをえなくなった[42]。

鍵となる問題は、先にもふれたように、ＥＭＤＥｓにアウトソーシングされていた経済活動のリショアリングが見られるかどうか、すなわち、各国がサプライヤーを多様化するかどうかだ。サプライヤーが2か所になればそれぞれのサプライヤーの交渉力が弱まるので、下流の企業からは好まれるのがふつうだ。おそらく、企業は異なる三つの大陸にそれぞれサプライヤーをもつ方向へ動くだろう。これはマルチソーシングと呼ばれている。これならば、全体としてＥＭＤＥｓの経済を傷つけずに済む。

グローバル・サプライチェーンには決定的な変化が起こるはずだ。企業がサプライヤーを選ぶときにはレジリエンスの構築をまず考えるべきで、コストの最小化だけに焦点を絞ってはいけない[43]。言い換えれば、いま支配的な「**ジャスト・イン・タイム**（必要なときに、必要なものを、必要なだけ）」の教義から、万一（最悪）に備える「**ジャスト・イン・（ワースト）・ケース**」の視点へと改めるべきだということだ[44]。その結果、企業は世界の異なる地域の二つないし三つのサプライヤーを利用して、特定の国のショックを回避するようになるかもしれない。とはいえ、サプライチェーンの多様化で特定の国のリスク（相関性のないショック）は回避できても、パンデミックのような集合的で世界的なショックのときには、これはほとんど役に立たない[45]。

このような、それほどグローバルではないがそれほど脆弱でもないサプライチェーンへの移行は、短期的には経済成長を鈍化させるだろう[46]。調整プロセスで供給不足につながる可能性もある[47]。しかし長期的には、これまでのような輸出主導の開発戦略よりもずっと有望な結果を生み出すことになるだろう。

ディグローバリゼーション

「スローバリゼーション」という概念を疑問視して、グローバリゼーションの衰退を予言する論者もいる。商品取引が高い水準で安定していることは認めつつも、幅広い視点から見ればグローバリゼーションは後退しているというのだ。彼らは、グローバリゼーションの定義には「投資、**サービス**、人的資本、アイデア、経営手法、ネットワーク、インフラ、基準の流れ」を含めるべきだとする[48]。この幅広い視点に基づけば、貿易、海外投資、移住、開かれた国境が後退して、保護主義と移民規制が急速に強まるかもしれない[49]。たとえばアメリカの多くの大学は、外国人学生の支払う授業料に資金面で大きく依存しているから、移民が減少すれば即座に影響を受けるだろう[50]。要するに、たとえ商品取引がスローバリゼーションを経験しただけでも、**別のさまざまな分野でディグローバリゼーション**が見られるかもしれない、ということだ。

政治的要因とテクノロジー

相反する重要な要因がグローバリゼーションの未来を決定しようとしている。テクノロジーの進歩はさらなるグローバリゼーションへ向けて進んでいるが、さまざまな政治的圧力はディグローバリゼーションを推進している。

１９９０年代はじめに中国が経済開放したことの影響（いわゆる「**チャイナ・ショック**」）は、先進国の労働市場がうまく機能することで吸収されると予想された。実際には、アメリカの工業中心地やヨーロッパのかつての鉱工業大手の労働者は、東ヨーロッパ諸国をはじめとする新興市場の労働者と競争しなければならなくなった。先進国では、国内の労働市場の多くが、深刻で持続的な影響に苦しんだ。賃金は下がり、雇用率も、チャイナ・ショックの影響が少なかった地域の労働市場と比べて低いままにとどまった[51]。やがて、こうした展開をきっかけに、国際貿易に対する政治的反発が起こった。その例が近年の米中貿易戦争だ。

アダム・ポーゼン（Adam Posen）らは、こうした変化における**テクノロジー**の役割を強調している。コンピューターの登場以来、多くのイノベーションは高度な教育を受けた労働者に有利なものになっている。急速にスキル偏向が進む技術変化の前では、たとえグローバリゼーションが進まなくても、不平等の拡大は避けられなかっただろう。

現代テクノロジーの多くは**勝者総取りの力学**を取り入れているが、これはインターネットビジネスのネットワーク効果によるところが大きい。たとえばグーグルは、検索アルゴリズムの成功から始まっている。ひとたび人びとがこの検索エンジンを使い始めると、グーグルは、ユーザーから無料で入手したデータを使ってアルゴリズムを改良していくことができる。そうして生まれた自然な均衡があの唯一無二の支配的なインターネット検索エンジンで、もはや競合他社が同じ量の内部情報を蓄積することはきわめて難しい。こうして、技術変化はマーケットパワーを動かし、成功企業にレントをもたらし、その従業員（の一部）に高給の仕事をもたらした。乗り遅れた企業は取り残されている。

貿易協定の原理

こうした変化に照らして、いったいどのような原理を用いて将来の貿易協定を設計すれば、いまよりも公正でレジリエントな世界を作ることができるのだろう。国境を越えた政策の外部性がグローバルなルール作りの正当な理由になることには、大半の人が合意している。しかし、それだけでは不十分だ。教育のような本質的に国内的な問題も含めて、大半の政策には外部性がある[52]。

どのような貿易協定を設計すれば公正さとレジリエンスを推進できるのか――それを考えるに当たっては、まずは過去の伝統的な貿易協定に目を向けるのがいいだろう。１９９０年代まで、貿易協定の重点は、**外国商品の内国民待遇と無差別**という二つの原理にあった。すなわち、外国商品でもひとたび国境を越えれば国内商品として扱われるということと、すべての外国商品は同じように扱われるということだ。このうち重要な要素は後者だった。

その後、世界貿易の**伝統的な枠組み**は動き出す。その例が1993年のEU単一市場だ。単一市場内で一切の国境処理をなくすことで、加盟国全体を通じた**政策調和の必要性**が生じた。国内政策への干渉が増えた結果、貿易への反発が形成され始めたのだ。次に、ハイパー・グローバリゼーション時代の1990年代には、貿易協定が**深い統合**とでも呼べるようなものに利用されることが増えていった[53]。これには、実質的に国内の規則集の規制範囲を拡張するようなルールや、相手国内の選好を回避するようなルールの採用も含まれている。たとえばEUは、南米南部共同市場（MERCOSUR）のような最新の貿易交渉では、動物福祉の基準や人権、気候変動にかなりの重点を置いた。またアメリカは、北米自由貿易協定（NAFTA）の見直しに当たってある条項を盛り込み、メキシコに自動車部門での賃上げを迫った[54]。他の例としては、米欧自由貿易協定の失敗がある。失敗した理由の一つとしては、塩素消毒鶏肉をめぐるドイツでの議論があった〔訳注：鶏肉を出荷前に塩素消毒することはEUでは禁止されている〕。こうした鶏肉への消費者の恐怖心が、貿易協定反対派の論調を強めることに寄与したのだった。

こうした新しいタイプの貿易協定に続いて、自由貿易は有益だという、経済学上の昔からの主張についても再考する必要がある。深い統合のメリットと潜在的なデメリットについては経済学者のあいだでも活発な議論がある。**従来型の貿易自由化**は、たいていの場合、**製造業のロビー団体と労働組合**を公開討論での消耗戦に引き込むことにしかならなかった[55]。しかし深い統合にも、環境グループや社会的利益団体が関わっている。さらに、基準や規制を変更すると関税引き下げの効果がなくなる部分が出てくるので、深い統合による福祉面やレジリエンスへの影響の評価が非常に難しくなる可能性がある[56]。

貿易の未来

貿易の未来はどのような形になるのだろうか。**グローバル・ルール**が必要になるのはどの分野だろう。たいていの経済学者は、外部性などの理由で市場の失敗があったときには介入が必要だ、と主張することが多い。その一方で、世界的な調整が必要となるのは**近隣窮乏化政策**〔訳注・為替や関税、規制などを変更して、失業などの自国負担を他国に転嫁することで自国経済を回復・維持させようとする政策〕や**グローバル公共財**（グローバルな医療や知識など）といった狭い範囲の外部性だけだと考える経済学者も少なくない。近隣窮乏化政策は総合的な損失を生じる政策で、なによりも他国を害する意図をもって実行される。その意味で、悪意から派生する経済的外部性は、単なる副作用としての外部性とは異なる。前者は世界的な調整施策の対象とするべきだが、後者はそうするべきではない。

国際協調を支持する第二の主張は、グローバルなレベルでの公共財の提供だ。公共医療が鍵となる例だろう。公共医療への投資は供給不足のことが多いが、その理由は、供給にともなう正の外部性があるからだ。たとえば、感染症が爆発的に流行する可能性を早期に知らせる警告システムは多大な公益をもたらしてくれる。

したがって、グローバル・ルールを擁護する主張は比較的限られている。国際経済の多くの分野では、グローバル・ルールがなくても「善行には見返りを求めない[57]」が基本になっている。言い換えれば、世界的に望ましい政策は個々の国にとっても利益になるということで、それぞれの国について見れば、せいぜい、こうした公共財を低水準で供給するインセンティブがあるくらいだ。しかし、ひとたび近隣窮乏化政策やグローバル公共財に目を向ければ、１９９０年代以来のグローバリゼーションが歪んでいたことが見えてくる。その例が、タックスヘイブン（租税回避地）に関するグローバル・ルールがないことだ[58]。同様に、国際カルテルなどの反競争的行為、気候変動、さらには現在の公共医療の危機についてもグローバルな規制がない[59]。

世界的な統一ルールには別の欠点もある。結局のところ、共通ルールの強制には必ずトレードオフがあって、**それぞれの国の政策の試みから得られた発見とぶつかってしまう**のだ[60]。たとえば、デジタル部門の規制はどうするのが最適なのかが不透明な場合には、さまざまな国で異なる組み合わせのルールをテストしたほうが、規制の最適範囲についての洞察が得られる可能性がある。

グローバル・スタンダードの定義

同時に、ネットワーク効果と国を超えた共通基準から、多くのテクノロジーが莫大な利益をあげている。グローバル・スタンダードを定義することは自由貿易協定を通じて達成可能だが、必要なものはそれ以上にある。「中国標準２０３５」は中国の野望を明確に表すものだ。５Ｇテクノロジー、ＩｏＴ（「モノのインターネット」）、人工知能（ＡＩ）が、中国が世界標準の設定プロセスに影響を及ぼしたい分野として確認されている[61]。中国の政策立案者に共通する考えは「三流企業はモノを作り、二流企業は技術を開発し、一流企業は標準を決める」だ。これも、この章の全体的なテーマの一つである、アメリカと中国のライバル関係を如実に表している。

第16章　気候変動とレジリエンス

気候変動がわたしたちの時代の最大の難題の一つであることは誰もがわかっている。しかし、人為的な気候変動が人類のレジリエンスに与える潜在的な影響について考えることはほとんどない。この本の始めのところで、社会の持続可能性は二つの要因から成ることを確認した。第一に、持続可能であるためには、この惑星上の生命を脅かすような悪性で、ゆっくり進行する長期的な力があってはならない。第二に、持続可能性にはレジリエンスが必要で、これは、悪性のショックに耐えて回復してくる能力のことだ。気候変動はこの両方の要因に影響をおよぼす。良い機会なので、新型コロナウイルスによる危機からレジリエンスについて学んできたことを基礎に、気候変動への取り組みを考えてみよう。

消費の抑制か、イノベーションの拡大か

気候変動という難題に取り組むために、二つの広範なアプローチが提案されている。互いに正反対のものだ。第一に、持続可能な水準まで経済成長のペースを戻すべきだとする主張がある。この場合、限られた資源の利用を、毎年自然に補給される量まで減らすことが目標になる。第二の考えは、ブレークスルーとなるイノベーションを追求して、経済成長のペースを落とさずに、カーボンニュートラルに向かって経済活動を調整できるようにする、というものだ。

新型コロナウイルスによる危機の初期には、炭素排出量が世界的に落ちた。しかし広範なロックダウンが行われ、経済活動や可動性、消費が劇的に落ち込んだにもかかわらず、パンデミックによる世界の炭素排出量の減少はわずかでしかなかった。削減された汚染は、この先数十年にわたるカーボンニュートラルを達成するのに必要な量と比べれば、ごくわずかだった。複数の推定が、2020年春に削減された世界の炭素排出量は、かなり少なめの7%だったことを示している[1]。ここから示唆されるのは、気候変動に影響をおよぼすには、消費の削減ではとうてい足りないということだ。生活様式に求められる変化はあまりに大きく、政治的にも実施不可能だ。フランスで行われた黄色いベストでの抗議行動は、政治的な困難を生々しく思い出させるものだった。

これに代わる選択肢は、持続可能性への道を拓いてくれるイノベーションだ。イノベーションは緩和、適応、改良の三つに絞ることができる[2]。

緩和のイノベーションは、CO_2排出量を減らすことで気候変動の影響を小さくすることをめざ

している。電気自動車がその一例だ。化石燃料を使わないことが炭素排出量の削減につながるので、気候変動の影響を抑えられるはずだ。環境に関しては、これがもっとも魅力的なアプローチだろう。

適応のイノベーションは、気候変動による不可避的な影響にうまく適応できるようにするものだ。このイノベーションの例としては、海面より低い地域を洪水から守るためのハイテク堤防がある。移民も適応の一つの形態だ。気候変動の影響は地域による違いがかなり大きいので、移住が追加的なレジリエンスを提供してくれるだろう。海岸の近くや氾濫原に暮らしていると洪水に見舞われる確率が高い。そういう危険にさらされることの少ない場所へ移ることでレジリエンスを得られるだろう。地球規模での移民自由化の利益はかなり大きいと見積もられている[3]。しかしこうした計算は、大規模な移民が社会契約を脅かす可能性を無視していることが多く、もしそうなった場合には、社会契約を下支えしている暗黙の文化的理解が失われてしまう。

改良のイノベーションには地球工学のようなアイデアも含まれている。よく知られたアプローチには、太陽放射の管理（太陽光を反射している成層圏にエアロゾルを散布する）、温室効果ガスを除去するテクノロジー、森林再生、海洋施肥の取り組みなどがある。

こうした問題に関しては、柔軟性がきわめて重要になる。どのアプローチがもっともよく機能するのか、まだわかっていない。レジリエンスを達成するには、この三つの路線すべてに沿ったイノベーションによる、多面的な取り組みが必要だ。概念としては、この問題は、先にふれた新型コロナウイルスのワクチン開発と似ている。つねに柔軟でいれば、新しい情報やショックに直面しても、そのつど最適化していくことができる。

イノベーション、外部性、罠、ネットワーク効果

気候変動がもたらす大きな脅威があり、行動が必要だという幅広いコンセンサスがあるのに、気候変動への取り組みにこれほど時間がかかっているのはなぜだろう。一つの理由は、国際協調が強く求められていることだ。たとえばベルギーのような小さな国なら多くの国内政策を変更できるだろうが、たとえそれでその国が明日から完全なカーボンニュートラルになったとしても、世界の気候に与える影響は微々たるものだ。すべての国によるグローバルな取り組みが必要なのだ。もう少し大きなイギリスのような国ですら、CO_2排出量は世界の汚染の1・1%にすぎない[4]。

この問題は、経済学では「ただ乗り問題」として知られているし、当てはまるのは国だけではない。同じただ乗り問題は、個人でも起こってくる。たとえばある国で薪窯の80%を閉じる必要があるとして、そのタイプの窯をもっている人は、誰もが、自分の窯を閉じるよりも近所の人たちが窯を閉じてくれと思うだろう。ただ乗り問題の核心にあるのは外部性だ。ほかの人たちが環境を守ってくれれば全員が――環境保護の取り組みに参加しない者も含めて――利益を得ることになってしまう。

さらに、環境問題には先に述べた**フィードバック外部性**という悩みがある。たとえば世界中のすべての人が、それぞれほんの少しだけ快適になるために、ほんの少しだけエアコンを使ったとしよう。エアコンは電気消費の一大要因で、その多くが再生不能なエネルギーで賄われている。したがって、エアコンの使用が増えれば電気消費量も増え、それがCO_2排出量を増やすことになる。全

体としては、これは気温を上げる結果になり、トータルで見ると、すべての人にとっての外部性になる。気温が上がればさらにエアコンの使用が増えるだろうし、それが負のフィードバックにつながって、わたしたちはいよいよ臨界点に近づくことになる。

環境イノベーションの二重の外部性

二重の外部性があるために、環境イノベーション分野ではR&D支出があまりに少ない。まず、環境の外部性を考えてみよう。気候を守るための新たなイノベーションにはアウトプット面での外部性がある。こうしたイノベーションから利益を得る人たちのなかには、その開発に直接貢献しない人たちもいる。その人たちは正の外部性を受け取ることになる。

第二に、古典的なイノベーションの外部性がある。これはイノベーションの章で検討したテーマで、イノベーションのプロセスで生まれる知識は、かなりの部分が別のイノベーションへと波及していく。それは発明者によって内部化されず、また別の、正の外部性になっていく。こうした二つの外部性が二重の外部性を生み出し、それが気候イノベーションの足を引っ張っている。気候イノベーションへの投資が少ないのは、R&Dの外部性があるためであり、緩和・適応が少なすぎるためだ。自分の発明から生まれる利益をすべて内部化できるようになれば、イノベーターはもっと投資するようになるだろう。

ニワトリとタマゴ問題再考

ここでニワトリとタマゴ問題、別名QWERTY問題がふたたび浮上してくる。ネットワーク効果が気候にやさしいテクノロジーの採用を妨げているのだ。たとえば電気自動車用の充電スタンドのネットワークを考えてみよう。いまはガソリンスタンドと比べて充電スタンドが少ないので、多くのマイカー所有者は、十分な数の充電スタンドが見つからないことを恐れて、電気自動車への切り替えを尻込みしている。逆に、いまは電気自動車の所有者が少ないので、まだ充電スタンドよりガソリンスタンドのほうが多い[5]。

こうしたネットワーク効果を動かすものがフィードバック・ループで、これは戦略的補完性(strategic complementarities)から生まれてくる。たとえば、ある地域に充電スタンドが何か所かできれば、その地域の人たちのあいだで電気自動車を取得するインセンティブが高まり、それによって充電スタンドへの需要が高まるだろう。そうなれば、こんどは逆に、電気自動車がいっそう魅力的になっていく。このように、可能な均衡状態はいくつもある。スタンドの大半がガソリンスタンドなら、大半の人は内燃機関の車を買うだろう。大半のスタンドに充電器があれば電気自動車を買う人は増えるはずだ。ガソリンスタンドが多すぎて「悪い」均衡で停滞している状態は、罠のようなものだ。気候にやさしいテクノロジーの採用が余計に複雑になり、それがレジリエンスを妨げてしまう。いまが気候変動の臨界点に近いとすれば、そんな罠につかまっていては危険だ。小さなショックでも、悪性のフィードバック・ループに突き落とされてしまいかねない。

巨大なネットワークの設定にはかなりのサンクコストがつきものだ。サプライヤーと最終製品の販売者による多額の先行投資が必要になる。将来は電気ないし水素が自動車を動かすと確信できなければ、企業はサンクコストを避けようとするだろう。誰も間違った戦略に賭けたくはない。しばらく待って様子を見ることで、意思決定に関わる本当の価値を見極めようとするだろう。しかし

「じっと様子を見る」のが長すぎたら、気候変動の緩和努力にかける貴重な時間が失われてしまう。電気自動車に賭けて周囲を引っ張っていくには、イーロン・マスク（Elon Musk）と彼の率いるテスラ社（Tesla）のような異端者が必要なのかもしれない。異端者以外の選択肢としては、政府が基準を設定して、新しいネットワークの採用に向けて業界を誘導していく方法がある。どちらの方法でも、罠を解決してレジリエンスを育てていくことは可能だ。

気候クラブ

国際的なただ乗り問題への解決策として、ノーベル賞受賞者のウイリアム・ノードハウス（William Nordhause）が、気候クラブというアイデアを提出している。気候クラブに参加する国であれば、野心的な炭素排出量目標に合意するだろう。このクラブがほかのイニシアティブと明確に違う要素は、非加盟国にペナルティーが科されるということだ[6]。たとえばクラブとして、非加盟国の製造する商品にペナルティーの追加関税をかけることができる。EUで議論されている国境炭素調整措置（国境調整税）も同じ趣旨だ。結果として、非加盟国にはクラブに入ろうというインセンティブが働き、内部でも、クラブにとどまろうというインセンティブが働く。このアプローチなら、ただ乗り問題の対策となるだろう[7]。しかし、関税や国境調整税が環境保護を装った保護貿易主義となって、とくに新興国へ害を及ぼす可能性もある。

レジリエンスと臨界点への近接

先にふれたように、ある状況が持続不能になるのには二つの理由がある。第一は臨界点が近いことで、そのため、ほんの小さなショックでも負のフィードバック・ループが起こってしまう。第二は、ゆっくりとした下降トレンドに乗って臨界点へ向かっていることだ。どちらの状況も、流れを変えてレジリエンスを高めることが求められる。

気候変動という文脈での喫緊の問題の一つは、どのようにして汚染防止戦略を強化・維持するかだ。ただちに大きな努力をするべきだろうか、それとも、気候にやさしいテクノロジーをゆっくり段階的に取り入れていくべきだろうか。ここでは配慮すべき非常に重要な点がいくつかある。問題はレジリエンスだ。負の気候ショックに対するレジリエンスが弱いなら、負のフィードバック・ループを避けるために急いで行動することが必要だ。ショックの持続期間も問題になる。もし将来の気候ショックが長期にわたるなら、そういうショック自体を避ける必要がある。さもないと変化が恒久的なものになってしまい、そこからの回復がとてつもなく複雑になってくる。

会計学的な見方をするなら、将来のコストと収入の割引要因が、集合的な意思決定において重要なインプットとなる。将来の福祉の重要性を割り引いて考えるなら、気候変動を緩和するためにいますぐ費用のかかる行動を起こそうとは思わないだろう。さらに過去数十年は、人口の高齢化や貯蓄過剰、経済成長率の低さ、予備的貯蓄といった理由から、金利が全般に落ち込んでいる。結果として割引率が低いので、これは、気候変動に対して早期に行動を起こすべきタイミングが「いま」

であることを示唆している。

臨界点と不可逆性

本書を通じて強調してきたのは、さまざまな罠と臨界点がレジリエンスに大きなダメージを与えるということだ。それが不可逆的なときにはとくにダメージが大きく、恒久的な罠と似たものになる。気候に関して言えば、メキシコ湾流の速度低下など、多くの臨界点は確信をもった予測ができない。むしろ臨界点には確率論的な側面があるため、これを回避するには、社会としてしっかり距離を置いておく必要がある。

その一方で、外部性が原因でタイミングが遅れ、それが気候を臨界点へと押しやってしまうリスクもあって、これによってもレジリエンスは低下する。このプロセスを動かすのは、ただ乗りならぬ「安乗り」だ。この概念をもっとよく理解するには、社会全体が生き残るためには一つの池で漁をしなければならないところを想像してほしい。ほかの人間が池の魚を獲り尽くすのではないかという心配から、全員が頻繁に、早くから漁に出るようになる。しかし、そうした安乗りによって集団全体は臨界点に近づいていき、人口を維持するだけの魚が残らない瞬間がやって来てしまう。海洋での魚の乱獲は、こうしたメカニズムをわかりやすく示している。CO_2汚染も同じことで、気候救済のイノベーションが遅れて「技術の冗長性」が築かれないことになれば、結果は見えている。不測の事態にすばやく対応できる対策を立てておくことが、こうした状況では非常に大切になってくる。

すべてのイノベーションが同じように望ましいわけではない。地球工学の技術は、気候が急速に悪化しているときに使えれば有用かもしれないが、そうした技術には予期せぬ副作用を生む可能性があり、それがまた新しい罠につながることにもなりかねない。したがって、そのような技術の研究では、そのリスクと副作用について相当早くから研究しておくことが非常に重要だ。

グリーン・パラドックス

CO_2排出量目標など、さまざまな気候目標が段階的に設定されているのには、いくつかの配慮がある。ドイツの経済学者ハンス＝ヴェルナー・ジン（hans-werner sinn）は、排出量目標を段階的に強化していくと、炭素排出型資源の所有者（石油企業やガソリン企業など）に、こうした資源の利用を加速させようという強いインセンティブが生じてしまうと主張している[8]。逆説のようだが、将来の排出量目標を厳しくすると短期的なCO_2排出量が増え、それによって気候変動を加速してしまうというのだ。

排出量目標を早く上げていくことによるパラドックス効果はほかにもある。排出量をいますぐ、積極的に削減して臨界点に近づかないようにすると、地中に多くの化石燃料を残すことにもなる。すると将来はいまほど希少なものではなくなり、化石燃料の価格が下がる。結果、将来の排出量を削減しようとするインセンティブが下がってしまう。要するに、いま積極的な排出量目標を設定すると将来の排出量増加につながりかねないのだ[9]。気候政策を段階的に強化していくための最適スケジュールを決定するときには、各国政府は微妙な航路を選ばなければならない。

事前と事後のレジリエンス：計画の安定性か、柔軟性か

調整と柔軟性

安定した計画のためには、段階的強化戦略の調整がきわめて重要だ。たとえば、ある製鋼所が石炭から水素燃料への移行を考えているとしよう[10]。そのような長期的な投資はリスクが大きいので、企業としては、計画期間を通じて環境政策が安定しているという合理的な確信が必要だ。そうでなければ、コストの大きいエネルギー転換がサンクコストになりかねず、リスクが利益を上回ってしまう。

明確な見通しのある炭素税であれば、炭素の将来価格についての確実性が増す。対照的に、排出量を目標にした政策措置だと、価格の確実性はそれほどではない。そんな排出量政策の一例が、取引可能な汚染許可証を決まった数だけ政府が発行するというものだ。この場合、価格経路が不明瞭なため、排出コストに関して企業にリスクが生じてしまう[11]。ジャック・デルプラ（Jacques Delpla）など一部の経済学者は、政府機関が介入してぎりぎりのところで許可証を売買し、追加的に価格を安定させることができると主張している。

計画の確実性に関しては、環境にやさしい技術を実施することにともなうリスクを、価格リスクを含めて抑えることが重要だ。それができれば、そうした投資にともなうリスク・プレミアムが下がるので、そこから、環境にやさしい技術を採用するコストも下がっていくはずだ。

決まった移行経路から外れないことで、ある程度の計画の確実性が生まれるが、レジリエンスを支えるのに必要な、柔軟性を下げてしまう面もある。臨界点が見えてきたときには、取り組みを強化してその臨界点を回避し、レジリエンスを獲得するための選択肢が必要になる。かつて最適だった気候政策を、時間の経過に合わせてそのつど再最適化することが、気候政策を成功させるうえで重要な要素だ。

時間不整合性の問題

少しずつ最適化を繰り返していくと、時間不整合性の問題に行き当たる可能性がある。はじめは、規制する側が長期的なCO_2価格について明確な道筋を約束する必要がある。それによって企業は計画を立てられるようになり、炭素集約型産業の移行コストを最小化するのに役立つ。しかし将来、新しい情報が利用できるようになると、規制当局がそうした規則を修正したくなるかもしれない。こうした柔軟性はレジリエンスを可能にするものではあるが、炭素価格についての最初の約束の信頼性を損ねることにもなる。

ここから出てくるのが、事前のレジリエンスと事後のレジリエンスとのトレードオフだ。事前のレジリエンスには、それがCO_2対策を強制的に取り入れさせるインセンティブとなるような、拘束力をもった、確かなルールが必要だ。しかし、レジリエンスを維持するためには、のちの再最適化のためのオプションも残しておきたい。これは、新型コロナウイルスによるパンデミックから学んだ教訓だ。公衆衛生の関係者には、パンデミックから生じる不測の事態に合わせて医療政策を修正するための柔軟性が引き続き必要となる。

結論と展望

　わたしたちが数多くのショックに直面することは避けられない。それには人類がこれまで達成したことと将来達成することのすべてが関わっている。あらかじめ予想のつく、理解のできるショックもあるだろう。「未知の未知」もあるだろう。世界が進化していく限りショックを避けることはできないのだから、重要なのは社会がレジリエントになり、復元力をもつことだ。そこから目を逸らさなければ、レジリエンスは信頼できる羅針盤となって、個人と社会が未知なるものをくぐり抜けて前進できるよう、導いてくれるだろう。

　パンデミック以外にも、近年の展開には予期せぬショックにつながりかねないものがあった。そうした展開の一つひとつは推測しかできないので、ここでの議論は割り引いて受け取ってほしいのだが、そこには大きな可能性とともに、相当なリスクもあった。場合によっては危険な臨界点へ接近しかねないものだった。しかし現時点で、そうした臨界点がどこにあるのか、あるいはそれにともなってどんなことが起こるのかを確信することはできない。大きな問題は、どのようにしてレジリエンスを維持するべきか、だ。

サイバー攻撃があれば重要なインフラが麻痺してカオス状態になり、死につながる可能性もある。レジリエンスを確保するためには、法律によって、冗長性のあるバックアップデータ施設の建設を強制要件とすることが必要なのだろうか。ランサムウェア〔訳注：感染した端末などに保存してあるデータを暗号化して使用不能にし、復元する対価として身代金（ランサム）を要求する不正プログラム〕によるサイバー攻撃に対抗するためには、そのような冗長性が決定的に重要になるかもしれない。脅威はきわめて現実的なものだ。２０２１年5月8日、ランサムウェアによる攻撃で、アメリカは、東海岸の燃料のほぼ半分を供給している「コロニアル・パイプライン」の停止に追い込まれた[1]。

人工知能（AI）は多くの決断を引き受けてくれるだろうし、一部の難しい選択の助けにもなるかもしれないが、人間による決断の自由を制限してしまう可能性もある。さらに重要なのは、特異点を超えてしまったときに、ＡＩが人間精神の優位に歯向かってくるかもしれないことだ。技術の進歩が制御不能になるときには特異点が生じるものだが、それはおそらく、高度に進歩した形態のＡＩによって起こるだろう。

わたしたち人類がＡＩについていくためには、**脳をコンピューターパワーと融合**させることになるだろう。スマートフォンを手にもつ代わりに脳に直接チップに埋め込むようになるかもしれない。そんな脳チップがあれば、ある個人が脳チップを通じて別の人物とダイレクトに意思疎通できるだろう。これは、19世紀や20世紀のテクノロジーが機械を使って筋肉のパワーを拡張していたことの、まさに延長線上にある。当然のことながら、次のステップは脳のパワーを拡張する新技術だ。実際に、シンクロン（Synchron）やイーロン・マスクのニューラリンク（Neuralink）といった企業は脳への埋め込み用チップを研究している〔訳注：シンクロンによる2020年の臨床試験では筋萎縮性側索硬化症（ALS）の患者が血管ステント型デバイスを介してパソコン操作に成功している〕。

同様に、脳ドーピングも認知能力を向上させることができる。競争環境では、トップレベルの大学に入学するのに筆記試験が必須のことが多い。パフォーマンスを向上させる薬品などを服用すれば、その学生はほかの受験者と比べて有利になる。プロスポーツのドーピングのようなものだ。もちろん、こうした展開はリスクなしにはいかないだろうし、予期せぬ外部性もあるだろう。倫理上の新しい問題が次々と出てくるはずだ。

たとえば誰かが脳チップを埋め込んでいるとして、その人物ないしチップはその人物の行動に責任を負えるのだろうか。もし脳チップがハッキングされたらどうなるのだろう。その人物の人格や個性をデジタルでバックアップしておいて、再起動ボタンを押せばレジリエンスが得られるのだろうか。そのような場合、どうすれば**プライバシーや個人の人格**を守れるのだろう。

いまは**遺伝子工学、生物工学**も新しい世界へ踏み込みつつある[2]。将来は研究室や、試験管のなかでも新しい臓器を作れるようになるだろう。そうなれば、臓器ドナーが現れるまで何年も待たなくてはならない患者から、たいへんな苦しみを取り去ることになる。こうした進歩は、肉体の弱った部分や古い部分を「完全」で新しい、そしておそらくもっと元気な臓器に取り替えることも可能にしてくれるだろう。最終的には、それぞれがさまざまな能力に特化したスーパーヒューマンを作ることが可能になるかもしれない。しかし、そうした展開には予想できない危険が生じる可能性がある。何か困ったことが起こったときに正常な状態に戻せるだけの能力を維持しておくような、倫理上の安全バッファが必要だ。重要なことは、こうした展開が地球レベルで止められないという点だ。いくつかの国は——おそらく基準の低い国が——倫理的な懸念とは無関係に先へ行ってしまうだろう。したがって、レジリエンスをもって前進する方法を開発するためには、現状にとどまることは選択肢にならない。

さらには、遺伝子的に設計された**兵器**の問題もある。これは現在の核兵器、生物兵器、化学兵器（ABC兵器）以上に拡散防止が難しくなる可能性がある。たとえば核兵器なら、個人が単独で作り上げることはできない。しかしオックスフォード大学の心理学者ニック・ボストロム（Nick Bostrom）は、将来は個人が、手作りのバイオハッキングツールを使って文明を破壊できるようになるかもしれないと考えている。もしそんな脅威が現実のものになれば、もう回復はありえない[3]。

今回の新型コロナウイルスによる危機は、こうした展開にともなう難題と比べれば、ほとんど無害に思えてくる。とはいえ、世界の人口が増えていくにつれ、将来は**パンデミック**が当たり前のように起こるようになるだろう。

さらに、たいていのショックは**単独では起こらない**。一つの危機がきっかけで別の危機になることがある。あるショックと闘っているときに別のショックが違った角度から襲ってきたらノックアウトされてしまうかもしれない。一つのリスクが多くのリスクを生むこともある。たとえば**気候変動**が蚊の大量発生につながる可能性もあるし、それによって、こんどはもっと多くの病気の拡大やパンデミックが発生すかもしれない。

こうした展開はなんらかの形で起こるだろう。何も、また誰も、それにともなうショックから完全に守ってはくれない。だからこそ、あるかもしれないショックでノックアウトされないようにしておくことが大切なのだ。強烈な一撃を受けても立ち上がってくる能力を維持しておかなければならない。わたしたちには頼りにできる安全バッファが、冗長性が、そして保護区が必要だ。

ここでの「わたしたち」という言葉は幅広く解釈するべきだ。これは各個人、社会の各層、さまざまな制度、そして国際社会全体を指している。各人と家族にとっては**個人のレジリエンス**が大切だ。たくさんの心理学の本が、人生が変わるような試練を前にしたとき、どうすれば個人のレジリエンスを高められるかを教えてくれている。

社会のレジリエンスも同じように大切だ。社会をつなぐ絆になるのは社会契約だ。社会契約が必要な理由は二つある。第一の理由は、レジリエンスを破壊するものも含めて、個人が互いに強制するような外部性を制限するためだ。第二の理由は、ショックに対して、少なくとも部分的な保険を提供してくれるからだ。

社会契約がうまく履行されるかどうかは、政府、市場、社会規範の相互交流で決まる。新型コロナウイルスによる危機はわたしたちの社会の特徴について、そしてわたしたちの社会契約とその履行に関する大きな欠陥について、多くのことを明らかにしてくれた。不公正、不平等、人種間格差は社会契約を締め付け、レジリエンスを損ねる。レジリエントな社会契約では、異端者や反対派の居場所も必ず残しておくことがきわめて重要だ。予期しないショックに対して予期しない解決策を生み出す可能性を秘めているのは、まさにそういう人たちなのだ。科学的で合理的な推論への信頼と、開かれたコミュニケーションによって前進しながらショックに対応していく文化があってはじめて、社会のレジリエンスは強化される。今回の新型コロナウイルスによるショックに対応するなかで、いくつもの科学的なブレークスルーによってワクチンが開発されたときも、これが起こっていた。

社会契約には**さまざまな制度**も含まれる。その多くは、何百万もの人びとの相互作用を規定し、影響を与えている。こうしたものが、事前のレジリエンスと事後のレジリエンスのバランスをとるために重要だということは、すでに述べたとおりだ。大切なのは、こうした制度がそれ自体としてもレジリエントであるべきだということだ。一つの理由として、こうしたものは個人や家族が根を下ろす土壌を提供してくれている。さまざまな制度は、いまの時代の新しい試練に対応できるだけの柔軟性を保っていかなければならない。

最後に、今回の新型コロナウイルスによる危機は、わたしたちが（現実のものであれ仮想のものであれ）自分たちだけの地元コミュニティーに暮らしているのではないということを、否応なく明らかにした。わたしたちは**グローバル社会**にも暮らしている。したがって、わたしたちのグローバル秩序を修正して、人類と自然のすべてがショックから立ち直れるようにしていく必要がある。たとえば、グローバルなパンデミック早期警告システムがあれば、次のパンデミックを迅速に抑え込むのに役に立つだろう。レジリエンスは持続可能性においても重要な部分だ。気候変動に効果的に取り組むためには、気候変動の臨界点から十分に距離をとっておく必要がある。ひとたび臨界点を超えてしまったら、社会は負のフィードバック・ループに追いやられてしまう。イノベーションがあれば、持続的な経済成長を手に入れつつ、カーボン・フットプリントを削減していけるだろう。

目を背けることは解決策にはならない。ダチョウのように砂に頭だけ隠していることはできないし、現状に閉じこもっていることもできない。レジリエンスに必要なのは、柔軟な対応、余裕のあるバッファ、そして、失敗から立ち直るための解決策を考えられる開かれた心だ。将来が見えてくるにつれて、これまで以上の思考とイノベーション、そして柔軟な対応が必要になる。レジリエントな社会を築くためには、わたしたち全員の頭脳が必要なのである。

原注

序章

1　この寓話にはたくさんのバージョンがあるが、多くの洞察と同じで、ルーツは古代ギリシャにまでさかのぼる。La Fontaine: https://www.oxfordlieder.co.uk/song/4871 or https://en.wikipedia.org/wiki/The_Oak_and_the_Reed を参照。

2　たとえばＯＥＣＤのものなど、これまでの研究は、マクロ経済およびマクロ経済関連諸機関のレジリエンス向上に焦点が限られていた。とはいえ、レジリエンスに関するわたしの概念には、この限られた焦点との共通点もある。レジリエンスの考えはインパルス応答関数とも似ているが、これについては第2章で詳しく述べるつもりだ。https://www.oecd.org/dac/Resilience%20Systems%20Analysis%20FINAL.pdf を参照。

3　Ramanan Laxminarayan, *Markus' Academy*, Princeton University Webinar, March 30, 2020, https://www.youtube.com/watch?v=z1yHjM7szBk&list=PLPKR-Xs1slgSWqOqaXid_9sQXsPsjV_72&index=31.

パートI　レジリエンスと社会

第1章　リスク管理からレジリエンス管理へ

1　ダウンサイド・リスクは、「バリュー・アット・リスク」、つまり99％の信頼区間における最大損失額によって計測することが多い。

2　安定性の概念も、元に戻ることを焦点にしているという意味では、レジリエンスと似ている。しかし安定性があまり大きくない日常的なショックに関わるものであるのに対して、レジリエンスは「ロバストネス・バリア」を突き破るようなショックをもカバーする。

3　Rueben Westmaas, “World Famous Chicago Skyscraper Sways in Wind,” Discovery, August 1, 2019, https://www.discovery.com/exploration/World-Famous-Chicago-Skyscraper-Sway-Wind.

4　統計学の分野では、抵抗性は頑健性（ロバストネス）に近い概念だ。前者は外れ値が分析に対して小さな影響しかおよぼさないことを指し、後者（頑健性）は確率分布の特定が不十分であっても影響を受けないことを指す。

5　図表1－3が投資収益を表すものだとすると、破線の場合、変動性はゼロなので、シャープ・レシオは無限大ということになる。

6　第二のトレードオフは、柔軟性の維持のほうが固定されたコースを守ることに比べて高コストである場合に生じる。たとえば、政府赤字の厳しい制限を含む財政ルールにコミットしている国は、金融市場で安価に借り入れることができるかもしれないが、厳しい財政ルールそのものは、将来ショックが発生したときに財政政策介入を制限してしまう可能性があるため、将来のレジリエンスを損なう恐れがある。

とはいえ、投資家はソブリン債のデフォルトリスクを懸念しているため、財政の柔軟性を守れば債務のリスク・プレミアムを高めることにつながりかねない。債務返済費用が高い場合、（財政規律がなく柔軟性が高いとしても）将来における金融緩和の余地がやはり制限される。

7　Christina Farr and Michelle Gao, “How Taiwan Beat the Coronavirus,” CNBC, July 15, 2020, https://www.cnbc.com/2020/07/15/how-taiwan-beat-the-coronavirus.html.

8　グローバルな次元でのフィードバック・ループの事例としては、第一次世界大戦の勃発に至る一連の出来事について、クリストファー・クラーク（Christopher Clark）が著書『夢遊病者たち』（日本語版全2巻、小原淳訳、みすず書房、２０１７）のなかで示した解釈を挙げることができる。１９１４年にフェルディナント大公が殺害されると、その後の小さな一歩一歩が、ヨーロッパのあらゆる国を臨界点へと近づけていった。臨界点を過ぎたのは、国民を動員する国が最初に現れたときだ。それ以外の国も動員体制をとり、戦争は不可避となった。

第3章　レジリエンスと社会契約

1　Peter Beaumont, "Tanzania's President Shrugs Off Covid-19 Risk After Sending Fruit for Tests," *The Guardian,* May 19, 2020, https://www.theguardian.com/global-development/2020/may/19/tanzanias-president-shrugs-off-covid-19-risk-after-sending-fruit-for-tests.

2　Jake Adelstein and Nathaly-Kyoko Stucky, "Japan's Finance Minister Commits Suicide on World Suicide Prevention Day," *The Atlantic,* September 10, 2012, https://www.theatlantic.com/international/archive/2012/09/japans-finance-minister-commits-suicide-world-suicide-prevention-day/323787/.

3　République Française, "Non-Respect de l'Obligation de Port du Masque: Quelles sont les Règles?" October 21, 2020, https://www.service-public.fr/particuliers/vosdroits/F35351.

4　経済学の分野では、外部性に課される税を、イギリスの経済学者アーサー・ピグー(Arthur Pigou)にちなんでピグー税と呼ぶ。

5　Michael Spence, *Markus' Academy,* Princeton University Webinar, July 6, 2020, https://www.youtube.com/watch?v=92-vc238_nI&list=PLPKR-Xs1slgSWqOqaXid_9sQXsPsjV_72&index=6.

6　Raghuram Rajan, "Raghuram Rajan on Covid-19: Is It Time to Decentralise Power?" Coronanomics, July 22, 2020, https://www.youtube.com/watch?v=VU9d5IyudYs.

7　Michaela Wiegel, "Wie Frankreich die Akzeptanz der Corona-Maßnahmen Verspielt," *Frankfurter Allgemeine,* September 24, 2020, https://www.faz.net/aktuell/politik/ausland/wie-frankreich-die-akzeptanz-der-corona-massnahmen-verspielt-16969296.html.

8　Ursula Nonnemacher, "Brandenburger Kreise Haben bis zur 200er-Inzidenz Freie Hand," RBB, March 15, 2021, https://www.rbb24.de/studiocottbus/panorama/coronavirus/beitraege_neu/2021/03/elbe-elster-corona-inzidenz-massnahmen-eingriff-land-brandenburg.html.

9　このロジックは、マスク生産を例にとるとわかりやすい。以下に述べるのは、ミルトン・フリードマン(Milton Friedman)が用いた有名な鉛筆の事例の簡単な焼き直しだ。マスクの製造方法を一から知っている人など、世界には一人もいない。マスクを作るには、ポリプロピレンという、テキサスかアラブの湾岸諸国で採掘される石油を原料とする加工済みプラスチックが必要だ。ノーズクリップは金属、おそらく鉄かスチールを必要とする。またパッケージには製紙用パルプからできた厚紙がなければならない。全体として、製造の工程は複雑だ。新型コロナウイルスが大流行して早急にマスクを増産せねばならないなか、限られた時間のなかでコンピューターを使って、あらゆる情報を収集するというタスクは気の遠くなるような、あるいは不可能に思えることで、実現可能性からはほど遠かった。このマスク生産の事例は、ハイエク(Hayek)による議論を具体的な形で説明するものだ。つまり、経済はきわめて複雑であるゆえ、単一のモデルでは関連する相互作用を捉えきれないのだ。とはいえ、情報をもたらしてくれる価格シグナルは、グローバル規模のイノベーションの最前線で進化を続ける経済に、資源の最適な配分を確保させるうえでは重要だ。価格シグナルを消すことは、いまも固定電話が使用されているのに電話線を切断するようなものだ、という至言がある。

10　Moncef Slaoui and Matthew Hepburn, "Developing Safe and Effective Covid Vaccines—Operation Warp Speed's Strategy and Approach," *New England Journal of Medicine* 383, no. 18 (2020): 1701-1703. https://www.nejm.org/doi/full/10.1056/NEJMp2027405.

11　Riley Griffin and Drew Armstrong, "Pfizer Vaccine's Funding Came from Berlin, not Washington," Bloomberg, September 11, 2020, https://www.bloomberg.com/news/articles/2020-11-09/pfizer-vaccine-s-funding-came-from-berlin-not-washington.

パートII　ショックの封じ込め：新型コロナウイルスの事例

1　Latika Bourke, "International Borders Might Not Open Even If Whole Country Is Vaccinated," *The Sydney Morning Herald,* April 13, 2021, https://www.smh.com.au/politics/federal/international-borders-might-not-open-even-if-whole-country-is-vaccinated-greg-hunt-20210413-p57ixi.html.

第4章　パンデミックの波に対する行動反応とレジリエンス幻想

1　Ramanan Laxminarayan, *Markus' Academy*, Princeton University Webinar, March 30, 2020, https://www.youtube.com/watch?v=z1yHjM7szBk&list=PLPKR-Xs1slgSWqOqaXid_9sQXsPsjV_72&index=31.

2　John Cochrane, *Markus' Academy*, Princeton University Webinar, May 18, 2020, https://www.youtube.com/watch?v=H6sSvqD9Xsw&list=PLPKR-Xs1slgSWqOqaXid_9sQXsPsjV_72&index=18.

3　Raj Chetty, John N. Friedman, Nathaniel Hendren, and Michael Stepner, "The Economic Impacts of COVID-19: Evidence from a New Public Database Built Using Private Sector Data," Opportunity Insights. November 5, 2020, https://opportunityinsights.org/wp-content/uploads/2020/05/tracker_paper.pdf.

4　Raj Chetty, *Markus' Academy*, Princeton University Webinar, June 2017, 2020, https://www.youtube.com/watch?v=ip5pz7gOSwI&list=PLPKR-Xs1slgSWqOqaXid_9sQXsPsjV_72&index=11.

5　Chetty, *Markus' Academy*, 2020.

6　Chetty, *Markus' Academy*, 2020.

7　NBER, *NBER Digest*, August 8, 2020, https://www.nber.org/digest-2020-08.

8　Lawrence Summers, *Markus' Academy*, Princeton University Webinar, May 22, 2020, https://www.youtube.com/watch?v=cZmRtQCR2ns&list=PLPKR-Xs1slgSWqOqaXid_9sQXsPsjV_72&index=17.

9　経済の言葉で言うと、外部性とは他の経済主体（j）の効用に影響をおよぼす個人（i）の行動を指し、次のように表される。\partial u^i(a^i, a^-i) / \partial a^-i. 他方、戦略的補完性は交差微分係数によって変わる。経済主体（j）が個人（i）にもたらす外部性は、（i）の行動に影響をおよぼし、これは次のように表される。\partial\frac{partial u^i(a^i, a^-i) / \partial a^i}{\partial a^-i}}.

10　Peter DeMarzo, Dimitri Vayanos, and Jeffrey Zwiebel, "Persuasion Bias, Social Influence, and Unidimensional

Opinions," *Quarterly Journal of Economics* 118, no. 3 (2003): 909-968.

11　山壁に向かって叫んだときのように、反響によって増幅された自分自身の言葉が聞こえるのだ（"Schreier vor dem Berg."）

12　ゼックハウザー（Zeckhauser 2020）も、気候変動に関して同様の指摘をしている。

13　ラジャン（Rajan 2020）とコクレン（Cochrane 2020）も、インドについてではないが、同様の指摘をしている。

14　Franklin Delano Roosevelt, "'Only Thing We Have to Fear Is Fear Itself': FDR's First Inaugural Address," History Matters, 1933, historymatters.gmu/edu/d/5057.

15　Markus Brunnermeier and Jonathan Parker, "Optimal Expectations," *American Economic Review* 95, no. 4 (2005): 1092-1118.

16　Veronika Arnold, "Ansturm auf Skigebiete trotz Lockdown: Nächster Wintersport-Ort nun abgeriegelt-'Wurden überrannt,'" Merkur, January 5, 2021, https://www.merkur.de/welt/coronavirus-skigebiete-lockdown-oberhof-deutschland-ansturm-nrw-willingen-eifel-winterberg-90157267.html.

17　この仮説の詳細については以下を参照：Bengt Holmstrom, "The Seasonality of Covid-19." Princeton Bendheim Center for Finance (Webinar), October 22, 2020, https://www.youtube.com/watch?v=z95U8FU9gMQ.

18　Google, Google Covid Case Tracker, South Dakota, 2021, https://www.google.com/search?q=covid+cases+in+south+dakota&oq=covid+cases+in+south+dakota&aqs=chrome..69i57j0l2j0i395l7.4013j1j7&sourceid=chrome&ie=UTF-8.

19　Saxony Government, "Infektionsfälle in Sachsen," March 18, 2021, https://www.coronavirus.sachsen.de/infektionsfaelle-in-sachsen-4151.html.

20　Mitteldeutscher Rundfunk, "Verschwörungstheorien in Sachsen: Ein wilder," Legenden-Mix, April 27, 2020, https://www.mdr.de/nachrichten/sachsen/corona-verschwoerungstherorien-populismus-100.html.

第5章　情報、検査、追跡

1　Lawrence Summers, *Markus' Academy,* Princeton University Webinar, May 22, 2020, https://www.youtube.com/watch?v=cZmRtQCR2ns&list=PLPKR-Xs1slgSWqOqaXid_9sQXsPsjV_72&index=17.

2　Paul Romer, *Markus' Academy,* Princeton University Webinar, April 3, 2020, https://www.youtube.com/watch?v=q9z0eu4piHw&list=PLPKR-Xs1slgSWqOqaXid_9sQXsPsjV_72&index=30.

3　Romer, *Markus' Academy,* April 3, 2020.

4　Daron Acemoglu, Victor Chernozukhov, Ivan Werning, and Michael Whinston, "Optimal Targeted Lockdowns," MIT Economics Department, May 2020, economics.mit.edu/files/19698.

5　Daron Acemoglu, *Markus' Academy,* Princeton University Webinar, May 8, 2020, https://www.youtube.com/watch?v=NqtS8MZBuZ0&list=PLPKR-Xs1slgSWqOqaXid_9sQXsPsjV_72&index=20.

6　Econreporter, "US Needs Large-Scale Covid Testing Urgently: Nobel Winning Economist Paul Romer," June 28, 2020, https://en.econreporter.com/2020/06/its-intellectual-failure-nobel-economics-winner-paul-romer-on-why-us-needs-large-scale-COVID-testing-urgently/.

7　Paul Romer, *Markus' Academy,* April 3, 2020.

8　人口の1%が新型コロナウイルス検査で陽性とされ、なおかつ検査結果の10%が陽性であるとしよう（感染の波に見舞われた国の典型的な状況だ）。さらに、検査の精度は95%だとする。これはつまり、感染者の5%が陰性という結果を受け取ることを意味する。これに興味のある読者なら、高校の数学で習ったベイズの定理を思い出すかもしれない。陰性と判定された人が本当に陰性である確率は99・94%にすぎない。つまり、陰性の検査結果を示された人のごく一部はウイルスを保持していることになる。限界情報利得によれば、感染の確率は0.994% 低くなるだけだが、一般にはそれよりも確率が高いと誤解されているかもしれない。

9　Monica de Bolle, *Markus' Academy,* Princeton University Webinar, February 25, 2021, https://www.youtube.com/watch?v=Ptsg_EjCXxw.

10 BBC, "Coronavirus: Under Surveillance and Confined at Home in Taiwan," March 24, 2020, https://www.bbc.co.uk/news/technology-52017993.

11 Welt, "Das ist Drostens Plan für den Herbst," August 5, 2020, https://www.welt.de/politik/deutschland/article212941080/Christian-Drosten-Buerger-sollen-Kontakt-Tagebuch-fuehren.html.

12 Daron Acemoglu, *Markus' Academy,* May 8, 2020.

13 Ramanan Laxminarayan, *Markus' Academy,* Princeton University Webinar, March 30, 2020, https://www.youtube.com/watch?v=z1yHjM7szBk&list=PLPKR-Xs1slgSWqOqaXid_9sQXsPsjV_72&index=31.

第6章　コミュニケーション：人びとの懸念に対処する

1 ui（u-i）

2 Moses Shayo, "A Model of Social Identity with an Application to Political Economy: Nation, Class, and Redistribution," *American Political Science Review* (2009): and 147-174; Gene Grossman and Elhanan Helpman, "Identity Politics and Trade Policy," Princeton University, July 2019, https://www.princeton.edu/~grossman/SocialIdentityJuly2019..pdf.

3 David McGuire, James E. A. Cunningham, Kae Reynolds, and Gerri Matthews-Smith, "Beating the Virus: An Examination of the Crisis Communication Approach Taken by New Zealand Prime Minister Jacinda Ardern During the Covid-19 Pandemic," *Human Resource Development International* 23, no. 4 (2020): 361-379.

4 Harold James, *Markus' Academy,* Princeton University Webinar, April 24, 2020, https://www.youtube.com/watch?v=PVIm4BdBmTI.

5 Harold James, *Markus' Academy,* April 24, 2020, "Morale is a crucial part in fighting any war."

6 Jean Tirole, "Allons-Nous Enfin Apprendre Notre Leçon?" LinkedIn, April 14, 2020, https://www.linkedin.com/pulse/allons-nous-enfin-apprendre-notre-le%C3%A7on-jean-tirole/.

7　エステル・デュフロは、信頼する情報源からメッセージを受け取ることはその中身よりも重要だと指摘している。Esther Duflo, *Markus' Academy,* Princeton University Webinar, February 11, 2021, https://www.youtube.com/watch?v=15PMtvJBI-s を参照。

8　Tim Harford, "Statistics, Lies, and the Virus: Tim Harford's Five Lessons from a Pandemic" (Blog), September 17, 2020, https://timharford.com/2020/09/statistics-lies-and-the-virus-five-lessons-from-a-pandemic/.

9　アンガス・ディートン（Angus Deaton）による２０２０年４月のウェビナーに寄せたわたしの冒頭コメントを参照。

10　Angus Deaton, *Markus' Academy,* Princeton University Webinar, April 13, 2020, 21:20, https://www.youtube.com/watch?v=2uzASRQz4gM.

11　Angus Deaton, *Markus' Academy,* April 13, 2020, 31:09, 31:51, and 32:02.

12　Abhijit Banerjee, Marcella Alsam, Emily Breza, Arun Chandrasekhar, Abhijit Chowdhury, Esther Dufo, Paul Goldsmith Pinkham, and Benjamin Olken, "Messages on Covid-19 Prevention Increased Symptoms Reporting and Adherence to Preventative Behaviors Among 25 Million Recipients with Similar Effects on Non-Recipient Members of Their Communities," *NBER Working Papers,* no. 27496 (July 2020), https://www.nber.org/system/files/working_papers/w27496/w27496.pdf.

13　Andreas Kluth, "Like a Virus, QAnon Spreads from the U.S. to Germany," Bloomberg, September 21, 2020, https://www.bloomberg.com/opinion/articles/2020-09-22/like-a-virus-qanon-spreads-from-the-u-s-to-europe-germany?sref=ATN0rNv3.

14　David Brooks, *Munk Dialogues,* Peter and Melanie Munk Charitable Foundation, July 22, 2020, 18:50, https://www.youtube.com/watch?v=W0dbDFJR3A4&feature=youtu.be].

15　Tyler Cowen, *Markus' Academy,* Princeton University Webinar, April 10, 2020, https://www.youtube.com/watch?v=FPsPmkp6sdM&list=PLPKR-Xs1slgSWqOqaXid_9sQXsPsjV_72&index=28.

第7章　ニューノーマルの設計にワクチンが果たす役割

1　たとえば、新型コロナウイルス患者の20%程度が、感染から2か月後も胸痛を感じているという。Columbia University Irving Medical Center, "Long Haul Covid: Columbia Physicians Review What's Known," March 22, 2021, https://www.cuimc.columbia.edu/news/long-haul-covid-columbia-physicians-review-whats-known を参照。

2　Naomi Kresge, "Pfizer-BioNTech Covid Vaccine Blocks Most Spread in Israel Study," Bloomberg, March 11, 2021, https://www.bloomberg.com/news/articles/2021-03-11/pfizer-biontech-covid-vaccine-blocks-most-spread-in-israel-study.

3　この数字はマイケル・クレーマー（Michael Kremer）のウェビナーによる。ほかに、2ドルや3ドルという試算もある。*The Economist,* "'The Covid-19 Pandemic Will Be Over by the End of 2021,' says Bill Gates," August 18, 2020, https://www.economist.com/international/2020/08/18/the-covid-19-pandemic-will-be-over-by-the-end-of-2021-says-bill-gates を参照。

4　Michael Kremer, *Markus' Academy,* Princeton University Webinar, May 1, 2020, 19:00 and 21:46, https://www.youtube.com/watch?v=C8W8JQLTECc.

5　Michael Peel and Joe Miller, "EU Hits Back as Blame Game Over Vaccine Procurement Intensifies," *Financial Times,* January 7, 2021, https://www.ft.com/content/c1575e05-70e5-4e5f-b58c-cde5c99aba5f.

6　Lawrence Summers, *Markus' Academy,* Princeton University Webinar, May 22, 2020, 05:50, https://www.youtube.com/watch?v=cZmRtQCR2ns&list=PLPKR-Xs1slgSWqOqaXid_9sQXsPsjV_72&index=17.

7　Michael Kremer, *Markus' Academy,* Princeton University Webinar, May 1, 2020, 26:39, 27:55, and 28:30, https://www.youtube.com/watch?v=C8W8JQLTECc.

8　Michael Kremer, *Markus' Academy,* 2020, 3:30, 4:25, 4:56, and 8:15.

9　Michael Kremer, *Markus' Academy,* 2020, 20:27.

10 Michael Kremer, *Markus' Academy,* 2020, 37:15, 37:40, 40:00, and 41:05.

11 Michael Kremer, *Markus' Academy,* 2020, 47:20.

12 Ralph Sina and Dominik Lauck, "Warum Israel Genug Impfstoff Hat," Tagesschau, January 23, 2021, https://www.tagesschau.de/ausland/impfstoff-israel-biontech-101.html.

13 Christoph Gurk, "Lateinamerika wird zum Testfeld für die Pharmaindustrie," Süddeutsche Zeitung, August 3, 2020, https://www.sueddeutsche.de/politik/coronavirus-impfstoff-lateinamerika-pharmaindustrie-1.4986326.

14 Bill Gates, "How the Pandemic Will Shape the Near Future," TED, July 6, 2020, 27:00, https://www.youtube.com/watch?v=jmQWOPDqxWA.

15 以下の論文はワクチンの有効性と結び付けて、これに関連することを述べている。Laura Matrajt, Julia Eaton, Tiffany Leung, and Elizabeth Brown, "Vaccine Optimization for Covid-19: Who to Vaccinate First?" Science Advances, 2021.

16 Christian Siedenbiedel, "In der Krise Horten die Menschen Bargeld," *Frankfurter Allgemeine,* September 24, 2020, https://www.faz.net/aktuell/finanzen/meine-finanzen/sparen-und-geld-anlegen/ezb-wirtschaftsbericht-in-der-krise-wird-bargeld-gehortet-16969517.html.

17 この点について綿密な理論分析を行ったものとして以下を参照。ただし、この考えを新型コロナウイルスに具体的に適用している箇所はない。Vianney Perchet, Philippe Rigollet, Sylvain Chassang, and Erik Snowberg, "Batched Bandit Problems," *Annals of Statistics* 44, no. 2（2016）: 660-681, https://arxiv.org/abs/1505.00369.

18 Sam Ball, "'I Won't Take the Risk': France Leads the World in Covid-19 Vaccine Scepticism," France24, November 20, 2020, https://www.france24.com/en/france/20201120-i-won-t-take-the-risk-france-leads-the-world-in-covid-19-vaccine-scepticism.

19 *The Guardian,* "Joe Biden Receives Coronavirus Vaccine," video, December 21, 2020, https://www.theguardian.com/us-news/video/2020/dec/21/joe-biden-receives-coronavirus-vaccine-video.

20 Abdelraouf Arnaout, “Netanyahu to Be First Israeli to Take Covid-19 Vaccine,” *Anadolu Agency,* December 9, 2020, https://www.aa.com.tr/en/middle-east/netanyahu-to-be-first-israeli-to-take-covid-19-vaccine/2070779.

21 Tobias Heimbach, “Biden, Netanjahu & Co.: Spitzenpolitiker weltweit lassen sich öffentlich impfen—wann kommt Merkel an die Reihe?” Business Insider, December 23, 2020, https://www.businessinsider.de/politik/deutschland/corona-impfung-joe-biden-wurde-geimpft-merkel/.

22 David Walsh, “Do We Need Coronavirus ‘Vaccine Passports’ to Get Europe Moving Again? Euronews Asks the Experts,” Euronews, December 11, 2020, https://www.euronews.com/2020/12/11/do-we-need-coronavirus-vaccine-passports-to-get-the-world-moving-again-euronews-asks-the-e.

23 BBC, “Covid: EU Plans Rollout of Travel Certificate before Summer,” March 18, 2020, https://www.bbc.co.uk/news/world-europe-56427830.

24 Bill Birtles, “China Embraces Coronavirus Vaccine Passports for Overseas Travel, but Other Countries Foresee Concerns,” ABC News, March 17, 2021, https://www.abc.net.au/news/2021-03-17/china-embraces-vaccine-passports-while-the-west-mulls-ethics/13252588.

25 *The Economist,* “How Well Will Vaccines Work?” February 11, 2021, https://www.economist.com/leaders/2021/02/13/how-well-will-vaccines-work.

パートⅢ　マクロ経済のレジリエンス

1 Paul Krugman, *Markus’ Academy,* Princeton University Webinar, May 16, 2020, 31:05 and 31:58, https://www.youtube.com/watch?v=h1ZiTIou0_8&list=PLll591lvzxc3xwUuEkOVl1PNngFm9cZnH&index=17.

2 Paul Krugman, *Markus’ Academy,* May 16, 2020, 46:30.

3 Paul Krugman, *Markus’ Academy,* May 16, 2020, 34:23.

4 Paul Krugman, *Markus’ Academy,* May 16, 2020, 35:18, 39:20, and 40:15.

5　ジェローム・パウエル（Jerome Powell）も２０２０年の新型コロナウイルスによる不況と２００８年の大不況との違いを強調している。Jerome Powell, *Markus' Academy,* Princeton University Webinar, January 14, 2021, https://www.youtube.com/watch?v=TEC3supZwvM. を参照。

6　Paul Krugman, *Markus' Academy,* May 16, 2020, 46:30 and 46:50.

7　数字は伊藤隆敏の研究に基づく。

8　Olivier Coibion, Yuriy Goridnichenko, and Michael Weber, "How Did US Consumers Use Their Stimulus Payments?" *NBER Working Papers,* no. 27693（August 2020）, https://www.nber.org/papers/w27693.

9　概略について、およびこの概念を説明した6分の動画については、Daniel Rosenberg, "How Digital Coupons Fuel China's Economic Recovery," Luohan Academy, May 27, 2020, https://www.luohanacademy.com/insights/e0d638c3f840e3be を参照。

第8章　イノベーションが長期的な成長を促進する

1　Jared Spataro, "2 Years of Digital Transformation in 2 Months," Microsoft, April 30, 2020, https://www.microsoft.com/en-us/microsoft-365/blog/2020/04/30/2-years-digital-transformation-2-months/.

2　Harold James, *Markus' Academy,* Princeton University Webinar, April 24, 2020, 1:03:05, https://www.youtube.com/watch?v=PVIm4BdBmTI.

3　Tyler Cowen, *Markus' Academy,* Princeton University Webinar, April 10, 2020, https://www.youtube.com/watch?v=FPsPmkp6sdM&list=PLPKR-Xs1slgSWqOqaXid_9sQXsPsjV_72&index=28.

4　Stan Leibowitz and Stephen E. Margolis, "The Fable of Keys," *Journal of Law and Economics* 33, no. 1（1990）: 1-25.

5　Nick Bloom, *Markus' Academy,* Princeton University Webinar, December 3, 2020, 10:55, https://www.youtube.com/watch?v=N8_rvy-hqUs.

6 Adam Green, "Covid-19 Pandemic Accelerates Digital Health Reforms," *Financial Times,* May 17, 2020, https://www.ft.com/content/31c927c6-684a-11ea-a6ac-9122541af204.

7 Eric Schmidt, *Markus' Academy,* Princeton University Webinar, July 27, 2020, 23:30, https://www.youtube.com/watch?v=726B0y1D5ZM&t=31s.

8 Eric Schmidt, *Markus' Academy,* July 27, 2020, 58:10.

9 Devon Carter, "Can mRNA Vaccines Be Used in Cancer Care?" MD Anderson Cancer Center, January 25, 2021, https://www.mdanderson.org/cancerwise/can-mrna-vaccines-like-those-used-for-covid-19-be-used-in-cancer-care.h00-159457689.html.

10 Erika Solomon, "BioNTech Seeks to Develop a More Effective Malaria Vaccine," *Financial Times,* July 26, 2021, https://www.ft.com/content/e112b318-aced-482b-be4f-ec76f39cdc3f.

11 Eric Schmidt, *Markus' Academy,* July 27, 2020, 43:02.

12 Eric Schmidt, *Markus' Academy,* July 27, 2020, 43:02.

13 Jose Maria Barrero, Nick Bloom, and Steven J Davis, "COVID-19 Is also a Reallocation Shock," Brookings Institute, June 25, 2020, https://www.brookings.edu/wp-content/uploads/2020/06/Barrero-et-al-conference-draft.pdf.

14 別のビルへの徒歩での「出張」もある。

15 Nick Bloom, *Markus' Academy,* December 3, 2020, 15:10 and 38:55.

16 Nick Bloom, James Liang, John Roberts, and Zhichun Jenny Ying, "Does Working from Home Work? Evidence from a Chinese Experiment," *Quarterly Journal of Economics* 130, no. 1 (2015): 165-218.

17 *The Guardian,* "Big Brother Isn't Just Watching: Workplace Surveillance Can Track Your Every Move," November 6, 2017, https://www.theguardian.com/world/2017/nov/06/workplace-surveillance-big-brother-technology.

18 Jonathan Dingel and Brent Neiman, "How Many Jobs Can be Done at Home?" Becker Friedman Institute for Economics Working Paper, June 19, 2020, https://bfi.uchicago.edu/wp-content/uploads/BFI_White-Paper_Dingel_

Neiman_3.2020.pdf.

19 この段落は大部分、マッキンゼー(McKinsey & Company)の分析を利用している: Susan Lund, Anu Madgavkar, James Manyika, and Sven Smit, "What's Next for Remote Work: An Analysis of 2000 Tasks, 800 Jobs, and Nine Countries," McKinsey Global Institute, November 23, 2020, https://www.mckinsey.com/featured-insights/future-of-work/whats-next-for-remote-work-an-analysis-of-2000-tasks-800-jobs-and-nine-countries?sid=blankform&sid=cd37a5db-95fb-4455-8ed2-f6b0596b8bcb#.

20 Jose Maria Barrero, Nick Bloom, and Stephen Davis, "Why Working from Home Will Stick," Stanford Working Paper, April 2021, https://nbloom.people.stanford.edu/sites/g/files/sbiybj4746/f/why_wfh_will_stick_21_april_2021.pdf.

21 Susan Lund et al., "What's Next for Remote Work," 2020.

22 Nick Bloom, *Markus' Academy,* December 3, 2020, 52:50.

23 Nick Bloom, *Markus' Academy,* December 3, 2020, 50:00 and 52:50.

24 Lawrence Summers, *Markus' Academy,* Princeton University Webinar, May 22, 2020, 54:48, https://www.youtube.com/watch?v=cZmRtQCR2ns&list=PLPKR-Xs1slgSWqOqaXid_9sQXsPsjV_72&index=17.

25 Elizabeth Schulze, "Robert Shiller Warns that Urban Home Prices Could Decline," CNBC, July 13, 2020, https://www.cnbc.com/2020/07/13/robert-shiller-warns-that-urban-home-prices-could-decline.html.

26 Antonia Cundy, "The Home Buyers Making Their Tuscan Dream a Reality," *Financial Times,* August 19, 2020, https://www.ft.com/content/2a127c83-08ba-4ad7-8a1b-19dcaee5c6ae.

27 Nick Bloom, *Markus' Academy,* December 3, 2020, 51:20.

28 Laura Lombrana, "An Urban Planner's Trick to Making Bikeable Cities," Bloomberg, August 5, 2020, https://www.bloomberg.com/news/articles/2020-08-05/an-urban-planner-s-trick-to-making-bike-able-cities?sref=ATN0rNv3.

29 Tyler Cowen, *Markus' Academy,* April 10, 2020, 13:10.

30　Christian Siedenbiedel, “In der Krise Horten die Menschen Bargeld,” *Frankfurter Allgemeine*, September 24, 2020, https://www.faz.net/aktuell/finanzen/meine-finanzen/sparen-und-geld-anlegen/ezb-wirtschaftsbericht-in-der-krise-wird-bargeld-gehortet-16969517.html.

31　Eric Schmidt, *Markus' Academy*, July 27, 2020, 51:55.

32　Nana Yaa Boakye-Adjei, “Covid-19: Boon and Bane for Digital Payments and Financial Inclusion,” Bank for International Settlements, Financial Stability Institute, July 2020, https://www.bis.org/fsi/fsibriefs9.pdf.

33　Markus Brunnermeier, Harold James, and Jean-Pierre Landau, “The Digitalization of Money,” Princeton University Working Paper, 2019.

34　欧州銀行監督局（European Banking Authority）でのプレゼンテーションおよび Markus Brunnermeier, “Money in the Digital Age,” Speech delivered at the EBA Research Workshop, November 25, 2020, https://www.youtube.com/watch?v=QdlSzTnOlkg を参照。

35　Saritha Rai, “Apple Alum Builds App to Help Millions in Indian Slums Find Jobs,” Bloomberg, August 13, 2020, https://www.bloomberg.com/news/articles/2020-08-14/apna-job-app-aims-to-connect-india-s-workers-with-employees?sref=ATN0rNv3.

36　*The Economist*, “When Will Office Workers Return?” February 20, 2021, https://www.economist.com/business/2021/02/20/when-will-office-workers-return.

37　Chris Arkenberg, “Will Gaming Keep Growing When the Lockdowns End?” Deloitte, July 8, 2020, https://www2.deloitte.com/be/en/pages/technology-media-and-telecommunications/articles/video-game-industry-trends.html.

38　Bijan Stephen, “The Lockdown Live-Streaming Numbers Are Out, and They're Huge,” The Verge, May 13, 2020, https://www.theverge.com/2020/5/13/21257227/coronavirus-streamelements-arsenalgg-twitch-youtube-livestream-numbers.

39 Mark Aguiar, Mark Blis, Kofi Kerwin, and Erik Hurst, "Leisure Luxuries and the Labor Supply of Young Men," *Journal of Political Economy,* (2021): 337-382.

第9章 傷 痕

1 Jeremy Stein, *Markus' Academy,* Princeton University Webinar, May 11, 2020, 26:10 and 27:12, https://www.youtube.com/watch?v=0iNQNzAUDiw.

2 １９６０年代に登場したＡＩＤＳは、ＷＨＯの考えるパンデミック（世界的大流行）とエピデミック（流行）の境目に当たる。ＡＩＤＳの罹患者がピーク時の１９９０年代で年間約３３０万人だったのに対して、今回の新型コロナウイルスは２０２０年だけで８０００万人以上に陽性反応が出ている。

3 経済メカニズムとその二つの適用例（２００８年の大不況と２０２０年の新型コロナウイルス）については以下を参照：Julian Kozlowski, Venky Venkateswaran, and Laura Veldkamp, "Scarring Body and Mind: The Long-Term Belief-Scarring Effects of Covid-19," *NBER Working Papers,* no. 27439 (June 2020), https://www.nber.org/papers/w27439.

4 Solveig Godeluck, "Cette Épargne des Ménages qui Menace de Nuire à la Reprise," LesEchos, July 29, 2020, https://www.lesechos.fr/economie-france/social/Covid-cette-epargne-des-menages-qui-menace-de-nuire-a-la-reprise-1227200.

5 Michael Spence, *Markus' Academy,* Princeton University Webinar, July 6, 2020, 20:00 and 30:13, https://www.youtube.com/watch?v=92-vc238_nI&list=PLPKR-XslslgSWqOqaXid_9sQXsPsjV_72&index=6.

6 Ulrike Malmendier and Stefan Nagel, "Depression Babies: Do Macroeconomic Experiences Affect Risk Taking?" *The Quarterly Journal of Economics* 126, no. 1 (2011): 373-416.

7 Nicola Gennaiolo, Andei Shleifer, and Robert Vishny, "Neglected Risks: The Psychology of Financial Crises," *American Economic Review* 105, no. 5 (2015): 310-14.

8 Jose Maria Barrero, Nick Bloom, and Steven J Davis, "COVID-19 Is also a Reallocation Shock," Brookings Institute, June 25, 2020, https://www.brookings.edu/wp-content/uploads/2020/06/Barrero-et-al-conference-draft.pdf.

9 *The Renaissance: The Age of Michelangelo and Leonardo da Vinci,* Documentary film by DW, April 28, 2019, 22:00 to 26:00, https://www.youtube.com/watch?v=BmHTQsxxkPk.

10 Robert Hall and Marianna Kudlyak, "The Inexorable Recoveries of US Unemployment," *NBER Working Papers,* no. 28111 (November 2020), https://sites.google.com/site/mariannakudlyak/home/inexorable_recoveries.

11 Paul Krugman, *Markus' Academy,* Princeton University Webinar, May 16, 2020, 1:03:04, https://www.youtube.com/watch?v=h1ZiTIou0_8&list=PLl1591lvzxc3xwUuEkOVl1PNngFm9cZnH&index=17.

12 Veronica Guerrieri, *Markus' Academy,* Princeton University Webinar, June 19, 2020, 1:14:15, https://www.youtube.com/watch?v=x2npgxzuTVg.

13 Erik Hurst, *Markus' Academy,* Princeton University Webinar, March 20, 2021, 52:15, https://www.youtube.com/watch?v=VG7KS5sLABY.

14 Joseph Stiglitz, *Markus' Academy,* Princeton University Webinar, April 27, 2020, 30:08, https://www.youtube.com/watch?v=_6SoT97wo3g.

15 Joseph Stiglitz, *Markus' Academy,* April 27, 2020, 34:22 and 35.00.

16 Raj Chetty, *Markus' Academy,* Princeton University Webinar, June 2017, 2020, 1:00:41 and 1:01:27, https://www.youtube.com/watch?v=ip5pz7gOSwI&list=PLPKR-Xs1slgSWqOqaXid_9sQXsPsjV_72&index=11.

17 Philip Oreopoulos, Till Von Wachter, and Andrew Heisz, "The Short-and Long-Term Career Effects of Graduating in a Recession," *American Economic Journal: Applied Economics* 4, no. 1 (2012): 1-29.

18 Jonathan Heathcote, Fabrizio Perri, and Giovannia Violante, "The Rise of US Earnings Inequality: Does the Cycle Drive the Trend?" Princeton University, May 31, 2020, http://violante.mycpanel.princeton.edu/Journals/Draft_05-31-20_JH.pdf.

19 Olivier Blanchard and Lawrence Summers, "Hysteresis in Unemployment," *European Economic Review,* (1987): 288-295.

20 Olivier Blanchard, "Should We Reject the Natural Rate Hypothesis," *Journal of Economic Perspectives* 32, no. 1 (2018): 97-120.

21 Viral Acharya and Sascha Steffen, "The Risk of Being a Fallen Angel and the Corporate Dash for Cash in the Midst of COVID," *NBER Working Papers,* no. 2760127601 (July 2020), https://www.nber.org/papers/w27601.

22 Ramanan Laxminarayan, *Markus' Academy,* Princeton University Webinar, March 30, 2020, 41:45 and 51:00, https://www.youtube.com/watch?v=z1yHjM7szBk&list=PLPKR-Xs1slgSWqOqaXid_9sQXsPsjV_72&index=31.

23 John C. Haltiwanger, "John Haltiwanger Describes How New Business Applications Surged during the Pandemic," NBER, July 12, 2021, https://www.nber.org/affiliated-scholars/researchspotlight/john-haltiwanger-describes-how-new-business-applications-surged-during-pandemic.

24 Reuters, "Germany to Extend Insolvency Moratorium for Virus-Hit Companies," August 25, 2020, https://www.reuters.com/article/healthcoronavirus-germany-bankruptcy-idUSL8N2FR36J.

25 日本では１９９０年代の金融危機のあともゾンビ企業がしぶとく生き残ったため、経済的に健全な企業からリソースが分散し、生産性向上へのマイナス影響が長く残った。Ricardo Caballero, Takeo Hoshi, and Anil Kashyap, "Zombie Lending and Depressed Restructuring in Japan," *American Economic Review* 98, no. 5 (2008): 1943-77 を参照。

26 Robin Greenwood, Benjamin Iverson, and David Thesmar, "Sizing Up Corporate Restructuring in the Covid Crisis," Brookings, September 23, 2020, https://www.brookings.edu/bpea-articles/sizing-up-corporate-restructuring-in-the-covid-crisis/.

27 Tyler Cowen, *Markus' Academy,* Princeton University Webinar, April 10, 2020, 36:08, https://www.youtube.com/watch?v=FPsPmkp6sdM&list=PLPKR-Xs1slgSWqOqaXid_9sQXsPsjV_72&index=28.

28 Arvind Krishnamurthy, *Markus' Academy,* Princeton University Webinar, June 29, 2020, 41:00, https://www.youtube.com/watch?v=voVh9BY3Lp4.

29 Arvind Krishnamurthy, *Markus' Academy,* June 29, 2020, 28:40.

30 Arvind Krishnamurthy, *Markus' Academy,* June 29, 2020, 52.18.

31 ジョセフ・スティグリッツは「スーパー・チャプター・イレブン」が必要だとしている。Joseph Stiglitz, *Markus' Academy,* April 27, 2020, 49:11 を参照。

32 Robin Greenwood et al., "Sizing Up Corporate Restructuring in the Covid Crisis."

33 Mark Fehr, "Zombiefirmen könnten Insolvenzwelle auslösen," *Frankfurter Allgemeine,* April 29, 2021, https://www.faz.net/aktuell/wirtschaft/unternehmen/zombiefirmen-koennten-insolvenzwelle-ausloesen-17312952.html.

第10章　金融市場の激しい変動：金融レジリエンスの守護者としての中央銀行

1 Nikou Asgari, Joe Rennison, Philip Stafford, and Hudson Lockett, "Companies Raise $400bn Over Three Weeks in Blistering Start to 2021," *Financial Times,* January 26, 2021, https://www.ft.com/content/45770ddb-29e0-41c2-a97a-60ce13810ff2?shareType=nongift.

2 Adam Samson, "Bitcoin's Revival: Boom or Bubble?" *Financial Times,* November 18, 2020, https://www.ft.com/content/a47090ee-fdf5-4cfa-9d17-47c56afad8c3.

3 Paul Samuelson (1966), quoted in: John C. Bluedorn et al., "Do Asset Price Drops Foreshadow Recessions?" 2013, p. 4.

4 Gita Gopinath, *Markus' Academy,* Princeton University Webinar, May 29, 2020, 42:15, https://www.youtube.com/watch?v=GjUBIxR5W78.

5 Gavyn Davies, "The Anatomy of a Very Brief Bear Market," *Financial Times,* August 2, 2020, https://www.ft.com/content/cd8e2299-161b-4f17-adad-ac6d8a730049.

6 Ming Jeong Lee and Toshiro Hasegawa, "BOJ Becomes Biggest Japan Stock Owner with ¥45.1 Trillion Hoard," *The Japan Times*, December 7, 2020, https://www.japantimes.co.jp/news/2020/12/07/business/boj-japan-biggest-stock-owner/.

7 LE News, "The Swiss National Bank Owns More A-Class Facebook Shares than Zuckerberg," April 4, 2018, https://lenews.ch/2018/04/04/the-swiss-national-bank-owns-more-a-class-facebook-shares-than-zuckerberg/.

8 Niels Gormsen and Ralph Koijen, "Coronavirus: Impact on Stock Prices and Growth Expectations," *NBER Working Papers*, no. 27387 (June 2020), https://www.nber.org/papers/w27387.

9 Robert Shiller, *Markus' Academy*, Princeton University Webinar, July 10, 2020, 50:16, https://www.youtube.com/watch?v=ak5xX8PEGAI.

10 Eric Platt, David Carnevali, and Michael Mackenzie, "Wall Street IPO Bonanza Stirs Uneasy Memories of 90s Dotcom Mania," *Financial Times*, December 11, 2020, https://www.ft.com/content/cfdab1d0-ee5a-4e4a-a37b-20acfc0628e3?shareType=nongift.

11 Edward Helmore, "How GameStop Found Itself at the Center of a Groundbreaking Battle between Wall Street and Small Investors," *The Guardian*, January 27, 2021, https://www.theguardian.com/business/2021/jan/27/gamestop-stock-market-retail-wall-street.

12 Lasse Pedersen, *Markus' Academy*, Princeton University Webinar, February 19, 2021, https://www.youtube.com/watch?v=ADnRm5LWCjg.

13 Eric Platt et ai., "Wall Street IPO Bonanza," December 11, 2020.

14 Chris Bryant, "Hedge Funds Love SPACs But You Should Watch Out," Bloomberg, December 9, 2020, https://www.bloomberg.com/opinion/articles/2020-12-09/hedge-funds-love-spacs-but-retail-investors-should-watch-out?sref=ATN0rNv3.

15 Amrith Ramkumar, "2020 SPAC Boom Lifted Wall Street's Biggest Banks," *The Wall Street Journal*, January

5, 2021, https://www.wsj.com/articles/2020-spac-boom-lifted-wall-streets-biggest-banks-11609842601?st=lguw1ftxebizf6e&reflink=article_gmail_share.

16　Liz Myers, *Markus' Academy,* Princeton University Webinar, May 21, 2021, https://bcf.princeton.edu/events/finance-front-lines-in-2021/.

17　Darrell Duffie, *Markus' Academy,* Princeton University Webinar, June 5, 2020, 12:10, https://www.youtube.com/watch?v=04LYVyR3jog. 以下のジェローム・パウエルによるコメントも参照。アメリカ国債市場が経済システム全体の中心であることが強調されている。Jerome Powell, *Markus' Academy,* Princeton University Webinar, January 14, 2021, https://www.youtube.com/watch?v=TEC3supZwvM.

18　Annette Vissing-Jorgensen, "The Treasury Market in Spring 2020 and the Response of the Federal Reserve," April 5, 2021, http://faculty.haas.berkeley.edu/vissing/vissing_jorgensen_bonds2020.pdf.

19　Darrell Duffie, *Markus' Academy,* June 5, 2020, 19:10 and 21:45.

20　Darrell Duffie, *Markus' Academy,* June 5, 2020, 41:12, 41:40, and 44:27.

21　Darrell Duffie, *Markus' Academy,* June 5, 2020, 44:50.

22　Darrell Duffie, *Markus' Academy,* June 5, 2020, 50:05.

23　正確には２・１２９６％。

24　Torsten Slok, *Markus' Academy,* Princeton University Webinar, March 20, 2020, 32:10, 38:20, and 40:30, https://www.youtube.com/watch?v=zgxDybynvNM.

25　Torsten Slok, *Markus' Academy,* March 20, 2020, 51:35 and 53:05.

26　Nellie Liang, *Markus' Academy,* Princeton University Webinar, March 6, 2020, 11:58, https://www.youtube.com/watch?v=6NjE-OOUB_E.

27　Arvind Krishnamurthy, *Markus' Academy,* Princeton University Webinar, June 29, 2020, 17:12, https://www.youtube.com/watch?v=voVh9BY3Lp4.

28 Arvind Krishnamurthy, *Markus' Academy,* June 29, 2020, 21:12.

29 Nellie Liang, *Markus' Academy,* March 6, 2020, 18:20.

30 Nellie Liang, *Markus' Academy,* March 6, 2020, 33:35.

31 Nellie Liang, *Markus' Academy,* March 6, 2020, 25:30.

32 Arvind Krishnamurthy, *Markus' Academy,* June 29, 2020.

33 Arvind Krishnamurthy, *Markus' Academy,* June 29, 2020.

34 James Politi and Colby Smith, "Federal Reserve Calls Time on Looser Capital Requirements for US Banks" *Financial Times,* March 19, 2021, https://www.ft.com/content/279c2755-acab-4d9a-9092-d55fe5f518fa.

35 Philip Lane, *Markus' Academy,* Princeton University Webinar, March 20, 2020, 1:07:20, https://www.youtube.com/watch?v=G-8-4hEkkbs.

36 Philip Lane, *Markus' Academy,* March 20, 2020, 1:04:22.

37 Philip Lane, *Markus' Academy,* March 20, 2020, 1:04:50.

38 Philip Lane, *Markus' Academy,* March 20, 2020, 58:21.

39 Philip Lane, *Markus' Academy,* March 20, 2020, 23:56.

40 Philip Lane, *Markus' Academy,* March 20, 2020, 47:28 and 48:36.

41 Philip Lane, *Markus' Academy,* March 20, 2020, 51:16.

42 Bill Dudley, *Markus' Academy,* Princeton University Webinar, June 1, 2020, 37:38 and 40:50, https://www.youtube.com/watch?v=65Y0kRJP_UY.

43 Bill Dudley, *Markus' Academy,* June 1, 2020, 41:42 and 42:32.

44 Sebastian Pellejero, "After Record U.S. Corporate-Bond Sales, Slowdown Expected," *The Wall Street Journal,* October 2, 2020, https://www.wsj.com/articles/after-record-u-s-corporate-bond-sales-slowdown-expected-11601631003.

45 Jeremy Stein, *Markus' Academy,* Princeton University Webinar, May 11, 2020, 21:58 and 22:32, https://www.youtube.com/watch?v=0iNQNzAUDiw.

46 Jeremy Stein, *Markus' Academy,* May 11, 2020, 29:01.

47 Jeremy Stein, *Markus' Academy,* May 11, 2020, 34:20.

第11章　高水準の政府債務と低い金利負担

1 Philip Lane, *Markus' Academy,* Princeton University Webinar, March 20, 2020, 36:12, https://www.youtube.com/watch?v=G-8-4hEkkbs.

2 Markus Brunnermeier and Yuliy Sannikov, "Redistributive Monetary Policy," Princeton University, August 2012, https://scholar.princeton.edu/sites/default/files/04c%20Redistributive%20Monetary%20Policy.pdf.

3 そのため、一見すると純債務が債務総額より大幅に少なく思える。

4 Lawrence Summers, *Markus' Academy,* Princeton University Webinar, May 22, 2020, 1:00:14, 1:02:03, and 1:03:00, https://www.youtube.com/watch?v=cZmRtQCR2ns&list=PLPKR-Xs1slgSWqOqaXid_9sQXsPsjV_72&index=17.

5 Paul Schmelzing, "Eight Centuries of Global Real Interest Rates, R-G, and the 'Supra-Secular' Decline," Bank of England Staff Working Paper 845 (January 3, 2020): 1311–2018, https://www.bankofengland.co.uk/working-paper/2020/eight-centuries-of-global-real-interest-rates-r-g-and-the-suprasecular-decline-1311-2018.

6 Lawrence Summers, *Markus' Academy,* May 22, 2020, 1:05:55.

7 Markus Brunnermeier, Sebastian Merkel, and Yuliy Sannikov, "The Fiscal Theory of the Price Level with a Bubble," Princeton University, July 8, 2020, https://scholar.princeton.edu/sites/default/files/merkel/files/fiscaltheorybubble.pdf.

8 正式には国債の実質価値という。固定利付通常債券（B）を価格水準（P）で除したものは国債からのキャッシユフローの予想現在価値にサービスフローの予想現在価値を加えたものに等しい：B/P = E［PV（キャッシュフロー）］＋ E［PV（サービスフロー）］。

9　評価パズルの正式な処理については以下を参照：Zhengyang Jiang, Hanno Lustig, Stijn van Nieuwerburgh, and Mindy Xiaolan, "The US Public Debt Valuation Puzzle," *NBER Working Papers,* no. 26583（2021）.

10　ここでラッファー曲線を思い出す読者もいるかもしれない。インフレ税が高くなりすぎると課税基準が侵食されるため、その時点で政府は債務による資金調達の限界に直面する。

11　国債の裏付けとなるキャッシュフローは政府支出に対する税収の超過分で、いわゆるプライマリーバランスの黒字分に当たる。ここ数十年、そうしたキャッシュフローは小さいか、ときにはマイナスになっていることから、将来はキャッシュフローが下がると予測されている。しかし、国債はプライマリーバランスの黒字がなくても価値がある。これはサービスフローが国債の価値を押し上げるためだ。

12　Kenneth Rogoff, *Markus' Academy,* Princeton University Webinar, June 12, 2020, 48:40 and 50:30, https://www.youtube.com/watch?v=0uh4oPjxxq8.

第12章　インフレの罠、デフレの罠：「インフレ・ウィップソー」

1　Federal Reserve Bank of New York, "SCE Household Spending Survey," April 2021, https://www.newyorkfed.org/microeconomics/sce/household-spending#/.

2　Alberto Cavallo, "Inflation with Covid Consumption Baskets," *NBER Working Papers,* no. 27352（June 2020）, https://www.nber.org/papers/w27352.

3　Tyler Cowen, *Markus' Academy,* Princeton University Webinar, April 10, 2020, https://www.youtube.com/watch?v=FPsPmkp6sdM&list=PLPKR-Xs1slgSWqOqaXid_9sQXsPsjV_72&index=28.

4　James Mackintosh, "Inflation Is Already Here — For the Stuff You Actually Want to Buy," *The Wall Street Journal,* September 26, 2020, https://www.wsj.com/articles/inflation-is-already-herefor-the-stuff-you-actually-want-to-buy-11601112630?st=r6rjsuab2ijc738&reflink=article_gmail_share.

5 Oshrat Carmiel, "Manhattan Apartments Haven't Been This Cheap to Rent in 10 Years," Bloomberg, December 10, 2020, https://www.bloomberg.com/news/articles/2020-12-10/manhattan-apartment-rents-sink-to-the-lowest-level-in-a-decade.

6 Veronica Guerrieri, *Markus' Academy*, Princeton University Webinar, June 19, 2020, 1:01:50, https://www.youtube.com/watch?v=x2npgxzuTVg.

7 Gita Gopinath, *Markus' Academy*, Princeton University Webinar, May 29, 2020, 40:35, https://www.youtube.com/watch?v=GjUBIxR5W78.

8 Raj Chetty, *Markus' Academy*, Princeton University Webinar, June 2017, 2020, https://www.youtube.com/watch?v=ip5pz7gOSwI&list=PLPKR-Xs1slgSWqOqaXid_9sQXsPsjV_72&index=11.

9 Natalie Cox, Peter Ganong, Pascal Noel, Joseph Vavra, Arlene Wong, Diana Farrell, and Fiona Greig, "Initial Impacts of the Pandemic on Consumer Behavior: Evidence from Linked Income, Spending, and Savings Data," Becker Friedman Institute Working Papers, July 2020, https://bfi.uchicago.edu/wp-content/uploads/BFI_WP_202082.pdf.

10 Bill Dudley, *Markus' Academy*, Princeton University Webinar, June 1, 2020, 31:56, https://www.youtube.com/watch?v=65Y0kRJP_UY.

11 Bill Dudley, *Markus' Academy*, June 1, 2020, 30:38.

12 いまは巨大なバランスシートがすっかり定着している。主要国の中央銀行はどこも超過準備に対する利払い(interest on excess reserves: IOER)に縛られている。これは伝統的な枠組みとは対照的だ。伝統的な枠組みでは、銀行準備市場への介入には慎重で、超過準備への利払いを求めないという特徴がある。Bill Dudley, *Markus' Academy*, June 1, 2020, 17:22 を参照。

13 ジェローム・パウエルが２０２１年１月14日のオンラインセミナーで、柔軟なインフレ目標の新たな枠組みの細部について概説している。Jerome Powell, *Markus' Academy*, Princeton University Webinar, January 14, 2021, https://www.youtube.com/watch?v=TEC3supZwvM を参照。

14　Arminio Fraga, *Markus' Academy*, Princeton University Webinar, July 13, 2020, 57:13 and 59:40, https://www.youtube.com/watch?v=mTy2X7zftCc.

15　Markus Brunnermeier, Sebastian Merkel, Jonathan Payne, and Yuliy Sannikov, "Covid-19: Inflation and Deflation Pressures," CESIFO Area Conferences, July 24, 2020, https://www.cesifo.org/sites/default/files/events/2020/mmi20-Payne.pdf.

16　Veronica Guerrieri, *Markus' Academy*, Princeton University Webinar, June 19, 2020, 16:15, https://www.youtube.com/watch?v=x2npgxzuTVg. アカデミック志向の読者のためにこのモデルの概略を述べておこう。このモデルでは、労働者は2つの部門の一方に専門化される。市場は不完全で、一部の家計は借り入れに制約がある（15:00, 33:30, and 34:45）。具体的には、供給ショックには二つのタイプがあって、1部門モデルでは、標準的な供給ショックは需要超過につながって自然利子率〔訳注：景気への影響が中立的な実質利子率〕が上がっていく。それに対してケインズ流の供給ショックは需要不足につながり、自然利子率が下がっていく。すると経済主体は、どの商品に対しても補完性が高いという考えから、貯蓄を増やすようになる。

17　Veronica Guerrieri, *Markus' Academy*, June 19, 2020.

18　Olivier Blanchard, "In Defense of Concerns over the $1.9 Trillion Relief Plan," Peterson Institute for International Economics, February 18, 2021, https://www.piie.com/blogs/realtime-economic-issues-watch/defense-concerns-over-19-trillion-relief-plan.

19　二次的影響がある場合には乗数が1より大きくなることがある。たとえば家計Aが給付金１４００ドルを使ってフロリダへ休暇に出かければ、それは家計BおよびC（家計Aが滞在するホテルのオーナーの家計とAが食事をするレストランのオーナーの家計）の合計所得が１４００ドル増えることを意味する。もし家計BおよびCが追加所得の一部をふたたび支出に回せば、乗数（消費支出の増加分）は１４００ドルを超える。

20　Warren Buffett, Berkshire Hathaway Annual Meeting, Yahoo! Finance, May 1, 2021, https://www.youtube.com/watch?v=7t7qfOyQdQA.

21　Paul Krugman and Larry Summers, *Markus' Academy,* Princeton University Webinar, February 12, 2021, https://www.youtube.com/watch?v=EbZ3_LZxs54&t=7s.

22　Harold James, *Markus' Academy,* Princeton University Webinar, April 24, 2020, 35:16 and 35:54, https://www.youtube.com/watch?v=PVIm4BdBmTI.

23　Harold James, *Markus' Academy,* April 24, 2020, 47:40, 48:30, and 50:10.

24　Harold James, *Markus' Academy,* April 24, 2020, 36:36.

25　ジェローム・パウエルは自身のオンラインセミナーのプレゼンテーションで、中央銀行の独立は大いに大衆の役に立っている制度配置だと述べている。 Jerome Powell, *Markus' Academy,* January 14, 2021.

26　概念上は、赤字を10％から5％に引き下げるのも6％から5％に引き下げるのも同じように実施可能だが、政治的要因からすると後者のほうが容易だ。前者はいくつもの省庁にまたがる厳しい予算削減が必要となるし、したがって反対も強いと考えられる。

27　Nellie Liang, *Markus' Academy,* Princeton University Webinar, March 6, 2020, 41:05, https://www.youtube.com/watch?v=6NjE-OOUB_E.

28　このセクションはチャールズ・グッドハートのMarkus Academyでのオンラインセミナーおよび二人の著書(Charles Goodhart and Manoj Pradhan, *The Great Demographic Reversal: Ageing Societies, Waning Inequality, and Inflation Reversal,* 2020)から多くを引いている。

29　Markus Brunnermeier and Yuliy Sannikov, "Redistributive Monetary Policy," Princeton University, August 2012, https://scholar.princeton.edu/sites/default/files/04c%20Redistributive%20Monetary%20Policy.pdf.

第13章　不平等

1　Linda Carroll, "U.S. Life Expectancy Declining Due to More Deaths in Middle Age," Reuters, November 26, 2019, https://www.reuters.com/article/us-health-life-expectancy-idUSKBN1Y02C7.

2　Sendhil Mullainathan and Eldar Shafir, *Scarcity: Why Having Too Little Means So Much,* New York: Times Books, 2013.

3　Andreas Fagereng, Luigi Guso, Davide Malacrino, and Luigi Pistaferri, "Heterogeneity and Persistence in Returns on Wealth," Stanford University Working Paper, August 2019, https://web.stanford.edu/~pista/FGMP.pdf.

4　Sylvain Catherine, Max Miller, and Natasha Sarin, "Social Security and Trends in Wealth Inequality," SSRN Working Paper, February 29, 2020, https://papers.ssrn.com/sol3/papers.cfm?abstract_id=3546668.

5　*The Economist,* "Economists Are Rethinking the Numbers on Inequality," November 28, 2019, https://www.economist.com/briefing/2019/11/28/economists-are-rethinking-the-numbers-on-inequality.

6　Yu Xie and Xiang Zhou, "Income Inequality in Today's China," *Proceedings of the National Academy of Sciences* 111, no. 19 (2014): 6928-6933, https://www.pnas.org/content/111/19/6928.short.

7　Joseph Stiglitz, *Markus' Academy,* Princeton University Webinar, April 27, 2020, 16:58, https://www.youtube.com/watch?v=_6SoT97wo3g.

8　Torsten Slok, *Markus' Academy,* Princeton University Webinar, March 20, 2020, 1:00:33, https://www.youtube.com/watch?v=zgxDybynvNM.

9　Torsten Slok, *Markus' Academy,* March 20, 2020, 1:02:20.

10　Joseph Stiglitz, *Markus' Academy,* April 27, 2020, 16:58.

11　Caitlin Brown and Martin Ravallion, "Inequality and the Coronavirus: Socioeconomic Covariates of Behavioral Responses and Viral Outcomes Across US Counties," *Proceedings of the National Academy of the Sciences* 111, no. 19 (May 13, 2014): 6928-6933, https://www.pnas.org/content/111/19/6928.short.

12 Kishinchand Poornima Wasdani and Ajnesh Prasad, "The Impossibility of Social Distancing among the Urban Poor: The Case of an Indian Slum in the Times of COVID-19," *Local Environment* 25, no. 5 (2020): 414-418.

13 Nora Lustig, Valentina Martinez Pabon, Federico Sanz, and Stephen Younger, "The Impact of Covid-19 Lockdowns and Expanded Social Assistance on Inequality, Poverty and Mobility in Argentina, Brazil, Colombia and Mexico," Center for Global Development Working Paper 556, October 2020, https://www.cgdev.org/sites/default/files/impact-covid-19-lockdowns-and-expanded-social-assistance.pdf.

14 Thiago Guimarães, Karen Lucas, and Paul Timms, "Understanding How Low-Income Communities Gain Access to Healthcare Services: A Qualitative Study in São Paulo, Brazil," *Journal of Transport and Health* 15 (2019): 100658.

15 ReliefWeb, "Q&A: Brazil's Poor Suffer the Most Under Covid-19," July 14, 2020, https://reliefweb.int/report/brazil/qa-brazils-poor-suffer-most-under-covid-19.

16 Raj Chetty, *Markus' Academy,* Princeton University Webinar, June 2017, 2020, https://www.youtube.com/watch?v=ip5pz7gOSwI&list=PLPKR-Xs1slgSWqOqaXid_9sQXsPsjV_72&index=11.

17 Raj Chetty, *Markus' Academy,* June 2017, 2020, 1:03:22.

18 Andrew Bacher-Hicks, Joshua Goodman, and Christine Mulhern, "Inequality in Household Adaptation to Schooling Shocks: Covid-Induced Online Learning Engagement in Real Time," *Journal of Public Economics* 193 (2021): 204345.

19 Per Engzell, Arun Freya, and Mark Verhagen, "Learning Inequality During the Covid-19 Pandemic," October 2020, https://scholar.googleusercontent.com/scholar?q=cache:Zva2ARtZvlkJ:scholar.google.com/+covid+inequality+statistics+mexico&hl=en&as_sdt=0,31&as_vis=1.

20 Angus Deaton, "Covid Shows How the State Can Address Social Inequality," *Financial Times,* January 4, 2021, https://www.ft.com/content/caa37763-9c71-4f8d-9c29-b16ccf53d780.

21 Marcelo Medeiros, "Brazil LAB at Princeton University: Inequalities: Poverty, Racism, and Social Mobility in Brazil," Princeton University Webinar, October 15, 2020, 36:00, https://www.youtube.com/watch?v=k3OSo83qFq8.

22 Alon Titan, Matthias Doepke, Jane Olmstead-Rumsey, and Michele Tertilt, "The Impact of Covid-19 on Gender Equality," *NBER Working Papers,* no. 27660（August 2020）; and Erik Hurst, *Markus' Academy,* Princeton University Webinar, March 20, 2021, https://www.youtube.com/watch?v=VG7KS5sLABY.

23 Marin Wolf, "How Coronavirus and Race Collide in the US," Bloomberg, August 11, 2020, https://www.bloombergquint.com/quicktakes/how-coronavirus-and-race-collide-in-the-u-s-quicktake.

24 Robert Fairlie, "Covid-19, Small Business Owners, and Racial Inequality," NBER, December 4, 2020, https://www.nber.org/reporter/2020number4/covid-19-small-business-owners-and-racial-inequality.

25 Kia Lilly Caldwell and Edna Maria de Araújo, "Covid-19 Is Deadlier for Black Brazilians: A Legacy of Structural Racism that Dates Back to Slavery," The Conversation, June 10, 2020, https://theconversation.com/covid-19-is-deadlier-for-black-brazilians-a-legacy-of-structural-racism-that-dates-back-to-slavery-139430.

26 Centers for Disease Control and Prevention, "Risk for COVID-19 Infection, Hospitalization, and Death by Race/Ethnicity," April 23, 2021, https://www.cdc.gov/coronavirus/2019-ncov/covid-data/investigations-discovery/hospitalization-death-by-race-ethnicity.html.

27 Lisa Cook, *Markus' Academy,* Princeton University Webinar, June 8, 2020, 53:57, 56:46, and 57:09, https://www.youtube.com/watch?v=PeKhSsJsW2w.

28 Lisa Cook, *Markus' Academy,* June 8, 2020, 36:24 and 47:18.

29 Lisa Cook, *Markus' Academy,* June 8, 2020, 49:35.

30 RSF Social Finance, "The Runway Project: Loan Provided by the Women's Capital Collaborative," https://rsfsocialfinance.org/person/the-runway-project/.

31 Gillian Tett, "Pandemic Aid Is Exacerbating US Inequality," *Financial Times,* August 6, 2020, https://www.

ft.com/content/8287303f-4062-4808-8ce3-f7fa9f87e185.

32　Robert Fairlie, "Covid-19, Small Business Owners, and Racial Inequality," December 4, 2020.

33　Lisa Cook, *Markus' Academy*, June 8, 2020, 10:25 and 11:14.

34　リサ・クックは、暴力がイノベーションと経済活動を大幅に縮小させることも示している。失われた特許——1860年から1940年までに暴力のせいで生まれずに終わったアフリカ系アメリカ人による特許——の数を合計すると、当時のヨーロッパの中規模国で認可された特許の数とほぼ等しくなる。Lisa Cook, *Markus' Academy*, June 8, 2020, 18:48, 19:17, and 32:40 を参照。

35　Walter Scheidel, *The Great Leveler*, Princeton, NJ: Princeton University Press, 2018.

36　Claudia Goldin and Robert Margo, "The Great Compression: The Wage Structure in the United States in the Mid-Century," *Quarterly Journal of Economics* 107, no. 1（1992）: 1-34.

37　Walter Scheidel, *The Great Leveler*, 2018.

パートⅣ　グローバル・レジリエンス

第14章　新興国のレジリエンスに関する難題

1　Max Roser and Esteban Ortiz-Ospina, "Global Extreme Poverty," Our World in Data, March 27, 2017, https://ourworldindata.org/extreme-poverty.

2　Federal Reserve Bank of St. Louis, "Personal Consumption Expenditures/Gross Domestic Product," FRED Economic Data, 2021, https://fred.stlouisfed.org/graph/?g=hh3.

3　Daron Acemoglu, Philippe Aghion, and Fabrizio Zilibotti, "Distance to Frontier, Selection and Economic Growth," *Journal of European Economic Association*,（2006）: 37-74.

4　Pinelopi Goldberg, *Markus' Academy*, Princeton University Webinar, April 17, 2020, 1:08:50, https://www.youtube.com/watch?v=erq8pqBpFhI.

5　Arminio Fraga, *Markus' Academy,* Princeton University Webinar, July 13, 2020, 16:10 and 18:09, https://www.youtube.com/watch?v=mTy2X7zftCc.

6　Arminio Fraga, *Markus' Academy,* July 13, 2020, 16:10 and 18:09.

7　Arminio Fraga, *Markus' Academy,* July 13, 2020, 48:29.

8　Arminio Fraga, *Markus' Academy,* July 13, 2020, 15:17.

9　Ragani Saxena, "India's Health Time Bomb Keeps Ticking and It's Not Covid-19," Bloomberg, September 10, 2020, https://www.bloomberg.com/news/articles/2020-09-10/india-s-health-time-bomb-keeps-ticking-and-it-s-not-covid-19.

10　*The Economist,* "India's Giant Second Wave Is a Disaster for It and for the World," April 24, 2021.

11　Sneha Mordani, Haider Tanseem, and Milan Sharma, "Watch: Doctors, Nurses Attacked in Delhi Hospital as Covid Patient Dies Without Getting ICU Bed," *India Today,* April 27, 2021, https://www.indiatoday.in/cities/delhi/story/doctors-attacked-in-delhi-hospital-by-family-of-covid-patient-1795567-2021-04-27.

12　Michael Spence, *Markus' Academy,* Princeton University Webinar, July 6, 2020, 48:08 and 50:25, https://www.youtube.com/watch?v=92-vc238_nI&list=PLPKR-Xs1slgSWqOqaXid_9sQXsPsjV_72&index=6.

13　Debraj Ray and S. Subramanian, "India's Lockdown: An Interim Report," *NBER Working Papers,* no. 27282 (May 2020).

14　Michael Spence, *Markus' Academy,* July 6, 2020, 50:25; and Angus Deaton, *Markus' Academy,* Princeton University Webinar, April 13, 2020, 49:42, https://www.youtube.com/watch?v=2uzASRQz4gM.

15　Raghuram Rajan, "Raghuram Rajan on Covid-19: Is It Time to Decentralise Power?" (video), Coronanomics, July 22, 2020, 33:00, https://www.youtube.com/watch?v=VU9d5IyudYs.

16　インドは「誤ったカーブを曲がった」のではないかとする研究者もいる。 Raghuram Rajan, July 22, 2020, 38:42を参照。

17 Luiz Brotherhood, Tiago Cavalcanti, Daniel Da Mata, and Cezar Santos, "Slums and Pandemics," SSRN Working Paper, August 5, 2020（Updated January 4, 2021）, https://papers.ssrn.com/sol3/papers.cfm?abstract_id=3665695.

18 Gita Gopinath, *Markus' Academy,* Princeton University Webinar, May 29, 2020, 45:35 and 46:50, https://www.youtube.com/watch?v=GjUBIxR5W78.

19 International Monetary Fund, "Fiscal Monitor Database of Country Fiscal Measures in Response to the COVID-19 Pandemic," April 2021, https://www.imf.org/en/Topics/imf-and-covid19/Fiscal-Policies-Database-in-Response-to-COVID-19.

20 International Monetary Fund, "Fiscal Monitor Database," April 2021.

21 Rachel Glennerster, "Covid-19 Pandemic in Developing Countries: Pandemic Policies for People," International Monetary Fund, September 12, 2020, https://www.imf.org/external/mmedia/view.aspx?vid=6215224981001.

22 Andrew Henley, G. Reza Arabsheibani, and Francisco G. Carneiro, "On Defining and Measuring the Informal Sector," World Bank Policy Research Working Papers, March 2006.

23 Niall McCarthy, "The Countries Most Reliant on Remittances [Infographic]," *Forbes,* April 26, 2018, https://www.forbes.com/sites/niallmccarthy/2018/04/26/the-countries-most-reliant-on-remittances-infographic/?sh=50407d577277.

24 Arminio Fraga, *Markus' Academy,* July 13, 2020, 23:32.

25 ラグラム・ラジャンもインドについて同じことを指摘している。"Raghuram Rajan on Covid-19," July 22, 2020, 49:40を参照。ブラジルの２０２０年の基礎的財政赤字は12～13％になるようで、これから何年も巨額の赤字が残るという懸念を裏付けている。Arminio Fraga, *Markus' Academy,* July 13, 2020, 53:50, 54:38, and 56:30を参照。

26 Carlos A. Vegh, "Fiscal Policy in Emerging Markets: Procyclicality and Graduation," NBER, December 2015, https://www.nber.org/reporter/2015number4/fiscal-policy-emerging-markets-procyclicality-and-graduation.

27 興味のある読者はＩＭＦのウェブサイトにある詳細に当たってみてもいいだろう。International Monetary Fund, "Q&A on Special Drawing Rights," March 16, 2021, https://www.imf.org/en/About/FAQ/special-drawing-right#Q4.%20Will%20an%20SDR%20allocation%20give%20countries%20with%20poor%20governance%20money%20to%20waste を参照。

28 Andrea Shalal and David Lawder, "Yellen Backs New Allocation of IMF's SDR Currency to Help Poor Nations," Reuters, February 25, 2021, https://www.reuters.com/article/g20-usa/update-3-yellen-backs-new-allocation-of-imfs-sdr-currency-to-help-poor-nations-idUSL1N2KV1IA.

29 Kevin Gallagher, José Antonio Ocampo, and Ulrich Volz, "It's Time for a Major Issuance of the IMF's Special Drawing Rights," *Financial Times*, March 20, 2020, https://www.ft.com/content/43a67e06-bbeb-4bea-8939-bc29ca785b0e.

30 Kevin Gallagher et al., "It's Time for a Major Issuance of the IMF's Special Drawing Rights," March 20, 2020.

31 Saumya Mitra, "Letter: Why G8 States Are Wary of Special Drawing Rights," *Financial Times*. January 22, 2021. https://www-ft-com.btpl.idm.oclc.org/content/20ca8b0f-9773-43de-9bfc-b09ab9ac5942.

32 Ezra Fieser and Oscar Medina, "Colombia Risks Forced Selling of Its Bonds After More Downgrades," Bloomberg, May 5, 2021, https://www.bloomberg.com/news/articles/2021-05-21/colombia-risks-forced-selling-of-its-bonds-after-more-downgrades?sref=ATN0rNv3.

33 Reuters, "Zambia Requests Debt Restructuring Under G20 Common Framework," February 5, 2021, https://www.reuters.com/article/us-zambia-debt-idUSKBN2A50XL.

34 Marc Jones, "Second Sovereign Downgrade Wave Coming, Major Nations at Risk," Reuters, October 16, 2020, https://www.reuters.com/article/us-global-ratings-sovereign-s-p-exclusiv-idUSKBN27126V.

35 International Monetary Fund, "The God, the Bad, and the Ugly: 100 Years of Dealing with Public Debt Overhangs," October 8, 2012, https://www.elibrary.imf.org/view/IMF081/12743-9781616353896/12743-9781616353896/

chap03.xml?rskey=VXkXsE&result=5&redirect=true&redirect=true.

36 Hyun Song Shin, *Markus' Academy,* Princeton University Webinar, April 20, 2020, 23:40, 35:20, 36:45, and 37:30, https://www.youtube.com/watch?v=LnmMRrzjNWQ.

37 以下の議論はＩＭＦによる動画に着想を得ている。 International Monetary Fund, "Analyze This! Sovereign Debt Restructuring" (Video), December 2, 2020, https://www.imf.org/external/mmedia/view.aspx?vid=6213167814001. ほかにこのトピックに関するすぐれた参照文献として以下のものがある。 Lee Buchheit, Guillaume Chabert, Chanda DeLong, and Joremin Zettelmeyer, "How to Restructure Sovereign Debt: Lessons from Four Decades," Peterson Institute for International Economics Working Paper 19-8, May 2019, https://www.piie.com/publications/working-papers/how-restructure-sovereign-debt-lessons-four-decades.

38 Julianne Ams, Reza Baqir, Anna Gelpern, and Christoph Trebesch, "Chapter 7: Sovereign Default," IMF Research Department, 2018, https://www.imf.org/~/media/Files/News/Seminars/2018/091318SovDebt-conference/chapter-7-sovereign-default.ashx.

39 Renae Merle, "How One Hedge Fund Made $2 Billion from Argentina's Economic Collapse," *The Washington Post,* March 29, 2016, https://www.washingtonpost.com/news/business/wp/2016/03/29/how-one-hedge-fund-made-2-billion-from-argentinas-economic-collapse/.

40 Anne Krueger, "A New Approach to Sovereign Debt Restructuring," International Monetary Fund, April 2002, https://www.imf.org/external/pubs/ft/exrp/sdrm/eng/sdrm.pdf.

41 Anna Gelpern, Sebastian Horn, Scott Morris, Brad Parks, and Christoph Trebesch, "How China Lends: A Rare Look into 100 Debt Contracts with Foreign Governments," Peterson Institute for International Economics Working Paper 21-7, May 2021, https://www.piie.com/publications/working-papers/how-china-lends-rare-look-100-debt-contracts-foreign-governments.

42 Reuters, "Factbox: How the G20's Debt Service Suspension Initiative Works," October 15, 2020, https://www.

reuters.com/article/us-imf-worldbank-emerging-debtrelief-fac/factbox-how-the-g20s-debt-service-suspension-initiative-works-idINKBN27021V.

43 Jonathan Wheatley, "Debt Dilemma: How to Avoid a Crisis in Emerging Nations," *Financial Times*, December 20, 2020, https://www.ft.com/content/de43248e-e8eb-4381-9d2f-a539d1f1662c?shareType=nongift.

44 Anne Krueger, "A New Approach to Sovereign Debt Restructuring," International Monetary Fund, April 2002, https://www.imf.org/external/pubs/ft/exrp/sdrm/eng/sdrm.pdf.

第15章　新たなグローバル世界秩序

1 Eric Schmidt, *Markus' Academy*, Princeton University Webinar, July 27, 2020, 12:14, https://www.youtube.com/watch?v=726B0y1D5ZM&t=31s.

2 Emma Graham-Harrison and Tom Phillips, "China Hopes 'Vaccine Diplomacy' Will Restore Its Image and Boost Its Influence," *The Guardian*, November 29, 2020, https://www.theguardian.com/world/2020/nov/29/china-hopes-vaccine-diplomacy-will-restore-its-image-and-boost-its-influence.

3 Niall McCarthy, "America First? Covid-19 Production & Exports," Statista, March 31, 2021, https://www.statista.com/chart/24555/vaccine-doses-produced-and-exported/.

4 Carmen Aguilar Garcia and Ganesh Rao, "Covid-19: India's Vaccine Export Ban Could Send Shockwaves Worldwide. Should the UK Step in to Help?" Sky News, April 30, 2021, https://news.sky.com/story/covid-19-how-does-indias-pause-on-vaccine-export-hurt-other-nations-12290300.

5 Dani Rodrik, *Markus' Academy*, Princeton University Webinar, May 5, 2020, 1:10:00 onward, https://www.youtube.com/watch?v=3cRlHugFBq8.

6 ウィリアム・ノードハウスは、各国が外部性を内部化するためのクラブ構造を提案している。William Nordhaus, *Markus' Academy*, Princeton University Webinar, January 28, 2021, https://www.youtube.com/watch?v=QaXZx_

nJ_3Iを参照。

7 Michael Kremer, *Markus' Academy,* Princeton University Webinar, May 1, 2020, 37:15, 37:40, 40:00, and 41:05, https://www.youtube.com/watch?v=C8W8JQLTECc.

8 Bill Gates, "How the Pandemic Will Shape the Near Future," TED, July 6, 2020, 19:30 and 27:00, https://www.youtube.com/watch?v=jmQWOPDqxWA.

9 Stephanie Nebehay and Kate Kelland, "COVAX Programme Doubles Global Vaccine Supply Deals to 2 Billion Doses," Reuters, December 18, 2020, https://www.reuters.com/article/us-health-coronavirus-covax/covax-programme-doubles-global-vaccine-supply-deals-to-2-billion-doses-idUSKBN28S1PW.

10 CBC, "Canada Could Share Any Excess Vaccine Supply with Poorer Countries: Reuters Sources," November 18, 2020, https://www.cbc.ca/news/health/canada-vaccine-supply-share-1.5807679.

11 Lawrence Summers, *Markus' Academy,* Princeton University Webinar, May 22, 2020, 30:14, 31:55, 32:40, and 40:30, https://www.youtube.com/watch?v=cZmRtQCR2ns&list=PLPKR-Xs1slgSWqOqaXid_9sQXsPsjV_72&index=17.

12 Mercedes Ruehl, Stephanie Findlay, and James Kynge, "Tech Cold War Comes to India: Silicon Valley Takes on Alibaba and Tencent," *Financial Times,* August 3, 2020, https://www.ft.com/content/b1df5dfd-36c4-49e6-bc56-506bf3ca3444?shareType=nongift.

13 Lawrence Summers, *Markus' Academy,* May 22, 2020, 30:10.

14 Organization for Economic Cooperation and Development, "China's Belt and Road Initiative in the Global Trade, Investment and Finance Landscape," 2018, https://www.oecd.org/finance/Chinas-Belt-and-Road-Initiative-in-the-global-trade-investment-and-finance-landscape.pdf.

15 Derek Grossman, "The Quad Is Poised to Become Openly Anti-China Soon" (Blog), The RAND Corporation, July 28, 2020, https://www.rand.org/blog/2020/07/the-quad-is-poised-to-become-openly-anti-china-soon.html.

16 Kimberly Amadeo, "Trans-Pacific Partnership Summary, Pros and Cons," The Balance, February 10, 2021, https://www.thebalance.com/what-is-the-trans-pacific-partnership-3305581.

17 Alexander Chipman Koty, "What Is the China Standards 2035 Plan and How Will It Impact Emerging Industries?" *China Briefing,* July 2, 2020, https://www.china-briefing.com/news/what-is-china-standards-2035-plan-how-will-it-impact-emerging-technologies-what-is-link-made-in-china-2025-goals/.

18 Demetri Sevastopulo and Amy Kazmin, "US and Asia Allies Plan Covid Vaccine Strategy to Counter China," *Financial Times,* March 3, 2021, https://www.ft.com/content/1dc04520-c2fb-4859-9821-c405f51f8586.

19 Stephanie Findlay, "India Eyes Global Vaccine Drive to Eclipse Rival China," *Financial Times,* January 31, 2021, https://www.ft.com/content/1bb8b97f-c046-4d0c-9859-b7f0b60678f4.

20 Tyler Cowen, *Markus' Academy,* Princeton University Webinar, April 10, 2020, 15:56, https://www.youtube.com/watch?v=FPsPmkp6sdM&list=PLPKR-Xs1slgSWqOqaXid_9sQXsPsjV_72&index=28.

21 Alicia Chen and Vanessa Molter, "Mask Diplomacy: Chinese Narratives in the COVID Era," Stanford University (blog), June 16, 2020, https://fsi.stanford.edu/news/covid-mask-diplomacy.

22 Frank Chen, "China's e-RMB Era Comes into Closer View," *Asia Times,* October 28, 2020, https://asiatimes.com/2020/10/chinas-e-rmb-era-comes-into-closer-view/.

23 Erika Solomon and Guy Chazan, "'We Need a Real Policy for China': Germany Ponders Post-Merkel Shift," *Financial Times,* January 5, 2021, https://www.ft.com/content/0de447eb-999d-452f-a1c9-d235cc5ea6d9.

24 Erika Solomon et al., "'We Need a Real Policy for China,'" January 5, 2021.

25 Erika Solomon et al., "'We Need a Real Policy for China,'" January 5, 2021.

26 Robin Emmott and Jan Strupczewski, "EU and India Agree to Resume Trade Talks at Virtual Summit," Reuters, May 8, 2021, https://www.reuters.com/world/europe/eu-india-re-launch-trade-talks-virtual-summit-2021-05-08/.

27 Gita Gopinath, Emine Boz, Federico Diez, Pierre-Olivier Gourinchas, and Mikkel Plagborg-Moller, "Dominant Currency Paradigm," Harvard University Department of Economics, June 12, 2019, https://scholar.harvard.edu/gopinath/publications/dominant-currency-paradigm-0.

28 Jonathan Wheatley, "Foreign Investors Dash into Emerging Markets at Swiftest Pace since 2013," *Financial Times*, December 17, 2020, https://www.ft.com/content/e12a1eee-2571-4ae5-bc91-cc17ee7f40d0?shareType=nongift.

29 Jonathan Wheatley, "Emerging Markets Attract $17bn of Inflows in First Three Weeks of 2021," *Financial Times*, January 22, 2021, https://www.ft.com/content/f9b94ac9-1df1-4d89-b129-5b30ff98e715?shareType=nongift.

30 Markus Brunnermeier, Sam Langfield, Marco Pagano, Ricardo Reis, Stijn Van Nieuwerburh, and Dimitri Vayanos, "ESBies: Safety in the Tranches," VoxEU, September 20, 2016, https://voxeu.org/article/esbies-safety-tranches.

31 グローバル・キャピタル・アロケーション・プロジェクトによる研究がこうしたフローを数値化している。興味のある読者はプロジェクトのウェブサイト（https://www.globalcapitalallocation.com）を覗いてみるのがよいだろう。強調されているのは、アメリカから世界各地への直接の資本フロー以上に多くの間接的な資本フローがある点で、ロンドンやルクセンブルク、オランダ、ケイマン諸島を経由して、各種のドル建て債が設定されている。こうした構成は必ずしも違法ではない。

32 Saleem Bahaj and Ricardo Reis, "Central Bank Swap Lines: Evidence on the Effects of the Lender of Last Resort," IMES Discussion Paper Series, 2019.

33 Markus Brunnermeier and Luang Huang, "A Global Safe Asset from and for Emerging Economies," In *Monetary Policy and Financial Stability: Transmission Mechanisms and Policy Implications*, 111-167, Central Bank of Chile, 2019.

34 Markus Brunnermeier et al., "ESBies: Safety in the Tranches," September 20, 2016. Markus K Brunnermeier, Sam Langfield, Marco Pagano, Ricardo Reis, Stijn Van Nieuwerburgh, Dimitri Vayanos, "ESBies: safety in the

tranches," *Economic Policy,* 32, no 90, (April 2017): 175–219, https://doi.org/10.1093/epolic/eix004.

35 こうした影響の詳細については Markus Brunnermeier, Harold James, and Jean-Pierre Landau, "Digital Currency Areas," VoxEU, July 3, 2019, https://voxeu.org/article/digital-currency-areas を参照。

36 Frank Chen, "China's e-RMB Era Comes into Closer View," October 28, 2020.

37 Pinelopi Goldberg, *Markus' Academy,* Princeton University Webinar, April 17, 2020, 18:30, https://www.youtube.com/watch?v=erq8pqBpFhI.

38 Pol Antras, "De-Globalisation? Global Value Chains in the Post-COVID-19 Age," PowerPoint presented at the ECB Forum in November 2020, https://www.ecb.europa.eu/pub/conferences/shared/pdf/20201111_ECB_Forum/presentation_Antras.pdf.

39 Susan Lund, "Central Banks in a Shifting World," European Central Bank, November 2020, https://www.ecb.europa.eu/pub/conferences/html/20201111_ecb_forum_on_central_banking.en.html.

40 Andrew Hill, "People: The Strongest Link in the Strained Supply Chain," *Financial Times,* March 8, 2021, https://www.ft.com/content/ef937903-ed1d-4625-b2ba-d682318a314f?shareType=nongift.

41 Susan Lund, "Central Banks in a Shifting World," November 2020.

42 Rai Saritha, "Wall Street Giants Get Swept Up by India's Brutal Covid Wave," Bloomberg, May 6, 2021, https://www.bloomberg.com/news/articles/2021-05-06/wall-street-giants-get-swept-up-by-india-s-brutal-covid-wave?utm_medium=social&utm_campaign=socialflow-organic&utm_content=markets&utm_source=twitter&cmpid=socialflow-twitter-business&cmpid%3D=socialflow-.

43 Pinelopi Goldberg, *Markus' Academy,* April 17, 2020, 1:10:20.

44 Bomin Jiang, Daniel Rigebon, and Roberto Rigebon, "From Just in Time, to Just in Case, to Just in Worst-Case," International Monetary Fund Conference Paper, October 12, 2020, https://www.imf.org/-/media/Files/Conferences/2020/ARC/Rigobon-Daniel-et-al.ashx.

45 Pinelopi Goldberg, *Markus' Academy,* April 17, 2020, 46:25.

46 Pinelopi Goldberg, *Markus' Academy,* April 17, 2020, 54:30.

47 Joseph Stiglitz, *Markus' Academy,* Princeton University Webinar, April 27, 2020, 51:45 and 52:04, https://www.youtube.com/watch?v=_6SoT97wo3g.

48 Adam Posen, Markus' Academy (Lecture Slides), Princeton University Webinar, December 10, 2020, https://bcf.princeton.edu/wp-content/uploads/2020/12/posenslides.pdf.

49 Pinelopi Goldberg, *Markus' Academy,* April 17, 2020, 1:07:25.

50 Tyler Cowen, *Markus' Academy,* April 10, 2020, 41:55.

51 David Autor, David Dorn, and Gordon Hanson, "The China Shock: Learning from Labor Market Adjustment to Large Changes in Trade," *NBER Working Papers,* no. 21906 (2016).

52 Dani Rodrik, *Markus' Academy,* May 5, 2020, 36:10.

53 Giovanni Maggi and Ralph Ossa, "The Political Economy of Deep Integration," *NBER Working Papers,* no. 28190 (December 2020), https://www.nber.org/papers/w28190.

54 Martin Sandbu, "Globalisation Does Not Mean Deregulation," *Financial Times,* August 20, 2020, https://www.ft.com/content/a04c186b-ab3f-4df3-99fb-638b5aa1ce50?shareType=nongift.

55 Giovanni Maggi and Ralph Ossa, "The Political Economy of Deep Integration," December 2020.

56 Giovanni Maggi and Ralph Ossa, "The Political Economy of Deep Integration," December 2020.

57 Dani Rodrik, *Markus' Academy,* May 5, 2020, 42:15.

58 Eric Schmidt, *Markus' Academy,* July 27, 2020, 57:10.

59 Dani Rodrik, *Markus' Academy,* May 5, 2020, 52:40 and 55:30.

60 Dani Rodrik, *Markus' Academy,* May 5, 2020, 34:30 and 34:55.

61 Alexander Chipman Koty, "What Is the China Standards 2035 Plan," July 2, 2020.

第16章　気候変動とレジリエンス

1　Piers Forster, "Covid-19 Paused Climate Emissions—But They're Rising Again," BBC, March 12, 2021, https://www.bbc.com/future/article/20210312-covid-19-paused-climate-emissions-but-theyre-rising-again.

2　Richard Zeckhauser, *Markus' Academy,* Princeton University Webinar, July 17, 2020, 23:20 and 24:16, https://www.youtube.com/watch?v=jHTRFizTsFE&list=PLPKR-Xs1slgSWqOqaXid_9sQXsPsjV_72&index=3.

3　Klaus Desmet, Dávid Krisztián Nagy, and Esteban Rossi-Hansberg, "The Geography of Development," *Journal of Political Economy* 126, no. 3 (2018): 903-983.

4　Paul Bolton, "UK and Global Emissions and Temperature Trends," UK Parliament, House of Commons Library, June 2, 2021, https://commonslibrary.parliament.uk/uk-and-global-emissions-and-temperature-trends/#:~:text=Taken%20together%20these%20countries%20accounted,changing%20emission%20levels%20over%20time.

5　新型コロナウイルスは、石油主導の経済からグリーン経済への切り替えを実施するときや、都市や公共交通システムの改造に当たっての調整装置にもなりうる。Richard Zeckhauser, *Markus' Academy,* July 17, 2020, 9:45 を参照。

6　William Nordhaus, "Climate Clubs: Overcoming Free-Riding in International Climate Policy," *American Economic Review* 105, no. 4 (2015): 1339-70, https://pubs.aeaweb.org/doi/pdfplus/10.1257/aer.15000001.

7　William Nordhaus, *Markus' Academy,* Princeton University Webinar, January 28, 2021, 43:00, https://www.youtube.com/watch?v=QaXZx_nJ_3I.

8　Hans-Werner Sin, *The Green Paradox,* Cambridge, MA: MIT Press, 2012.

9　Esteban Rossi-Hansberg, *Markus' Academy,* Princeton University Webinar, October 1, 2020, 58:00, https://www.youtube.com/watch?v=ZsfKRrI2yB4.

10　Leigh Collins, "'World first' As Hydrogen Used to Power Commercial Steel Production," Recharge, April 28,

2020, https://www.rechargenews.com/transition/-world-first-as-hydrogen-used-to-power-commercial-steel-production/2-1-799308.

11　この考えを提出したのはフランスの経済学者ジャック・デルプラ（Jaques Delpla）である。“The Case for Creating a CO_2 Central Bank,” WorldCrunch, November 12, 2019, https://worldcrunch.com/world-affairs/the-case-for-creating-a-co2-central-bank を参照。

結論と展望

1　Lauren Fedor, Myles McCormick, and Hannah Murphy, “Cyberattack Shuts Major US Pipeline System,” *Financial Times*, May 8, 2021, https://www.ft.com/content/2ce0b1fe-9c3f-439f-9afa-78d77849dd92.

2　Lawrence Summers, *Markus' Academy*, Princeton University Webinar, May 22, 2020, 1:25:24 and 1:25:47, https://www.youtube.com/watch?v=cZmRtQCR2ns&list=PLPKR-Xs1slgSWqOqaXid_9sQXsPsjV_72&index=17.

3　Nick Bostrom, “The Vulnerable World Hypothesis,” *Global Policy* 10, no. 4 (November 2019): 455-476. https://nickbostrom.com/papers/vulnerable.pdf.

参考文献

Acemoglu, Daron, Philippe Aghion, and Fabrizio Zilibotti. "Distance to Frontier, Selection and Economic Growth." *Journal of European Economic Association,* (2006): 37-74.

Acemoglu, Daron, Victor Chernozukhov, Ivan Werning, and Michael Whinston. "Optimal Targeted Lockdowns." MIT Economics Department. May 2020. economics.mit.edu/files/19698.

Acemoglu, Daron. *Markus' Academy*. Princeton University Webinar. May 8, 2020. https://www.youtube.com/watch?v=NqtS8MZBuZ0&list=PLPKR-Xs1slgSWqOqaXid_9sQXsPsjV_72&index=20.

Acharya, Viral, and Sascha Steffen. "The Risk of Being a Fallen Angel and the Corporate Dash for Cash in the Midst of COVID." *NBER Working Papers,* no. 27601 (July 2020). https://www.nber.org/papers/w27601.

Adelstein, Jake and Nathaly-Kyoko Stucky. "Japan's Finance Minister Commits Suicide on World Suicide Prevention Day." *The Atlantic*. September 10, 2012. https://www.theatlantic.com/international/archive/2012/09/japans-finance-minister-commits-suicide-world-suicide-prevention-day/323787/.

Aguiar, Mark, Mark Blis, Kofi Kerwin, and Erik Hurst. "Leisure Luxuries and the Labor Supply of Young Men." *Journal of Political Economy,* (2021): 337-382.

Aliprantis, Dionissi, Daniel R Carroll, and Eric R. Young. "The Dynamics of the Racial Wealth Gap." SSRN. FRB of

Cleveland Working Paper 19-18, October 2019.

Alon, Titan, Matthias Doepke, Jane Olmstead-Rumsey, and Michele Tertilt. "This Time It's Different: The Role of Women's Employment in a Pandemic Recession." *NBER Working Papers,* no. 27660 (2020).

Amadeo, Kimberly. "Trans-Pacific Partnership Summary, Pros and Cons." The Balance. February 10, 2021. https://www.thebalance.com/what-is-the-trans-pacific-partnership-3305581.

Ams, Julianne, Reza Baqir, Anna Gelpern, and Christoph Trebesch. "Chapter 7: Sovereign Default." IMF Research Department. 2018. https://www.imf.org/~/media/Files/News/Seminars/2018/091318SovDebt-conference/chapter-7-sovereign-default.ashx.

Antras, Pol. "De-Globalisation? Global Value Chains in the Post-COVID-19 Age." PowerPoint presented at the ECB Forum in November 2020. https://www.ecb.europa.eu/pub/conferences/shared/pdf/20201111_ECB_Forum/presentation_Antras.pdf.

Arkenberg, Chris. "Will Gaming Keep Growing When the Lockdowns End?" Deloitte. July 8, 2020. https://www2.deloitte.com/be/en/pages/technology-media-and-telecommunications/articles/video-game-industry-trends.html.

Arnaout, Abdelraouf. "Netanyahu to Be First Israeli to Take Covid-19 Vaccine." *Anadolu Agency.* December 9, 2020. https://www.aa.com.tr/en/middle-east/netanyahu-to-be-first-israeli-to-take-covid-19-vaccine/2070779.

Arnold, Veronika. "Ansturm auf Skigebiete trotz Lockdown: Nächster Wintersport-Ort nun abgeriegelt—'Wurden überrannt.'" Merkur. January 5, 2021. https://www.merkur.de/welt/coronavirus-skigebiete-lockdown-oberhof-deutschland-ansturm-nrw-willingen-eifel-winterberg-90157267.html.

Asgari, Nikou, Joe Rennison, Philip Stafford, and Hudson Lockett. "Companies Raise $400bn Over Three Weeks in

Blistering Start to 2021." *Financial Times*. January 26, 2021. https://www.ft.com/content/45770ddb-29e0-41c2-a97a-60ce13810ff2?shareType=nongift.

Autor, David, David Dorn, and Gordon Hanson. "The China Shock: Learning from Labor Market Adjustment to Large Changes in Trade." *NBER Working Papers*, no. 21906 (2016).

Bacher-Hicks, Andrew, Joshua Goodman, and Christine Mulhern. "Inequality in Household Adaptation to Schooling Shocks: Covid-Induced Online Learning Engagement in Real Time." *Journal of Public Economics* 193 (2021): 204345.

Bahaj, Saleem, and Ricardo Reis. "Central Bank Swap Lines: Evidence on the Effects of the Lender of Last Resort." IMES Discussion Paper Series, 2019.

Ball, Sam. "'I Won't Take the Risk': France Leads the World in Covid-19 Vaccine Scepticism." France24. November 20, 2020. https://www.france24.com/en/france/20201120-i-won-t-take-the-risk-france-leads-the-world-in-covid-19-vaccine-scepticism.

Banerjee, Abhijit, Marcella Alsam, Emily Breza, Arun Chandrasekhar, Abhijit Chowdhury, Esther Dufo, Paul Goldsmith Pinkham, and Benjamin Olken. "Messages on Covid-19 Prevention Increased Symptoms Reporting and Adherence to Preventative Behaviors Among 25 Million Recipients with Similar Effects on Non-Recipient Members of Their Communities." *NBER Working Papers*, no. 27496 (July 2020). https://www.nber.org/system/files/working_papers/w27496/w27496.pdf.

Barrero, Jose Maria, Nick Bloom, and Stephen Davis. "Why Working from Home Will Stick." Stanford Working Paper, April 2021. https://nbloom.people.stanford.edu/sites/g/files/sbiybj4746/f/why_wfh_will_stick_21_april_2021.pdf.

Barrero, Jose Maria, Nick Bloom, and Steven J Davis. "COVID-19 Is also a Reallocation Shock." Brookings Institute. June 25, 2020. https://www.brookings.edu/wp-content/uploads/2020/06/Barrero-et-al-conference-draft.pdf.

BBC. "Coronavirus: Under Surveillance and Confined at Home in Taiwan." March 24, 2020. https://www.bbc.co.uk/news/technology-52017993.

BBC. "Covid: EU Plans Rollout of Travel Certificate before Summer." March 18, 2020. https://www.bbc.co.uk/news/world-europe-56427830.

Beaumont, Peter. "Tanzania's President Shrugs Off Covid-19 Risk After Sending Fruit for Tests." *The Guardian*. May 19, 2020. https://www.theguardian.com/global-development/2020/may/19/tanzanias-president-shrugs-off-covid-19-risk-after-sending-fruit-for-tests.

Birtles, Bill. "China Embraces Coronavirus Vaccine Passports for Overseas Travel, but Other Countries Foresee Concerns." *ABC News*. March 17, 2021. https://www.abc.net.au/news/2021-03-17/china-embraces-vaccine-passports-while-the-west-mulls-ethics/13252588.

Blanchard, Olivier, and Lawrence Summers. "Hysteresis in Unemployment." *European Economic Review*, (1987): 288-295.

Blanchard, Olivier. "Should We Reject the Natural Rate Hypothesis." *Journal of Economic Perspectives* 32, no. 1 (2018): 97-120.

Blanchard, Olivier. "In Defense of Concerns over the $1.9 Trillion Relief Plan." Peterson Institute for International Economics. February 18, 2021. https://www.piie.com/blogs/realtime-economic-issues-watch/defense-concerns-over-19-trillion-relief-plan.

Bloom, Nick, James Liang, John Roberts, and Zhichun Jenny Ying. "Does Working from Home Work? Evidence from a Chinese Experiment." *Quarterly Journal of Economics* 130, no. 1 (2015): 165-218

Bloom, Nick. *Markus' Academy*. Princeton University Webinar. December 3, 2020. https://www.youtube.com/watch?v=N8_rvy-hqUs.

Bloomberg. "Covid-19 Deals Tracker." March 3, 2021. https://www.bloomberg.com/graphics/covid-vaccine-tracker-global-distribution/contracts-purchasing-agreements.html.

Boakye-Adjei, Nana Yaa. "Covid-19: Boon and Bane for Digital Payments and Financial Inclusion." Bank for International Settlements. Financial Stability Institute. July 2020. https://www.bis.org/fsi/fsibriefs9.pdf.

Bolton, Paul. "UK and Global Emissions and Temperature Trends." UK Parliament. House of Commons Library. June 2, 2021. https://commonslibrary.parliament.uk/uk-and-global-emissions-and-temperature-trends/#:~:text=Taken%20together%20these%20countries%20accounted,changing%20emission%20levels%20over%20time.

Bostrom, Nick. "The Vulnerable World Hypothesis." *Global Policy* 10, no. 4 (November 2019): 455-476. https://nickbostrom.com/papers/vulnerable.pdf.

Bourke, Latika. "International Borders Might Not Open Even If Whole Country Is Vaccinated." *The Sydney Morning Herald*. April 13, 2021. https://www.smh.com.au/politics/federal/international-borders-might-not-open-even-if-whole-country-is-vaccinated-greg-hunt-20210413-p57ixi.html.

Brooks, David. *Munk Dialogues*. Peter and Melanie Munk Charitable Foundation. July 22, 2020. https://www.youtube.com/watch?v=W0dbDFJR3A4&feature=youtu.be].

Brotherhood, Luiz, Tiago Cavalcanti, Daniel Da Mata, and Cezar Santos. "Slums and Pandemics." SSRN Working Paper, August 5, 2020 (Updated January 4, 2021). https://papers.ssrn.com/sol3/papers.cfm?abstract_id=3665695.

Brown, Caitlin, and Martin Ravallion. "Inequality and the Coronavirus: Socioeconomic Covariates of Behavioral Responses and Viral Outcomes Across US Counties." *Proceedings of the National Academy of the Sciences* 111, no. 19 (May 13, 2014): 6928-6933. https://www.pnas.org/content/111/19/6928.short.

Brunnermeier, Markus, and Jonathan Parker. "Optimal Expectations." *American Economic Review* 95, no. 4 (2005): 1092-1118.

Brunnermeier, Markus, and Luang Huang. "A Global Safe Asset from and for Emerging Economies." In *Monetary Policy and Financial Stability: Transmission Mechanisms and Policy Implications*, 111-167. Central Bank of Chile, 2019.

Brunnermeier, Markus, and Yuliy Sannikov. "Redistributive Monetary Policy." Princeton University. August 2012. https://scholar.princeton.edu/sites/default/files/04c%20Redistributive%20Monetary%20Policy.pdf.

Brunnermeier, Markus, Harold James, and Jean-Pierre Landau. "The Digitalization of Money." Princeton University Working Paper, 2019.

Brunnermeier, Markus, Harold James, and Jean-Pierre Landau. "Digital Currency Areas." *VoxEU*. July 3, 2019. https://*voxeu*.org/article/digital-currency-areas.

Brunnermeier, Markus, Rohit Lamba, and Carlos Segura Rodriguez. "Inverse selection." SSRN Working Paper, May 21, 2020. https://papers.ssrn.com/sol3/papers.cfm?abstract_id=3584331.

Brunnermeier, Markus, Sam Langfield, Marco Pagano, Ricardo Reis, Stijn Van Nieuwerburh, and Dimitri Vayanos.

"ESBies: Safety in the tranches." *VoxEU*. September 20, 2016. https://voxeu.org/article/esbies-safety-tranches.

Brunnermeier, Markus, Sebastian Merkel, and Yuliy Sannikov. "A Safe-Asset Perspective for an Integrated Policy Framework." Princeton University. May 29, 2020. https://scholar.princeton.edu/sites/default/files/markus/files/safeassetinternational.pdf.

Brunnermeier, Markus, Sebastian Merkel, and Yuliy Sannikov. "The Fiscal Theory of the Price Level with a Bubble." Princeton University. July 8, 2020. https://scholar.princeton.edu/sites/default/files/merkel/files/fiscaltheorybubble.pdf.

Brunnermeier, Markus, Sebastian Merkel, Jonathan Payne, and Yuliy Sannikov. "Covid-19: Inflation and Deflation Pressures." CESIFO Area Conferences. July 24, 2020. https://www.cesifo.org/sites/default/files/events/2020/mmi20-Payne.pdf.

Brunnermeier, Markus. "Money in the Digital Age." Speech delivered at the EBA Research Workshop. November 25, 2020. https://www.youtube.com/watch?v=QdlSzTnOlkg.

Bryant, Chris. "Hedge Funds Love SPACs But You Should Watch Out." Bloomberg. December 9, 2020. https://www.bloomberg.com/opinion/articles/2020-12-09/hedge-funds-love-spacs-but-retail-investors-should-watch-out?sref=ATN0rNv3.

Buchheit, Lee, Guillaume Chabert, Chanda DeLong, and Joremin Zettelmeyer. "How to Restructure Sovereign Debt: Lessons from Four Decades." Peterson Institute for International Economics Working Paper 19-8, May 2019. https://www.piie.com/publications/working-papers/how-restructure-sovereign-debt-lessons-four-decades.

Buffett, Warren. Berkshire Hathaway Annual Meeting. Yahoo Finance. May 1, 2021. https://www.youtube.com/watch?v=7t7qfOyQdQA.

Caballero, Ricardo, Takeo Hoshi, and Anil Kashyap. "Zombie Lending and Depressed Restructuring in Japan." *American Economic Review* 98, no. 5 (2008): 1943-1977.

Caldwell, Kia Lilly, and Edna Maria de Araújo. "Covid-19 Is Deadlier for Black Brazilians: A Legacy of Structural Racism that Dates Back to Slavery." The Conversation. June 10, 2020. https://theconversation.com/covid-19-is-deadlier-for-black-brazilians-a-legacy-of-structural-racism-that-dates-back-to-slavery-139430.

Carmiel, Oshrat. "Manhattan Apartments Haven't Been This Cheap to Rent in 10 Years." Bloomberg. December 10, 2020. https://www.bloomberg.com/news/articles/2020-12-10/manhattan-apartment-rents-sink-to-the-lowest-level-in-a-decade.

Carroll, Linda. "U.S. Life Expectancy Declining Due to More Deaths in Middle Age." Reuters. November 26, 2019. https://www.reuters.com/article/us-health-life-expectancy-idUSKBN1Y02C7.

Carter, Devon. "Can mRNA Vaccines Be Used in Cancer Care?" MD Anderson Cancer Center. January 25, 2021. https://www.mdanderson.org/cancerwise/can-mrna-vaccines-like-those-used-for-covid-19-be-used-in-cancer-care.h00-159457689.html.

Catherine, Sylvain, Max Miller, and Natasha Sarin. "Social Security and Trends in Wealth Inequality." SSRN Working Paper, February 29, 2020. https://papers.ssrn.com/sol3/papers.cfm?abstract_id=3546668.

Cavallo, Alberto. "Inflation with Covid Consumption Baskets." *NBER Working Papers,* no. 27352 (June 2020). https://www.nber.org/papers/w27352.

CBC. "Canada Could Share Any Excess Vaccine Supply with Poorer Countries: Reuters Sources." November 18, 2020. https://www.cbc.ca/news/health/canada-vaccine-supply-share-1.5807679.

Centers for Disease Control and Prevention. "Risk for COVID-19 Infection, Hospitalization, and Death by Race/Ethnicity." April 23, 2021. https://www.cdc.gov/coronavirus/2019-ncov/covid-data/investigations-discovery/hospitalization-death-by-race-ethnicity.html.

Chen, Alicia, and Vanessa Molter. "Mask Diplomacy: Chinese Narratives in the COVID Era." Stanford University (blog). June 16, 2020. https://fsi.stanford.edu/news/covid-mask-diplomacy.

Chen, Frank. "China's e-RMB Era Comes into Closer View." *Asia Times*. October 28, 2020. https://asiatimes.com/2020/10/chinas-e-rmb-era-comes-into-closer-view/.

Chetty, Raj, John N. Friedman, Nathaniel Hendren, and Michael Stepner. "The Economic Impacts of COVID-19: Evidence from a New Public Database Built Using Private Sector Data." Opportunity Insights. November 5, 2020. https://opportunityinsights.org/wp-content/uploads/2020/05/tracker_paper.pdf.

Chetty, Raj. *Markus' Academy*. Princeton University Webinar. June 2017, 2020. https://www.youtube.com/watch?v=ip5pz7gOSwI&list=PLPKR-Xs1slgSWqOqaXid_9sQXsPsjV_72&index=11.

Cochrane, John. *Markus' Academy*. Princeton University Webinar. May 18, 2020. https://www.youtube.com/watch?v=H6sSvqD9Xsw&list=PLPKR-Xs1slgSWqOqaXid_9sQXsPsjV_72&index=18.

Coibion, Olivier, Yuriy Goridnichenko, and Michael Weber. "How Did US Consumers Use Their Stimulus Payments?" *NBER Working Papers*, no. 27693 (August 2020). https://www.nber.org/papers/w27693.

Collins, Leigh. "'World first' As Hydrogen Used to Power Commercial Steel Production." Recharge. April 28, 2020. https://www.rechargenews.com/transition/-world-first-as-hydrogen-used-to-power-commercial-steel-production/2-1-799308.

Columbia University Irving Medical Center. "Long Haul Covid: Columbia Physicians Review What's Known." March 22, 2021. https://www.cuimc.columbia.edu/news/long-haul-covid-columbia-physicians-review-whats-known.

Cook, Lisa. *Markus' Academy*. Princeton University Webinar. June 8, 2020. https://www.youtube.com/watch?v=PeKhSsJsW2w.

Cowen, Tyler. *Markus' Academy*. Princeton Webinar. April 10, 2020. https://www.youtube.com/watch?v=FPsPmkp6sdM&list=PLPKR-XslslgSWqOqaXid_9sQXsPsjV_72&index=28.

Cox, Natalie, Peter Ganong, Pascal Noel, Joseph Vavra, Arlene Wong, Diana Farrell, and Fiona Greig. "Initial Impacts of the Pandemic on Consumer Behavior: Evidence from Linked Income, Spending, and Savings Data." Becker Friedman Institute Working Papers, July 2020. https://bfi.uchicago.edu/wp-content/uploads/BFI_WP_202082.pdf.

CPB Netherlands Bureau for Economic Policy Analysis. "World Trade Monitor." 2021. https://www.cpb.nl/en/worldtrademonitor.

Cundy, Antonia. "The Home Buyers Making Their Tuscan Dream a Reality." *Financial Times*. August 19, 2020. https://www.ft.com/content/2a127c83-08ba-4ad7-8a1b-19dcaee5c6ae.

Davies, Gavyn. "The Anatomy of a Very Brief Bear Market." *Financial Times*. August 2, 2020. https://www.ft.com/content/cd8e2299-161b-4f17-adad-ac6d8a730049.

de Bolle, Monica. *Markus' Academy*. Princeton University Webinar. February 25, 2021. https://www.youtube.com/watch?v=Ptsg_EjCXxw.

Deaton, Angus. "Covid Shows How the State Can Address Social Inequality." *Financial Times*. January 4, 2021.

https://www.ft.com/content/caa37763-9c71-4f8d-9c29-b16ccf53d780.

Deaton, Angus. *Markus' Academy*. Princeton University Webinar. April 13, 2020. https://www.youtube.com/watch?v=2uzASRQz4gM.

Delpla, Jacques. "The Case for Creating a CO_2 Central Bank." WorldCrunch. November 12, 2019. https://worldcrunch.com/world-affairs/the-case-for-creating-a-co2-central-bank.

DeMarzo, Peter, Dimitri Vayanos, and Jeffrey Zwiebel. "Persuasion Bias, Social Influence, and Unidimensional Opinions." *Quarterly Journal of Economics* 118, no. 3 (2003): 909-968.

Desmet, Klaus, Dávid Krisztián Nagy, and Esteban Rossi-Hansberg. "The Geography of Development." *Journal of Political Economy* 126, no. 3 (2018): 903-983.

Destatis. "Mortality Figures in Week 50 of 2020: 23% Above the Average of Previous Years." Statistisches Bundesamt. January 28, 2021. https://www.destatis.de/EN/Press/2021/01/PE21_014_12621.html;jsessionid=CE5D09E9528E1803D00E12AF9A9D030C.internet8741.

Dingel, Jonathan, and Brent Neiman. "How many Jobs Can be Done at Home?" Becker Friedman Institute for Economics Working Paper, June 19, 2020. https://bfi.uchicago.edu/wp-content/uploads/BFI_White-Paper_Dingel_Neiman_3.2020.pdf.

Dudley, Bill. *Markus' Academy*. Princeton University Webinar. June 1, 2020. https://www.youtube.com/watch?v=65Y0kRJP_UY.

Duffie, Darrell. *Markus' Academy*. Princeton University Webinar. June 5, 2020. https://www.youtube.com/watch?v=04LYVyR3jog.

Duflo, Esther. *Markus' Academy*. Princeton University Webinar. February 11, 2021. https://www.youtube.com/watch?v=15PMtvJBI-s.

Econreporter. "US Needs Large-Scale Covid Testing Urgently: Nobel Winning Economist Paul Romer." June 28, 2020. https://en.econreporter.com/2020/06/its-intellectual-failure-nobel-economics-winner-paul-romer-on-why-us-needs-large-scale-COVID-testing-urgently/.

Ellyatt, Holly. "Covid Variant in South Africa Is 'More of a Problem' Than the One in UK, Official Says." CNBC. January 4, 2021. https://www.cnbc.com/2021/01/04/south-african-coronavirus-variant-more-of-a-problem-than-uk-one.html.

Emmott, Robin and Jan Strupczewski. "EU and India Agree to Resume Trade Talks at Virtual Summit." Reuters. May 8, 2021. https://www.reuters.com/world/europe/eu-india-re-launch-trade-talks-virtual-summit-2021-05-08/.

Engzell, Per, Arun Freya, and Mark Verhagen. "Learning Inequality During the Covid-19 Pandemic." October 2020. https://scholar.googleusercontent.com/scholar?q=cache:Zva2ARtZvlkJ:scholar.google.com/+covid+inequality+statistics+mexico&hl=en&as_sdt=0,31&as_vis=1.

European Central Bank. "Annual Consolidated Balance Sheet of the Eurosystem." 2021. https://www.ecb.europa.eu/pub/annual/balance/html/index.en.html.

Fagereng, Andreas, Luigi Guso, Davide Malacrino, and Luigi Pistaferri. "Heterogeneity and Persistence in Returns on Wealth." Stanford University Working Paper, August 2019. https://web.stanford.edu/~pista/FGMP.pdf.

Fähnders, Till. "Warum Indonesien Zuerst die Jungen Impft." *Frankfurter Allgemeine*. January 13, 2021. https://www.faz.net/aktuell/politik/ausland/corona-impfstart-in-indonesien-die-arbeitsfaehigen-zuerst-17144460.html.

Fairlie, Robert. "Covid-19, Small Business Owners, and Racial Inequality." NBER. December 4, 2020. https://www.nber.org/reporter/2020number4/covid-19-small-business-owners-and-racial-inequality.

Falato, Antonio, Itay Goldstein, and Ali Hortacsu. "Financial Fragility in the COVID-19 Crisis: The Case of Investment Funds in Corporate Bond Markets." *NBER Working Papers,* no. 27559 (July 2020). https://www.nber.org/papers/w27559.

Farr, Christina and Michelle Gao. "How Taiwan Beat the Coronavirus." CNBC. July 15, 2020. https://www.cnbc.com/2020/07/15/how-taiwan-beat-the-coronavirus.html.

Federal Reserve Bank of New York. "SCE Household Spending Survey." April 2021. https://www.newyorkfed.org/microeconomics/sce/household-spending#/.

Federal Reserve Bank of New York. "Survey of Consumer Expectations." February 2021. https://www.newyorkfed.org/microeconomics/sce#indicators/inflation-expectations/g1.

Federal Reserve Bank of Philadelphia. "Survey of Professional Forecasters." 2020. https://www.philadelphiafed.org/surveys-and-data/real-time-data-research/survey-of-professional-forecasters.

Federal Reserve Bank of St. Louis. "Personal Consumption Expenditures/Gross Domestic Product." FRED Economic Data. 2021. https://fred.stlouisfed.org/graph/?g=hh3.

Federal Reserve Bank of St. Louis. FRED Economic Data. 2021. https://fred.stlouisfed.org/.

Fedor, Lauren, Myles McCormick, and Hannah Murphy. "Cyberattack Shuts Major US Pipeline System." *Financial Times*. May 8, 2021. https://www.ft.com/content/2ce0b1fe-9c3f-439f-9afa-78d77849dd92.

Fehr, Mark. "Zombiefirmen könnten Insolvenzwelle auslösen." Frankfurter Allgemeine Zeitung. April 29, 2021.

Federal Reserve Board of Governors. "Survey of Consumer Finances." 2021. https://www.federalreserve.gov/econres/scfindex.htm.

Fieser, Ezra, and Oscar Medina. "Colombia Risks Forced Selling of Its Bonds After More Downgrades." Bloomberg. May 5, 2021. https://www.bloomberg.com/news/articles/2021-05-21/colombia-risks-forced-selling-of-its-bonds-after-more-downgrades?sref=ATN0rNv3.

Financial Times. "Hotspots of Resurgent Covid Erode Faith in Herd Immunity." October 9, 2020. https://www.ft.com/content/5b96ee2d-9ced-46ae-868f-43c9d8df1ecb.

Findlay, Stephanie. "India Eyes Global Vaccine Drive to Eclipse Rival China." *Financial Times*. January 31, 2021. https://www.ft.com/content/1bb8b97f-c046-4d0c-9859-b7f0b60678f4.

Forster, Piers. "Covid-19 Paused Climate Emissions—But They're Rising Again." BBC. March 12, 2021. https://www.bbc.com/future/article/20210312-covid-19-paused-climate-emissions-but-theyre-rising-again.

Fraga, Arminio. *Markus' Academy*. Princeton University Webinar. July 13, 2020. https://www.youtube.com/watch?v=mTy2X7zftCc.

Gallagher, Kevin, José Antonio Ocampo, and Ulrich Volz. "It's Time for a Major Issuance of the IMF's Special Drawing Rights." *Financial Times*. March 20, 2020. https://www.ft.com/content/43a67e06-bbeb-4bea-8939-bc29ca785b0e.

Garcia, Carmen Aguilar, and Ganesh Rao. "Covid-19: India's Vaccine Export Ban Could Send Shockwaves Worldwide. Should the UK Step in to Help?" Sky News. April 30, 2021. https://news.sky.com/story/covid-19-how-does-indias-pause-on-vaccine-export-hurt-other-nations-12290300.

Gates, Bill. "How the Pandemic Will Shape the Near Future." TED. July 6, 2020. https://www.youtube.com/watch?v=jmQWOPDqxWA.

Gelpern, Anna, Sebastian Horn, Scott Morris, Brad Parks, and Christoph Trebesch. "How China Lends: A Rare Look into 100 Debt Contracts with Foreign Governments." Peterson Institute for International Economics Working Paper 21-7, May 2021. https://www.piie.com/publications/working-papers/how-china-lends-rare-look-100-debt-contracts-foreign-governments.

Gennaiolo, Nicola, Andei Shleifer, and Robert Vishny. "Neglected Risks: The Psychology of Financial Crises." *American Economic Review* 105, no. 5 (2015): 310-14.

Glennerster, Rachel, and IMF. "Covid-19 Pandemic in Developing Countries: Pandemic Policies for People." International Monetary Fund. September 12, 2020. https://www.imf.org/external/mmedia/view.aspx?vid=6215224981001.

Godeluck, Solveig. "Cette Épargne des Ménages qui Menace de Nuire à la Reprise." LesEchos. July 29, 2020. https://www.lesechos.fr/economie-france/social/Covid-cette-epargne-des-menages-qui-menace-de-nuire-a-la-reprise-1227200.

Goldberg, Pinelopi. *Markus' Academy*. Princeton University Webinar. April 17, 2020. https://www.youtube.com/watch?v=erq8pqBpFhI.

Goldin, Claudia, and Robert Margo. "The Great Compression: The Wage Structure in the United States in the Mid-Century." *Quarterly Journal of Economics* 107, no. 1 (1992): 1-34.

Google. Google Covid Case Tracker, South Dakota. 2021. https://www.google.com/search?q=covid+cases+in+south+dakota&oq=covid+cases+in+south+dakota&aqs=chrome..69i57j0l2j0i395l7.4013j1j7&sourceid=chrome&ie=UTF-8.

Gopinath, Gita, Emine Boz, Federico Diez, Pierre-Olivier Gourinchas, and Mikkel Plagborg-Moller. "Dominant Currency Paradigm." Harvard University Department of Economics. June 12, 2019. https://scholar.harvard.edu/gopinath/publications/dominant-currency-paradigm-0.

Gopinath, Gita. 2020. *Markus' Academy*. Princeton University Webinar. May 29, 2020. https://www.youtube.com/watch?v=GjUBIxR5W78.

Gormsen, Niels, and Ralph Koijen. "Coronavirus: Impact on Stock Prices and Growth Expectations." *NBER Working Papers,* no. 27387 (June 2020). https://www.nber.org/papers/w27387.

Gould, Elise, and Valerie Wilson. "Black Workers Face Two of the Most Lethal Preexisting Conditions for Coronavirus—Racism and Economic Inequality." Economic Policy Institute. June 1, 2020. https://www.epi.org/publication/black-workers-covid/.

Graham-Harrison, Emma and Tom Phillips. "China Hopes 'Vaccine Diplomacy' Will Restore Its Image and Boost Its Influence." *The Guardian*. November 29, 2020. https://www.theguardian.com/world/2020/nov/29/china-hopes-vaccine-diplomacy-will-restore-its-image-and-boost-its-influence.

Green, Adam. "Covid-19 Pandemic Accelerates Digital Health Reforms." *Financial Times*. May 17, 2020. https://www.ft.com/content/31c927c6-684a-11ea-a6ac-9122541af204.

Greenwood, Robin, Benjamin Iverson, and David Thesmar. "Sizing Up Corporate Restructuring in the Covid crisis." Brookings. September 23, 2020. https://www.brookings.edu/bpea-articles/sizing-up-corporate-restructuring-in-the-covid-crisis/.

Griffin, Riley and Drew Armstrong. "Pfizer Vaccine's Funding Came from Berlin, not Washington." Bloomberg. September 11, 2020. https://www.bloomberg.com/news/articles/2020-11-09/pfizer-vaccine-s-funding-came-from-berlin-not-washington.

Grossman, Derek. "The Quad Is Poised to Become Openly Anti-China Soon" (Blog). The RAND Corporation. July 28, 2020. https://www.rand.org/blog/2020/07/the-quad-is-poised-to-become-openly-anti-china-soon.html.

Grossman, Gene, and Elhanan Helpman. "Identity Politics and Trade Policy." Princeton University. July 2019. https://www.princeton.edu/~grossman/SocialIdentityJuly2019..pdf.

Guerrieri, Veronica. *Markus' Academy*. Princeton University Webinar. June 19, 2020. https://www.youtube.com/watch?v=x2npgxzuTVg.

Guimarães, Thiago, Karen Lucas, and Paul Timms. "Understanding How Low-Income Communities Gain Access to Healthcare Services: A Qualitative Study in São Paulo, Brazil." *Journal of Transport and Health* 15 (2019): 100658.

Gurk, Christoph. "Lateinamerika wird zum Testfeld für die Pharmaindustrie." Süddeutsche Zeitung. August 3, 2020. https://www.sueddeutsche.de/politik/coronavirus-impfstoff-lateinamerika-pharmaindustrie-1.4986326.

Hall, Robert, and Marianna Kudlyak. "The Inexorable Recoveries of US Unemployment." *NBER Working Papers,* no. 28111 (November 2020). https://sites.google.com/site/mariannakudlyak/home/inexorable_recoveries.

Haltiwanger, John C. "John Haltiwanger Describes How New Business Applications Surged during the Pandemic." NBER. July 12, 2021. https://www.nber.org/affiliated-scholars/researchspotlight/john-haltiwanger-describes-how-new-business-applications-surged-during-pandemic.

Handfield, Robert. "Automation in the Meatpacking Industry Is on the Way." Supply Chain Resource Cooperative. July 9, 2020. https://scm.ncsu.edu/scm-articles/article/automation-in-the-meat-packing-industry-is-on-the-horizon.

Harford, Tim. "Statistics, Lies, and the Virus: Tim Harford's Five Lessons from a Pandemic" (Blog). September 17,

2020. https://timharford.com/2020/09/statistics-lies-and-the-virus-five-lessons-from-a-pandemic/.

Healy, Andrew, and Neal Malhotra. "Myopic Voters and Natural Disaster Policy." *American Political Science Review* 103, no. 3 (2009): 387-406.

Heathcote, Jonathan, Fabrizio Perri, and Giovannia Violante. "The Rise of US Earnings Inequality: Does the Cycle Drive the Trend?" Princeton University. May 31, 2020. http://violante.mycpanel.princeton.edu/Journals/Draft_05-31-20_JH.pdf.

Heimbach, Tobias. "Biden, Netanjahu & Co.: Spitzenpolitiker weltweit lassen sich öffentlich impfen—wann kommt Merkel an die Reihe?" Business Insider. December 23, 2020. https://www.businessinsider.de/politik/deutschland/corona-impfung-joe-biden-wurde-geimpft-merkel/.

Helmore, Edward. "How GameStop Found Itself at the Center of a Groundbreaking Battle between Wall Street and Small Investors." *The Guardian*. January 27, 2021. https://www.theguardian.com/business/2021/jan/27/gamestop-stock-market-retail-wall-street.

Henderson, Richard. "Retail Investors Bet on Bankrupt US Companies Rising Again." *Financial Times*. June 9, 2020. https://www.ft.com/content/b592847a-2061-4460-8aa5-3b22a2153210.

Henley, Andrew, G. Reza Arabsheibani, and Francisco G. Carneiro. "On Defining and Measuring the Informal Sector." World Bank Policy Research Working Papers, March 2006. http://documents1.worldbank.org/curated/en/940751468021241000/pdf/wps3866.pdf.

Hill, Andrew. "People: The Strongest Link in the Strained Supply Chain." *Financial Times*. March 8, 2021. https://www.ft.com/content/ef937903-ed1d-4625-b2ba-d682318a314f?shareType=nongift.

Holmstrom, Bengt. "The Seasonality of Covid-19." Princeton Bendheim Center for Finance (Webinar). October 22, 2020. https://www.youtube.com/watch?v=z95U8FU9gMQ.

Hurst, Erik. *Markus' Academy*. Princeton University Webinar. March 20, 2021. https://www.youtube.com/watch?v=VG7KS5sLABY.

Hutt, David. "EU Split Over China's 'Face Mask' Diplomacy." *Asia Times*. March 28, 2020. https://asiatimes.com/2020/03/eu-split-over-chinas-face-mask-diplomacy/.

Ifo Institut. "Handel mit Bekleidung Wanderts ins Internet ab." April 23, 2021. https://www.ifo.de/node/62942?eNLifo-202104.

International Monetary Fund. "Analyze This! Sovereign Debt Restructuring" (Video). December 2, 2020. https://www.imf.org/external/mmedia/view.aspx?vid=6213167814001.

International Monetary Fund. "Fiscal Monitor Database of Country Fiscal Measures in Response to the COVID-19 Pandemic." April 2021. https://www.imf.org/en/Topics/imf-and-covid19/Fiscal-Policies-Database-in-Response-to-COVID-19.

International Monetary Fund. "Q&A on Special Drawing Rights." March 16, 2021. https://www.imf.org/en/About/FAQ/special-drawing-right#Q4.%20Will%20an%20SDR%20allocation%20give%20countries%20with%20poor%20governance%20money%20to%20waste.

International Monetary Fund. "Questions and Answers on Sovereign Debt Issues." April 8, 2021. https://www.imf.org/en/About/FAQ/sovereign-debt#Section%205.

International Monetary Fund. "The Good, the Bad, and the Ugly: 100 Years of Dealing with Public Debt

Overhangs." October 8, 2012. https://www.elibrary.imf.org/view/IMF081/12743-9781616353896/12743-9781616353896/chap03.xml?rskey=VXkXsE&result=5&redirect=true&redirect=true.

James, Harold. *Markus' Academy*. Princeton University Webinar. April 24, 2020. https://www.youtube.com/watch?v=PVIm4BdBmTI.

Jiang, Bomin, Daniel Rigebon, and Roberto Rigebon. "From Just in Time, to Just in Case, to Just in Worst-Case." International Monetary Fund Conference Paper, October 12, 2020. https://www.imf.org/-/media/Files/Conferences/2020/ARC/Rigobon-Daniel-et-al.ashx.

Jiang, Zhengyang, Hanno Lustig, Stijn, Xiaolan, and Mindy van Nieuwerburgh. "The US Public Debt Valuation Puzzle." *NBER Working Papers,* no. 26583 (2021).

Johnston, Louis, and Samuel H. Williamson. "What Was the U.S. GDP Then?" MeasuringWorth. 2021

Jones, Marc. "Second Sovereign Downgrade Wave Coming, Major Nations at Risk." Reuters. October 16, 2020. https://www.reuters.com/article/us-global-ratings-sovereign-s-p-exclusiv-idUSKBN27126V.

Kluth, Andreas. "Like a Virus, QAnon Spreads from the U.S. to Germany." Bloomberg. September 21, 2020. https://www.bloomberg.com/opinion/articles/2020-09-22/like-a-virus-qanon-spreads-from-the-u-s-to-europe-germany?sref=ATN0rNv3.

Kotowski, Timo. "So Soll der Sommerurlaub Funktionieren." *Frankfurter Allgemeine*. March 19, 2021. https://www.faz.net/aktuell/gesellschaft/gesundheit/coronavirus/testen-statt-quarantaene-konzeptpapier-fuer-corona-sommerurlaub-17253631.html.

Koty, Alexander Chipman. "What Is the China Standards 2035 Plan and How Will It Impact Emerging Industries?"

China Briefing. July 2, 2020. https://www.china-briefing.com/news/what-is-china-standards-2035-plan-how-will-it-impact-emerging-technologies-what-is-link-made-in-china-2025-goals/.

Kozlowski, Julian, Venky Venkateswaran, and Laura Veldkamp. "The Tail That Wags the Economy: Beliefs and Persistent Stagnation." *Journal of Political Economy* 128, no. 8 (2020): 2839-2879.

Kozlowski, Julian, Venky Venkateswaran, and Laura Veldkamp. "Scarring Body and Mind: The Long-Term Belief-Scarring Effects of Covid-19." *NBER Working Papers*, no. 27439 (June 2020). https://www.nber.org/papers/w27439.

Kremer, Michael. *Markus' Academy*. Princeton University Webinar. May 1, 2020. https://www.youtube.com/watch?v=C8W8JQLTECc.

Kresge, Naomi. "Pfizer-BioNTech Covid Vaccine Blocks Most Spread in Israel Study." Bloomberg. March 11, 2021. https://www.bloomberg.com/news/articles/2021-03-11/pfizer-biontech-covid-vaccine-blocks-most-spread-in-israel-study.

Krishnamurthy, Arvind. *Markus' Academy*. Princeton University Webinar. June 29, 2020. https://www.youtube.com/watch?v=voVh9BY3Lp4.

Krueger, Anne. "A New Approach to Sovereign Debt Restructuring." International Monetary Fund. April 2002. https://www.imf.org/external/pubs/ft/exrp/sdrm/eng/sdrm.pdf.

Krugman, Paul and Larry Summers. *Markus' Academy*. Princeton University Webinar. February 12, 2021. https://www.youtube.com/watch?v=EbZ3_LZxs54&t=7s.

Krugman, Paul. *Markus' Academy*. Princeton University Webinar. May 16, 2020. https://www.youtube.com/watch?v=h1ZiTIou0_8&list=PLll591lvzxc3xwUuEkOVl1PNngFm9cZnH&index=17.

Lane, Philip. *Markus' Academy*. Princeton University Webinar. March 20, 2020. https://www.youtube.com/watch?v=G-8-4hEkkbs.

Laxminarayan, Ramanan. *Markus' Academy*. Princeton University Webinar. March 30, 2020. https://www.youtube.com/watch?v=z1yHjM7szBk&list=PLPKR-Xs1slgSWqOqaXid_9sQXsPsjV_72&index=31.

LE News. "The Swiss National Bank Owns More A-Class Facebook Shares than Zuckerberg." April 4, 2018. https://lenews.ch/2018/04/04/the-swiss-national-bank-owns-more-a-class-facebook-shares-than-zuckerberg/.

Lee, Ming Jeong and Toshiro Hasegawa. "BOJ Becomes Biggest Japan Stock Owner with ¥45.1 Trillion Hoard." *The Japan Times*. December 7, 2020. https://www.japantimes.co.jp/news/2020/12/07/business/boj-japan-biggest-stock-owner/.

Leibowitz, Stan, and Stephen E. Margolis. "The Fable of Keys." *Journal of Law and Economics* 33, no. 1 (1990): 1-25.

Liang, Nellie. *Markus' Academy*. Princeton University Webinar. March 6, 2020. https://www.youtube.com/watch?v=6NjE-OOUB_E.

Lombrana, Laura. "An Urban Planner's Trick to Making Bikeable Cities." Bloomberg. August 5, 2020. https://www.bloomberg.com/news/articles/2020-08-05/an-urban-planner-s-trick-to-making-bike-able-cities?sref=ATN0rNv3.

Lund, Susan, Anu Madgavkar, James Manyika, and Sven Smit. "What's Next for Remote Work: An Analysis of 2000 Tasks, 800 Jobs, and Nine Countries." McKinsey Global Institute. November 23, 2020. https://www.mckinsey.com/featured-insights/future-of-work/whats-next-for-remote-work-an-analysis-of-2000-tasks-800-jobs-and-nine-countries?sid=blankform&sid=cd37a5db-95fb-4455-8ed2-f6b0596b8bcb#.

Lund, Susan. "Central Banks in a Shifting World." European Central Bank. November 2020. https://www.ecb.europa.eu/pub/conferences/html/20201111_ecb_forum_on_central_banking.en.html.

Lustig, Nora, Valentina Martinez Pabon, Federico Sanz, and Stephen Younger. "The Impact of Covid-19 Lockdowns and Expanded Social Assistance on Inequality, Poverty and Mobility in Argentina, Brazil, Colombia and Mexico." Center for Global Development Working Paper 556, October 2020. https://www.cgdev.org/sites/default/files/impact-covid-19-lockdowns-and-expanded-social-assistance.pdf.

MacKay, Kath. "UK Life Science Is Proving That It's Been Worth the Investment." *Forbes*. May 1, 2020. https://www.forbes.com/sites/drkathmackay/2020/05/01/uk-life-science-is-proving-that-its-been-worth-the-investment/?sh=39c104801771.

Mackintosh, James. "Inflation Is Already Here—For the Stuff You Actually Want to Buy." *The Wall Street Journal*. September 26, 2020. https://www.wsj.com/articles/inflation-is-already-herefor-the-stuff-you-actually-want-to-buy-11601112630?st=r6rjsuab2ijc738&reflink=article_gmail_share.

Maggi, Giovanni, and Ralph Ossa. "The Political Economy of Deep Integration." *NBER Working Papers*, no. 28190 (December 2020). https://www.nber.org/papers/w28190.

Malmendier, Ulrike, and Stefan Nagel. "Depression Babies: Do Macroeconomic Experiences Affect Risk Taking?" *The Quarterly Journal of Economics* 126, no. 1 (2011): 373-416.

Matrajt, Laura, Julia Eaton, Tiffany Leung, and Elizabeth Brown. "Vaccine Optimization for Covid-19: Who to Vaccinate First?" Science Advances. 2021.

McCarthy, Niall. "America First? Covid-19 Production & Exports." Statista. March 31, 2021. https://www.statista.com/chart/24555/vaccine-doses-produced-and-exported/.

McCarthy, Niall. "The Countries Most Reliant on Remittances [Infographic]." Forbes. April 26, 2018. https://www.forbes.com/sites/niallmccarthy/2018/04/26/the-countries-most-reliant-on-remittances-infographic/?sh=50407d577277.

McGuire, David, James EA Cunningham, Kae Reynolds, and Gerri Matthews-Smith. "Beating the Virus: An Examination of the Crisis Communication Approach Taken by New Zealand Prime Minister Jacinda Ardern During the Covid-19 Pandemic." *Human Resource Development International* 23, no. 4 (2020): 361-379.

Medeiros, Marcelo. "Brazil LAB at Princeton University: Inequalities: Poverty, Racism, and Social Mobility in Brazil." Princeton University Webinar. October 15, 2020. https://www.youtube.com/watch?v=k3OSo83qFq8.

Merle, Renae. "How One Hedge Fund Made $2 Billion from Argentina's Economic Collapse." *The Washington Post*. March 29, 2016. https://www.washingtonpost.com/news/business/wp/2016/03/29/how-one-hedge-fund-made-2-billion-from-argentinas-economic-collapse/.

Meyer, Theodoric. "Four Ways the Government Subsidizes Risky Coastal Building." ProPublica. June 9, 2013. https://www.propublica.org/article/four-ways-the-government-subsidizes-risky-coastal-rebuilding.

Michaelson, Ruth. "'Vaccine Diplomacy' Sees Egypt Roll out Chinese Coronavirus Jab." *The Guardian*. December 30, 2020. https://www.theguardian.com/global-development/2020/dec/30/vaccine-diplomacy-sees-egypt-roll-out-chinese-coronavirus-jab.

Miller, Joe. "Inside the Hunt for a Covid-19 Vaccine: How BioNTech Made the Breakthrough." *Financial Times*. November 13, 2020. https://www.ft.com/content/c4ca8496-a215-44b1-a7eb-f88568fc9de9.

Mills, Claire Kramer, and Jessica Battisto. "Double Jeopardy: Covid-19's Concentrated Health and Wealth Effects in Black Communities." Federal Reserve Bank of New York. August 2020. https://www.newyorkfed.org/medialibrary/media/smallbusiness/DoubleJeopardy_COVID19andBlackOwnedBusinesses.

Mitteldeutscher Rundfunk. "Verschwörungstheorien in Sachsen: Ein wilder." Legenden-Mix. April 27, 2020. https://www.mdr.de/nachrichten/sachsen/corona-verschwoerungstherorien-populismus-100.html.

Mitra, Saumya. "Letter: Why G8 States Are Wary of Special Drawing Rights." *Financial Times*. January 22, 2021. https://www-ft-com.btpl.idm.oclc.crg/content/20ca8b0f-9773-43de-9bfc-b09ab9ac5942.

Mordani, Sneha, Haider Tanseem, and Milan Sharma. "Watch: Doctors, Nurses Attacked in Delhi Hospital as Covid Patient Dies Without Getting ICU Bed." *India Today*. April 27, 2021. https://www.indiatoday.in/cities/delhi/story/doctors-attacked-in-delhi-hospital-by-family-of-covid-patient-1795567-2021-04-27.

Mullainathan, Sendhil and Edgar Shafir. *Scarcity: Why Having Too Little Means So Much*. New York: Times Books, 2013.

NBER. *NBER Digest*. August 8, 2020. https://www.nber.org/digest-2020-08.

Nebehay, Stephanie and Kate Kelland. "COVAX Programme Doubles Global Vaccine Supply Deals to 2 Billion Doses." Reuters. December 18, 2020. https://www.reuters.com/article/us-health-coronavirus-covax/covax-programme-doubles-global-vaccine-supply-deals-to-2-billion-doses-idUSKBN28S1PW.

Nonnemacher, Ursula. "Brandenburger Kreise Haben bis zur 200er-Inzidenz Freie Hand." RBB. March 15, 2021. https://www.rbb24.de/studiocottbus/panorama/coronavirus/beitraege_neu/2021/03/elbe-elster-corona-inzidenz-massnahmen-eingriff-land-brandenburg.html.

Nordhaus, William. "Climate Clubs: Overcoming Free-Riding in International Climate Policy." *American Economic Review* 105, no. 4 (2015): 1339-70. https://pubs.aeaweb.org/doi/pdfplus/10.1257/aer.15000001.

Nordhaus, William. *Markus' Academy*. Princeton University Webinar. January 28, 2021. https://www.youtube.com/

watch?v=QaXZx_nJ_3I.

Officer, Lawrence H. and Samuel H. Williamson. "The Annual Consumer Price Index for the United States, 1774-Present." MeasuringWorth. 2021.

Opportunity Insights Economic Tracker. 2021. https://tracktherecovery.org.

Oreopoulos, Philip, Till Von Wachter, and Andrew Heisz. "The Short-and Long-Term Career Effects of Graduating in a Recession." *American Economic Journal: Applied Economics* 4, no. 1 (2012): 1-29.

Organization for Economic Cooperation and Development. "China's Belt and Road Initiative in the Global Trade, Investment and Finance Landscape." 2018. https://www.oecd.org/finance/Chinas-Belt-and-Road-Initiative-in-the-global-trade-investment-and-finance-landscape.pdf.

Organization for Economic Cooperation and Development. "The Face Mask Global Value Chain in the Covid-19 Outbreak: Evidence and Policy Lessons." May 4, 2020. http://www.oecd.org/coronavirus/policy-responses/the-face-mask-global-value-chain-in-the-COVID-19-outbreak-evidence-and-policy-lessons-a4df866d/#endnotea0z8.

Our World in Data. "Covid-19 Stringency Index." June 1, 2021. https://ourworldindata.org/grapher/Covid-stringency-index.

Oxfam International. "Sanofi/GSK Vaccine Delay a Bitter Blow for World's Poorest Countries." December 11, 2020. https://www.oxfam.org/en/press-releases/sanofigsk-vaccine-delay-bitter-blow-worlds-poorest-countries.

Pedersen, Lasse. *Markus' Academy*. Princeton University Webinar. February 19, 2021. https://www.youtube.com/watch?v=ADnRm5LWCjg.

Peel, Michael and Joe Miller. "EU Hits Back as Blame Game Over Vaccine Procurement Intensifies." *Financial*

Times. January 7, 2021. https://www.ft.com/content/c1575e05-70e5-4e5f-b58c-cde5c99aba5f.

Pellejero, Sebastian. "After Record U.S. Corporate-Bond Sales, Slowdown Expected." *The Wall Street Journal*. October 2, 2020. https://www.wsj.com/articles/after-record-u-s-corporate-bond-sales-slowdown-expected-11601631003.

Perchet, Vianney, Philippe Rigollet, Sylvain Chassang, and Erik Snowberg. "Batched Bandit Problems." *Annals of Statistics* 44, no. 2 (2016): 660-681. https://arxiv.org/abs/1505.00369.

Phillips, Toby. "Eat Out to Help Out: Crowded Restaurants May Have Driven UK Coronavirus Spike: New Findings." The Conversation. September 10, 2020. https://theconversation.com/eat-out-to-help-out-crowded-restaurants-may-have-driven-uk-coronavirus-spike-new-findings-145945.

Platt, Eric, David Carnevali, and Michael Mackenzie. "Wall Street IPO Bonanza Stirs Uneasy Memories of 90s Dotcom Mania." *Financial Times*. December 11, 2020. https://www.ft.com/content/cfdab1d0-ee5a-4e4a-a37b-20acfc0628e3?shareType=nongift.

Politi, James and Colby Smith. "Federal Reserve Calls Time on Looser Capital Requirements for US Banks." *Financial Times*. March 19, 2021. https://www.ft.com/content/279c2755-acab-4d9a-9092-d55fe5f518fa.

Posen, Adam. *Markus' Academy* (Lecture Slides). Princeton Bendheim Center for Finance. December 10, 2020. https://bcf.princeton.edu/wp-content/uploads/2020/12/posenslides.pdf.

Powell, Jerome. *Markus' Academy*. Princeton University Webinar. January 14, 2021. https://www.youtube.com/watch?v=TEC3supZwvM.

Rai, Saritha. "Apple Alum Builds App to Help Millions in Indian Slums Find Jobs." Bloomberg. August 13, 2020.

https://www.bloomberg.com/news/articles/2020-08-14/apna-job-app-aims-to-connect-india-s-workers-with-employees?sref=ATN0rNv3.

Rajan, Raghuram. "Raghuram Rajan on Covid-19: Is It Time to Decentralise Power?" (Video). Coronanomics. July 22, 2020. https://www.youtube.com/watch?v=VU9d5IyudYs.

Ramkumar, Amrith. "2020 SPAC Boom Lifted Wall Street's Biggest Banks." *The Wall Street Journal.* January 5, 2021. https://www.wsj.com/articles/2020-spac-boom-lifted-wall-streets-biggest-banks-11609842601?st=lguw1ftxebizf6e&reflink=article_gmail_share.

Ray, Debraj and S. Subramanian. "India's Lockdown: An Interim Report." *NBER Working Papers,* no. 27282 (May 2020).

ReliefWeb. "Q&A: Brazil's Poor Suffer the Most Under Covid-19." July 14, 2020. https://reliefweb.int/report/brazil/qa-brazils-poor-suffer-most-under-covid-19.

République Française. "Non-Respect de l'Obligation de Port du Masque: Quelles sont les Règles?" October 21, 2020. https://www.service-public.fr/particuliers/vosdroits/F35351.

Reuters. "Factbox: How the G20's Debt Service Suspension Initiative Works." October 15, 2020. https://www.reuters.com/article/us-imf-worldbank-emerging-debtrelief-fac/factbox-how-the-g20s-debt-service-suspension-initiative-works-idINKBN27021V.

Reuters. "Germany to Extend Insolvency Moratorium for Virus-Hit Companies." August 25, 2020. https://www.reuters.com/article/healthcoronavirus-germany-bankruptcy-idUSL8N2FR36J.

Reuters. "Zambia Requests Debt Restructuring Under G20 Common Framework." February 5, 2021. https://www.

reuters.com/article/us-zambia-debt-idUSKBN2A50XL.

Robert Koch Institut. "Daily Situation Report of the Robert Koch Institute." December 29, 2020. https://www.rki.de/DE/Content/InfAZ/N/Neuartiges_Coronavirus/Situationsberichte/Dez_2020/2020-12-29-en.pdf?__blob=publicationFile.

Rodrik, Dani. *Markus' Academy*. Princeton University Webinar. May 5, 2020. https://www.youtube.com/watch?v=3cRlHugFBq8.

Rogoff, Kenneth. *Markus' Academy*. Princeton University Webinar. June 12, 2020. https://www.youtube.com/watch?v=0uh4oPjxxq8.

Romer, Paul. *Markus' Academy*. Princeton University Webinar. April 3, 2020. https://www.youtube.com/watch?v=q9z0eu4piHw&list=PLPKR-Xs1slgSWqOqaXid_9sQXsPsjV_72&index=30.

Roosevelt, Franklin Delano. "'Only Thing We Have to Fear Is Fear Itself': FDR's First Inaugural Address." History Matters. 1933. historymatters.gmu/edu/d/5057.

Rosenberg, Daniel. "How Digital Coupons Fuel China's Economic Recovery." Luohan Academy. May 27, 2020. https://www.luohanacademy.com/insights/e0d638c3f840e3be.

Roser, Max, and Esteban Ortiz-Ospina. "Global Extreme Poverty." Our World in Data. March 27, 2017. https://ourworldindata.org/extreme-poverty.

Rossi-Hansberg, Esteban. *Markus' Academy*. Princeton University Webinar. October 1, 2020. https://www.youtube.com/watch?v=ZsfKRrI2yB4.

RSF Social Finance. "The Runway Project: Loan Provided by the Women's Capital Collaborative." https://

rsfsocialfinance.org/person/the-runway-project/.

Ruehl, Mercedes, Stephanie Findlay, and James Kynge. “Tech Cold War Comes to India: Silicon Valley Takes on Alibaba and Tencent.” *Financial Times*. August 3, 2020. https://www.ft.com/content/b1df5dfd-36c4-49e6-bc56-506bf3ca3444?shareType=nongift.

Samson, Adam. “Bitcoin’s Revival: Boom or Bubble?” *Financial Times*. November 18, 2020. https://www.ft.com/content/a47090ee-fdf5-4cfa-9d17-47c56afad8c3.

Sandbu, Martin. “Globalisation Does Not Mean Deregulation.” *Financial Times*. August 20, 2020. https://www.ft.com/content/a04c186b-ab3f-4df3-99fb-638b5aa1ce50?shareType=nongift.

Saritha, Rai. “Wall Street Giants Get Swept Up by India’s Brutal Covid Wave.” Bloomberg. May 6, 2021. https://www.bloomberg.com/news/articles/2021-05-06/wall-street-giants-get-swept-up-by-india-s-brutal-covid-wave?utm_medium=social&utm_campaign=socialflow-organic&utm_content=markets&utm_source=twitter&cmpid=socialflow-twitter-business&cmpid%3D=socialflow-.

Saxena, Ragani. “India’s Health Time Bomb Keeps Ticking and It’s Not Covid-19.” Bloomberg. September 10, 2020. https://www.bloomberg.com/news/articles/2020-09-10/india-s-health-time-bomb-keeps-ticking-and-it-s-not-covid-19.

Saxony Government. “Infektionsfälle in Sachsen.” March 18, 2021. https://www.coronavirus.sachsen.de/infektionsfaelle-in-sachsen-4151.html.

Scheidel, Walter. *The Great Leveler*. Princeton, NJ: Princeton University Press, 2018.

Schmelzing, Paul. “Eight Centuries of Global Real Interest Rates, R-G, and the ‘Supra-Secular’ Decline.” Bank of England Staff Working Paper 845 (January 3, 2020): 1311–2018. https://www.bankofengland.co.uk/working-paper/2020/eight-centuries-of-global-real-interest-rates-r-g-and-the-suprasecular-decline-1311-2018.

Schmidt, Eric. *Markus' Academy*. Princeton University Webinar. July 27, 2020. https://www.youtube.com/watch?v=726B0y1D5ZM&t=31s.

Schulze, Elizabeth. "Robert Shiller Warns that Urban Home Prices Could Decline." CNBC. July 13, 2020. https://www.cnbc.com/2020/07/13/robert-shiller-warns-that-urban-home-prices-could-decline.html.

Sevastopulo, Demetri and Amy Kazmin. "US and Asia Allies Plan Covid Vaccine Strategy to Counter China." *Financial Times*. March 3, 2021. https://www.ft.com/content/1dc04520-c2fb-4859-9821-c405f51f8586.

Shalal, Andrea and David Lawder. "Yellen Backs New Allocation of IMF's SDR Currency to Help Poor Nations." Reuters. February 25, 2021. https://www.reuters.com/article/g20-usa/update-3-yellen-backs-new-allocation-of-imfs-sdr-currency-to-help-poor-nations-idUSL1N2KV1IA.

Shayo, Moses. "A Model of Social Identity with an Application to Political Economy: Nation, Class, and Redistribution." *American Political Science Review* (2009): 147-174.

Shiller, Robert. *Markus' Academy*. Princeton University Webinar. July 10, 2020. https://www.youtube.com/watch?v=ak5xX8PEGAI.

Shin, Hyun Song. *Markus' Academy*. Princeton University Webinar. April 20, 2020. https://www.youtube.com/watch?v=LnmMRrzjNWQ.

Siedenbiedel, Christian. "In der Krise Horten die Menschen Bargeld." *Frankfurter Allgemeine*. September 24, 2020. https://www.faz.net/aktuell/finanzen/meine-finanzen/sparen-und-geld-anlegen/ezb-wirtschaftsbericht-in-der-krise-wird-bargeld-gehortet-16969517.html.

Sina, Ralph and Dominik Lauck. "Warum Israel Genug Impfstoff Hat." Tagesschau. January 23, 2021. https://www.tagesschau.de/ausland/impfstoff-israel-biontech-101.html.

Sinn, Hans-Werner. *The Green Paradox*. Cambridge, MA: MIT Press, 2012.

Slaoui, Moncef and Matthew Hepburn. "Developing Safe and Effective Covid Vaccines—Operation Warp Speed's Strategy and Approach." *New England Journal of Medicine* 383, no. 18 (2020): 1701-1703. https://www.nejm.org/doi/full/10.1056/NEJMp2027405.

Slok, Torsten. *Markus' Academy*. Princeton University Webinar. March 20, 2020. https://www.youtube.com/watch?v=zgxDybynvNM.

Solomon, Erika and Guy Chazan. "'We Need a Real Policy for China': Germany Ponders Post-Merkel Shift." *Financial Times*. January 5, 2021. https://www.ft.com/content/0de447eb-999d-452f-a1c9-d235cc5ea6d9.

Solomon, Erika. "BioNTech Seeks to Develop a More Effective Malaria Vaccine." *Financial Times*. July 26, 2021. https://www.ft.com/content/e112b318-aced-482b-be4f-ec76f39cdc3f.

Spataro, Jared. "2 Years of Digital Transformation in 2 Months." Microsoft. April 30, 2020. https://www.microsoft.com/en-us/microsoft-365/blog/2020/04/30/2-years-digital-transformation-2-months/.

Spellman, Damian. "Two Newcastle Players Still 'Not Well at All' Following Covid Outbreak, Says Steve Bruce." *The Independent*. December 16, 2020. https://www.independent.co.uk/sport/football/premier-league/newcastle/players-covid-outbreak-who-steve-bruce-b1774816.html.

Spence, Michael. *Markus' Academy*. Princeton University Webinar. July 6, 2020. https://www.youtube.com/watch?v=92-vc238_nI&list=PLPKR-Xs1slgSWqOqaXid_9sQXsPsjV_72&index=6.

Stein, Jeremy. *Markus' Academy*. Princeton University Webinar. May 11, 2020. https://www.youtube.com/watch?v=0iNQNzAUDiw.

Stephen, Bijan. "The Lockdown Live-Streaming Numbers Are Out, and They're Huge." The Verge. May 13, 2020. https://www.theverge.com/2020/5/13/21257227/coronavirus-streamelements-arsenalgg-twitch-youtube-livestream-numbers.

Steverman, Ben. "Harvard's Chetty Finds Economic Carnage in Wealthiest ZIP Codes." Bloomberg. September 24, 2020. https://www.bloomberg.com/news/features/2020-09-24/harvard-economist-raj-chetty-creates-god-s-eye-view-of-pandemic-damage.

Stiglitz, Joseph. *Markus' Academy*. Princeton University Webinar. April 27, 2020. https://www.youtube.com/watch?v=_6SoT97wo3g.

Stock, James. *Markus' Academy*. Princeton University Webinar. January 21, 2021. https://www.youtube.com/watch?v=_7Imhf7t0Co.

Summers, Lawrence. *Markus' Academy*. Princeton University Webinar. May 22, 2020. https://www.youtube.com/watch?v=cZmRtQCR2ns&list=PLPKR-Xs1slgSWqOqaXid_9sQXsPsjV_72&index=17.

Tett, Gillian. "Pandemic Aid Is Exacerbating US Inequality." *Financial Times*. August 6, 2020. https://www.ft.com/content/8287303f-4062-4808-8ce3-f7fa9f87e185.

The Economist. "India's Giant Second Wave Is a Disaster for It and for the World." April 24, 2021.

The Economist. "'The Covid-19 Pandemic Will Be Over by the End of 2021,' says Bill Gates." August 18, 2020. https://www.economist.com/international/2020/08/18/the-covid-19-pandemic-will-be-over-by-the-end-of-2021-says-bill-gates.

The Economist. "Are Vaccine Passports a Good Idea?" March 13, 2021. https://www.economist.com/science-and-technology/2021/03/11/are-vaccine-passports-a-good-idea.

The Economist. "Economists Are Rethinking the Numbers on Inequality." November 28, 2019. https://www.economist.com/briefing/2019/11/28/economists-are-rethinking-the-numbers-on-inequality.

The Economist. "How Well Will Vaccines Work?" February 11, 2021. https://www.economist.com/leaders/2021/02/13/how-well-will-vaccines-work.

The Economist. "When Will Office Workers Return?" February 20, 2021. https://www.economist.com/business/2021/02/20/when-will-office-workers-return.

The Guardian. "Big Brother Isn't Just Watching: Workplace Surveillance Can Track Your Every Move." November 6, 2017. https://www.theguardian.com/world/2017/nov/06/workplace-surveillance-big-brother-technology.

The Guardian. "Joe Biden Receives Coronavirus Vaccine" (Video). December 21, 2020. https://www.theguardian.com/us-news/video/2020/dec/21/joe-biden-receives-coronavirus-vaccine-video.

The Renaissance: The Age of Michelangelo and Leonardo da Vinci. Documentary film by DW. April 28, 2019. https://www.youtube.com/watch?v=BmHTQsxxkPk.

The World Bank. "Consumption Expenditure as a Percent of GDP in China." 2021. https://data.worldbank.org/indicator/NE.CON.TOTL.ZS?locations=CN.

The World Bank. "Debt Service Suspension and COVID-19." February 12, 2020. https://www.worldbank.org/en/news/factsheet/2020/05/11/debt-relief-and-covid-19-coronavirus.

Tirole, Jean. "Allons-Nous Enfin Apprendre Notre Leçon?" LinkedIn. April 14, 2020. https://www.linkedin.com/pulse/allons-nous-enfin-apprendre-notre-le%C3%A7on-jean-tirole/.

Titan, Alon, Matthias Doepke, Jane Olmstead-Rumsey, and Michele Tertilt. "The Impact of Covid-19 on Gender Equality." *NBER Working Papers*, no. 27660 (August 2020).

Trading Economics. "Brazil Recorded a Government Budget Deficit Equal to 13.40 Percent of the Country's Gross Domestic Product in 2020." 2021. https://tradingeconomics.com/brazil/government-budget.

Trading Economics. "Sweden GDP Growth Rate." February 26, 2020. https://tradingeconomics.com/sweden/gdp-growth.

Trading Economics. "Taiwan GDP Growth." 2021. https://tradingeconomics.com/taiwan/gdp-growth.

Vegh, Carlos A. "Fiscal Policy in Emerging Markets: Procyclicality and Graduation." NBER. December 2015. https://www.nber.org/reporter/2015number4/fiscal-policy-emerging-markets-procyclicality-and-graduation.

Vissing-Jorgensen, Annette. "The Treasury Market in Spring 2020 and the Response of the Federal Reserve." April 5, 2021. http://faculty.haas.berkeley.edu/vissing/vissing_jorgensen_bonds2020.pdf.

Walsh, David. "Do We Need Coronavirus 'Vaccine Passports' to Get Europe Moving Again? Euronews Asks the Experts." Euronews. December 11, 2020. https://www.euronews.com/2020/12/11/do-we-need-coronavirus-vaccine-passports-to-get-the-world-moving-again-euronews-asks-the-e.

Wasdani, Kishinchand Poornima and Ajnesh Prasad. "The Impossibility of Social Distancing among the Urban Poor: The Case of an Indian Slum in the Times of COVID-19." *Local Environment* 25, no. 5 (2020): 414-418.

Welt. "Das ist Drostens Plan für den Herbst." August 5, 2020. https://www.welt.de/politik/deutschland/

article212941080/Christian-Drosten-Buerger-sollen-Kontakt-Tagebuch-fuehren.html.

Westmaas, Rueben. "World Famous Chicago Skyscraper Sways in Wind." Discovery. August 1, 2019. https://www.discovery.com/exploration/World-Famous-Chicago-Skyscraper-Sway-Wind.

Wharton Research Data Services. "Using the CRSP/Compustat Merged (CCM) Database." 2021. https://wrds-www.wharton.upenn.edu/pages/classroom/using-crspcompustat-merged-database/.

Wheatley, Jonathan. "Debt Dilemma: How to Avoid a Crisis in Emerging Nations." *Financial Times*. December 20, 2020. https://www.ft.com/content/de43248e-e8eb-4381-9d2f-a539d1f1662c?shareType=nongift.

Wheatley, Jonathan. "Emerging Markets Attract $17bn of Inflows in First Three Weeks of 2021." *Financial Times*. January 22, 2021. https://www.ft.com/content/f9b94ac9-1df1-4d89-b129-5b30ff98e715?shareType=nongift.

Wheatley, Jonathan. "Foreign Investors Dash into Emerging Markets at Swiftest Pace since 2013." *Financial Times*. December 17, 2020. https://www.ft.com/content/e12a1eee-2571-4ae5-bc91-cc17ee7f40d0?shareType=nongift.

Wiegel, Michaela. "Wie Frankreich die Akzeptanz der Corona-Maßnahmen Verspielt." *Frankfurter Allgemeine*. September 24, 2020. https://www.faz.net/aktuell/politik/ausland/wie-frankreich-die-akzeptanz-der-corona-massnahmen-verspielt-16969296.html.

Wigglesworth, Robin, Richard Henderson, and Eric Platt. "The Lockdown Death of a 20-Year-Old Day Trader." *Financial Times*. July 2, 2020. https://www.ft.com/content/45d0a047-360f-4abf-86ee-108f436015a1.

Wikipedia. "Tacoma Narrows Bridge (1940)." https://en.wikipedia.org/wiki/Tacoma_Narrows_Bridge_(1940)#Film_of_collapse.

Wolf, Marin. "How Coronavirus and Race Collide in the US." Bloomberg. August 11, 2020. https://www.

bloombergquint.com/quicktakes/how-coronavirus-and-race-collide-in-the-u-s-quicktake.

Xie, Yu and Xiang Zhou. "Income Inequality in Today's China." *Proceedings of the National Academy of Sciences* 111, no. 19 (2014): 6928-6933. https://www.pnas.org/content/111/19/6928.short.

Zeckhauser, Richard. *Markus' Academy*. Princeton University Webinar. July 17, 2020. https://www.youtube.com/watch?v=jHTRFizTsFE&list=PLPKR-Xs1slgSWqOqaXid_9sQXsPsjV_72&index=3.

Zhong, Raymond. "How Taiwan Plans to Stay (Mostly) Covid Free." *The New York Times*. January 2, 2021. https://www.nytimes.com/2021/01/02/world/asia/taiwan-coronavirus-health-minister.html.

【著者】
マーカス・K・ブルネルマイヤー（Markus K. Brunnermeier）
プリンストン大学エドワーズ・サンフォード・プロフェッサー
エコノメトリック・ソサエティ・フェロー、グッゲンハイム・フェロー、スローン・リサーチ・フェロー、アメリカ・ファイナンス協会バイス・プレジデント、ピーターソン国際経済研究所ノンレジデント・フェロー。アメリカ議会予算局、ニューヨーク連邦準備銀行、国際通貨基金、欧州システミック・リスク・ボード、ドイツ・ブンデスバンクのアドバイザリー・ボード・メンバーなどを歴任、もしくは務める。特に、バブル、流動性、金融・通貨の価格安定性を重点に国際金融市場およびマクロ経済にフォーカスして研究。日本では低金利政策の問題点を指摘した「リバーサル・レート」論提唱者として知られている。

【訳者】
立木　勝（たちき・まさる）
中学高校教員を経て翻訳家。主な訳書に、スコット『反穀物の人類史』（2019、みすず書房）、アルメンダリズほか『マイクロファイナンス事典』（2016、明石書店）、ルーニー『物理学は歴史をどう変えてきたか』（2015、東京書籍）。

山岡由美（やまおか・ゆみ）
出版社勤務を経て翻訳業に従事。主な訳書に、ジョンソン『世界を変えた「海賊」の物語』（2021、朝日新聞出版）、フォン・グラン『中国経済史』（2019、みすず書房）、ゴードン『アメリカ経済 成長の終焉 上・下』（2018、共訳 日経BP）。

レジリエントな社会
危機から立ち直る力

2022年8月19日　1版1刷

著　者　マーカス・K・ブルネルマイヤー
訳　者　立　木　勝
　　　　山　岡　由　美
発行者　國　分　正　哉
発　行　株式会社 日経BP
　　　　日本経済新聞出版
発　売　株式会社 日経BPマーケティング
　　　　〒105-8308　東京都港区虎ノ門4-3-12

ブックデザイン　新井大輔
本文DTP　キャップス（CAPS）
印刷・製本　中央精版印刷株式会社
ISBN978-4-296-11374-3